토론의 전사 4 - 고전 읽기와 독서토론

독서 디베이트 도서 선정 및 논제 정리

느리고 깊게 책을 읽는법

토론의 전사

4

D E B A T E

고전 읽기와 독서토론

한결하늘

prologue

개정판을 내며
'느리게 깊게 읽는 독서방법'과 '쟁점 제시형 독서 디베이트'에 대하여

이 책의 초판은 '1부 느리고 깊게 읽는 독서, 2부 독서를 위한 디베이트, 3부 독서 디베이트 도서 선정 및 논제 정리'로 구성되어 있었다. 그런데 이번에 개정판을 내면서 2부의 내용을 빼고, 3부에 작품을 추가했다. 3부에는 기존에 16작품이 실려 있었는데 개정하면서 9작품을 추가하여 25작품을 실었다. 2부가 빠지고 3부에 9작품을 더 싣는 등의 책의 구성에 변화가 많은 개정판이라 서문을 겸하여 그 이유를 설명하고자 한다.

우선 많은 분들이 토론에 대한 책의 제일 앞부분에 책 읽는 방법을 다룬 글이 실려 있어서 낯선, 혹은 엉뚱하다는 느낌을 받았을 것 같다. 이를 먼저 설명하고 나서 개정판에서 2부를 제외하고 3부의 작품수를 늘린 이유를 설명하겠다.

이 책은 독서 디베이트를 배우거나 가르치고 싶은 사람들을 대상으로 썼다. 독서 디베이트라는 말에 의미를 부여할 때, '독서'에 중점을 둘 수도 있고 '디베이트'에 중점을 둘 수도 있다. 혹은, 독서와 디베이트에 비슷한 정도의 강조점을 두는 것도 가능하다. 하지만 나는 전적으로 '독서'에 중점을 두었다. 독서가 목적이라면 디베이트는 이 목적을 이루기 위한 하나의 수단에 불과하다. 독서교육을 위해 디베이트보다 더 나은 방법이 있다면 디베이트를 고집할 이유는 전혀 없다. 물론 디베이트만을 통해서도 학생들은 많은 것을 배운다. 예를 든다면, 글쓰기, 말하기, 듣기, 발표 능력 등이 길러진다. 그럼에도 불구하고 학생들의 독서교육에 디베이트보다 훨씬 효과적인 방법이 있다면 그 방법을 따를 것이다.

다양한 독서교육의 방법이 있고, 그 방법들이 나름의 장점을 가진다는 것도 안다. 비경쟁 토론을 포함한 다양한 방식들의 효과를 부정하지 않는다. 그럼에도 독서 교육을 할 때 디베이트가 가진 여러 장점들을 믿기에 이 방법을 연구하고 이 책을 썼다. 이 책은 독서교육을 위해서 썼다. 이 책의 가장 기본적인 목표는 학생들이 고전 작품을 읽을 수 있도록 동기를 부여하거나 도와주는 것이다. 이러한 목적을 염두에 두면 이 책의 시작이 독서의 방법인 이유를 이해할 수 있다.

독서교육을 위한 다양한 방법론이 있지만 가장 중요한 목적은 책을 잘 읽는 것이다. 지극히 당연한 이야기이다. 그럼에도 학교 현장에서 이루어지는 독서교육을 보면, 잘 읽기보다는 독후 표현활동에 치중하고 있다는 느낌을 갖는다. 이는 본말의 전도다. 독서 디베이트는 어느 독서교육의 방법보다 이런 위험이 크다. 책 읽기를 좋아하고 책 읽는 능력을 키워주기보다는 말 잘하는 능력을 키워주는 것이 목적처럼 보일 수도 있다. 이러한 위험성 때문에 학생들과 오랜 시간 독서 디베이트를 하면서 가장 강조했던 말이 '우리의 목적은 독서에 있지 디베이트에 있지 않다'였다. 이를 많이 강조하긴 했지만 이는 말만으로 되지 않는다. 잘 읽는다는 것이 무엇이고 왜 잘 읽어야 하는지를 가르쳐야 한다.

실제 디베이트보다 독서가 중요하다면 디베이트 이론이나 기술만을 가르칠 것이 아니라 독서의 방법도 가르쳐야겠다는 생각이 들었다. 이를 위해서 오랜 시간 동안 독서법과 관련된 다양한 책을 읽었고, 나 자신의 독서 경험도 되돌아보았다. 이를 정리한 것이 1부의 글이다.

독서 디베이트에 앞서 글을 어떻게 읽을 것인지를 가르쳐야 하는 이유가 독서 디베이트는 논제에 대한 쟁점을 중심으로 토론을 하는데, 이를 통해 작품의 주요한 흐름이나 주제 의식을 살펴볼 수는 있지만, 작품의 세부를 보고 그것에서 즐거움을 느끼기는 어렵기 때문이다. 문학 작품의 세부에서 즐거움을 느낄 수 없다면 그것은 결코 좋은 독서가 아니다. 독서의 즐거움을 독서 디베이트를 통해서 느낄 것이라고는 기대하지 않는다. 독서 디베이트는 단지 학생들을 고전 문학의 세계로 안내하는 첫 걸음에 해당된다.

1부를 독서의 방법론으로 시작하는 또 하나의 이유는 이 글이 독서 디베이트의 단점으로 지적되는 부분에 대해 어느 정도 보완을 기대했기 때문이다. 독서 디베이트의 중심은 독서지 디베이트가 아니다. 1부의 글들이 학생들에게 독서 디베이트의 중심이 독서임을 일깨워주는 역할을 한다면 더 없이 좋겠다. 나아가 학생들이 자신만의 독서 방법을 개발하여 독서의 즐거움을 느끼고 평생 자발적 독자가 되었으면 좋겠다. 그리고 1부의 글을 통해 독서가 어떠해야 하는가를 한 번 생각해 보면 좋겠다. 이 글은 표면적으로 독서의 방법을 다루지만 오랜 시간 책을 읽으며 생각한 나의 독서 철학이기도 하다.

다음으로, 개정판에서 2부를 제외하고 3부의 작품수를 늘린 이유를 설명하겠다.

처음 책을 쓸 때는 '1부 독서의 방법, 2부 독서 디베이트의 실제, 3부 독서 디베이트의 논제와 쟁점'으로 쓸 계획이었다. 1,3부는 문제가 없었는데 2부는 책의 분량이 문제가 되었다. 2부는 학생들과 실제로 한 독서 디베이트의 방법과 사례들을 소개하고 싶었다. 하지만 이를 위해서는 또 다른 책 한 권의 분량이 필요했다. 제한된 분량 내에서 디베이트와 관련해서 어떤 내용을 얼마만큼 다룰지 고민을 했다. 고민 끝에 디베이트를 공부하면서 가장 어려움을 느꼈던 부분에 대해서 써야겠다고 생각했다.

디베이트는 논제와 쟁점에서 입론으로 이어지는 유기적인 흐름이 매우 중요하다. 하지만 대부분 논제와 쟁점은 지나치게 간략하게 다루고 입론, 반론, 확인질문 등 토론의 구체적인 실행 절차로 넘어가는 경우가 많았다.

논제와 쟁점에 대한 깊이 있는 이해 없이 바로 토론의 절차에 들어가는 것은 바람직하지 않다. 그럴 경우 특히, 토론에서 기본 토대가 되는 입론에 문제가 생긴다. 입론에 문제가 있으면 좋은 토론을 기대하기는 어렵다. 이런 문제의식에서 입론에 들어가기 전 단계에서 꼭 알아야 할 내용들로 2부를 썼다. 주로 다룬 내용은 논제와 쟁점에 대한 것이다. 이러한 결정을 하게 된 또 다른 이유는 그 이후의 단계들인 입론, 반론, 확인질문, 최종발언 등을 다루는 책은 이미 너무 많기 때문에 굳이 또 다룰 필요가 없다고 생각했기 때문이다.

나름대로 충분히 고민하고 결정했지만 책의 출판 이후에 나 자신의 욕심과 디베이트 교육 현실에 대한 이해 부족으로 인해 잘못 판단했다는 생각이 들었다. 논제와 쟁점은 디베이트를 공부할 때 가장 이론적인 부분으로 이해하기 어려운 부분이다. 오랫동안 디베이트를 공부한 사람도 명료하게 이해하기 어렵다. 나 자신의 과도한 욕심에서 비롯된 2부의 내용들은 기대만큼 선생님들에게 의미있게 다가가지 못했다. 선생님들은 논제나 쟁점보다는 독서 디베이트를 실제로 어떻게 진행했는지, 디베이트를 하기 위해서 필요한 최소한의 기초적인 지식에 오히려 관심이 많았다.

책을 내고 여러 곳에 강의나 학생 교육을 다닐 기회가 있었지만 2부의 내용을 깊이 다루어 본 적이 한 번도 없었다. 디베이트를 실제로 하는데 필요한 기초적인 지식을 전달하는 것이 급선무였기 때문이다. 이를 위해서 책의 2부의 내용을 제쳐 두고 별도의 자료를 만들 수밖에 없었다. 디베이트를 공부하려는 사람에게 기존 책의 2부 내용이 중요한 것은 분명하다. 디베이트를 제대로 이해하기 위해서는 논제와 쟁점에 대한 깊이 있는 이해가 필수적이다. 하지만 현실적으로 이 내용을 필요로 하는 사람은 많지 않아서 이번 개정판을 내면서 제외했다. 또, 디베이트의 실제적인 모습이 없는 상태에서 논제와 쟁점을 다루는 것은 디베이트가 어렵다는 부정적인 생각을 줄 수도 있다는 생각도 했다. 독서 디베이트에 필요한 이론적 지식과 독서 디베이트의 실제 사례들은 별도의 책을 계획하고 있다. 아마 이 책은 계획하고 있는 독서 디베이트의 책과 결합될 때 온전한 제 모습을 가질 수 있을 것이다. 아쉬움이 남지만 기존의 책에서 2부를 제외하고 논제와 쟁점을 다루는 작품을 추가하는 것이 훨씬 바람직한 선택이라고 생각했다.

작품을 16작품에서 새로 9작품을 더 추가한 이유도 밝혀야겠다. 학생들과 독서 디베이트에서 다루는 작품은 1년에 8작품 정도이다. 방학을 제외하면 한 달에 한 번 정도 한다. 이를 학생이 입학해서 졸업할 때까지 3년 동안 한다면 24작품이 필요하다. 독서 디베이트를 위한 논제와 쟁점을 개발할 때 처음부터 24작품을 염두에 두고 있었다. 하지만 책의 분량상 다 담을 수 없어서 처음 책을 낼 때는 많은 사람들에게 익숙한 작품 위주로 선별해서 16작품을 다루었다. 기존의 책에서 2부를 제외하면서 개정판에 처음 계획했던 대로 24작품 이상을 넣을 수 있었다.

작품 수를 늘린 것은 실제로 선생님들이 디베이트 이론보다 작품과 작품에 대한 논제와 쟁점에 훨씬 관심이 많았을 뿐만 아니라 이 부분이 지난 5년 동안 내가 중점적으로 연구했던 부분이기 때문이다. 어쩌면 독서 디베이트의 이론이나 학생들과 독서 디베이트를 하는 것보다 디베이트 도서를 선정하고 이에 대한 논제와 쟁점을 만드는 일이 내가 더 잘할 수 있는 일인지도 모른다. 개인적으로 보면 나는 교육활동가라기보다는 연구자에 가깝다. 그것도 실용적인 연구자라기보다 그냥 책읽기를 좋아해서 괜찮다고 생각되는 책을 만나면 가끔 글을 쓰는 사람일 뿐이다. 책 읽기를 좋아하는 사람으로서 학생들이 책을 읽는 데 도움을 주고 싶어서 이 책을 썼다.

기존의 책에서 2부를 제외하면서 내가 '쟁점 제시형 독서 디베이트'라고 부른 것이 무엇인지를 설명하는 부분도 제외되어서 이 부분에 대해서 간략하게 설명하려 한다. 그래야 독서 디베이트를 위해서 논제와 쟁점을 만든 이유가 설명되기 때문이다. 이를 위해서 먼저 학생들의 독서교육을 위해서 토의 형태가 아닌 디베이트 형식을 선택한 이유부터 간단히 언급하려 한다.

독서교육의 방법은 여러 가지가 있지만 개인적인 경험에 비추어 보면 토론이나 토의 형식이 가장 효과적이라고 믿는다. 과거에는 주로 학생들과 토의 형식으로 독서토론을 했다. 작품을 읽고 작품에 대해서 자유롭게 대화를 나누거나 필요하면 토론거리를 만들어서 토론을 했다. 이런 형태의 독서토론을 하다보면 책을 읽지 않고 오는 학생들도 있고, 책을 읽었지만 거의 토론에 참여하지 않는 학생들도 있었다. 토론을 주도하는 몇몇 학생이 있어 이들을 중심으로 토론이 진행되어서 심지어 다른 학생들은 구경꾼 같은 느낌이 들었다. 그리고 이런 형태의 토론을 반복하다보면 긴장감과 활력이 떨어지기도 했다. 이쯤 되면 토론에 참여하지 않는 학생들이 생겨서 토론 동아리의 모든 학생을 만나기가 쉽지 않다. 스스로 판단해서 토론 동아리에 들어왔지만 이런 저런 이유를 들어 모임에 빠지는 학생들이 생겨난다. 이런 현상은 해마다 반복되었다. 뭔가 변화가 필요하다고 생각했다. 그 변화의 방법으로 선택한 것이 디베이트 형식의 토론이었다. 물론, 디베이트 형식의 토론이 토의 형식의 토론의 문제를 모두 해결하는 것은 아니다. 디베이트 형식의 독서 토론이 얼마나 효과가 있는지 정확하게 알 수는 없다. 현실적으로 둘을 병행하는 방법이 좋다고 본다.

그런데 기존의 독서 디베이트는 작품만으로 디베이트를 하지 않는 경우가 많았다. 대부분의 독서 디베이트를 보면 책은 디베이트를 위한 참고 도서 수준으로 다루어졌다. 독서 디베이트의 논제가 주어지면 찬반의 입장에 맞추어 쟁점과 논점을 설정해야 하는데, 이 때 토론 도서는 한두 가지의 쟁점이나 논점을 설정하는 데 필요한 자료의 역할을 한다. 즉, 일반적인 독서 디베이트를 할 때 제시된 책에서 필요한 쟁점이나 논점을 찾기도 하지만 다른 자료들에서도 찾는 경우가 많다. 예를 들어 논제에 대한 쟁점(논점)을 3가지 정도를 제시해야 한다면 제시된 책에서 1~2가지를, 제시된 책 이외의 자료에서 1~2가지를 찾는 식이다. 이러한 방식은 학생들이 책을 전반적으로 깊이 있게 읽기보다는 주어진 책에서 논점의 설정을 위해 필요한 부분(자료)을 찾게 하는 문제가 있다. 이런 방식의 장단점이 있겠지만 책을 디베이트를 위한 수단으로 삼는 것은 문제가 있다.

이런 문제를 해결하는 방법으로 선택한 것이 책만으로 디베이트를 하는 것이었다. 이 방법은 디베이트에 필요한 모든 쟁점 혹은 논점을 책에서만 찾게 하는 것이다. 이런 방식을 택한 이유는 주어진 토론도서 이외에 어떤 자료도 참고할 필요가 없는 형태로 토론을 하고 싶었기 때문이다. 이런 형태를 통해서 학생들이 책을 좀 더 집중하여 깊이 읽기를 바랐다. 다른 자료를 굳이 찾을 필요 없이 책을 읽는 것만으로 충분히 독서 디베이트를 한다면 책에 대한 집중도는 당연히 높아질 것이라 기대했다. 하지만 이러한 기대는 오래 가지 않았다. 토론도서를 선정하고 학생들에게 논제를 주고 디베이트를 준비하게 한 뒤 실제로 디베이트를 해보니 많은 문제가 있었다. 그 중에서 대표적인 몇 가지만 살펴보자.

첫째는 학생들이 쟁점을 설정하는 것을 매우 어려워했다. 논제에 대한 찬반 양측의 논점이 부딪히면서 쟁점이 생기는데, 논점들이 서로 쟁점으로 형성되지 않는 경우가 많았다. 이는 학생들의 문제는 아니었다. 쟁점을 생성하는 문제는 누가해도 마찬가지로 어려움을 느낄 수밖에 없다. 디베이트를 처음 접하고 고전 작품을 읽는데 익숙하지 않은 학생들에게 이를 기대한 것 자체가 무리였다. 그러다 보니 디베이트가 지엽적인 문제를 다루고 디베이트 방식의 독서교육 효과에 대한 의문이 생기기 시작했다.

둘째, 학생들이 쟁점을 설정하는데 많은 시간이 필요해지자 토론 준비를 힘들어했다. 그러다보니 토론을 지나치게 어렵게 생각하고 거부감을 갖는다. 작품을 읽는데 집중하지 못하고 쟁점에 대한 고민으로 시간을 보내다가 실제로 토론이 제대로 준비되지 못하는 경우가 많았다.

셋째, 학생들이 설정한 쟁점들이 쟁점 간 위계나 연계가 없어서 여러 개의 쟁점이 실제는 하나의 쟁점이거나 각각의 쟁점들이 논제를 증명하는 방향에서 연계되지 않고 따로 떨어져 있어서 작품을 전반적으로 이해하는 데 어려움이 있었다. 독서 디베이트를 했지만 이를 통해서 작품을 이해하는 데 어떤 도움을 받는 것처럼 느껴지지 않았다. 오히려 독서보다는 디베이트를 위한 독서 디베이트를 하는 듯한 느낌마저 들었다.

결국 이런 문제들을 종합해보면 독서 디베이트는 이를 준비하는 어려움에 비해서 교육적인 효과는 떨어진다고 느꼈다. 이러한 문제들을 해결하기 위해서 생각해 낸 것이 '쟁점 제시형 독서 디베이트'이다. 독서 디베이트를 위해서 논제에 대한 쟁점을 미리 만들어서 학생들에게 제공한 후에 토론을 준비시키고 이를 바탕으로 토론을 하는 방법이다.

'쟁점 제시형 독서 디베이트'는 책만 읽고 디베이트를 할 수 있다. 쟁점을 제시한 이유는 여러 가지가 있지만 학생들이 좀 더 쉽게 디베이트를 할 수 있도록 돕기 위한 것과 고전 작품을 읽을 때 쟁점들이 작품을 읽고 이해하는 데 있어 안내자의 역할을 하도록 하기 위해서이다. 독서 디베이트의 목적은 디베이트 능력을 향상시키는 데 있지 않다. 디베이트는 많은 독서 교육의 방법들 중에서 학생들이 고전 작품을 좀 더 몰입하여 흥미 있게 읽게 하려는 하나의 수단일 뿐이다. 수단과 목적이 바뀌는 일이 있어서는 안 된다.

마지막으로 개정판 2부의 논제와 쟁점을 어떻게 이용할 수 있는지에 대해 간략하게 언급한다.

(1) 논제와 쟁점은 고전 문학 작품을 읽고 독서 디베이트를 하기 위해 오랜 시간을 들여 개발한 것이다. 논제와 쟁점은 문학 작품을 읽고 이를 디베이트 형식으로 논의하는 데 이용할 수 있다. 이때 디베이트와 관련한 지식들은 기존의 토론 관련 책들을 참고하면 된다. 디베이트에는 여러 모형이 있는데 개인적으로 칼 포퍼 토론 모형이 가장 적합하다고 생각한다.

(2) 논제와 쟁점은 디베이트를 위해서 개발한 것이지만 꼭 디베이트 형식이 아니라도 찬반 대립 형태의 다양한 토론에 사용 가능하다. 예를 들면, 학생들을 논제에 대한 찬성 측과 반대 측으로 나누어서 자유롭게 찬반 토론을 할 수 있다. 응용하기에 따라서는 다양한 토론이나 토의 형식에 적용이 가능하다.

(3) 논제와 쟁점은 독서토의를 위해서도 사용할 수 있다. 이 경우에 논제와 쟁점은 일종의 발제 역할을 한다. 논제와 쟁점을 중심으로 자유롭게 토의를 하면 된다.

(4) 논제와 쟁점은 학생들이 고전 작품을 읽는 데 안내자의 역할을 한다. 학생들에게 무조건 책을 읽으라고 할 것이라 아니라 논제와 쟁점에서 언급한 내용들을 중심으로 책을 읽게 하면 학생들이 책을 이해하는 데 도움이 된다.

(5) 논제와 쟁점은 독서 논술에서도 사용 가능하다. 논제는 논술 주제로 제시할 수 있고, 학생들이 어려워한다면 쟁점을 통해서 논술의 방향을 안내해 줄 수 있다. 실제 디베이트 이후에 가끔 학생

들에게 논제로 논술을 시켜보기도 한다.

논제와 쟁점을 어떻게 이용할 것인지는 학생들의 수준이나 교사의 목적 등을 고려하여 결정하면 된다. 개인적인 생각이지만 디베이트 형태가 가능한 논제와 쟁점은 어떤 형태의 토론이나 토의에도 사용 가능하다고 생각한다.

언젠가는 학생들이 만든 논제와 쟁점으로 독서 디베이트를 하는 날을 꿈꾸며 긴 서문을 마친다.

도반의 봇짐을 열다

도반(道伴), 길동무라는 아름다운 배달말이 있는데도 내 감성곳
간 양지 땀에 터 잡고 있는 사랑스런 말이다. 불가의 수도승들이
아껴 썼던 이 말은 구도의 길을 함께 가는 이, 그러면서도 서로 간
섭하지 않고 자신이 지칠 때 그저 바라보기만 해도 힘이 되고 격려
가 되는 친구를 이른다. 우연히 독서교육이란 길로 접어들어 이십
수년 좌충우돌하며 힘겹게 헤쳐 오는 동안 이 길목쯤에서 꼭 필요
한 도반을 이제 만났다.

1990년대 초, 고등학생 독서지도를 해야겠다고 여기저기 찾고
이것저것 해보다가 독서토론동아리를 통한 독서교육이 최고의 방
법이고 내가 가장 잘 할 수 있는 일이라 여겨 고요독서회를 시작했
다. 그 때만 해도 독서교육 이론이나 방법에 대한 연구가 전무하다
시피 했다. 독서토론에 적정한 인원이 몇 명 정도인지, 몇 시간 정

도 토론하는 것이 좋은지, 발문을 어떻게 만들어 이끌어야 하는지, 심지어 학생들이 대략 한 시간에 몇 쪽 정도 읽어낼 수 있는지 등 궁금한 것 투성이였지만 가르쳐주는 선진 연구는 전혀 없었다. 더한 고민은 무슨 책을 읽혀야 하며, 그 텍스트를 어떻게 풀어주어야 할지에 대한 막막함이었다.

실제로 어떤 형태의 독서지도를 하든 나처럼 독서지도를 직접 실천하는 교사들이라면 텍스트에 대한 이런 고민이 사실상 가장 괴로운 일이다. 정한섭 선생이 그 고민에 도움을 주고자 연구를 시작했고, 그 결과물이 바로 이 책이다. 저자는 새로운 교육과정에서 중시하는 토론교육을 독서교육에 접목한 독서토론이 독서교육의 성과를 극대화 한다는 믿음으로 독서디베이트에 대한 이론을 정리하고 독서디베이트에 활용할 수 있는 자료를 개발했다. 독서교육이 앞으로 나아가는데 큰 징검돌 하나를 놓은 셈이다.

1부는 독서를 왜? 그리고 어떻게? 잘 할 수 있는지를 밝혔고, 2부는 독서동아리를 운영하거나 독서토론을 하고 있는 선생님들에게 실질적인 도움을 줄 자료들을 제시한다. 선생님들이 토론을 준비하고 기획할 때 겪는 어려움이 바른 논제의 추출이다. 그 논제 추출을 위한 지난한 고민의 과정을 세세하게 보여주는 것이 이 책만의 남다른 미덕이다. 만약 결과만 간략하게 제시했다면 혹시 선생님들과 관점이 다를 경우 사용하기 어려울 텐데 쟁점 제시까지의 생각 과정을 모두 밝혀놓았으므로 독자 선생님들도 저자와 같은 방법으로 새 쟁점 찾을 수 있다.

2부를 집필하기 위해 많은 석박사 학위 논문들과 다양한 비평서를 활용했는데 그것만으로도 이 책은 큰 업적을 이루었다고 생각한다. 공부를 좋아하는 분들이 이런 일을 기꺼이 맡아주어 독서지도의 이론과 자료가 풍성해져야 우리 같은 실천가들이 가르치는 일에 더 힘 쓸 수 있다. 미국 청소년들은 '백경'이나 '위대한 개츠비' 한 권으로 한 학기를 공부할 만큼 고전을 깊게 읽는다는데, 우리도 유명 고전만큼이라도 더 깊은 공부가 되도록 이끄는 이 책이 나온 것이 반가울 따름이다.

끝으로 수고한 저자에게 찬사와 함께 세계화 시대에 소통의 중요한 소재가 될 세계 고전들을 우리 청소년들이 독서디베이트를 통해 더 깊이 공부할 수 있도록 계속 연구하여 추가 자료집을 발간해주시길 당부 드린다. 아울러 중학생을 대상으로 했던 자료 개발이 고등학생, 나아가 성인으로까지 외연이 넓혀지기를 희망한다. 독서교육을 소명이라 여기고 엉성한 걸음으로 달리다 보니 어느새 석양길이라 마음이 편치 않았는데 좋은 도반을 만나 이 책을 얻는 행복을 누려 참으로 감사하다.

황주호(고요독서회 운영, 서상중·고등학교 교장)

새로운 '토론의 전사'의 탄생을 축하하며!

살다보면 그런 법이다. 가슴 떨리는 진동을 느끼는 순간들. 어느
한 사람을 우연히 만났는데!

굳이 유홍준이 책에서 언급한 '인생도처유상수'(人生到處有上
手)라는 말을 떠올리지 않더라도, 세상은 넓고 별처럼 빛나는 인물
들은 바닷가의 모래알처럼 헤아릴 수 없이 많다. 다만 그들이 세상
에 얼굴을 드러내지 않았을 뿐.

2017년 1월 진주에서 토론 공부를 하다 만난 한 사람이 있다. 이
름은 정한섭. 마산에 있는 한 중학교의 국어선생님이다. 그는 두
시간 동안 '독서 디베이트'(독서와 디베이트? 내게는 좀 생소하다!)
경험을 기반으로 강의를 했다. 어딘가 자신 없는 겸손한 목소리.
그는 본인 집에 책이 7천권 남짓 있고 긴 세월 그 책을 읽으며 살아
왔노라고 했다. 토론의 철학이나 토론에 대한 기법 하나라도 더 얻

으려고 온 선생님들은 다소 시큰둥한 표정으로 강의를 들었다. 강의 중에 신생님들의 눈빛이 반짝인 건 정한섭 선생님이 별도로 복사해온 유인물을 보면서였다. 원고 분량의 한계 때문에 자료집에 넣지 못하고 따로 가져온 종이에는 그가 수년 동안 읽은 문학 작품과 그 속에서 길어올린 치밀한 논제들이 적혀 있었다. 충격이었다. 나같은 사람에게 논제는 둘째치고 그 많은 책을 직접 읽었다는 사실 자체가 경이로웠다. 말로만 듣던 그 고전을! 이렇게 열심히 읽는 분이 계시구나. 그런데 그것도 아이들의 디베이트 교육을 위해, 논제를 찾으려고 5년 동안이나 읽고 또 읽었다니!

알고 보니 선생님과 나의 인연은 2004년으로 이어졌다. 2000년 처음 토론에 눈을 뜨고 원탁 토론만으로 지방 강의를 몇 번 갔던 적이 있다. 전국국어교사모임의 부산울산경남 선생님들과 밀양에서 토론 공부를 했는데, 그때 정한섭 선생님이 그 자리에서 대표로 나와 토론을 했노라는 말을 듣고, 보이지 않는 인연의 세계 또한 참으로 경이로웠다. 그런데 알고 보니 그는 독서광이었다. 우리같은 범인들은 학교에서, 아이들을 가르치면서, 월 한두 권의 책을 읽기도 쉽지 않은데 그는 동서양의 고전과 현대의 신서들을 아우르면서 책이라는 우주 속에서 시공을 넘나드는 여행을 하고 살았다. 참으로 멋진 삶이고 부러운 사람이다.

그가 그동안 학생들과 고전을 읽고 토론을 해온 과정을 들었다. 토론보다는 독서에 방점을 둔 교육이었는데, 아이들에게 깊이 있는 책읽기 교육을 위한 고난의 여정이 눈앞에 선하게 그려졌다. 중학생들이 셰익스피어와 오이디푸스와 안티고네 등을 읽다니! 절로 고개가 숙여지는 순간이었다.

그 동안 토론을 공부하는 사람들을 많이 만났고, 토론 연구회가 곳곳에 생기면서 한국 토론교육의 세계가 넓어지는 모습을 보았다. 이제 토론의 기초 철학과 방법론 등은 어지간히 많이 나왔다. 토론의 뿌리가 어느 정도 기반을 잡았다는 뜻이다. 다음은 줄기를 뻗어나갈 차례다. 독서와 글쓰기를 연계한 토론책들이 나와야 할 시점이다. 그 일은 각자 자기 세계에서 토론과 접목한 다양한 융합 교육을 시도하고 그 열매를 공유하는 사람들의 몫이다. 정한섭 선생님은 책읽기, 그 가운데서도 특히 고전 읽기를 토론과 접목시킨 최초의 사례다. 책을 지극히 사랑하는 선생님의 마음에서 나온 그분만의 고유한 토론 교육 활동이다.

선생님의 글을 읽고 가슴이 서늘해지는 대목이 한두 곳이 아니었다. 그가 보여준 풍부한 독서의 자취를 느낄 때도 그러했지만, 자기가 읽고 싶은 그 많은 책들을 제쳐두고 아이들을 위해 5년간 고전을 읽고 논제 찾기에 골몰하는 한 선생님의 모습이 지워지지 않았다. 마치 장 지오노가 쓴 「나무를 심는 사람」의 그 할아버지처럼. 이 책은 수십년 책과 씨름하고 지난 5년 동안 고전 작품을 걸러내면서 그 안에서 주제와 쟁점을 찾아 헤맨 정한섭 선생님의 오디세우스적 여정이다. 이 책으로 학생들이 진짜 고전을 읽고, 신나게 토론을 한다면. 어찌, 설레지 않으랴!

　세계는 넓고 전사는 많다. 정한섭 선생님이야말로 진정한 토론의 전사가 아닌가!
　토론을 발판 삼아 문학과 고전의 세계로 나아가는 사다리를 만들어준 정한섭 선생님의 지난한 노력이 이제 토론 능력을 한 단계 발돋움하기 위해 노력하는 많은 분들에게 신선한 충격을 주고 매우 알찬 독서 토론의 길잡이가 될 것임을 확신한다.

　오늘 밤에도 저 하늘 먼 곳 아래 책을 읽는 눈이 빛난다.

전사의 길을 같이 걷는
유동걸

느리고 깊게 읽는 독서

부제: 존재 양식으로서의 독서를 위하여

1. 들어가며

나는 독서하는 방법을 배우기 위해 80년이라는 세월을 바쳤는데도
아직까지 그것을 잘 배웠다고 말할 수 없다.
- 괴테 -

이상적인 독자는 이야기를 다시 만든다.
이상적인 독자는 이야기를 함께 만들어간다.
이상적인 독자는 작가의 말을 당연하게 받아들이지 않는다.
이상적인 독자는 답이 아닌 의문을 찾아내기 위해 책을 읽는다.
여백에 쓰인 글은 이상직인 독자라는 증거다.
- 알베르토 망구엘 -

책에 대한 말 중 가장 많은 것은 책을 읽어야 하는 이유다. 그 이유는 많고도 다양하다. 공감하는 것도 있고 그렇지 않을 때도 있다. 하지만 그 이유야 어떻든 책을 읽어야 한다는 당위에 이의를 제기하는 사람은 많지 않다. 사람들이 책을 읽지 않기 때문에 그만큼 책을 읽어야 하는 이유는 계속 말해지고 있다.

책을 읽는 이유만큼 많은 말들은 어떤 책을 읽어야 하는가이다. 목록의 타당성을 떠나 매해 수많은 권장 도서 목록들이 나오고 있다. 그만큼 사람들이 책을 읽지 않기 때문에 생기는 문제라는 생각이 든다. 책을 읽지 않으므로 스스로 책을 고를 능력을 상실했기 때문이 아닐까. 아니면 출판사의 상술일지도 모르고.

그렇다면, 책에 대해 이야기 할 때 잘 언급되지 않는 내용은 무엇일까. 그것은 책을 어떻게 읽어야 하는가, 즉 책을 읽는 방법이다. 책을 읽는 방법에 대해 다른 사람에게 이야기를 듣거나 그 방법을 배운 적이 있는가. 아니 책을 읽는 방법에 대해 말하거나 배

워야 한다고 생각을 한 적이 있기나 한가. 아마 거의 없을 것이다. 심지어 그것을 배울 수 있는가 하고 의문을 가지는 사람들도 많으리라.

사람들은 왜 책을 읽는 방법에 대해 이야기하지 않거나 그것을 배울 수 없다고 생각할까.『읽지 않은 책에 대해 말하는 법』이라는 재미있는 책을 쓴 피에르 바야르는 "나는 우리의 사생활에서 돈과 섹스의 영역을 제외하고 독서의 영역보다 더 확실한 정보를 얻기 힘든 영역도 없을 거라고 생각한다."라고 말했다. 즉 돈과 섹스 다음으로 은밀한 영역이 독서라는 것이다. 돈, 섹스, 독서의 공통점은 말은 많은데 그 속에 진실은 많지 않다는 점이다. 아니 말이 많은 만큼 진실은 그 말 속에 은폐되어 있다.

어떤 사람이 책에 대해 말할 때, 우리는 그가 그 책을 정말로 읽었는지, 읽고 어느 정도 이해했는지, 그리고 어떻게 읽었는지를 제대로 알 수 없다는 뜻이 그의 말 속에 함축되어 있다. 왜 알 수 없을까. 그 이유는 사람들이 그것을 진실하게 이야기 하지 않기 때문이다. 그렇다면 왜 사람들은 그것에 대해 진실하지 않을까. 우리는 책과 교양은 아주 밀접한 관계가 있다고 여긴다. 그래서 남들이 다 읽었다고 하는 책을 읽지 않았다고, 읽고 이해할 수 없었다고 말하면 곧 교양이 없고 지적 수준이 낮은 사람으로 여겨지기 때문이다.

문명사회에서 독서는 한 사람의 교양이나 지적 수준과 연결되어 생각되기 때문에 독서에 대해 우리가 많은 말을 하고 있을지라도, 사실 독서는 매우 사적이며 은밀한 영역에 속한다. 그러므로 우리가 책에 대해 말할 때 그 속에 진실은 많지 않다는 것이 나의 생각이다. 그것은 돈과 섹스에 대한 이야기에 비추어보면 더 쉽게 이해된다. 여러분이 돈과 섹스에 대해 이야기하는 것 속에 자신의 진실은 얼마만큼 들어있는가. 독서에 대해 말할 때도 비슷하다. 책에 대해 이야기할 때 소유하고 있는 책의 권수, 읽은 책에 대한 이해정도, 책을 읽었는지 안 읽었는지 등에 대해 우리는 과장하거나 지나치게 검손한 경향이 있지 않은가.

독서라는 은밀한 영역에서 가장 신비한 영역은 사람들이 생각하듯 책에 대한 이해도가 아니다. 사람들은 진실을 떠나서 책의 내용과 이해에 대해서는 아주 많은 말을 하고 있다. 우리가 하는 독서토론들이 대부분 그렇다. 책을 읽고 하는 대화가 설령 거짓이라 하더라도 거짓 속에서도 진실은 일부 드러나는 법이다. 진실이든 거짓이든 책에 대해 이야기할 때 거의 언급되지 않는 것이 책을 읽는 방법이다.

독서 방법에 대한 이야기가 거의 없는 이유는 책을 읽는 과정은 보여줄 수 없기 때문이기도 하고, 대부분 방법을 의식하지 않고 그냥 읽기 때문이다. 어떤 사람에게 책을 빌렸을 때, 그 사람이 그 책에 어떤 표시를 하고 무엇을 메모했는지를 본다면 우리는 대략 그의 독서 방법을 추측해 볼 수 있지만 사실 지저분한 책은 거의 빌려 주지 않는다. 특히, 마구 밑줄을 그어 놓았거나 자신의 온갖 생각을 적어 놓은 책은 거의 빌려주지 않는다. 왜냐하면 그것은 지극히 사적인 것이기 때문이다. 젊은 시절에 책 표지에 감상적으로 적어 놓은 글들을 보면서 부끄러움 같은 감정을 느낀 적이 있지 않나.

이 글은 이 지극히 사적인 영역에 대해 말하려고 한다. 하지만 이는 매우 은밀한 영역이어서 깊게 말할 수는 없다. 돈과 섹스처럼 말만 많지 도움이 되는 것은 별로 없을지도 모르겠다.

이 글은 책 읽는 방법에 관한 책들을 읽고 그것들을 소개하면서 나의 개인적 경험을 덧붙여 쓴 것이다. 그 속에 아주 특별한 독서 비법이 있지는 않다. 마치 공개된 일기장처럼 별 진실이 없을지도 모른다. 하지만 처음 일기를 쓰는 사람은 남의 일기를 보고 일기를 어떻게 써야하는지에 대한 정보를 얻듯이 이 글도 자신만의 책을 읽는 방법을 찾는데 도움이 되는 조그만 정보를 제공하는 데 목적이 있다. 독서의 방법에 대한 글을 쓰지만 여기에 특별한 비법은 없다.

오늘날 우리가 독서의 방법에 대해 이야기 할 때 속독술이나, 다독이 좋은가 정독이 좋은가 외에는 거의 사람들 사이에서 논의되지 않는다. 읽기의 방법에 대해 구체적으로 이야기되지 않는 것은 여러 이유가 있다. 그 중에는 읽기는 가르칠 수 없으며 스스로 습득하는 것이라는 생각이 있다. 많이 읽으면 잘 읽게 되므로 굳이 가르칠 필요가 없다고 생각한다. 물론 많이 읽으면 잘 읽는다. 하지만 읽는 방법을 잘 알면 더 잘 읽는 것 또한 분명하다.

자신이 어느 정도 책을 읽었는데도 독해력이 취약하다면 이는 독서 방법의 문제일 가능성이 많다. 자신이 기계적인 독서 습관을 가지고 있지 않은지 생각해봐야 한다. 기계적인 독서 습관이란 책의 첫 쪽부터 마지막 쪽까지 관성적으로 읽거나, 정보를 수동적으로 받아들이는 독서 방식이다. 즉, 능동적으로 책을 읽지 않는 것을 말한다. 미국의 뛰어난 작가 조이스 캐롤 오츠는 "처음에 작가는 '나는 말해야 한다.'고 생각한다. 두 번째로는 '그것을 어떻게 말해야 할까?'를 생각한다."라고 말했다. 훌륭한 독서가라면 처음에 '나는 읽어야 한다.'고 생각하고, 두 번째는 '그것을 어떻게 읽어야 할까?'를 생각해야 한다.

책을 읽는 방법을 아는 것이 중요한 이유는 그것이 독서의 즐거움을 느끼는 데 핵심적인 역할을 하기 때문이다. 왜 독서의 방법이 독서의 즐거움과 관계가 있는지 다음에 나올 방법들을 의식적으로 사용하면서 읽어보면 안다. 이는 단지 기술의 문제가 아니다. 독서 방법의 문제는 독서의 즐거움을 느끼느냐 못느끼느냐의 문제와 같다. 독서의 즐거움을 모르면 독서를 결코 지속적으로 할 수 없다. 독서의 즐거움을 모르면서 독서하는 사람은, 독서를 강요하는 환경에서 벗어나는 순간 책을 손에서 놓고 더 이상 책을 읽지 않는다.

이 글은 책을 읽는 방법을 몇 가지 소개하기 위한 목적으로 썼다. 방법을 의식하면서 책을 읽는 것은 책을 이해하고 즐기는 데 많은 도움을 준다. 처음 책을 읽는 사람뿐만 아니라 책을 좀 읽었다는 사람에게도 마찬가지다. 단지, 조심해야 할 것은 대체로 만병통치약이라 선전하는 약들이 약효가 없듯, 모든 사람에게 두루 통하는 독서법이란 없다는 점이다. 여기서 소개하는 독서 방법들을 참고하여 실천해보면서 자신에게 맞는 방법을 스스로 계발해야 한다. 진정으로 뛰어난 독서가는 자신만의 독서법을 하나씩 가지고 있다.

아니, 괴테처럼 자신만의 방법을 만들어 가는지도 모르겠다.

다시 말하지만 여기서 소개하는 방법은 공개된 일기장처럼 특별한 것이 없다. 다 알만한 내용이다. 책을 읽을 때는 목적을 갖고 읽자, 전체 내용을 파악하려고 노력하면서 읽자, 질문하며 읽자, 책에 메모를 하거나 표시하며 읽자, 관련된 책을 함께 읽자, 반복해서 읽자, 읽었으면 생각하자 등 하나마나한 소리들이다. 그럼에도 불구하고 다시 강조하는 이유는 이것들이 독서의 기본적인 방법들이고, 우리가 알고 있음에도 불구하고 의식적으로 노력하지 않기 때문이다. 이번 기회에 평소 알고 있는 내용을 다시 한번 보고 실천하기 바란다. 분명히 말하지만 이것은 책을 읽는 비법이 아니다. 나도 비법을 알고 싶지만 솔직히 모른다. 비법이 있다면 그것은 자신이 찾아야 한다. 그래야 비법이다. 자신만의 비법을 찾는 입구나 출발점 정도로 이 글을 받아들이면 좋겠다.

본론으로 들어가기 전에 간단히 하나만 더 언급하고자 한다. 이 글에서 추구하는 글 읽기의 방법은 '존재 양식으로서의 독서'다. 에리히 프롬은 그의 책 『소유냐 존재냐』에서 현대 인간의 삶과 사회의 문제를 분석한다. 그리고 문제는 인간들의 소유 지향적 삶에서 비롯된다고 말하면서 이의 극복을 위해서는 우리가 존재 지향적 삶을 살아야 한다고 말한다. 이 두 삶의 양식의 이해를 위해서 그는 여러 가지 일상의 사례를 언급하는데 그 중에 하나가 독서이다. 소유 양식으로서의 독서와 존재 양식으로서의 독서는 어떻게 다를까.

프롬은 소설의 경우를 예로 들어 이렇게 설명한다. 소유 양식으로서의 독서는 호기심에 이끌려서 줄거리를 알고 싶어 한다. 주인공이 살아남는지 죽는지, 여주인공이 유혹에 빠지는지 아닌지를 궁금해 한다. 이 경우 소설 텍스트는 독자를 흥분시키는 일종의 전희 역할(前戲役割)을 하며, 행복하든 불행하든 그 결말이 절정을 이룬다. 결말을 알고 났을 때 독자는 마치 자기 자신의 기억들을 헤집어본 듯이 현실감이 있게 이야기 전체를 소유한다. 그러나 그가 획득한 인식은 아무 것도 없다. 존재 양식으로서의 독서처럼 소설 주인공을 파악하여 인간의 본성을 통찰하는 능력도 심화시키지 못했고, 스스로에 대해서 무엇인가를 깨우친 바도 없다.

또 그는 철학서를 예로 들어 그의 생각을 보충한다. 소유 양식으로서의 독서는 저자의 주요 사상을 암기하거나 무비판적으로 받아들여서 책 속의 정보를 소유하는 것으로 끝난다. 따라서 이 독서는 선대 철인들을 문제의 과녁에 놓고 그들을 대상으로 대화를 펼칠 수 없다. 그들도 자기 모순을 지니고 있으며 어떤 문제들은 제쳐놓고 어떤 주제들을 회피하고 있다는 사실을 간파하지 못한다. 이에 반해 존재 양식으로서의 독서는 책을 창조적이고 비판적으로 읽는다. 존재 양식으로서 책을 대하는 독자는 아무리 저명한 저서라도 다소간에 무가치한 요소를 지니고 있다는 확신에 이를 수 있다. 어쩌면 그는 때로는 작가 자신보다 그 책을 더 잘 이해할 수도 있다. 작가에게는 자신이 쓴 것은 모조리 중요하게 보였을 테니까.

존재 양식으로서의 독서란 프롬이 존재 양식으로서의 지식에 대해 언급하고 있는 글에서 잘 드러난다. "얇은 표면을 뿌리까지 뚫고 들어가서, 그래서 근원에 이르러서 적나라한 현실을 '보는 것'을 의미한다. 그것은 진실을 소유하는 것이 아니라, 표면을 뚫고 들어가서 비판적이고 능동적으로 진실을 향해 가급적 접근하는 것을 의미한다." 프롬의 말처럼 중요한 것은 보다 많이 아는 것이 아니라 보다 깊이 아는 것이다. 독서도 이러해야 한다.

 이 글에서 소개하는 독서의 방법들은 존재 양식으로서의 독서를 돕기 위한 기술들이다. 책을 많이 읽는 방법이나 책을 빨리 읽는 방법이 아니다. 이 글의 대전제는 아래서 소개할 '천천히 읽기'이다. 그럼, 본론으로 들어가자.

2. 천천히 읽자(遲讀, 味讀, 슬로 리딩)[1]

천천히 읽는 것을 배워라. 모든 다른 장점들이 따라 올 것이다.
- W.워커 -

나는 다른 사람들이 이렇게 읽었으면 좋겠다고 생각하면서 읽는다.
다시 말해 굉장히 천천히 읽는다.
나에게 한 권의 책을 읽는다는 것은 그 저자와 함께 15일 동안 집을 비우는 일이다.
- 앙드레 지드 -

 책을 읽는 방법은 여러 가지가 있지만 가장 논란이 많은 것은 속독이 좋은가 아닌가이다. 특히 오늘날과 같은 정보의 홍수 시대에는 속독이 반드시 필요하다고 주장하는 사람들이 많다. 물론 속독

---

1) 이 장은 이 글에서 소개하는 모든 독서 방법의 대전제를 설명한다. 모든 독서의 방법은 책을 천천히 음미하며 읽어야 한다는 전제 아래서 의미가 있다.

이 필요한 책들이 있지만 모든 책을 속독으로 읽기란 불가능하다. 한때 속독이 유행처럼 번져 속독을 하는 사람이 책을 잘 읽는 사람처럼 보였지만 오늘날 그 효과는 의심스럽다. 다만 책은 그 종류에 따라 속도를 조절하면서 읽어야 하고 그 속도는 사람에 따라 다르다.

이 글에서 속독은 다루지 않는다. 왜냐하면 직업적으로 수많은 책을 읽어야 하는 사람이 아니라면 속독은 책을 잘 읽기에 거의 도움이 되지 않기 때문이다. 또한 속독으로 정보를 얻을 수는 있겠지만 진정한 책읽기의 즐거움을 누릴 수는 없다.

소설가 히라노 게이치로는 "쓰는 사람은 누구나 읽는 이들이 자신의 책을 슬로 리딩할 것이라는 전제 하에 글을 쓴다"고 말했다. 작가는 독자가 자신의 책을 천천히 생각하면서 읽으리라 생각한다는 말이다. 책 속의 내용은 다 의미가 있다. 소설가 박경리는 이를 이렇게 말한다. "길가에 뒹굴고 있는 돌은 그냥 뒹굴고 있는 것이 아닙니다. 그냥 뒹굴고 있는 것 같지만 작가는 무심하게 그것을 배치하면 안 됩니다. 풍경은 필연적인 것이며 사람의 마음과 사건과 상황과 깊이 연관되어 있는 것으로 다 함께 연출하고 있는 것입니다. 돌 하나, 새 한 마리, 나무 한 그루, 모두 인간과 더불어 삶이라는 드라마를 전개하고 있으며 존재 가치를 보유하고 있는 것입니다."

우리는 무작정 활자를 쫓는 빈약한 독서에서 벗어나야 한다. 맛을 음미하고 생각하며 깊이 느끼는 풍요로운 독서로 나아가야 한다. 줄거리뿐만 아니라 뼈대를 감싸고 있는 풍성한 육질에도 주목

해야 한다. 서두르지 말고, 음미하며 게으르게 읽어야 한다. 천천히 읽어야 분석이 되고, 게으르게 읽어야 상상이 된다. 느긋하게 읽어야 비판할 점이 보인다.

주자가 살아 있을 적에 제자들과 나눈 대화를 기록한 책이『주자어류』이다. 이 책의 '독서편'을 송주복이 번역하고 해설하여『주자서당은 어떻게 글을 배웠나』(청계, 1999)라는 책을 썼다. 그 책에서 주자는 책은 깊고 느리게 읽어야 한다고 말한다. 주자는 말했다. 책읽기란 "마치 과일을 먹는 것과 같다. 처음에 과일을 막 깨물면 맛을 알지 못한 채 삼키게 된다. 그러나 모름지기 잘게 씹어 부서져야 맛이 저절로 우러나고, 이것이 달거나 쓰거나 감미롭거나 맵다는 것을 알게 되니, 비로소 맛을 안다고 할 수 있다."

『천천히 읽기를 권함』이란 책에서 야마무라 오사무는 우리들에게 천천히 읽기를 권하면서 그 이유를 설명한다. 책을 천천히 읽으면 문득 황홀한 기분에 젖을 수 있기 때문이다. 빨리 읽어서 그냥 지나쳤던 부분을 천천히 읽으면서 새로운 의미를 발견할 수 있다. 빨리 읽어서 알아채지 못하는 구절도 천천히 읽음으로써 눈여겨볼 수 있고 그 구절의 의미에 깜짝 놀라게 된다. 이 책의 여러 곳에서 저자는 천천히 읽음으로써 느낀 자신의 '황홀한 체험'을 우리들에게 들려준다. 그의 체험을 읽다보면 책 읽는 것의 즐거움과 행복함을 함께 느낀다. 그 대표적 한 예를 들어보겠다.

얼마 전 나쓰메 소세키의 《나는 고양이로소이다》를 읽었는데, 거의 마지막 부분에서 다음과 같은 한 줄이 눈에 들어왔다.

무사태평으로 보이는 사람들도 마음속 깊은 곳을 두드려보면 어딘가 슬픈 소리가 난다.

　　이 소설을 읽은 것은 이때가 세 번째였다. 첫 번째는 고등학생 때였고, 두 번째는 2년 전쯤이었다. 처음으로 읽었던 고등학생 때는 아득한 옛날로, 그 내용은 보기 좋게 기억에서 사라졌으므로 제쳐둔다고 해도, 두 번째 읽었을 때 역시 이 한 줄에는 주의를 기울이지 못했다. 이 부분은 마지막 장의, 고양이 주인인 구샤미 선생 집에 메이테이, 간게쓰, 도쿠센, 도후 군 등 여러 친구가 모인 날의 일이다. 무료한 잡담 끝에 짧은 가을 해는 지고 손님들은 인사를 하고 뿔뿔이 현관을 나선다. 구샤미 선생은 서재에 틀어박히고, 아내는 바느질을 시작하며, 아이들은 베개를 나란히 하고 잠이 든다. 그리고 하녀는 목욕을 하러 간다.

　　석양은 어둠 속으로 사라지고 집 안은 쥐 죽은 듯 조용해진다. 소설도 조용해진다. 그 장면에서 앞의 한 문장이 턱 하니 나온다. 이렇게 고요한 야음(夜陰)의 광경이, 이렇게 적막한 말이 이 소설에 있었던가. 쓸쓸하고 절실한, 그래서 오히려 행복감마저 들게 하는 깊은 마음……. 몇 번인가 그런 기분을 맛보았다.

　　천천히 읽음으로써 앞선 두 번의 독서에서 발견하지 못한 새로운 구절을 발견하고 그 구절이 보여주는 풍부한 울림에서 저자는 행복함을 느낀다. 하지만 우리들은 너무 빨리 읽음으로 해서 이런 정서적 울림을 느끼지 못하는 경우가 너무 많다. 술이 술을 먹는다는 말이 있다. 독서의 경우에는 글이 글을 먹는 경우도 많다. 술도 그 맛을 음미하며 마실 때 제 맛을 느낄 수 있듯 글도 그렇다.

독서법의 대가인 모티머 애들러는 『독서의 기술』에서 책을 연애 편지처럼 읽는 것에 대해 이야기한다. 이 대목은 천천히 읽기를 가장 잘 설명한 글 중의 하나다. 그는 이렇게 말하고 있다.

사랑에 빠져서 연애편지를 읽을 때, 사람들은 자신의 실력을 최대한으로 발휘하여 읽는다. 그들은 단어 하나하나를 세 가지 방식으로 읽는다. 그들은 행간을 읽고 여백을 읽는다. 부분적인 관점에서 전체를 읽고 전체적인 관점에서 부분을 읽는다. 문맥과 애매함에 민감해지고 암시와 함축에 예민해진다. 말의 색채와 문장의 냄새와 절의 무게를 곧 알아차린다. 심지어 구두점까지도 그것이 의미하는 바를 파악해 내려 한다.

설명하지 않아도 연애편지를 읽어본 사람은 잘 안다. 연애편지를 받아보지 않은 사람을 위해서 천천히 읽는다는 것은 어떤 느낌인지 좀 더 구체적으로 살펴보자. 예를 들어 설명하면 이해에 도움이 될 것이다. 천천히 읽기의 정도는 물론 사람마다 모두 다르다. 야마무라 오사무는 천천히 읽는다는 것은 '읽는 사람의 심신의 리듬에 맞게 읽기'라고 말한다. "독서란 책과 심신의 조화이다."라고 그는 말한다. 이 조화 속에서 책 읽기의 행복함을 느끼는 시간이 다가온다.

그는 《시라시나 일기》의 첫 부분에 나오는, 고향에서 도읍으로 끌려가 경비 초소에 근무하면서 어전 마당을 쓸다가 고향이 그리워 한탄하는 한 남자의 중얼거림을 예로 천천히 읽기를 설명한다.

어찌 이런 시련을 당한단 말이냐.
우리 고향에 일곱 동이, 세 동이 담가놓은 술항아리에 띄워놓은 호리병박 국자.
남풍 불면 북쪽으로 너울거리고,
북풍 불면 남쪽으로 너울거리고,
서풍 불면 동쪽으로 너울거리고,
동풍 불면 서쪽으로 너울거리는데 보지도 못하고
요기 이렇게 있을 줄이야.

이 남자의 중얼거림에서 국자가 떠도는 모습을 자연스럽게 떠올릴 수 있다면 그것이 바로 '천천히 읽는 리듬'이라고 그는 말한다. 그는 "넉넉하고 유유자적한 서정은, 예컨대 남풍이 불면 북쪽으로 너울거린다라는 부분을 읽으면서 그와 동시에 많은 술항아리에 떠도는 국자가 나란히 남쪽에서 북쪽으로 천천히 너울거리는 모습을 떠올림으로써 비로소 솟아나는 것이다. 여러 개나 되는 국자가 일제히 같은 방향으로 움직이는 데서 느긋하고 평온한 인상이 빚어지는데, 단 하나의 국자밖에 떠올리지 못했다면 '기준'을 넘어 너무 빨리 읽은 것이다."라고 말하고 있다.
또 다른 예는, 안토니오 스카르메타가 쓴 소설 『네루다의 우편배달부』와 다니엘 페나크가 쓴 책 『소설처럼』, 앤 패디먼의 책에 대한 에세이인 『서재 결혼 시키기(Ex Libris)』, 김열규 교수가 자신의 독서와 함께 한 인생을 다룬 책 『김열규 교수의 열정적 책 읽기 - 독서』에서 찾을 수 있다.

먼저 『네루다의 우편배달부』부터 살펴보자. 이 소설은 안토니오가 칠레의 위대한 민중시인 파블로 네루다에게 경의를 표하고 칠레의 민주화를 염원하면서 쓴 소설이다. 이 소설 중에서 네루다가 마리오에게 바다의 움직임을 관찰하면 메타포(은유)를 만들 수 있다고 가르쳐 주는 장면이 있다. 마리오는 시인 네루다에게 예를 하나 들어달라고 부탁한다. 네루다는 마리오에게 다음과 같은 시를 읊어준다.

여기 이슬라 네그라는 바다, 온통 바다라네.
순간순간 넘실거리며
예, 아니요, 아니요라고 말하지.
예라고 말하며 푸르게, 물거품으로, 말발굽을 울리고
아니요, 아니요라고 말하네.
잠잠히 있을 수 없네.
나는 바다고
계속 바위섬을 두드리네.
바위섬을 설득하지 못할지라도.
푸른 표범 일곱 마리
푸른 개 일곱 마리
푸른 바다 일곱 개가

일곱 개 혀로 바위섬을 훑고
입 맞추고, 적시고
가슴을 두드리며
바다라는 이름을 되풀이하네.

위와 같은 시를 읊어주고 네루다는 시에 대한 느낌을 마리오에게 묻는다. 네루다의 물음에 대한 마리오의 대답은 천천히 읽기가 어떤 것인지를 알려준다.

"어떻게 설명해야 할지요. 시를 낭송하셨을 때 단어들이 이리저리 움직였어요."
"바다처럼 말이지!"
"네. 그래요. 바다처럼 움직였어요."
"그게 운율이란 것일세."
"그리고 이상한 기분을 느꼈어요. 왜냐하면 너무 많이 움직여서 멀미가 났거든요."
"멀미가 났다고."
"그럼요! 제가 마치 선생님 말들 사이로 넘실거리는 배 같았어요."

천천히 읽는다는 것은 바다에 관한 한 편의 시에서 바다의 움직임과 그 운율에서 배멀미를 느끼는 정도의 읽기라고 할 수 있다.
다니엘 페나크의 『소설처럼』은 아이들이 왜 책을 읽지 않는지, 어떻게 하면 아이들이 다시 책을 좋아하게 할 건지를 소설처럼 재미있게 쓴 책이다. 이 책 속에는 아이들에게 파트리크 쥐스킨트의 소설 『향수』의 한 대목을 교사가 읽어 주는 장면이 나온다.

당시에는 우리 현대인들이 상상할 수 없을 정도로 도시 어디를 가나 악취가 진동했다. 거리에선 똥 냄새가, 뒷마당에선 오줌 냄새가, 계단참에는 나무 썩는 냄새며 쥐똥 냄새가, 부엌에는 배추 썩는 냄새와 역겨운 양고기 냄새가 코를 찔렀다. 환기가 안 된 집 안 거실에서는 으레 퀴퀴한 곰팡내가 났으며, 방에는 눅진한 이불과 요강에서 새어나오는 지린내가 배어 있기 마련이다. 그런가 하면 굴뚝이란 굴뚝마다 유황 냄새를, 무두질 공장에서는 가죽 노린내를, 도살장에서는 엉겨붙은 피비린내를 쉴 새 없이 뿜어댔다. 사람들에게는 오랫동안 빨지 않은 옷에서 나는 땀 냄새, 썩은 이빨로 인한 구취, 트림과 함께 배 속에서 올라오는 시큼한 양파즙 냄새가 체취와 뒤섞여 스며나왔고, 나이가 들면 거기에 치즈 노린내와 시큼한 우웃내, 곪아 터진 종기의 고름내까지 가세했다. 강에서도, 광장에서도, 성당에서도 악취가 났다. 악취는 다리 밑이건 궁전이건 가리지 않았다. 농부도 사제와 똑같은 고린내를 풍겼으며, 견습공도 주인 마누라와 똑같은 냄새를 피워댔다. 귀족들의 악취는 아예 지위 고하를 막론하였고, 왕조차 예외가 아니었다. 왕에게서는 야수의 냄새가, 왕비에게선 늙은 염소 냄새가 여름 겨울 할 것 없이 사시장철 가리지 않고……

이 구절을 아이들과 함께 읽은 선생은 다음과 같이 말하고 있다.

"쥐스킨트 씨, 고맙습니다. 당신의 책 갈피 갈피에서 뿜어 나오는 악취가 급기야 우리의 코를 찌르고 속을 뒤집어놓았으니 말입니다."라고 말한다. 천천히 읽는다는 것은 악취를 언급한 한 편의 글에서 코를 찌르고 속이 뒤집힘을 함께 느끼는 것이다.

앤 패디먼의 책에 대한 에세이인 『서재 결혼 시키기(Ex Libris)』는 책에 대한 다양한 이야기들을 담고 있다. 책과 더불어 생활하는 즐거움과 그로 인한 사건들이 재미있다. 이 책에 「식탐을 부르는 책」이라는 제목의 에세이가 실려 있다. 책과 음식에 얽힌 이야기들이다. 그 속에 이런 내용이 나온다.

얼마 전에 《코끼리가 울 때》의 공저자인 내 친구 수전 매카시는 먹는 것에 대한 이야기를 읽다가 부엌을 멀리하고 달아나는 일이 생길 수도 있다고 했다. 그녀는 범고래가 혹등고래를 잡아먹는 이야기 가운데 한 구절에 대해 언급했다. "이로 껍질을 벗겨 먹다시피 한다는 거야." 수전은 식욕을 억누르는 장치로 이 구절을 냉장고에 붙여 놓을까 하는 생각도 했다. 나는 존 랜치스터의 《쾌락에 진 빛》의 한 구절을 같은 목적으로 냉장고에 붙여 놓을 수 있을 것 같았다. 그것은 어떤 소년이 기숙사 학교에서 처음 음식을 먹을 때 식탁에 나온 것을 묘사하는 부분이다. "그 질감과 온도 때문에 콧물이 바로 연상되는 진흙 색깔의 소스에, 물렁뼈 몇 조각이 부끄러운 줄 모르고 몸을 드러낸 채 둥둥 떠 있는 수프."

경험의 차이에 따라 다르겠지만 이 구절을 읽고 속이 울렁거리고 입맛이 싹 가셨다면 여러분은 천천히 읽은 것이다.

마지막으로 김열규 교수가 자신의 독서 인생을 적은 책『독서』에 나오는 예를 보자. 김열규 교수는 「꼼꼼 읽기-창조적인 읽기로 통하는 문」이라는 제목의 글에서, "꼼꼼 읽기를 통한 창조적 읽기는 집어내고 캐어내고 찾아내는 것"이라고 말하면서 다음의 예를 들고 있는데 이 꼼꼼 읽기는 천천히 읽기를 말한다.

"정말 네가, 네가 간단 말이냐?"
"정말 네가 네가 간단 말이냐?"

앞에서 '네가, 네가' 사이에 한숨이 느린 바람결처럼 끼어들었다. 그러나 두 번째에는 '네가 네가'를 다그치듯이, 마치 재빨리 물살을 가르고 내달리는 모터보트의 스크루 돌듯이 외쳐야 한다. 이걸 구별 못하는 사람은 자기의 글에 구두점을 찍을 능력이 없는 것이다. 이쯤 되면 '눈뜬 소경' 소리를 들을지도 모른다.

아, 네가 간다. 네가 간다.
드디어, 드디어!

그렇다면, 여기서 두 번 반복되는 '네가 간다'라는 말의 끝에 찍혀 있는 마침표는 어떻게 할 것인가? 옆 사람이 듣기에는 어차피 순간일 테지만 심정을 토로하고 있는 본인으로서는 그 사이에 길고 긴 시간, 영원이 흘러갈 것이다.

쉼표 하나, 마침표 하나에 담긴 의미까지도 음미하며 읽는 것, 이것이 천천히 읽기가 아닐까.

어떤 것이 천천히 읽기인지 느꼈을 것이다. 결국 그것은 음미하고, 즐기며 상상력을 충분히 발휘하여 읽는 것이라고 말할 수 있다. 그런 가운데서 독서의 기쁨이 생겨난다. 문제는 그것이 쉽지 않다는 점이다. 오히려 빨리 읽는 것이 쉬울 때가 많다. 천천히 읽기 위해서 우리는 의식적으로 속도를 늦추고 생각하고 상상해야 하기 때문이다. 생각한다는 것은 힘든 일이다. 그렇지만 우리는 천천히 읽기 위해 노력해야 한다.

책을 급하게 읽으면 아무것도 배울 수 없다. 느리게 천천히 읽는 것이 중요하다. 천천히 간절한 마음으로 읽어야 책 속의 세계가 보인다. 목적지를 향해서 성급하게 내달리지 말고 한 발 한 발 느끼며 나아가야 한다. 질문을 던지고, 비판적으로 생각하며, 상상력을 동원하여 읽어야 한다. 주어진 정보를 수동적으로 무비판적으로 받아들이는 순응적 독서, 공감과 상상 없이 그저 첫 쪽에서 마지막 쪽까지 읽어나가는 기계적인 독서에서 벗어나야 한다. 주어진 생각에 의문을 품고, 생각을 밀고 나가 결론을 구하고, 열린 마음으로 책을 읽어야 한다. 세계 최고의 독서가 중 한 사람인 망구엘은 이렇게 말했다. "나는 독서에도 윤리가 있다고 믿는다. 요컨대 글을 읽는 방법에도 책임감이 있어야 하고, 페이지를 넘기며 행을 쫓아가는 행위에도 의식과 철학이 있어야 한다고 생각한다." 사회 속에서 사람들이 살아가기 위해서는 윤리가 필요한 것처럼 책을 읽는 데도 윤리가 필요하다. 나는 그 윤리가 천천히 읽기여야 한다고 생각한다. 이는 힘들게 글을 쓴 작가에 대한 최소한의 윤리일 것이다. 그 윤리 속에서 작가와 독자의 대화가 가능하다.

3. 핵심을 파악하며 읽자

책을 잘 이해하기 위해서 우리는 어떤 일을 해야 할까. 오준호는 『소크라테스처럼 읽어라』라는 책에서 '독해력 업그레이드를 위한 3단계'를 설명한다. 이를 보면, 책을 읽으면서 우리가 어떤 일을 해야 하는지를 대략 이해할 수 있다.

오준호에 의하면 글을 읽으면서 우리가 해야 할 일은 세 가지이다. 첫째는 글의 핵심을 파악해야 하고, 둘째는 글의 논리 구조를 이해해야 하고, 마지막으로 보이지 않는 것까지 추론해서 전체 그림을 그려볼 수 있어야 한다. 두 번째, 세 번째는 생각보다 쉽지 않으므로 우선 책을 읽을 때는 글의 핵심을 파악하는 데 집중하면 좋다. 이를 중심으로 설명한다.

글의 핵심을 파악한다는 것은 내용의 뼈대를 파악하는 일이다. 이를 파악해야 이 책은 이런저런 책이라고 말할 수 있다. 글에서 파악해야 할 핵심은 무엇일까. 글의 종류에 따라 파악해야 할 핵심은 다르다. 소설에서 파악해야 할 핵심은 인물들 간의 갈등을 통해서 드러나는 작품의 주제이고, 논설문은 저자가 주장하는 바가 핵심이다. 그런데 이를 간단히 말하면 모든 책은 넓게 보아 문제와 그에 대한 답$^{2)}$으로 구성되어 있다.

소설에는 인물이 처한 갈등 상황이 있다. 그것이 문제이고, 그 인물이 최종적으로 선택하는 행위가 답이다. 오르한 파묵이 가장 위대한 소설이라고 한 톨스토이의 『안나 카레니나』를 예로 들어보자. 문제는 안나가 애정이 없고 가식으로 가득한 상류사회의 결혼 제도 속에서 고통 받는 것이고, 답은 그녀가 기차 바퀴 앞에 몸을 던지는 행위이다.

플라톤의 『국가』를 예를 들면, 문제는 이상적인 국가는 어떤 국가인지가 핵심이다. 답은 철학자인 왕이 통치하고 수호계급(군인)과 생산계급(장인)이 그 아래에서 맡은 소임을 다하는 철인정치이다. 말콤 글래드웰의 『아웃라이어』의 경우에는 문제는 성공의 조건은 무엇인가이다. 이에 대한 답은 성공은 개인의 천재성에 달린 것이 아니라, 사회·문화적 환경과 1만 시간의 노력에 달려 있다고 말할 수 있다. 또 조지 오웰의 『동물농장』의 경우는 인간으로부터 자유와 평등을 쟁취하고자 했던 동물농장이 실패한 이유가 문제이고, 그에 대한 답은 지배계급의 탐욕과 피지배계급의 권력에 대한 감시와 비판의 부재다.

책에서 제기하는 문제가 무엇인가를 찾는 일은 쉽지 않다. 사실

---

2) 문제와 해답은 주장(핵심 문장, 명제)과 근거로 바꾸어 볼 수도 있다. 박홍순은 『어크로스 고전 읽기』에서 고전을 읽고 이해하기 위해서는 핵심 문장이나 명제를 붙잡고 싸워야 한다고 말하고 있다. "특히 핵심 문장이나 명제를 붙잡고 싸워야 한다. 대부분의 글은 주장과 이를 뒷받침하는 논거로 구성되므로 원문을 읽으면서 핵심 주장과 논거로 구분해보려는 시도가 필요하다. 핵심 문장과 싸워서 승부를 보려는 마음으로 달라붙어야 한다. 마치 어려운 영어 문장을 이해하기 위해 중요한 용어에서 문장의 구조에 이르기까지 '연구'하고 '분석'하는 것처럼 말이다. 고전의 핵심 문장은 사상가의 생각을 압축해 표현한 것이기 때문에 제대로 깊이 있게 이해한다면 전체적인 문제의식을 예리하게 읽어낼 수가 있다."(7-8쪽)

책에서 제기하고 있는 문제가 무엇인가만 이해해도 그 책을 상당 부분 이해했다고 할 수 있을 정도다. 문제가 보이면 그 문제에 집중해서 답을 찾으면 된다. 아니 못 찾아도 상관은 없다. 중요한 것은 해답이라기보다는 문제에 대한 고민일 수도 있기 때문이다. 하지만 어떤 책이 제기하는 문제는 하나가 아닐 수도 있고, 무엇이 문제인지 찾기 어려운 책도 많으며 겉으로 드러난 문제보다 숨은 문제가 더 중요할 수도 있다. 그렇다 하더라도 우리는 항상 무엇이 문제 상황인지를 명확하게 이해하고 책을 읽으려고 노력해야 한다. 그 이유를 정수복은 『책에 대해 던지는 7가지 질문』에서 다음과 같이 말하고 있다.

책의 핵심 주장은 책의 10퍼센트 정도에 들어 있고 나머지는 그 주장을 뒷받침하기 위한 세부적이고 보조적인 내용들이다. 책의 핵심을 잡아내고 난 다음 그것을 중심으로 나머지 부분을 읽어나가면 책의 내용을 훨씬 더 쉽게 파악할 수 있다. 조선 후기 순조 때 학자 홍길주는 이렇게 말했다. "책 한 권은 대략 - 팔십 면쯤 된다. 여기에서 핵심을 뽑아내면 십여 면에 불과하다. 어떤 이는 책을 처음부터 다 읽지만 그 핵심을 알지 못한다. 오직 깨달음이 있는 사람은 대충 읽는 듯해도 핵심적인 곳에 눈길을 고정한다. 그래서 단지 십여 면만 보아도 전부 읽은 사람보다 보람이 두 배나 된다. 이런 까닭에 남들이 두세 권 읽을 적에 나는 이미 백 권을 읽을 수 있었다." 내가 파리에 유학했을 때의 일이다. 나의 지도교수였던 알랭 투렌이 어느 박사학위 논문심사에서 심사의원으로 논평하는 것을 본 적이 있다. 다른 심사위원들이 먼저 논문의 구체적인 세부 사항에 대해 꼼꼼하고 세심하게 지적했고, 알랭 투렌은 자신의 논평 차례가 되자 논문의 핵심을 요약하고 논문 안에서 그것을 잘 표현하는 문단을 뽑아 읽은 다음 그 주장에 대한 자신의 생각을 전개했다. 그때 나는 논문이든 책이든 그 안에 들어 있는 핵심을 붙들어야 열매가 많이 떨어진다는 사실을 깨달았다.[3]

문제(핵심)가 무엇인지 모르겠다면 어떤 노력을 하든 문제를 찾아야 한다. 그래야 열매가 많이 떨어진다고 정수복은 말하고 있다. 아니, 열매의 수를 떠나 책이 제기하는 핵심적인 문제를 찾지 못하고 읽은 책은 거의 이해되지 않는다.

한 번에 숨은 문제까지 파악하기는 어려우므로 우선 명시적으로 드러난 문제에서 시작해야 한다. 그리고 숨겨진 문제, 세부적인 문제로 점차 넓혀 가다보면 책이 조금씩 이해되기 시작한다.

예를 들어 카프카의 『변신』의 경우는 무엇이 문제일까. 겉으로 드러난 문제는 그레고르가 해충[4]으로 변한 것이고 답은 그의 죽음이다. 이 문제와 답만으로 이 소설을 이해할 수 없다. 하지만 이것이 출발점이다. 이로부터 해충이 의미하는 바는 무엇이고, 왜 그가 해충으로 변했는가라는 문제, 그의 죽음이 자의인지 타인의 의지가 반영된 것인지의 문제, 그리고 그의 죽음이 그 자신에게 행복인지 불행인지의 문제 등이 자연스럽게 따라 나온다. 그 해답은 작품을

---

3) 정수복, 『책에 대해 던지는 7가지 질문』, 로도스, 2013. 213-214쪽.
4) 우리말 번역에서는 갑충, 독충, 벌레, 동물 등 다양하게 해석되고 있다.

통해서 각자 능력껏 찾고 생각하면 된다. 자신이 찾은 답이 자신이 책을 이해한 정도와 거의 일치한다. 책이 제기하는 문제가 무엇이고 그 답은 무엇인가를 생각하면서 읽는 일은 뒤에서 다룰 '소크라테스처럼 질문하며 읽자'라는 방법과 직접 연관되어 있으므로 여기서는 이 정도만 하자.

작품을 읽을 때 무엇이 문제이고 무엇이 답인지를 아는 일은 중요하다. 하지만 답만 알아서는 안 된다. 답보다 중요한 문제는 왜 그런 답이 나올 수밖에 없는지 이유를 밝히는 일이다. 문제와 답을 알았다고 해서 작품이 말하고자 하는 바를 모두 이해한 것은 아니다. 문제와 답은 그 첫 출발이다.

헤르만 헤세의 『데미안』의 경우는 인간은 어떻게 자기 자신이 될 수 있을까라는 문제를 제기한다. 이 문제가 소설 전체에서 반복적으로 제기되기 때문에 문제를 찾는 것은 의외로 쉽다. 그런데 문제에 대한 해답을 찾기는 쉽지 않다. 소설 전체가 이 문제에 대한 일종의 답변이기도 하고, 이 문제는 인간으로 태어난 우리가 죽을 때까지 고민할 수밖에 없는 문제이다.

헤세는 인간으로 태어나는 것이 곧 인간으로 살아가는 것을 의미하지는 않는다고 말한다. 인간은 인간 존재로서의 가능성을 부여받았을 뿐 그것을 실현하느냐의 여부는 우리 각자의 몫이라고 말한다. 그에 의하면 인간은 태어난 그 자체에 머물러서는 안 된다. 인간은 부단히 자신을 극복해가야 하는 과정적인 존재이다. 참된 의미에서 자기 자신(지금의 자신과 다른 새로운 자기)이 되기 위해서는 자기 밖의 낯선 것을 만나고 자기 안의 낯선 것과 마주해야 한다. 그러기 위해서는 선과 악의 길을 모두 겪을 필요가 있다. 기존의 관습이나 가치를 뛰어넘을 필요가 있다. 『데미안』은 이런 자기 자신에 이르는 길을 제시한다.

헤세가 『데미안』에서 제시하는, 자신이 되는 길을 경험적으로 이해하기는 쉽지 않다. 그리고 그 방법이 진정 자신에게 이르는 길이 될 수 있을지도 모른다. 그렇게 보면 뛰어난 책은 문제에 대한 해법을 제시하는 책이 아니다. 책의 뛰어남은 그 책이 제기하는 문제에 있다. 우리는 책이 제기하는 문제의 해법을 자기 안에서 평생 찾아야 한다. 결국은 좋은 문제 제기를 하는 책이 좋은 책이라는 주장에 동의한다면 책이 제기하는 문제를 이해하지 못한 것은 아무것도 이해하지 못한 것과 다를 바 없다.

정리하자면 책을 읽을 때는 책이 어떤 문제를 제기하고 있고 그에 대해 뭐라고 답을 하고 있는가를 항상 염두에 두고 읽어야 한다. 그래야 책의 핵심이 보인다. 또, 문제를 갖고 그것을 해결하고자 노력하면서 읽는다면 훨씬 책에 집중할 수 있으며, 문제가 해결되었을 때 성취감도 느낄 수 있다.

이제부터 독해력을 향상시키기 위한 보다 구체적인 독서의 방법을 살펴보도록 하자. 목적을 갖고 읽기, 전체를 파악하고 읽기, 질문하며 읽기, 표시나 메모하며 읽기, 묶어서 읽기, 반복해서 읽기, 읽고 나서 생각하기 순으로 설명하도록 하겠다.

4. 목적을 갖고 읽자

목적이 없는 독서는 산책이지 학습이 아니다.
- 리튼 -

어떤 일을 할 때 뚜렷한 목적을 가지고 하는 일과 그렇지 않은 일에는 차이가 많다. 일의 결과만이 아니라 과정에서도 그렇다. 책을 읽을 때도 마찬가지다. 독서는 목적을 갖고 하는 것이 중요한데, 이는 책에 대한 집중력이나 이해도를 높일 뿐만 아니라 지속적으로 독서를 하는 계기가 되기 때문이다. 아래에 쉽게 다가갈 수 있는 독서의 목적 몇 가지만 소개한다.

독서의 목적으로 쉽게 설정할 수 있는 것은 남에게 설명할 목적으로 읽기다. 읽은 후에 누군가에게 설명할 것을 전제로 책을 읽으면 잘 모르는 부분은 다시 읽게 된다. 그렇게 되면 자연히 이해력도 높아진다. 읽은 후에 친한 친구나 애인, 부모, 상사나 부하 등에게 그 내용을 설명한다고 상상하면서 읽으면 어느 부분이 설명이 잘 안 되는지, 어느 부분에 대한 이해가 부족한지 명확해진다. 그런 후에 그곳을 집중적으로 읽으면 막연히 읽었을 때보다 훨씬 더 효과적으로 책의 내용을 이해할 수 있다.

두 번째는 리뷰(review) 쓰기를 목적으로 책을 읽는 것이다. 리뷰는 일반적으로 서평이나 평론을 뜻한다. 하지만 너무 거창하게 생각해서 두려움을 가질 필요는 없다. 리뷰는 글자 그대로 다시 본다는 뜻이다. 책을 읽고 자신이 이해하거나 느낀 점을 간단하게 적는다. 체계를 갖춘 한편의 완결된 글을 적는 것을 목표로 삼는다면 너무 부담스럽다. 완결된 글을 적는다는 생각은 버리고 부담 없이 적으면 된다. 몇 줄을 적든 상관없다.

따로 공책을 만들어서 리뷰를 적을 수도 있지만 책의 면지에 적는 것도 나쁘지 않다. 면지[5]에 자신의 리뷰가 적힌 책을 한 권씩 늘려가는 것도 큰 성취감이나 만족감을 준다. 손으로 책이나 공책에 적기가 불편하다면 인터넷 서점에 리뷰를 적는 것도 한 방법이다. 모든 인터넷 서점들은 책에다 독자가 리뷰를 적을 수 있도록 해 놓았다. 그리고 우수한 리뷰를 뽑아서 적립금도 준다.

리뷰 쓰기가 어느 정도 익숙해지면 좀 더 체계와 형식을 갖춘 리뷰를 쓸 수 있고 제대로 된 독후감을 쓸 수도 있다. 그렇게 되면 각종 독후감 쓰기 대회에 응모도 가능하다.

마지막으로 가장 쉬우면서도 권하고 싶은 방법 중에 하나는 인용 노트 만들기다. 책을 읽다가 마음에 드는 구절이 있다면 그것을 공책이나 워드프로세스로 적는다. 처음에는 마음에 드는 구절을 단순히 적어놓기로 시작해서 나중에는 자신의 생각도 간단히 적어놓는다. 자신의 인용 노트가 채워질수록 뿌듯한 마음이 들고, 이것들은 대화나 글을 쓸 때 적절하게 사용할 수 있다.

인용노트의 가장 발전된 형태는 항목별로 인용노트 만들기다. 예를 들면, 소설 속에 등장하는 고양이나 미인, 아름다운 풍경 묘사, 소설 속 음식, 처음 독서에 빠진 경험 등을 항목으로 한 노트를 만들고, 소설을 읽을 때마다 그런 항목이 나오면 표시를 해 둔다.

---

5) 책의 앞과 뒤의 표지 다음에 있는 백지로 된 종이를 말한다.

책을 다 읽은 후에는 각각의 노트에 인용한 것을 옮겨 적거나 내용을 요약하여 인용노트에 적으면 된다. 이것들이 어느 정도 모이면 이를 바탕으로 한 편의 좋은 글을 쓸 수 있다. 다산 정약용은 이 방법을 사용하여 많은 책을 썼다.

항목별 인용노트에 대해 고양이를 예로 들어 말해 보자. 나쓰메 소세키의 『나는 고양이로소이다』에 나오는 "인간은 발이 네 개인데도 두 개만 사용하는 것부터가 사치스럽다."라고 인간의 모습을 비판하는 고양이, 에드거 앨런 포의 공포의 검은 고양이, 오즈의 마법사 시리즈 중 『오즈의 누더기 소녀』에 등장하는 유리 고양이, 이 고양이는 자신의 모습을 거울에 비춰보고 스스로 황홀해하지만 실제로 거의 쓸모가 없어 이름이 '실패작'이다. 하지만 자존심은 굉장히 강하다. 그리고 『이상한 나라의 앨리스』에 나오는 너무도 유명한, 미소 짓는 체셔 고양이. 이 고양이는 매우 철학적이다. 책 속에서 이런 고양이들이 등장할 때마다 고양이 항목을 만들어 인용 노트를 만들어 놓는다면 뭔가를 수집할 때와 비슷한 재미를 느낄 수도 있고 이것들이 많이 모이면 재미있는 글도 쉽게 쓸 수 있다.

이 외에도 생각해 보면 많은 목적 설정이 가능하다. 예를 들면 한 줄 서평 쓰기, 책에서 가장 중요한 한 문장 찾기 등. 각자 자신이 재미있게 할 수 있는 것을 생각해 보면 되겠다. 이러한 활동은 독서를 지속하는 데 많은 도움을 준다. 왜냐하면 성취동기를 부여하기 때문이다.

5. 전체를 파악하고 읽자

『창조적 책읽기, 다독술이 답이다』라는 책을 쓴 마쓰오카 세이고는 "독서는 조감력(鳥瞰力)과 미시력(微示力)이 교차하는 실험입니다." 라고 말했다. 조감력은 새가 높은 하늘에서 아래를 내려다보는 것처럼 전체를 한눈으로 관찰하는 능력을 말한다. 반면에 미시력은 작은 부분까지 자세히 들여다보는 관찰력을 말한다. 이 말은 책을 볼 때 부분을 꼼꼼하게 읽되, 그 부분이 전체에서 어떤 역할을 하는지도 파악해야 한다는 의미이다. 전체를 통해서 부분을 보고 부분에서 전체를 볼 줄 알아야 한다는 말이다.

이번 장에서는 전체 책의 큰 흐름을 파악하는 방법을 소개하고자 한다. 물론 책의 흐름을 파악하는 가장 일반적인 방법은 전체를 한번 읽는 것이다. 이는 좋은 방법이긴 하지만 시간이 많이 걸린다. 이 방법 외에 비교적 짧은 시간에 전체를 파악할 수 있는 방법으로 '차례 독서법'이 있다. 『서구 정치사상 고전읽기』(강유원, 라티오, 2008)에 나와 있는 방법과 실제 예를 소개한다.

책을 다 읽지 않고 전체를 어떻게 살펴볼 수 있을까. 그 방법은 책의 서문을 꼼꼼하게 읽은 다음에 목차를 보는 것이다. 제대로 된 책이라면 서문에는 책의 주제, 주제를 다루는 방법, 서술의 순서가 나와 있다. 이를 정리해 보면 책에서 말하고자 하는 내용이라든가 책의 흐름을 대략 짐작할 수 있다. 그런 다음에 목차를 본다. 목차는 책의 뼈대다. 저자는 목차를 잡고 그것에 맞추어 책을 쓴다. 결국 책의 내용을 줄이고 줄이면 목차가 남는다.

서문과 목차를 통해서 마키아벨리의 『군주론』을 읽는 강유원의 방법은 독서 방법에 대한 많은 시사점을 준다. 강유원이 『군주론』을 읽는 방법을 보자.

그는 먼저 서문을 읽은 다음에 목차를 보면서 책을 읽을 계획을 세운다. 서문에서 책의 주제, 그것을 다루는 방법을 알아낸다. 그 다음에 목차를 보면서 독서 계획을 세운다. 목차에서 각 장을 살펴본 다음 집중해서 읽을 부분과 대충 읽을 부분을 표시한다. 강유원의 설명을 따라 이 방법을 군주론의 목차를 통해서 좀 더 구체적으로 살펴보자. 이하는 강유원의 설명이다.

다음 페이지의 목차를 보면서 『군주론』의 구조를 살펴보자. 1장의 제목이 '군주국의 종류와 그 성립과정'이다. 그 다음 2장부터 11장까지는 군주국의 여러 종류에 대해 고찰한다. 이렇게 보면 1장부터 11장까지를 '군주국의 종류와 그 성립과정'이라는 제목으로 묶어볼 수 있다.

군주론의 목차

12, 13, 14장은 군대에 대해 다루고 있다. 그만큼 군주국에서 중요한 것은 군대라는 뜻으로 읽을 수 있다. 15장부터 23장까지는 군주의 처신에 관한 것이다. 말 그대로 군주가 어찌해야 하는지를 냉정하게 적어놓은 매뉴얼이다. 24장은 프랑스가 이탈리아를 침략한

내용을 다룬다. 마키아벨리는 이탈리아 피렌체인이지만 애국자는 아니다. 24장을 읽어보면 프랑스 왕이 이탈리아를 정복한 것을 찬양하고 있다. 25장은 운명, 즉 '포르투나'에 대해 다룬다. 마키아벨리에게 있어서는 인간의 탁월함을 가리키는 '비르투'[6]가 중요한 개념이지 운명을 뜻하는 '포르투나'는 그리 중요하지 않다. 26장은 애국적인 시가로 끝을 맺어서 마키아벨리를 애국주의자로 해석하는 경우가 많다. 그런데 애국주의의 등장은 26장이 처음이자 마지막이다.

이렇게 나누면 『군주론』의 구조가 보인다. 그렇다면 첫째 부분에서 가장 중요한 장은 어디겠는가? 마키아벨리는 근대적인 사람이다. 그러므로 조상에게 물려받은 유물 따위는 필요 없다. 강한 힘이 중요하다. 그런 점에서 6장이 가장 중요하다. 제목을 보라. '자신의 무력과 능력에 의해서 획득한 새로운 군주국'이다. 이 군주는 말 그대로 '비르투'가 가득 찬 인간이다.

둘째 부분에서 중요한 13장에서는 군대의 종류를 설명하는데 이 중에서 가장 중요한 건 자국군이다. 15장과 19장에서는 군주가 대중을 어떻게 다뤄야 하는지를 논의한다. 24장에서는 이탈리아가 왜 실패했는지를 고찰한다. 다시 말하지만 『군주론』에서 가장 중요한 것은 6장이다. 새로운 국가를 어떻게 설립하며 누가 이를 얻는지를 다루기 때문에 그렇다. 따라서 6장을 중심으로 해서 방금 거론한 13, 15, 19, 24장을 중점적으로 읽는다.

---

6) 탁월한 능력을 의미하며 도덕성과는 관계가 없다.

    강유원의 방법은 매우 흥미롭고 유용한 방법이나 일반인이 쉽게 할 수 있는 방법은 아니다. 그렇다 하더라도 독서의 방법론에서 전체를 파악하는 방법으로 시사하는 바가 크고 가능하다면 매우 유용한 방법이라서 소개했다. 책 읽기의 한 모범으로서 기억해 둘만 하고 가능하면 꼭 한번 사용해 보고 싶은 방법이기도 하다.

    일반인들에게 그의 방법은 쉽지 않으므로 서문이나 목차를 통해서 전체 내용을 한번 상상해 보는 정도로 하면 좋다. 서문을 꼼꼼하게 읽어 본 다음, 차례를 통해서 그것들의 관계나 그 차례 속에 어떤 내용이 있을지 생각해 본다. 전체 구조의 파악을 떠나 이런 시간을 가져보는 것도 독서의 한 즐거움이다. 자신이 차례에서 상상한 내용이 책 속에 나오는지 확인해 보며 읽는 것도 괜찮은 방법이기 때문이다. 실패를 두려워하지 말고 책을 읽을 때 5분 정도는 차례를 읽고 상상해 보자.

    차례 독서를 보면서 생각한 것인데, 소설에는 차례가 없이 숫자로만 각 장이 1, 2, 3 ……으로 표시가 되어 있는 경우가 꽤 있다. 이 경우에 각 숫자에 해당하는 장에 자신이 직접 제목을 붙여 차례를 만들어 보는 것도 재미있다. 그렇게 하면 전체적인 내용을 파악하는 데도 도움이 될 뿐만 아니라 그 책이 자신에게 각별한 책이 되지 않을까.

    허먼 멜빌의『빌리 버드』를 읽고 숫자로만 표시된 각 장에 제목을 붙인 것과 그 제목을 통해 어떻게 읽어야 하는지를 간단히 소개한다.

빌리 버드 목차 정리

이 소설을 간단하게 요약하면 이렇다. 태생적으로 순진하고 아름다운 청년 빌리가 태생적으로 악한 클래가트의 모함을 받는다. 클래가트는 빌리가 함정에서 반란을 일으키려고 한다고 선장에게 고발한다. 선장은 빌리와 클래가트를 나란히 옆에 두고, 클래가트에게 빌리의 죄를 다시 한 번 말하게 한다. 그런 후 선장은 빌리에게 해명할 기회를 준다. 빌리는 당황스러운 상황에서 말을 더듬는 결점이 있다. 빌리는 진실을 말하지 못하고 클래가트에게 주먹을 날리는데, 이에 머리를 맞은 클래가트는 죽는다. 선장은 임시 군법 회의를 연다. 군법회의에서는 빌리가 도덕적으로 죄가 없다고 확신하지만 전시의 반란 분위기를 염려하여 상관을 죽인 죄로 빌리를 사형에 처한다.

　이 소설을 읽을 때는 도덕적으로 죄가 없는 빌리를 함장이 군사적인 의무로 교수형에 처하면서 그 이유를 설명하는 21장이 가장 중요하다. 죄 없는 자를 전체 군을 위해 희생시켜야 하는지, 인간의 죄를 물을 때 숨은 동기를 따지지 않고 표면적으로 나타난 결과만을 문제 삼아야 하는지와 같은 도덕적 딜레마를 담고 있기 때문이다. 21장을 중심에 두고 중심 인물의 성격이 잘 드러나는 장들을 주의 깊게 읽어야 한다. 인물의 성격이 중요한 이유는 클래가트가 빌리를 싫어하는 이유가 타고난 성격과 관계있기 때문이다. 그 장들은 빌리의 성격이 잘 드러나는 2장, 빌리와 정반대인 클래가트의 성격이 잘 드러나는 11장, 비어 함장의 성격을 드러내는 6장과 7장이다. 비어 함장이 사형을 판결하는 데는 그의 성격뿐만 아니라 시대적 상황이 중요하다. 그 상황을 나타내는 장이 3장과 5장인데, 3장이 더 중요하다. 그리고 클래가트가 빌리를 모함하는 근원적인 이유가 드러나는 장이 12장이다. 이 장도 주의를 기울여 읽을 필요가 있다.

　정리를 하면 21장을 중심에 두고 2장, 6장과 7장, 11장 그리고 3장과 12장을 주의 깊게 읽어야 한다.

6. 소크라테스처럼 질문하며 읽자

독자는 모두 그 자신의 책을 읽는다. 내 책을 읽는 게 아니다.
독자는 책을 읽으면서 책을 쓴다.
- 마르틴 발저 -

제일 중요한 독서의 방법은 질문하며 읽기다. 아니, 질문하며 읽지 않으면 독서가 아니다. 독서를 잘한다는 의미는 얼마나 많은 질문을 할 수 있느냐, 얼마나 좋은 질문을 할 수 있느냐를 말한다. 물론 많은 질문보다 좋은 질문을 할 수 있는 능력이 더 중요하다.

창조적 독서는 생각하는 독서다. 생각하는 독서는 질문하는 독서를 말한다. 왜냐하면 질문은 우리의 사고 과정 자체이기 때문이다. 우리의 사고는 질문과 대답으로 구성된다. 생각하기 위해서는 먼저 질문을 던져야 한다.

독서는 책을 매개로 삼지 주체로 삼지는 않는다. 진정한 독서가는 자신을 주체로 삼는다. 모든 책은 참고문헌일 뿐이다. 책의 내용을 있는 그대로 받아들이는 독서는 바람직하지 않다. 우리는 수동적 독서에서 능동적 독서로 나아가야 한다.

능동적 독서의 핵심은 소통이다. 책을 통해서 저자와 소통하고, 그 소통을 통해서 자신의 삶을 성찰하는 독서가 되어야 한다. 책이 저자가 세상과 소통해 온 결과물이라면, 우리는 그 책을 통해서 저자와 소통하고 나아가 자신과도 소통해야 한다. 자신의 생각을 확장하고 발견하는 것, 그것이 진정한 독서다.

책을 통해 소통하고 삶을 성찰하기 위해서는 질문을 해야 한다.

우리는 질문을 통해서 작가와 대화하고 작품의 의미를 재구성한다. 질문을 통해서 책을 매개로 나와 대화한다. 질문은 책의 문을 열고 내 마음의 문을 열어서 서로 소통하도록 하는 열쇠이다.

마키아벨리는 이렇게 말했다. "저녁이 되면 나는 집에 돌아가 서재에 들어간다. 문간에서 낮에 일하면서 먼지를 뒤집어쓰고 땀에 젖은 옷을 벗고, 궁전복으로 갈아입는다. 그 장중한 옷을 입고 나는 옛 현인들을 배알한다. 그들은 나를 반갑게 맞아준다. 그곳에서 나는 나만을 위해 차려진 음식을 맛본다. 그리고 그들에게 대담하게 말을 걸어 그들이 특정 방식으로 행동한 이유에 대해 묻는다. 그러면 그들은 친절하게 내게 대답해준다. 약 4시간 동안, 나는 세상을 잊고 고민거리를 기억하지 않으며, 가난을 두려워하지 않고 죽음에도 떨지 않는다. 나는 그렇게 글의 세계에 파묻힌다." 마키아벨리에게 독서는 현인들을 만나 질문을 통해서 대화하고 그 대답을 자신의 마음에서 찾는 과정이었다.

책을 읽을 때는 항상 의문을 갖자. 최시한의 『허생전을 읽는 시간』이란 소설을 보면 '왜냐 선생님'이란 등장인물이 나온다. 학생들에게 "왜냐?"란 질문을 수업 시간에 계속 던져서 얻게 된 별명이다. '왜냐 선생님'이 학생들에게 질문을 던졌다면 우리는 책과 자신에게 질문을 던져야 한다. "왜냐?"

책을 읽을 때 읽기를 잠깐 멈추고 질문해 보자. 질문을 하는 순간 책은 자신만의 비밀을 우리에게 살짝 열어 보일 지도 모른다. 의문이 생기면 멈추고 질문하고 또 질문하며 생각하자. 질문이 없거나 질문에 대한 답을 생각하지 않는 독서는 무의미하다. 읽는 속도를 늦추고 질문해 보자. 비록 답을 찾을 수 없더라도 질문은 그 자체로 의미가 있다. 질문과 의문을 가지면 그것은 오래도록 마음에 남는다. 비록 지금 답을 찾지 못하더라도 오랜 시간 후, 그 답이 생각나기도 한다. 왜 이런 장면이 필요할까? 그의 한숨의 의미는 무얼까? 이 물건이 가지는 의미는 무얼까? 항상 '왜'라는 의문을 갖고 읽는 것, 이것이 깊이 있는 독서 체험으로 우리를 이끈다.

질문은 어떻게 해야 좋을까. 특별한 방법은 없다. 중요한 것은 꼬리에 꼬리를 물고 질문을 이어서 하는 것이다. 이때 간단하고 구체적인 질문에서 보다 깊이 있고 심오한 질문으로 나아가는 방법이 도움이 된다. 어떤 한계에 부딪힐 때까지 질문을 끝까지 밀고 나가보는 것도 의미 있는 독서 체험이다. 우리는 전문가가 아니다. 한 권의 책을 완벽하게 이해할 필요도 없고 세상이 깜짝 놀랄 질문을 할 필요도 없다. 사소한 질문을 많이 던지면서 그 질문의 꼬리를 물고 계속 생각하면 된다. 모든 것에 '왜, 만약, 혹시, 어쩌면, 정말'하고 물어야 한다. 그 질문들이 연쇄작용을 거치면서 어느 순간 놀라운 질문이 되고 창조적 아이디어가 나타난다. 창조적인 독서를 하려면 내 머리가 주체할 수 없는 질문의 다발이 되어야 한다. 책을 읽을 때, 질문을 던지고 답하다 보면 읽은 내용이 눈앞에 생생히 되살아나고, 저자를 깊이 이해하며, 생각이 여러 방향으로 퍼져나가면서 아이디어가 떠오른다. 대충 넘어갔던 부분에서 새로운 감동이 느껴지기도 한다.

독서하기 전에는 제목과 목차, 책 소개 등을 보면서 질문을 해보

자. 독서 중에는 "이 부분은 무슨 의미일까?" "왜 이런 말을 할까?" 등의 이런저런 질문을 던지면서 내용을 해석해 보고 저자의 의도를 추리해 보자. 무엇보다 책 전체에 대한 자신만의 핵심적인 질문을 찾는 것이 중요하다. 책 전체를 논리적으로 엮어서 자신 만의 핵심 질문을 던질 수 있다면 아주 잘 읽었다고 할 수 있다.

독서를 마친 후에는 독서 중 했던 질문들 중 핵심질문들을 찾아 보자. 그리고 이를 바탕으로 한 편의 글을 써 보자. 책을 읽고 글을 쓰는 일은 자신이 찾거나 만들어낸 질문에 답을 하는 일이다. 읽는 독서에서 쓰는 독서로 나아갈 때 진정 생산적인 독서가 될 수 있다.

프란츠 카프카의 『변신』을 통해서 어떻게 질문할 수 있는지 좀 더 구체적으로 알아보자.

먼저 변신과 관련해서는 이런 질문들을 던질 수 있다.

제목이 왜 변신일까? 그레고르가 해충(갑충)으로 변한 이유는 무엇일까? 그레고르는 왜 해충으로 변한 자신을 보면서 놀라지 않을까? 그레고르가 해충으로 변한 것은 나쁘기만 한 일일까? 긍정적인 면은 없나? 그의 무의식은 혹시 그가 해충으로 변하기를 바란 것은 아닐까? 그레고르의 몸은 해충으로 변했는데 그의 의식은 왜 변하지 않을까? 몸은 변했는데 의식이 변하지 않을 수 있을까? 그레고르의 의식까지 변했다면 소설은 어떻게 전개되었을까? 그레고르는 인간의 말을 잃어서 자신의 생각을 전달할 수 없는데, 왜 가족들(부모, 누이)의 말은 그에게 잘 들릴까? 작가가 이런 식으로 쓴 이유는 무얼까? 『변신』이 비극적인 이유는 이런 일방적인 의사소통의 문제는 아닐까? 카프카는 아버지와 갈등이 심했는데, 일방적인 의사소통의 문제는 자신과 아버지의 관계에 대한 비유는 아닐까? 아버지의 권위에 눌려 자신의 생각을 말하지 못하는 카프카는 해충으로 변한 그레고르가 아닐까? 해충의 상태로 죽은 그레고르는 행복했을까, 불행했을까?

그리고 가족과의 관계를 중심에 두면 이런 질문들이 가능하다. 왜 가족들은 해충으로 변한 그레고르를 차갑게 대할까? 비록 해충으로 변하긴 했지만 그는 아들이 아닌가? 특히, 아버지가 가혹할 정도로 잔혹하게 그레고르를 대하는 이유는 무엇일까? 어머니는 왜 가장 소극적인 존재로 그려질까? 어머니의 천식은 그레고르를 돌볼 수 없을 정도였을까? 왜 해충으로 변한 그레고르를 가장 잘 보살펴주었던 여동생이 나중에는 가장 단호하게 그레고르를 내보내야 된다고 말할까? 여동생에게 이런 역할을 부여한 작가의 의도는 무얼까? 가족들은 스스로 돈을 벌 수 있었음에도 왜 그레고르에게 전적으로 의존했을까? 그레고르의 죽음에 가족들은 책임이 있을까? 그레고르는 가족들이 죽인 걸까? 그레고르의 죽음은 자의인가 타의인가? 그레고르의 죽음이 자의적이면 가족들에게는 책임이 없을까? 가족들에게 책임이 있다면 그것을 자의적이라고 말할 수 있을까? 자살과 타살을 가르는 기준은 무엇일까? 그를 냉대한 가족들을 그레고르가 죽어가면서 감동과 사랑으로 회상하는 이유는 무얼까?

이렇게 질문을 연쇄적으로 던져보면, 책의 내용도 훨씬 잘 이해될 뿐만 아니라 이어지는 질문을 통해서 보다 심오한 질문으로 나아갈 수 있다. 이런 질문들을 바탕으로 한 편의 글도 써 볼 수 있다.

나는 예전에 위의 질문 중에서 다음의 세 가지 질문을 뽑아서 "갈등하는 영혼, 해충"이란 제목으로 한 편의 글을 써 본 적이 있다.

(1) 그레고르가 해충으로 변한 이유는 무엇인가? (2) 그레고르가 변한 해충이 의미하는 바는 무엇인가? (3)『변신』이 비극적인 이유는 무엇인가?

마지막으로 오준호가『소크라테스처럼 읽어라』에서 설명하고 있는 네 가지 질문의 범주와 그것을 카프카의『변신』에 적용해 보면서 이 장을 마치겠다.

질문의 범주를 나누는 방법은 여러 가지가 있지만, 오준호는 네 가지로 나누어서 설명한다. 사실적 질문, 해석적 질문, 평가적 질문, 사색적 질문이 그 네 가지이다.

먼저, 사실적 질문부터 알아보자. 사실적 질문은 1차적 내용을 확인하는 질문이다. 즉, 책의 기본 정보와 내용을 묻는 것이다. 사실적 질문을 던지며 읽으면 정보나 내용을 더 잘 기억할 수 있고, 앞으로 제시될 정보를 예측하여 보다 능동적인 독서를 할 수 있다.

해석적 질문은 '왜' '어째서' 등 숨은 의미나 이유, 맥락 등을 묻는 질문이다. 해석적 질문을 잘 던지면 책 속에 생략된 것들과 행간의 의미를 찾을 수 있다. 해석적 질문을 많이 시도할수록 분석력과 추리력이 향상된다.

평가적 질문은 '옳은가?' '타당한가?'를 묻는 질문이다. 가치판단을 묻는 질문이다. 평가적 질문은 답이 크게 두 갈래로 나뉘는 특징이 있다. 즉 쟁점이 발생한다. 평가적 질문은 독자의 생각을 자극하며 독서토론의 논점으로 제시하기에 좋다. 평가적 질문을 던지다보면 사고가 깊어진다. 왜냐하면 표면적인 해석을 넘어 보다 본질적인 쟁점을 찾게 되기 때문이다.

마지막으로 사색적 질문에 대해 알아보자. 사색적 질문은 '어떻게 될까?'를 상상해보는 질문이다. 해석과 평가가 사고의 수렴을 요구한다면 사색적 질문은 사고의 발산과 상상력을 요구하는 질문이다. 특히 문학 작품을 읽을 때는 사색적 질문이 중요하다. 사색적 질문을 던지며 읽으면 그 상황을 생생하게 떠올릴 수 있으며 인물의 고통과 기쁨을 자신의 일처럼 공감하게 된다.

카프카의 『변신』에 이 네 가지 질문을 적용해 보자.

사실적 질문: 그레고르는 무엇으로 변했는가? 그레고르는 '갑충(해충)'으로 변했다.

해석적 질문: 그레고르가 갑충으로 변한 이유는 무엇인가? 그가 갑충으로 변한 이유는 겉으로 보면 특별한 이유가 없다. 그냥 어느 날 아침에 일어나 보니 갑충으로 변해 있었다. 그러나 작품을 꼼꼼하게 읽고 해석해 보면, 그가 자신의 삶에 지쳐 있었고 그 삶으로부터 벗어나고 싶었음을 알 수 있다. 그에게 갑충으로의 변화는 우리가 일반적으로 생각하는 것과 다르게 긍정인 의미가 있다.

평가적 질문: 그레고르가 갑충으로 변한 것은 바람직한가? 그의 변신은 그 자신의 입장에서는 긍정적이다. 하지만 가족의 입장에서

보면 가족의 경제를 책임지던 사람이 사라져서 가족들은 고통을 겪는다. 또, 그의 죽음으로 작품이 끝나는 것을 보면 결코 긍정적으로만 볼 수 없다.

사색적 질문: 만약 우리가 그레고르와 같은 상황에 처한다면 갑충으로 변하고 싶을까? 나는 갑충으로 변하고 싶다. 왜냐하면 그렇지 않으면 계속 바라지 않는 고달픈 삶을 살아야 하기 때문이다. 혹은 나는 갑충으로 변하고 싶지 않다. 자신의 고달픈 삶을 벗어나고자 가족들에게 고통을 주는 일은 바람직하지 않기 때문이다.

질문 없이 읽는 독서는 진정한 독서가 아니다. 그것은 사고하지 않고 기계적으로 읽는 것과 같다. 물론 책을 읽으면 무의식적으로 뇌가 움직인다. 그런데 중요한 것은 그것을 의식으로 끌어내는 일이다. 그래야 자신이 책을 읽고 느끼거나 생각한 것을 말과 글로 효과적으로 표현할 수 있다. 적극적으로 질문을 던지고 그 해답을 스스로 찾아가는 과정이 능동적이고 창의적인 독서이고, 그것이 우리의 사고능력과 표현능력을 향상시킨다. 책을 읽다가 질문하기가 어렵다면, 책을 읽을 때는 문장을 질문으로 바꾸어 보고, 기억하고 싶은 내용이 있다면 그것을 질문으로 만드는 일부터 시작하면 도움이 된다.

책을 읽을 때는 항상 정신이 깨어 있어야 한다. 아니 깨어있기 위해서 노력해야 한다. 정신을 깨우는 가장 좋은 방법은 의식적으로 질문을 하는 것이다.

7. 흔적을 남기며 읽자

여백에 쓰인 글은 이상적인 독자라는 증거다.
- 알베르토 망구엘 -

망구엘은 책의 여백에 쓰인 글을 통해 이상적인 독자임을 알 수 있다고 말했다. 우리들은 이상적인 독자인가. 이번 장에서는 글에 흔적을 남기면서 읽는 방법에 대해 설명한다. 여기서 흔적을 남긴 다는 말에는 책에 표시하기, 책 여백에 기록하기, 책 이외의 곳에 메모하기 등을 말한다.

스티브 레빈은 『전략적 책읽기』에서 책에 메모를 해두는 사람들을 가리켜 '발자국을 남기는 사람들', 책에 메모를 남기지 않는 사람들을 가리켜 '원문보호주의자'라고 이름을 붙였다.

'발자국을 남기는 사람들'은 그들이 책에 흔적을 남기는 이유를 이렇게 말한다. "표시가 없는 책은 사랑을 받지 못한 책이다." "표시가 안 되어 있는 책은 현상하지 않은 필름과 같고, 뚜껑을 따지 않은 와인과 같으며 조율을 하지 않은 바이올린이다."

그에 반해 '원문보호주의자'들은 이렇게 말한다. "나는 결코 책에 메모를 해본 적이 없다. 내 생각은 분명하다. 책은 본연의 모습 그대로 남아야 한다. 쓸 말이 있다면 공책에 쓰면 되지 않나?" "내 책에 무언가를 써 넣다니 생각만 해도 끔찍하다. 나는 어디까지 읽었는지 표시하려고 책을 접어두는 일도 상상할 수 없다. 그럴 거라면 책갈피는 뭐 하러 있겠는가!"

이들은 모두 책을 사랑하는 사람들이다. 단지 사랑하는 방법이

다를 뿐이다. 책에 흔적을 남겨야 할까 말아야 할까. 스티브 레빈은 흔적을 남겨야 한다고 단호하게 주장한다. 그의 주장의 근거는 이렇다. 첫째, 메모는 과거와 현재를 잇는 연장선이며, 둘째, 진정한 유산은 책이 아니라 메모라는 것이다. 그는 350년이 넘게 수학자들을 애태웠던 피에르 드 페르마가 책의 여백에 써 놓은 낙서, "나는 정말 놀라운 증명을 해냈지만 자리가 모자라 다 적을 수가 없다."를 상기시키면서 메모의 중요성을 강조한다. '페르마의 마지막 정리'는 1993년에 풀렸다. 나는 그의 주장에 동의한다.

내가 책을 읽을 때 흔적(메모, 밑줄 등)을 남기며 읽어야 한다고 생각하는 이유는 이렇다.

첫째, 책에 대한 이해도가 높아진다. 흔적을 남기면서 책을 읽으면 정신적으로 깨어난다. 따라서 책을 철저하게 읽을 수 있고 책에 집중하기도 쉽다. 한 문장을 읽고 중요하다고 생각해 밑줄을 긋거나 표시를 하면 결과적으로 그 부분을 두 번 읽는 것과 같아서 이해도가 높아진다. 특히, 제법 난해한 글일수록 표시를 하며 읽는 것이 좋다. 그때 추상적인 덩어리였던 책이 하나의 유기적 구조물로 보이고 책의 구조가 한눈에 머릿속에 들어온다.

둘째, 시간을 절약할 수 있다. 어려운 부분을 눈으로만 읽으면 오독의 가능성이 커지고 이해가 잘 되지 않는다. 그래서 몇 번 반복해서 읽게 되는데 이는 오히려 더 큰 시간의 손실이 될 수 있다. 또한 다시 읽을 때 그 속도가 엄청나게 빨라진다. 잘 이해되지 않는 부분을 표시하여 차트화시켜 놓으면 다음에는 훨씬 더 쉽게 이해할 수 있기 때문이다. 책을 다 읽고 밑줄과 메모 중심으로 다시 보면 전체 논지와 흐름이 보다 쉽게 파악된다. 그리고 다음에 글을 쓰거나 말을 할 때 필요한 부분을 재빨리 찾을 수 있다. 책을 읽고 나서 표시를 하지 않아 필요한 부분을 찾지 못해 당황한 경험이 있을 것이다. 필요한 부분을 찾기 위해 책을 다시 읽는다면 그것은 엄청난 시간적 손실이다.

셋째, 나만의 책을 갖게 된다. 책에 밑줄을 긋거나 여백에 자신의 생각을 적어 놓은 책은 세상 어디에도 없다. 자신의 생각의 편린과 사유의 실마리가 담긴 책은 이미 다른 누구의 책이 아니라 자신만의 책이다. 책에 대한 경제적 소유권을 넘어 지적인 소유권을 갖게 된다. 자신의 소중한 자산이 되는 셈이다. 또한 책은 소중한 추억의 매개체가 될 수 있다. 책에 구입한 날짜와 장소, 책을 읽은 장소, 책을 읽을 때의 정황이나 느낌 등을 적어두며 책을 펼쳐 볼 때마다 그 시절을 떠올릴 수 있다. 자신의 추억이 담긴 책은 진정한 자신만의 책이라고 할 수 있다.

마지막으로, 성취감이 커진다. 책을 읽을 때 표시하거나 적으면 뭔가를 하고 있다는 생각에 성취감이 느껴진다. 표시나 메모는 책에 대한 자신의 성취를 증거한다. 각 장마다 그것이 쌓여갈 때, 우리는 어떤 일이 조금씩 진전되어 갈 때의 느낌을 받는다. 이는 책 읽기를 지속적으로 해나가는 데 좋은 동기부여가 된다.

책을 읽을 때 흔적을 남겨야 하는 이유를 설명했으니 이제 그 방법을 알아보자. 책읽기를 좋아하는 사람들이 책에 흔적을 남기는 방법을 몇 가지 제시하겠다.

(1) 히라노 게이치로(『책을 읽는 방법』에서)

가) 밑줄 이외에 키워드가 될 만한 단어는 동그라미나 사각형을 쳐서 특별히 강조해둔다. 필요하면 메모를 한다.

나) 노트나 카드에 쪽수와 줄 수를 적어두고 자기 생각을 정리해둔다.

다) 접속사에 주의하여 표시를 한다. 특히 주의할 것은 '그러나'이다. 그 외에 '그리고' 같이 논리의 전개를 나타내는 접속사, '그러므로' 같이 결론을 이끌어내는 접속사에 유의한다.

라) 전체를 차트화하여 논리구조를 시각적으로 확인한다.

(2) 오준호(『소크라테스처럼 읽어라』에서)

가) 주요 개념에는 동그라미를 치고 * 표를 한다.

나) '왜냐하면' '따라서' '그러므로' 등의 접속어에도 동그라미를 치고, 이 접속어의 앞뒤로 인과 관계, 근거와 결론의 관계를 파악하여 결론에 밑줄을 친다.

다) '이 주장에 따르면' 같은 말이 나왔을 때 '이 주장'이 앞에 나온 무엇을 받는지 확인하여 선으로 연결한다.

라) 이해가 안 되거나 의문이 들면 옆에 물음표를 붙인다.

마) 밑줄과 메모를 정리할 때, 단순히 옮겨 적지만 말고 자신의 해석과 논평, 질문을 덧붙인다.

(3) 마쓰오카 세이고(『창조적 책읽기, 다독술이 답이다』에서)

가) 처음에는 자신이 좋아하는 방식으로 하면 된다. 밑줄을 쳐도

좋고 중요한 단어나 개념에 네모 표시를 해도 좋다. 여러 가지 표시를 해 보면서 그것에 익숙해지는 과정이 필요하다.

나) 조금 익숙해지고 나면 표시하는 방식을 여러 가지로 정해 두면 좋다. 인명과 개념을 구분한다든지, 동의하는 표시와 의문이 가는 표시를 따로 정한다든지, 저자가 강조하려는 문장과 읽는 입장에서 관심이 가는 문장에 다른 표시를 한다든지 하는 식으로 다양하게 정할 수 있다.

다) '책을 일종의 노트로 간주'한다. 책을 새하얀 상태가 아니라 이미 저자가 글을 써 놓은 노트로 생각하고 그것에 표시하면서 읽고, 그것을 읽으면서 재편집하거나 리디자인한다.

(4) 박민영(『책 읽는 책』에서)

가) 해당 구절이나 문장에 밑줄을 긋고 그 옆에 괄호를 쳐서 표시를 하는데, 그 사용법은 이렇다.

❶ **오(o)** : 저자의 생각에 적극 동의하거나 글의 내용이 평소 내 생각과 같을 때 사용한다.

❷ **엑스(×)** : 저자의 생각에 동의할 수 없을 때 사용한다. 저자의 주장에서 벗어난 예외가 있다고 생각할 때, 저자의 주장과 반대되는 주장도 일리가 있다고 생각될 때는 그 내용을 메모한다.

❸ **물음표(?)** : 저자의 의견을 그냥 받아들이기에는 무언가 찜찜한 구석이 있거나, 그 의견이 옳은지 그른지 잘 판단이 서지 않을 때 사용한다.

❹ **별표(☆)** : 자꾸 되새겨야 할 좋은 문구를 발견할 때, 내가 평

소 가지고 있던 생각을 뒤집는 내용이지만 매우 설득력이 있을 때 사용한다. 그런 문장은 나의 생각을 확장시켜 주고 깨달음을 준다. 중요도에 따라 별표를 1개에서 3개까지 하고, 나의 생각을 함께 메모한다.

❺ **참고 표시(※)** : 다른 책의 내용과 비교하여 생각해 볼 필요가 있을 때 사용한다. 서로 연관시켜 생각해 보아야 할 책이름과 저자명, 그리고 내용을 함께 메모한다.

❻ **결론 표시(∴)** : 저자의 주장이 정리된 부분에 사용한다.

나) 알아 두어야 할 지식이나 정보를 발견하면 아무 표시 없이 그냥 밑줄만 긋기도 한다. 밑줄을 그을 부분이 너무 길 때 사용하는 표시들이 있다.

❼ **반괄호 ( ))** : 밑줄 그을 곳이 한두 문장을 넘어 길어질 때 세로로 길게 묶는다.

❽ **홑낫표 (「」)** : 밑줄 그을 곳이 한 문단 혹은 한 쪽이 넘을 때 사용한다. 눈에 잘 띄도록 시원스럽고 크게 표시한다.

다) 중요한 단어나 키워드라고 생각되는 곳, 혹은 알아 두어야 할 새로운 표현에는 '〈 〉'를 사용한다.

라) 메모를 본문에 하지 않고 책의 앞·뒤쪽에 있는 면지에 하기도 한다. 주로 본문에 적기에는 너무 많은 내용을 메모해야 할 경우에 사용하는데, 참고해야 할 본문의 쪽수를 병기해 둔다. 가끔은 독후감이나 책 내용과 관계없이 떠오른 단상을 적어 놓기도 한다.

(5) 이희석(『나는 읽는 대로 만들어진다』에서)

가) 색깔을 달리하여 줄을 긋는다. 저자의 주장이나 주제에 관한 내용들은 빨간색, 책의 큰 흐름과 관계되어 정리해 두고 싶은 내용들은 파란색, 그 외 자신의 흥미와 관련된 내용들은 검정색으로 긋는다.

나) 한 문단 전체에 밑줄을 그을 때는 밑줄 대신 문단 전체를 직사각형 박스로 묶어 둔다. 한 장(chapter) 전체가 중요하면 제목 부분에 별표를 해 둔다.

다) 중요도에 따라, 혹은 가슴이 떨리는 강도에 따라 하나에서 네 개까지 별표를 한다.

라) 밑줄을 그은 후에는 책의 모서리를 접어 둔다.

마) 메모는 주로 책의 여백을 활용하여 한다. 중요한 책들은 읽고 난 후, 감동적인 구절들을 노트북에 옮겨 둔다.

바) 책에 제시된 차례와는 별도로 자기만의 차례와 색인을 만든다. 특히 메모와 밑줄을 연계하여 활용하면 효과가 좋다. 책 표지를 한 장 넘기면 책 본문이 시작되기 전까지 한두 장의 간지가 들어 있는데 이곳에 만든다. 재미있는 내용, 정보가 되는 내용, 저자가 목차에 포함시키지 않았지만 감동이나 깨달음을 주었던 페이지를 표시하고 옆에다 간략한 설명을 덧붙여 둔다.

> 에릭 홉스봄의 『미완의 시대』를 읽고서 만든 차례 예
> 어머니 : p.24, p.69
> 독서에 대한 언급 : p.p.40~41, p.141, p.p.162~167
> 학교 수업보다 독학을 통해 더욱 많이 배운 에릭 홉스봄 : p.102
> 공산주의자 에릭 : p.229, p.237, p.258
> 홉스봄이 공산당에 남은 이유 : p.356~357

(6) 모티머J. 애들러(『생각을 넓혀주는 독서법』에서)

가) 밑줄 긋기: 요점, 중요하거나 강조하는 문장에 밑줄을 친다.

나) 옆줄 긋기: 밑줄 친 부분을 강조하거나 줄치고 싶은 부분이 너무 길 때 그 옆에 수직으로 줄을 친다.

다) 중요표시(※), 별표(★) 등 표시해 두기: 그 어느 부분보다도 중요해서 몇 배나 강조하여 표시해 두고 싶을 때만 사용한다. 그런 부분은 한 쪽 끝을 접어두거나 종이를 껴두고 싶기도 할 것이다. 나중에 다시 책을 꺼내볼 때 그렇게 표시한 부분을 펼치면 새로이 기억해낼 수 있다.

라) 여백에 숫자쓰기: 저자가 이야기하는 내용이 연속적으로 전개될 때 표시해 둔다.

마) 다른 페이지 수 써넣기: 저자가 같은 내용이나 대조적인 내용 등을 이야기하는 관련 있는 부분을 표시해 둔다. 이렇게 하면 서로 다른 부분에 흩어져 있는 내용이라도 연결해 놓을 수 있다. '참조' 또는 '비고'를 뜻하는 'cf' 표시를 하기도 한다.

바) 동그라미치기: 밑줄 긋기와 비슷한 기능으로 주제어나 주요 문단에 동그라미를 친다.

사) 여백에 적어넣기: 책을 읽다가 떠오른 질문이나 답, 복잡한 이야기를 쉽게 요약한 것, 또는 주요 내용의 흐름을 파악한 것을 적어둔다. 페이지의 위나 아래의 여백 또는 책 뒤에 있는 면지에 자기만의 색인을 만들어 저자의 요점을 정리할 수도 있다.

아) 책을 다 읽고 뒷면지에 색인을 만들고, 다시 앞으로 돌아와 앞면지에 책을 요약하여 적어둔다. 이미 한 것처럼 부분적으로 하

는 것이 아니라 전체적인 구조, 기본적인 윤곽, 내용의 순서 같은
것을 적는다.

(7) 김은섭(『책 앞에서 머뭇거리는 당신에게』에서)

가) 책을 사면 책의 맨 앞장에 책을 구입한 날짜, 책을 산 이유,
책에서 얻고 싶은 내용을 우선 적는다. 그리고 책을 산 그날의 일
기를 두세 줄 적는다.

나) 책을 읽다가 중요하거나 인상적인 대목이 나오면 줄을 치고
해당 페이지를 접는다. 중요도가 크면 종이를 크게 접는다. 읽고
있는 책의 주제나 핵심어를 발견하면 책 바깥으로 페이지가 보일
만큼 접는다.

(8) 마쓰모토 유키오(『1년에 1000권 읽는 독서 멘토링』에서)

가) 줄을 긋는 것은 어디까지나 개인의 취향 문제이지만 자칫 본
래 책을 읽는 목적이 변질될 수도 있으므로 밑줄보다는 메모를 권
한다.

나) 내용이 길더라도 한 장을 다 읽고 난 후 밑줄을 긋는다. 중요
한 부분을 좀 더 정확하게 판단할 수 있기 때문이다.

다) 메모하는 몇 가지 팁

❶ 감상

'이것은 나의 이런 상황을 바꿔 주는 근거가 된다.'

'이 작가의 견해가 매우 훌륭하다.'

'다른 책에도 이런 내용이 있을 것 같다.'

❷ 반론

작가의 의견이나 주장이 이상하다거나, 나는 그렇게 생각하지 않는 부분에 의견을 적어놓는다. 이유까지 쓸 수 있으면 함께 써놓자. 정해진 규정은 없다. 간단한 메모도 좋고 긴 문장도 상관없다.

'이 작품은 오래되었으므로 지금은 상황이 다를 것 같다.'

'근거가 미약하지 않나? 다음 세 가지 점에서 반론이 생길 수 있다. 첫 번째……. 두 번째……. 세 번째…….'

❸ 요약

자기 나름대로 요약하거나 정리한 것을 생각나는 페이지에 적어둔다. 감상이나 반론, 요약 이외에도 생각나는 것을 책의 여백에 메모한다. 책의 빈 공간을 활용하는 것이므로 요점만을 간단하게 적는다.

이상에서 살펴보았듯이 책에 흔적을 남기는 방법은 사람마다 다르다. 어떤 방법이 더 좋고 나쁘다고 비교할 수 없다. 사람마다 책을 읽는 방식이 다르므로 자신에게 맞는 방법을 찾는 것이 중요하다. 책에 자신만의 흔적을 남기는 방법을 찾는 데 도움이 되었으면 하는 바람에서 여러 가지를 소개했다.

책에 뭔가를 표시하는 데 강한 거부감이 있는 '원문보호주의자'라면 접착식 메모지를 사용해 보길 권한다. 책에 글을 쓰지 않고도 똑같은 효과를 낼 수 있다. 책을 읽으면서 접착식 메모지만 붙여놓을 수도 있고, 접착식 메모지는 크기와 색깔별로 종류가 다양하므로 적당한 것을 사서 메모도 할 수도 있다.

일본 근대문학의 아버지라고 불리는 나쓰메 소세키는 런던 유학 시절, 도서관에 거의 가지 않았다고 한다. 빌린 책에는 써 넣을 수 없어서 대신 유학비용의 3분의 1에 해당하는 돈으로 많은 책을 샀다. 그가 읽은 책에는 조사한 내용, 의문점, 반론, 자신의 새로운 생각이 빈틈없이 적혀 있다고 한다. 책과 대화함으로써 자신의 가치관을 키우고 해외에서 다양한 시각을 길렀던 것이다. 책을 잘 읽고 싶다면 소세키처럼 행간을 읽는 것뿐만 아니라 행간에 써야 한다. 자신의 언어로 행간을 채워 가다 보면 자기 안에 새로운 눈이 떠진다.

『책읽기의 달인 호모부커스』를 쓴 이권우는 다른 사람에게 책을 빌려 주기 민망할 정도로 밑줄 긋고 메모하라고 말한다. 책을 다 읽고 나서 그냥 덮어 버리지 말고, 밑줄 그은 대목과 자신이 쓴 메모를 감상하라고 말한다. 그때 비로소 그 책을 제대로 이해하게 될 것이기 때문이다.

※ 참고가 되도록 하기 위해서 조지 오웰의 『동물농장』을 읽고 한 메모를 104쪽에 첨부해 둔다.

8. 묶어서 읽자

책을 한 권씩 읽는 것이 아니라 여러 권을 묶어서 동시에 읽기 시작할 때 폭발적으로 독서능력이 향상되었다고 말하는 사람들이 꽤 있다. 그래서 몇 가지만 소개하기로 한다. 소개하는 것은 마쓰오카 세이고의 '산사쓰야(三冊屋)', 이권우의 '겹쳐 읽기', 박민영의 '네트워크 독서법' 그리고 조희봉의 '전작주의'이다.

마쓰오카 세이고의 '산사쓰야(三冊屋)'는 자신이 읽은 책 가운데 추천할 만한 책을 한 권씩 소개하고, 다른 사람이 추천한 책과 자신이 추천한 책의 맥락을 발견해서 서로 연결하여 다시 다른 사람에게 추천하는 것이다. 그리하여 추천받은 사람은 세 권을 묶어서 읽는다.

세이고는 자신의 책을 정리할 때 기본적으로 세 권을 묶어서 하라고 한다. 이렇게 하면 의외의 일이 일어난다. 우선 자신이 책에 대해서 어떤 세계관을 가지고 있는지 묻게 된다. 또, A와 B와 C의 책을 늘어놓기 위해서는 그 책의 특징을 어떻게 볼지가 문제가 된다. 세 권의 책을 서로 연관을 지어 이해한다.

일본의 서점에서는 저명 인사들이 추천한 세 권의 책을 묶어서 판매한다고 하는데 매우 인기가 있다.

이권우는 한 권의 책을 제대로 이해하려면 그 책을 꼼꼼히 읽는 것은 기본이고, 관련된 책들을 함께 읽어야 한다고 하면서 이 독서법을 '겹쳐 읽기'라고 부른다.

'겹쳐 읽기'는 한 작품의 창작 배경에 얽힌 관련 자료를 꼼꼼하게 읽어 봄으로써 그 작품에 대한 이해를 심화시키는 것이다. 즉, 자신이 읽고 있는 책을 이해하는 데 도움이 되는 관련된 책을 동시에 읽는 것이다. 그는 여기에 만족하지 않고 '겹쳐 읽기'를 더 심화하고 확대한다. 그것은 같은 주제를 다루었는데 주장과 근거가 다른 책을 함께 읽어 보는 것이다. 지은이의 주장과 다른 견해를 보이거나 반박하는 책을 함께 읽는 것이다.

그는 다음과 같은 '겹쳐 읽기'의 예를 보여준다.

유명한 대니얼 디포의『로빈슨 크루소』(김병익 옮김, 문학세계사, 1993)와『로빈슨 크루소의 사랑』(험프리 리처드슨, 김한경 옮김, 눈, 1990), 그리고『방드르디, 태평양의 끝』(미셸 투르니에, 김화영 옮김, 민음사, 2003)을 겹쳐 읽는 것이다.『로빈슨 크루소』에 대해 왈가왈부할 필요는 없을 성싶다. 정작 책을 안 읽어 보았더라도 내용은 익히 알고 있을 터이니까 말이다. 나는『로빈슨 크루소의 사랑』을 일러,『로빈슨 크루소』메워 쓰기라 했다. 이 작품은 디포의 원작에 하나의 의문을 제기한다. 그 혈기왕성한 사내가 자신의 육체적 욕망, 그 가운데서도 특별히 성적 욕구를 어떻게 충족시켰을까, 라고 묻는 것이다. 이 물음은 이미 디포의 세계관을 뒤집고 있다. 그의 청교도적 가치관에 결정적인 딴죽을 걸고 있는 셈이다. 『방드르디, 태평양의 끝』을 두고는 신화론적인 거꾸로 쓰기라 했다. 이 작품이 디포의 세계와는 반대로 자연이 문화를 지배하고, 방드르디가 외려 로빈슨을 가르치고 원시성이 문명을 이긴다는 메시지를 담아서다.

만약 『로빈슨 크루소』만 읽었다면, 이 책이 주는 재미에는 흠뻑 빠졌겠지만, 이 작품의 한계는 무엇이고, 그 너머에 있는 새로운 질문은 무엇인지 진지하게 고민해 보지 못했을 터다. 겹쳐 읽었기에, 작가의 한계를 지적하고, 새로운 세상을 꿈꾸게 된다.

세 번째로 박민영의 '네트워크 독서법'을 살펴보자. 그는 첫째는 한 저자의 책을 잇달아 읽는 것, 둘째는 좋아하는 저자의 인적 네트워크를 따라 읽는 것, 셋째는 한 주제의 책을 잇달아 읽는 것을 '네트워크 독서법'이라고 부른다. 첫 번째와 세 번째는 설명하지 않아도 알 수 있으므로 두 번째만 간단히 살펴보자.

한 사람의 저자는 독립적으로 존재하지 않는다. 그는 수많은 다른 저자들과 지적 교류를 한다. 한 권의 책은 저자의 단독적인 사유의 결과가 아니고 여러 다른 사람들의 저작들과 교류한 결과이다. 예를 들어 『월든』의 저자 헨리 데이비드 소로는 랠프 에머슨을 자신의 스승으로 삼았다. 소로의 사상에서 에머슨의 사상의 그림자를 발견하기란 어렵지 않다. 소로는 에머슨의 사상을 자양분으로 삼아 자신만의 창조적인 사상을 꽃피웠다. 소로는 다시 간디와 E.F. 슈마허에게 영향을 주었고, 간디는 톨스토이와 지적 교류를 가졌다. 그렇다면 소로의 책을 읽고, 그 스승인 에머슨의 책 『수상록』이나 『영혼에 대한 이해』를 읽은 다음, 간디 자서전이나 슈마허의 『작은 것이 아름답다』나 『자발적 가난(골디언 밴던브뤼크 엮음)』을 읽는다면 효과적인 독서가 될 수 있다. 소로의 책이 에머슨의 사상을 이해하는 데 도움을 주고, 그것은 다시 간디나 슈마허의 책을 풍요롭게 이해하는 데 도움을 준다. 이렇게 읽는 방법이 저자의 인적 네트워크를 따라 읽기다.

마지막으로 조희봉의 '전작주의(全作主義)'에 대해 알아보자. 이는 위의 '네트워크 독서법'의 세 가지 형태가 혼합된 가장 극적인 형태다. 전작주의란 글자 그대로 어떤 작가의 전 작품을 읽는 것이지만 여기에만 국한되지 않는다. 전작은 어떤 작가의 작품과 긴밀하게 연관되어 있는 다른 작품까지 모두 포함한다. 긴밀하게 연관된 작품이란 영향을 받은 다른 작가의 작품일 수도 있고 책 속에 언급된 책이기도 하며 그 작가를 이해하는 데 도움을 주는 책일 경우도 있다. 결국 한 작가의 전작 읽기는 그 작가와 관련된 네트워크를 따라 무한히 확장된다.

조희봉에 따르면 전작주의는 한두 작가에 대한 무조건적인 추종이나 맹신은 아니다. 그것은 한 작가의 작품 세계의 당대적인 의미에 대해 끊임없이 묻고 재해석하는 작업이다. 이러한 작업을 통해 한 작가가 세상을 살아가면서 부딪힌 문제에 어떻게 맞섰고 그때마다 어떤 당대적인 해답을 얻었는지를 배운다. 이 배움을 통해서 현재의 세상을 건디고 미래로 건너가는 방법을 배우는 것이 전작주의이다. 자신의 삶의 의미와 방향을 찾아가는 길이다.

수많은 작가의 작품들 속에서 방황할 것이 아니라 전작을 읽음으로써 오히려 깊어지고 넓어진다고 그는 생각한다. 그가 전작주의를 택한 아래의 이유를 보면 이러한 그의 생각이 잘 드러난다.

한 평생 한 작가의 글만 읽고 살아야 한다면 얼마나 사람이 좁아지고 편협하게 될까, 하는 생각을 한 적이 있었다. 그래서 늘 새로운 이론들과 새로운 논객들의 글을 걸신들린 것처럼 찾아다니기도 했다. 하지만 대학시절 머리를 꽉 채우고 있던 그 많은 어려운 사상가들의 이름과 난해하고 날카롭기만 한 글들이 막상 척박한 세상을 살아가는 데는 아무런 구체적인 해답도 마련해 주지 못한다는 걸 난 뒤늦게 인정해야만 했다.

해서 이제는 그저 내가 평생을 따라가야 겨우 따라잡을 수 있을지도 모른다는 지독한 열등감을 안겨 주는 작가를 찾아내 그의 모든 작품들을 꼼꼼히 마치 서지학자처럼 읽어 가면서 오기처럼 고집처럼 그 안에서 깊어지고 한편으로 넓어지면서 내 세계를 찾아가고 싶다는 게 나의 솔직한 심정이다. 그 길이 바로 행복한 전작주의자, 책이 길이 되고 길이 다시 삶이 되는 행복한 책상물림 전작주의자가 평생 걸어가야 할 길이 될 것이다.

책을 묶어서 읽으면 각각의 책에 대한 상호 이해와 깊이 있는 이해가 동시에 가능해져서 여러 면에서 책을 이해하는 데 도움을 준다. 비슷한 주제를 다룬 책을 묶어 읽어도 좋고, 상반된 주장을 펼치는 책을 묶어 읽어도 좋다. 조희봉처럼 한 작가의 모든 작품을 중심으로 무한히 책 읽기를 확장해 가는 전작주의도 깊어지면서 넓어지는 좋은 방법이라고 생각한다.

9. 다시 읽자

홀륭한 독자, 뛰어난 독자, 능동적이고 창조적인 독자는 다시 읽는 사람이다.
- 블라디미르 나보코프 -

같은 영화나 텔레비전 드라마를 몇 번씩 보는 사람은 있지만 같은 책을 몇 번씩 읽는 사람은 많지 않다. 심지어 다 아는 내용을 왜 또 읽느냐고 묻는 사람도 있고, 두 번 읽으면 지겹다는 사람도 있다. 왜 우리는 같은 책을 여러 번 읽어야 할까. 여기서 여러 번 읽는다는 것은 연속해서 읽는 것과 시간차-길 수도 있고 짧을 수도 있다-를 두고 읽는 것을 모두 포함한다.

롤랑 바르트는 모든 진지한 독서는 '다시 읽는 것'이라 말한다. 이 것은 꼭 두 번 읽는 것을 의미하는 것은 아니다. 그보다는 구조 전체를 시야에 넣고 읽는 것을 의미한다. 말의 미로를 헤매는 것이 아니라 방향을 갖고 탐구하는 것이다. 구조 전체를 시야에 넣으려면 어떻게 해야 할까? 앞에서 차례 독서법을 소개했지만 이는 쉽게 적용하기가 어렵다. 구조를 파악하는 가장 좋은 방법은 두 번 읽는 것이다. 한번 비교적 빠르게 읽어서 구조를 파악한 다음 천천히 읽는 것이다. 구조를 파악하고 나면 글은 훨씬 쉽게 이해된다.

좋은 책은 한 번에 이해하고 깨달음을 얻기가 쉽지 않다. 우리는 반복해서 읽음으로써 책에서 제기하는 문제를 더 잘 이해한다. 또한 좋은 책은 읽을 때마다 새로운 가치를 발견하게 한다. 책을 여러 번 읽어 본 사람은 이전에는 미처 생각하지 못한 부분에서 새로운 깨달음과 이해를 얻을 때가 많다.

　문학 작품의 경우는 더욱더 다시 읽어야 한다. 왜냐하면 문학은 큰 흐름 못지않게 세부적인 장면들이 중요하기 때문이다. 노벨 문학상을 받은 터키의 작가 오르한 파묵은 하버드대 강연록에서 이렇게 말했다. "작가가 우리에게 보여 준 세계에서 의미와 독서의 즐거움을 찾기 위해 우리는 소설의 감춰진 중심부를 찾습니다. 그러려면 소설의 모든 세부 사항을, 마치 나무의 모든 잎사귀를 기억하는 것처럼, 기억하고 있어야 합니다." 그는 소설의 중심부란 '삶에 대한 심오한 관점, 일종의 통찰'이라고 설명한다. 우리가 소설에서 어떤 깨달음을 얻고 싶다면 소설의 세부를 기억하는 것이 중요하다는 의미이다. 문학을 진정으로 즐긴다는 것은 그 세부를 잘 이해하고 느낀다는 의미이다. 그렇지만 우리는 한번 읽어서 세부적인 사항을 잘 알 수 없다. 그러므로 거듭 읽어야 한다.

　또 책을 여러 번 읽음으로써 변화된 자신을 느낄 수 있다. 읽었던 책을 시간을 두고 다시 읽어보면 이전과 전혀 다르게 느끼는 경우가 가끔 있다. 왜 그러한 변화가 있었는지를 곰곰이 생각해 보면 자신에 대해 좀 더 잘 이해하게 된다.

　인간의 기억력에는 한계가 있고 심지어 왜곡되기도 한다. 분명히 이전에 읽었는데도 그 내용이 생각나지 않는 책이 많을 것이다. 책의 내용을 설명할 수 없거나, 기억이 가물가물하거나, 일부만 기억나거나, 잘못 이해하고 있거나, 엉뚱하게 기억하고 있는 경우가 많다. 또, '그게 뭐였더라?' 하고 아리송해서 다시 읽어보면, 전에 읽었는데도 마치 처음 읽는 듯한 느낌을 받은 적도 있다. 책을 두 번 이상 읽는다면 기억력의 한계나 왜곡을 극복하는 데 도움이 된다.

책을 여러 번 읽는 것은 책을 이해하는 데 필수적인 일이다. 그런데 왜 같은 책을 두 번 읽기는 어려울까. 질문을 바꾸어 보자. 어떻게 하면 같은 책을 여러 번 읽을 수 있을까?

제일 중요한 점은 앞에서 말한 것처럼 목적을 갖고 읽어야 한다는 것이다. 거듭 읽기 위해서는 자신에게 특별한 동기를 부여해야 한다. 그렇지 않으면 사실상 다시 읽는 것은 어렵다. 독서 토론을 하든 리뷰나 독후감을 쓰든 뚜렷한 목표가 있어야 다시 읽기가 가능하다.

마쓰오카 세이고는 책을 다시 읽거나 여러 번 읽기 위해 자신을 '센야센사쓰(千夜千册)'라는 틀에 가두었다고 말한다. 센야센사쓰란 글자 그대로 매일 밤 한 권씩 천 일 동안 천 권의 책을 읽고 그 감상문을 온라인상에 올리는 프로젝트이다. 처음에는 원고의 양이 많지 않았지만 300권을 넘긴 시점부터는 대개 4,000~6,000자 정도로 감상문을 썼다고 한다. 1,000권을 목표로 시작한 이 작업은 초과 달성되어 전7권의 방대한 저술로 출간되었으며 지금도 진행되고 있다. 쓰기 위해서는 여러 번 읽을 수밖에 없다.

책을 여러 번 읽기 위해서는 관점이나 책에서 알고자 하는 문제를 바꾸면서 읽어야 한다. 아주 재미있는 책이 아니라면 그냥 읽어서는 지루함만 느낄 뿐이다. 책에서 해결해야 할 문제를 바꾸어보면 책을 재미있게 여러 번 읽을 수 있다.

예를 들어 카프카의 『변신』을 읽는다고 하자. 나는 변신을 두 번 연속 읽고, 일주일 정도 후에 세 번 연속으로 읽었다. 처음에 『변신』을 그냥 한번 죽 읽었다. 두 번째는 그레고르가 해충으로 변한 이유와 그가 자신을 어떻게 생각하는지에 초점을 맞추어 읽었다. 세 번째 읽을 때는 가족들이 그레고르를 대하는 방식과 그에 대한 그레고르의 반응에 맞추어 읽었고, 네 번째는 그레고르의 심리적 반응(수치심, 흥분, 분노 등)을 중심에 두고 읽었다. 왜냐하면 『변신』을 반복해서 읽으면서 그레고르가 변신한 해충은 그의 심리적인 갈등이 형상화된 것이라는 생각을 했기 때문이다. 마지막에는 소설 읽고 나서 뜬금없이 해충의 크기가 얼마만큼인가 하는 생각이 들어서 그 크기를 짐작할 수 있는 구절을 중심에 두고 읽었다. 물론 이렇게 관점이나 문제를 바꾸면서 여러 번 읽은 이유는 학생들의 독서 토론 지도와 『변신』으로 한 편의 글을 써보고 싶었기 때문이다. 아마 이런 목표가 없었다면 결코 여러 번 읽지는 않았을 것이다.

독서에서 '재독(再讀)' 이야말로 진정한 가치가 있다. 목표를 정해서 책을 여러 번 읽는 경험을 꼭 한번 해보길 바란다. 정신적으로 성장해 가는 자신을 느낄 수 있고 목표를 달성했을 때는 성취감도 매우 크다. 그 성취감이 지속적인 독서를 하는 데 큰 힘이 된다.

10. 걸으며 생각하자

걷는 동안 여행자는 자신에 대하여, 자신과 자연과의 관계에 대하여,
혹은 자신과 타인들의 관계에 대하여 질문하게 되고
뜻하지 않은 수많은 질문들에 대하여 깊이 생각해보게 된다.
- 다비드 르 브르통 -

이 글에서 굳이 이 장을 쓰는 이유는 책을 열심히 읽고 나서 더
이상 생각하지 않는 사람들이 많기 때문이다. 하지만 책은 읽는 것
만으로 충분하지 않다. 책에서 뭔가를 얻고 싶다면 책의 내용에 대
해 생각해야 한다.

옥스퍼드 대학의 논리학과 수학과의 명교수이자 『이상한 나라의
앨리스』의 저자이기도 한 루이스 캐럴은 책에서 더 많은 것을 배우
는 방법에 대해 얘기한 적이 있다. 그는 "어떤 주제에 대해 한 시간
동안 꾸준히 생각하는 것이 그 시간에 두세 권의 책을 읽는 것보다
나아요."라고 말했다. 책의 내용이 정신 속으로 스며들어 갈 수 있
는 시간을 갖는 것이 중요하다는 말이다.

버지니아대학교 인지심리학 교수 대니얼 T. 윌링햄은 『왜 학생
들은 학교를 좋아하지 않을까』라는 책에서, 기억하기 위해서는 무
엇이 필요한가를 설명한다. 그는 학습은 집중하지 않으면 안된다고
말했다. 그런데 이상하게도 똑같이 집중했는데 학습이 될 때가 있
고 그러지 않을 때가 있음을 설명한다. 그런 다음에 기억하기 위해
서 집중하는 것 말고 무엇이 더 필요한가라는 의문을 제기하고 그
에 대한 답을 제시한다.

그는 데이트나 생일 파티처럼 정서적 반응을 일으키는 경험이

기억에 잘 남지만 정서가 학습에 반드시 필요한 것은 아니라고 한다. 또, 반복이 학습에 중요하긴 하지만 반복만으로 큰 효과를 거두지 못한다고 한다. 기억하고 싶고, 소망한다고 해서 그것이 더 잘 기억되는 것도 아니라고 한다. 그가 내린 결론은 의미를 생각하는 것이 기억에 가장 많은 도움이 된다는 것이다. 의미에서도 정확한 특징을 생각해야 한다고 말한다. 그의 최종 결론은 '기억은 생각의 잔여물이다'는 것이다. 뇌는 어떤 일을 많이 생각하지 않는다면 다시 생각하고 싶지 않다는 뜻으로, 반대로 어떤 일을 거듭 생각한다면 앞으로도 '같은 식으로' 생각하고 싶다는 뜻으로 받아들인다고 한다. 이로써 책을 읽고 어떤 것을 기억하고 싶다면 거듭 생각하는 것이 가장 좋은 방법임을 알 수 있다.

가만히 앉아서 뭔가를 생각하기란 매우 힘든 일이다. 왠지 시간이 아깝고 생각에 집중하기도 어렵다. 그럴 때는 가볍게 걸으면서 생각하는 것이 좋다. 뛰어난 작가들은 거의 산책을 즐겨했다. 왜냐하면 건강상의 도움뿐만 아니라 걸으면 좋은 생각들이 많이 떠올랐기 때문이다. 책을 읽고 나서 그것에 대해 생각하고 싶다면 가볍게 산책을 하자. 걷는 것과 생각하는 것은 매우 밀접한 연관이 있다. 크리스토프 라무르가 지은 『걷기의 철학』이란 책은 이를 잘 보여준다. 이 책의 한 구절을 보자.

200만 년 전 최초의 인류에게 처음 나타난 걷기는 팔을 자유롭게 했고, 그러자 팔은 도구를 사용하고 사물을 운반하며 몸짓을 전달하는 데 쓰일 수 있었다. 걷기의 필요조건인 직립은 또한 뇌의 발달 및 그와 연관된 지적 능력의 발달을 가능케 했다. 달리 말하자면, 인간이 걷게 된 것은 우연이 아니라 천성에 의한 것이다. 인간은 발로 생각하기 시작한다. 루소가 썼듯이, "우리의 첫 철학 스승은 우리 발이다."

책에서 훨씬 더 많은 정보를 끄집어내고 오랫동안 간직하는 비결은 그 책에 대해서 지속적으로 생각하는 것이다. 책을 다 읽었다면 그냥 책장에 꽂지 말고 천천히 걸으면서 책의 내용과 그 책이 제기하는 문제에 대해 생각하자. 그 때 책은 진정 자신의 것이 된다.

11. 나오며

지금까지 책을 읽고 이해하는 데 도움이 되는 몇 가지 방법들을 소개했다. 앞에서도 말했지만 이러한 방법을 사용하는 대전제는 천천히 음미하며 읽는 것이다. 그렇게 하지 않는다면 아무 소용이 없다. 이를 다시 한번 강조하고 전체 글의 내용을 간단하게 요약하며 글을 맺으려 한다.

책을 쓴다는 것은 작가에게도 아주 고된 일이다. 삼권분립을 주장한 몽테스키외는 『법의 정신』을 20년 만에 완성했고, 토마스 만은 『마의 산』을 착상하고 작품을 완성하기까지 12년의 세월을 보냈다. 로렌스는 『무지개』를 쓸 때에 천 페이지 정도나 폐기해 버리고 다시 썼으며, 하퍼 리는 『앵무새 죽이기』를 쓰다가 스스로 힘들어

원고를 눈밭에 던져버렸다가 나중에 다시 찾아오기도 했다고 한다. 그런데 우리는 작가들의 노력에 비해 너무 빨리 쉽게 읽어버리는 것은 아닐까.

한 권의 책을 쓰는 데 걸리는 시간과 그 책을 읽는 데 걸리는 시간은 엄청난 차이가 있다. 예를 들어 플로베르는 『보바리 부인』을 고통 속에서 몸을 축내가며 4년 7개월 11일 걸려서 완성했다고 그의 자필 원고 겉표지에 메모해 놓았다. 그런데 이 소설을 가령 보름 만에 읽는다고 하면 쓰는 시간에 비해 대략 백 배의 속도이고, 하루 반 만에 읽으면 천 배의 속도나 된다. 물론 우리가 작가들이 작품에 들이는 시간만큼 작품을 읽어야 할 필요는 없지만, 천천히 음미하면서 읽으려고 노력하는 행위야말로 글을 쓴 사람에 대한 최소한의 예의가 아닐까.

이토 우지타카가 쓴 『천천히 깊게 읽는 즐거움』이라는 책이 있다. 하시모토 다케시라는 국어 선생님의 수업에 대한 이야기이다. 하시모토는 1950년부터 교과서 없이 얇은 소설책 한 권으로 3년 동안 학생들을 가르친다.

그가 교단에 섰던 50년간의 이 이야기는 고베 시의 동쪽에 있는 나다 중·고등학교를 무대로 한다. 『은수저』(200페이지, 나카 간스케 지음)라는 소설책 한 권을 3년 동안 미독(味讀)한다. 하시모토가 이런 수업을 한 이유는 과거 자신이 받았던 국어 수업을 생각해 보니 아무것도 제대로 기억나지 않았기 때문이라고 한다.

그는 평소처럼 설렁 설렁 읽으면 아무것도 남지 않는다는 생각을 갖고 있었다. 그래서 그는 모르는 것이 전혀 없이 완전히 이해하는 경지에 이르도록 한 권의 책을 철저하게 음미하는 '숭고한 지독(遲讀)과 미독의 슬로 리딩'을 실천한다. 학생들의 흥미를 좇아서 샛길로 빠지면서 한 구절 한 구절을 정성스럽게 읽고, 등장인물의 견문과 감정을 자신이 체험한 것처럼 느끼도록 수업을 한다. 느린 속도로 단어와 문장 표현을 꼼꼼하게 읽고 전체적인 줄거리가 무엇을 말하고자 하는지 생각하고, 어떤 한 단어를 파고듦으로써 단어 이면에 크고 넓게 펼쳐진 개념과 감각, 사고방식까지 이해하도록 가르친다. 작품의 내용과 작품 속의 단어에서 파생되는 것들까지 철저하게 공부한다. 물론 이는 한 학년 200명을 각 과목별로 교사 한 명이 입학부터 졸업까지 6년간 전담하여 가르치는 나다 학교만의 독특한 시스템이 있기에 가능했다.

하시모토의 『은수저』 수업은 30년 동안[7] 계속되었는데 6년 동안 한 교사 밑에서 공부하는 시스템이기 때문에 이 수업을 경험한 학생은 1,000명 정도라고 한다. 놀라운 것은 『은수저』 수업 3기에 해당하는 1968년 졸업생의 경우 사립학교 사상 최초 도쿄 대학 최다 합격[8]이라는 위업을 달성했다는 점이다. 슬로 리딩의 위력을 보여주는 장면이라고 생각한다.

바쁜 일상 속에서 책을 천천히 읽기란 의외로 어렵다. 하지만 천천히 가는 길이 오히려 더 빨리 가는 길일 수도 있다. 책을 읽으면서 눈이 활자 위를 미끄러져 가기만 한다면 책에서 보여야 할 풍경이 보이지 않고, 들려야 할 울림이 들리지 않는다.

---

7) 1934년 부임하여 1950년부터 은수저 수업을 시작하였다.
8) 나다 고등학교의 한 학년 학생수가 약 200명인데 132명이 도쿄 대학에 합격했다.

책은 우리가 읽는 방법에 따라 달리 보인다. 책을 읽는 방식이 중요하다. 글을 쓰는 사람이 전력을 다해, 시간을 들여, 책속에 재워 넣은 풍경이나 울림을 꺼내보는 일은 잘 익어서 껍질이 팽팽하게 긴장된 포도 한 알을 느긋하게 혀로 느껴보는 것과 같다고 아마무라 오사무는 말했다.

이 글은 사람들이 책을 읽고 이해하는데, 더 나아가서 책을 즐기는데 조금이라도 도움이 되었으면 하는 바람으로 썼다. 중요한 것은 독서의 방법을 아는 것이 아니다. 이 중에서 하나라도 실천해 보는 일이 중요하다. 책을 읽을 때는 먼저 어떤 목적으로 읽을 것인지를 생각하자. 목적이 정해졌으면 서문과 차례를 읽어보면서 책 내용을 상상하거나 추측해 보자. 책을 본격적으로 읽기 시작할 때는 표시하고 메모하자. 또한 수많은 질문을 던지고 그 질문에 답하려고 노력하자. 괜찮은 책이라고 생각되면 한 번 읽고 그만두지 말고 두세 번 읽어보자. 그리고 책을 읽고 나서는 반드시 그 책에 대해 생각하는 시간을 갖자. 기회가 되면 책에 대한 자신의 생각이나 느낌을 한 편의 글로 써보자.

갈등하는 영혼, 해충

1. 들어가며

이 글은 프란츠 카프카의 소설 『변신』에 대한 몇 가지 이해를 위해서 쓴다. 우리가 이해하고자 하는 것은 그레고르가 해충으로 변한 이유는 무엇인가? 소설에서 해충이 의미하는 바는 무엇인가? 그리고 『변신』이 비극적인 이유는 무엇인가?이다. 이 문제들은 우리가 『변신』이라는 작품을 보다 깊이 있게 이해하는 데 도움을 줄 수 있으리라 생각한다.

2. 불안한 꿈

카프카의 소설에서는 첫 문장이 매우 중요한 의미를 지닌다고 한다. 이것은 『변신』에서도 마찬가지다. 『변신』은 이렇게 시작된다. "그레고르 잠자는 어느 날 아침 불안한 꿈에서 깨어났을 때, 잠자리 속에서 한 마리 흉측한 해충으로 변한 자신을 발견했다." 이 문장에서 중요한 말은 '불안한 꿈'이다. 이 말이 중요한 이유는 그레고르가 해충으로 변한 이유를 짐작하게 해 주기 때문이다.

그레고르는 잠을 자면서 왜 불안한 꿈을 꾸었을까. 프로이트는 "꿈은 소원 성취다." 라고 말했다. 그는 꿈의 내용이 어떻든 모든 꿈은 내면에 억압된 욕망을 실현하기 위한 것이라고 말한다. 그렇다면, 잠자의 불안한 꿈은 억압된 자신의 욕망을 성취하기 위한 것이고, 그 결과로 그는 해충으로 변했다고 해석할 수 있다.

그레고르는 현실에 어떤 불만이 있으며 어떤 소망을 가지고 있을까. 그는 자신이 지금 하고 있는 일(옷감 외판사원)을 그만두고 싶어 한다. 왜냐하면, 그가 하는 일은 매우 고되기 때문이다.

그는 외판사원이므로 날마다 여행을 해야 한다. 그 여행은 그에게 "기차의 접속에 대한 걱정, 불규칙적이고 나쁜 식사, 자꾸 바뀌는 바람에 결코 지속되지도, 결코 정들지도 못한 인간 관계" 등의 긴장과 고통을 불러일으킨다. 또한 그의 사장은 그를 매우 엄격하게 대한다. 그가 조금만 늦어도 그를 못미더워한다. 이런 사장에게 그는 매우 불만이 많다. 직업에 대한 그의 불만은 "마귀나 와서 다 쓸어가라지!"라는 그의 말에 잘 드러난다. 사정이 이런데도 그레고르가 회사를 그만두지 못하는 이유는 아버지가 사업에 실패해서 사장에게 빚을 졌기 때문이고, 그가 가족들의 생계를 책임져야 하기 때문이다. 그의 소망은 부모가 사장에게 진 빚을 다 갚고 사표를 내는 것이다. 그리하여 새로운 인생을 시작하는 것이다. 잠자의 꿈이 불안한 이유는 그가 자신의 직장 생활에 만족하지 못하고, 엄청난 스트레스를 받기 때문이다.

'불안한 꿈'에서 깨어났을 때 잠자는 해충으로 변해 있다. 이는 두 가지로 해석할 수 있다. 꿈의 내용이 불안했기 때문에 그 연장선에서 끔찍한 모습으로 변한 것이다. 불안한 꿈이 현실에 실현된 모습이 해충이다. 해충은 그의 끔찍한 현실을 반영한다. 다른 하나는 그 반대 해석이다. 불안한 꿈을 끝낸 상태가 해충이라고 해석하는 것이다. 즉, 꿈 속의 불안 상태를 잠에서 깨면서 털어버린 것, 불안을 해소한 것이 해충이라는 것이다. 불안에서 해방된 모습이다. 물론 해충의 의미가 이 두 해석 중에서 어느 하나에 완전히 들어맞는다고 보기는 어렵다. 오히려 두 해석의 경계에 있는 것처럼 느껴지기도 한다. 불안과 그것의 해소의 중간쯤에 말이다. 어쨌든 해충이 부정적인 의미만을 띠고 있는 것은 아니다.

우리들은 사람이 벌레로 변했다고 하면 대부분 부정적으로 생각한다. "사람이 벌레로 변하다니, 끔찍해라" 이것이 일반적인 반응이다. 하지만 그레고르에게 그가 해충으로 변한 것은 꼭 부정적인 현상은 아니다. 오히려 긍정적으로 해석하고 싶다. 그레고르의 가족들이나 주변 사람들에게 해충으로 변한 그는 부정적 존재이지만, 그 자신에게는 그렇지 않다. 그 이유는 잠에서 깨어나 해충으로 변한 모습을 보고 그레고르가 별로 놀라지 않고, 해충으로 변한 후에도 그가 상대적으로 다른 사람들(가족들, 지배인, 하녀 등)에 비해서 시종 가장 침착하게 행동하기 때문이다. 물론 그가 자신의 모습에서 수치심을 느끼는 모습을 자주 볼 수 있지만, 그것은 주로 경제적 문제와 관련이 있다. 그 자신 때문에 가족들이 겪는 고통과 관련이 있다. 그가 해충으로 변한 자신의 모습에 실망하는 것이라기보다 그것으로 인해 고통받는 가족들 때문에 그가 슬퍼하고 수치심을 느끼는 것이다. 특히, 수치심이라는 심리 상태는 그가 자신의 욕망을 위해서 가족에 대한 책임을 져버리고 가족들을 희생시켰다는 생각에서 생긴다.

3. 갈등하는 영혼

나는 위에서 그레고르가 변한 해충의 상태를 긍정적으로 볼 수 있다고 말했다. 그렇다면 해충은 이 소설에서 구체적으로 어떤 의미일까. 무엇에 대한 은유일까.

해충의 상태는 가족을 비롯한 다른 사람들이 매우 싫어하는 그레고르의 모습이지만, 그 자신에게는 자신의 숨겨진 욕망의 표현이다. 다른 사람들을 위해서 억눌러야 했던 자신의 욕망이 표출된 것이다. 그가 해충으로 변했을 때 타인들은 극도의 혐오감과 불안감을 느끼지만, 오히려 잠자는 그렇게 놀라거나 두려워하지 않는다. 그가 유일하게 평정을 유지하고 있다고 그 자신도 생각한다. 그가 무의식적으로 변신을 원하지 않았다면, 현재의 모습에 가장 놀라고 당황하고 불안해야 할 사람은 그가 아니겠는가.

해충은 특히 가족들이 바라지 않는 그레고르의 모습이다. 그 모습은 그들을 경제적으로 공격하는 적의 모습이다. 그레고르는 가족들이 자신의 불유쾌한 모습을 견딜 수 있도록 인내로써 비교적 신중하게 처신한다. 하지만 가족들은 그레고르가 마치 그들을 공격할 것처럼 생각하며 두려워하는데 그 이유도 이 때문이다. 그들의 안락한 생활이 그의 변신으로 위태로워졌기 때문이다.

그렇다면 그레고르는 현재의 자신의 모습에 만족하고 있는가. 그렇지는 않다. 그가 무의식적으로 변신하기를 바랐다고 하지만, 그 모습이 현재 가족들에게 많은 고통을 주고 있음을 그가 알기 때문이다. 가족들은 먹고 살기 위해서 일해야 했다. 어머니는 양장점에서 맡긴 란제리 바느질을, 누이는 점원 일을, 아버지는 은행 사환일을 한다. 노동으로 지쳐가는 가족들의 모습은 그를 괴롭힌다. 그레고르는 수치와 슬픔을 느낀다. 그의 변신이 초래한 일이기 때문이다. 그래서 그는 자신의 상태에서 편안해 하기보다는 갈등하고 괴로워한다. 변화된 모습이 자신이 원하던 모습이므로 기뻐해야 하지만, 그는 오히려 자신의 현재 모습에 심리적 갈등을 겪는다. 그 갈등은 그의 방에서 누이와 어머니가 가구를 들어내는 장면과 직장 동료들이 꿈에서 나타났다가 사라지자 기뻐하는 그의 모습에서 잘 드러난다.

누이는 그레고르가 좀더 자유롭게 활동하도록 그의 방의 가구들을 모두 들어내려고 한다. 그는 자신의 방을 아주 비울 것을 진정으로 원한다. 그래야 그가 자유롭게 움직일 수 있기 때문이다. 하지만 어머니는 그가 예전의 모습으로 다시 돌아오면 모든 것이 변하지 않았음을 느끼도록, 그 동안의 시간을 잊어버릴 수 있도록 방을 전과 같은 상태로 보존해야 한다고 말한다. 그는 혼란을 느끼면서 가구를 보존하려고 한다. 그 와중에 누이와 갈등을 일으키고 어머니는 기절한다. 현재의 상태에서 편안하게 움직이고 싶은 욕구와 과거로 돌아가 가족들을 경제적으로 책임지고 싶어 하는 마음이 충돌한다.

이는 또 다른 장면에서도 잘 드러난다. 며칠 밤낮 잠을 못 자면서 그레고르 잠자는 가족의 문제를 전과 같이 그가 책임지고 싶어 한다. 그런 그의 생각 속에서 오랜만에 사장과 지배인, 점원들, 아둔한 견습생, 다른 가게의 친구 두셋, 어느 시골 여관의 하녀, 그가 구혼했던 여자가 다시 나타난다. 그런데 그는 그들이 사라지자 괴로워하는 대신 기뻐한다. 나아가 자신을 돌봐주지 않는 가족들에 대한 분노를 표시한다. 가족들을 경제적으로 돕고 싶은 마음과 과거로 돌아가 긴장된 외판 사원의 삶을 살고 싶지 않는 마음이 충돌한다. 그 충돌은 두 경우에서 보듯이 결국 자신을 돌봐주지 않는 가족들에 대한 분노로 변한다. 그 분노는 가족에 대한 의무감과 자신의 길을 가고 싶은 욕망이 불러일으키는 긴장의 폭발이다.

지금까지의 논의를 통해서 우리는 해충은 타인의 시선과 자신의 욕망 사이에서 갈등하는 그레고르의 심리적 형상물이라고 결론을 내릴 수 있다. 자신의 숨겨진 욕망과 그것을 억눌러야만 하는 현실 사이에서 갈등하는 그의 심리가 해충으로 나타난 것이다.

소설의 결말부에서 잠자는 감동과 사랑으로 가족들을 회상하면서 죽는데, 이는 이 갈등에 대한 일종의 타협이다. 그가 가족을 원망하지 않는 이유는 가족의 고통을 잘 알기 때문이다. 하지만 그는 과거의 삶으로 돌아가고 싶지는 않다. 전혀 아무것도 먹지 않고, 모든 것에 무관심해져서 그가 죽음으로써 이 갈등은 봉합된다. 그는 해충으로 변한 자신이 사라지기를 바라는 가족들의 소원을 들어주면서 그 자신은 고통으로부터 벗어난다. 그가 죽은 후에 가족들은 전차를 타고 교외로 나들이를 가면서 미래에 대한 새로운 희망으로 부풀어 있다.

4. 변한 몸, 변하지 않는 의식
이 소설의 갈등은 그레고르의 죽음으로 해소된다. 그렇지만 이런 방식의 갈등 해소는 비극적이다. 왜 이런 방식으로만 갈등이 해결될 수밖에 없었을까. 그 이유를 세 가지 정도로 살펴보자.

변신의 비극은 가족의 냉대와 그로 인한 소외에서 생겼지만 보다 중요한 문제가 깔려 있다. 그것은 그레고르가 해충으로 변했는데, 그의 의식은 변하지 않는 것이다. 그의 의식이 해충에 걸맞게 변했다면 비극은 없었다. 그는 해충으로 살아가면 된다. 하지만 그는 해충으로서 살아갈 수 없다. 왜냐하면 그의 의식은 너무나 분명하고 인간적이기 때문이다. 자신의 변한 몸을 변하지 않은 의식으로 관찰할 수 있고, 자신이 해충으로서 할 수 없는 일들을 생각할 때 그는 고통 받는다. 관찰하고 의식할 수는 있지만 해충으로 변한 그가 가족들에게 해줄 수 있는 일은 없다. 그러므로 그의 의식은 치유할 수 없는 고통의 근원일 뿐이다.

두 번째는 의식은 명확한데 그 의식을 표현할 말을 잃어간다는 것이다. 생각이 말로 표현되지 않는다. 잠자는 자신의 생각을 언어로 표현할 수단을 점점 잃어가지만, 타인의 말(가족들)은 명확하게 인식한다. 사람들은 그의 말을 알아듣지 못하지만 그는 이전보다 다른 사람의 말을 더 똑똑하게 알아듣는다. 그가 말을 할 수 없게 될수록 그만큼 타인의 말을 더 잘 알아듣는 상황이 벌어지고, 다른 사람들은 그의 말에 전혀 귀를 기울이지 않는데 그는 다른 사람의 말에 정신을 집중하여 들으려고 한다. 의사소통은 일방적으로 진행된다. 가족으로부터 그레고르에게는 의사가 전달되지만 그 역으로 전달되지는 않는다. 자신의 언어를 잃어감과 동시에 타인의 언어도 이해할 수 없었다면 비극은 없었을지도 모른다. 그가 고통을 받아야 할 이유가 없어지기 때문이다.

마지막으로, 아무도 그레고르와 의사소통을 해보려고 시도하지 않는 점이다. 가족이 그의 말을 알아들을 수 없게 되자, 가족들은 그가 다른 사람의 말을 알아들을 수 있을 것이라고는 전혀 생각하지 않는다. 아니, 알아들을 수 없을 것임을 확신한다. 말을 할 수 없다고 해서 그 말을 알아듣지 못하리라는 법은 없다. 그러나 그들은 너무나 그렇게 확신한다. 결국, 그레고르와 가족들은 어떤 타협점도 찾을 수 없고 사태는 비극적으로 종결된다.

5. 나오며

이상으로 카프카의 소설 『변신』의 이해를 위해서 몇 가지 문제를 살펴보았다. 이 소설은 그 길이가 길지 않지만, 장편 소설 이상으로 이해하기 어렵고 많은 것을 생각하게 한다. 위에서 살펴본 몇 가지 문제들로 그의 소설을 충분히 이해할 수는 없다. 여전히 모호하고 이해가 되지 않는 부분도 많기 때문이다.

특히 그가 누이의 음악을 들으면서 "음악이 그토록 사로잡는데 그가 한 마리 동물이란 말인가? 마치 그리워하던, 미지(未知)의 양식에 이르는 길이 그에게 나타난 것만 같았다."라고 말하는 부분은 매우 의미가 있는 문장 같은데 그 뜻을 명확하게 이해하기 어렵다. 해충으로 변한 그레고르는 자신의 삶을 어떻게 새롭게 꾸려가야 할지를 생각하는데, 그 생각은 소설 속에 나와 있지 않다. 아마 그 생각과 관련된 것 같다. 여기서 카프카의 삶을 작품 속으로 끌어들여서 이해한다면 그것은 아버지와의 갈등 속에서도 글을 쓰고 싶었던, 소설을 쓰고 싶었던 그의 소망을 표현한 것으로 이해할 수도 있다.

카프카의 대부분의 소설이 이해하기 어려운 것처럼 『변신』도 그렇다. 다만, 이 글을 쓰면서 어떻게 하면 『변신』이란 작품을 제대로 읽을 수 있을까라는 생각을 많이 했는데, 내가 찾은 방법은 해충으로 변한 그레고르의 감정선(수치, 흥분, 분노 등)을 따라가면서 읽는 것이다. 그 이유는 위에서 말했지만, 해충은 그레고르의 심리가 형상화된 모습이라고 생각하기 때문이다.

『동물농장』을 읽고 한 메모

　　이 메모는 『동물농장』을 밑줄을 그으면서 읽고, 생각을 접착식 메모지(포스트잇)에 한 다음, 그것을 다시 워드로 옮겨 적으며 정리한 것이다.

　　p.9
　　벤자민: 비관주의, 허무주의, 열정이 없음. 삶의 의미를 찾지 못하는 인물. 글자를 누구보다 잘 읽을 수 있는 지식인, 열심히 일하는 복서를 존경함.

　　p.11
　　생산하지 않고 소비만 한다는 것은 나중(혁명 후)의 돼지들도 마찬가지가 아닐까. 왜 돼지들에게 육체적 노동을 하게 하지 않았을까. 그들은 정신적 노동을 하기는 했다. 그들이 육체적 노동도 함께 했다면 동물농장의 운명은 달라졌을까.

　　p.11-12
　　혁명 후 우유는 돼지만 먹고, 달걀은 사람에게 판다. 복서는 도살장으로.

　　p.14
　　메이저의 경고는 혁명 후, 동물농장에서 일어날 일들에 대한 경고나 예언처럼 들린다.

p.20

몰리: 반 혁명 분자. 구태에서 벗어나지 못하는 인물. 노예근성.

모지즈: 종교를 상징하는 인물. 마르크스는 종교는 아편과 같다고 했다. 현재의 노예 상태를 유지시키는데 종교도 한 역할을 하기 때문이다. 내세의 삶에 대한 희망을 줌으로써. 문제는 나쁜 현재의 상태를 바꾸는 것이지만, 내세에 더 나은 삶이 있다는 헛된 믿음으로 현재의 노예 상태를 참고 견디게 만든다.

p.21

자기 어법, 단순화, 비판적 성찰이 불가능함. 단순화의 문제점에 대해 더 생각해 보기.

p.26

일곱 계명의 변질을 정리해 볼 것. 계명의 역할을 생각해 볼 것.

p.27

우유가 사라짐. 불평등의 시작. 혁명 실패의 첫 단추.

p.28

돼지들만이 아닌 지도자 그룹을 좀 더 다양하게 구성했다면, 농물농장의 미래는 달라졌을까. 돼지들도 노동을 하게 했어야 하지 않나. 그들이 다른 동물의 고통을 알도록.

p.30

내가 더 열심히 일을 하기만 하면 모든 문제가 해결될까. 사회구조의 문제를 생각해 볼 것.

p.31

벤자민: 지혜로운 인물인가? 현실의 문제를 회피하는 인물인가? 냉소적 인물인가? 내가 보기에 동물농장에서 가장 흥미로운 인물. 파리가 없어지기를 바라는 것은 이해가 되는데, 왜 자신의 꼬리까지 없었으면 좋겠다고 하는 것일까. 자신을 귀찮게 하는 것은 모두 없어지기를 바라는 걸까. 아니면, 세상의 모든 일이 귀찮은 걸까. 그러면서 복서처럼 단순하면서 성실한 동물을 존경하는 이유는 자신과 정반대의 성향 때문일까. 왜 스스로 존경받는 삶을 살려고 하지는 않는 걸까. 이것도 저것도 싫다, 다 싫다.

p.33

왜 벤자민은 능력이 있으면서도 읽기 능력을 발휘하지 않나. 문제가 무엇인지 알면서도 고치려 하지 않는 행위가 무지보다 더 나쁜 것은 아닐까.

p.35

불평등의 시작. 이 시점에서 문제를 바로 잡아야 했지 않았을까. 왜 수근대기만 하고 행동하지 않는가?

p.46

동물주의, 이데올로기(이념)에 의한 개인 의견의 무시와 통제.

p.49

벤자민: 무관심, 비관주의. 아무것도 믿지 않음, 불신. 믿음이 없는 인간은 어떤 행위도 할 수 없다. 왜냐하면 아무것도 믿지 않는데 무엇을 할 수 있단 말인가.

p.52

폭력에 굴복함. 폭력에 저항하지 않을 때 폭력은 계속된다.

p.60

왜 동물들은 사실 관계를 정확하게 확인하려고 하지 않을까. 기록이 있든 그렇지 않든 문제가 있다고 생각한다면 좀 더 따져보아야 하지 않나. 오히려 잘못 알았다고 생각하면서 안도하다니.

p.64

벤자민: 아무것에도 열광하지 않음. 다른 동물들은 풍차 건물의 수직의 벽면에 감탄함. 벤자민에게 삶은 어떤 의미가 있는 것일까. 당나귀는 오래 산다고 말하는데, 오래 산다는 것이 의미있게 사는 것보다 중요한가.

p.65

분노의 대상을 만들어서 동물들의 절망과 아픔을 분노로 바꾸어 투쟁 의지를 고취시킴. 영리한 돼지들.

p.73

자신들이 눈으로 본 것도 믿지 못하게 하는 것은 무엇일까.

p.74

복서의 이 답답함이란. 누군가가 항상 옳을 것이란 맹목이 아닌가. 나폴레옹이든 그 누구든 신이 아닌 다음에야 어떻게 절대적으로 옳을 수 있단 말인가. 그리스로마 신화를 보면 신들조차도 실수를 한다.

p.77

복서의 해결책은 더 열심히 일하는 것 외에는 없다. 하지만 학살은 자신이 열심히 일하는 것과 상관이 없지 않는가. 모든 문제를 나만 잘하면 해결된다고 생각하는 것은 결국 모든 문제기 생긴 것은 내가 잘하지 못했기 때문이라는 말과 다르지 않다. 남을 탓하지 않고 자신에게 문제를 돌리는 복서의 선량한 마음은 감동적이기까지 하지만 이 소설에서 그것이 어리석게 보이는 것은 왜일까. 그것은 그의 선한 행위가 선하게 사용되지 않고 있기 때문이다. 그가 열심히 일할수록 동물농장은 점점 나쁘게 변해가지 않는가. 이 아이러니를 복서는 이해하지 못한다. 왜냐하면, 자신의 모습은 반성하면서 사회 전체가 돌아가는 모습은 비판적으로 보지 않기 때문이다.

p.78

클로버: 일이 잘못되어 가고 있다고 생각하면서도 그것을 받아들이는 행위는 옳지 않다.

p.79

미래의 좋은 사회가 성취되었다고 말하는 사회는 결코 좋은 사회가 아니다. 좋은 사회는 실현(만들어진)된 사회가 아니라 만들어갈 사회이다. 자신들이 꿈꾸던 사회가 성취되었다는 말은, 곧 이 사회가 문제가 없는 사회라는 말인데, 문제가 없는 사회가 있을 수 있나. 이것은 다른 동물들의 비판을 막으려는 수작이다. 문제가 없는데 어떻게 비판한다 말인가. 그 때의 비판은 반동분자들의 불평일 뿐이다.

p.80

동물농장의 유지 자체는 목적이 아니다. 그것이 존즈로부터 동물농장을 지키는 것이라도 마찬가지다. 중요한 것은 농장 속의 동물들이 얼마나 행복한 삶을 사느냐는 것이다. 목적과 수단의 뒤집어짐. 왜 존즈로부터 동물농장을 지켜야 하는지 동물들은 생각해 보지 않는 것 같다. 그것은 평등하고 자유롭게 살고 싶기 때문이지 않는가. 지금 농장에 자유와 평등은 있는가. 지켜야 할 것은 농장이 아니고, 동물들의 행복한 삶이다.

p.81

벤자민: 어떤 일에도 관여하지 않으려고 하는 것은 자기 보존 본능인가. 그렇게 자신의 보존이 중요한가. 오래 사는 삶의 구차함. 당나귀는 오래 산다.

p.95

벤자민은 스퀼러가 계명을 고친다는 것을 알았지만, 아무 말도 하지 않는다.

p.99

돼지들의 특권을 구체적으로 조사해 봐야지. 불평등의 심화.

p.106

벤자민의 유일한 흥분과 현실 참여. 인간적이긴 하군. 왜 이런 문제가 생기지 않도록 노력하지는 않았을까.

p.109
복서를 도살장에 팔아서 위스키를 사 먹음. 돼지들의 냉혹함을 적나라하게 보여줌.

p.114
벤자민에게 삶은 고통이다. 그것도 바뀌지 않는 고통이다.

p.115
누군가는 배고픔에 시달리고, 누군가는 살이 쪄서 눈을 뜨기가 어려운데도 삶이 지속될 수 있다니. 우리사회나 동물사회나 불평등하기는 마찬가지. 정말 비인간적이기도 하군. 왜 사회가 이런 식으로 운영되도록 사람들은 보고 있는 것일까.

〈참고문헌〉

모티머J. 애들러/찰스 반 도렌(독고 앤 옮김), 『생각을 넓혀주는 독서법』, 멘토, 2000.

스테파니 하비 · 앤 구드비스(남택현), 『독서 몰입의 비밀』, 커뮤니티, 2008.

히라노 게이치로(김효순 옮김), 『책을 읽는 방법』, 문학동네, 2008.

오준호, 『소크라테스처럼 읽어라』, 미지북스, 2012.

야마무라 오사무(송태욱 옮김), 『천천히 읽기를 권함』, 샨티, 2003.

마쓰오카 세이고(김경균 옮김), 『창조적 책읽기, 다독술이 답이다』, 추수밭, 2010.

이토 우지타카(이수경 옮김), 『천천히 깊게 읽는 즐거움』, 21세기북스, 2012.

강유원, 『서구 정치사상의 고전읽기』, 라티오, 2008.

이권우, 『책읽기의 달인 호모부커스』, 그린비, 2008.

대니얼 T. 윌링햄(문희경 옮김), 『왜 학생들은 학교를 좋아하지 않을까』, 부키, 2011.

짐 트렐리즈(눈사람 옮김), 『하루 15분, 책 읽어 주기의 힘』, 북라인, 2007.

박민영, 『책 읽는 책』, 지식의숲, 2005.

이희석, 『나는 읽는 대로 만들어진다』, 고즈윈, 2008.

오르한 파묵(이난아 옮김), 『소설과 소설가』, 민음사, 2012.

김은섭, 『책 앞에서 머뭇거리는 당신에게』, 지식공간, 2012.

스티브 레빈(송승하 옮김), 『전략적 책 읽기』, 밀리언하우스, 2007.

마쓰모토 유키오(황혜숙 옮김), 『1년에 1000권 읽는 독서 멘토링』, 그린페이퍼, 2011.

피에르 바야르(김병욱 옮김), 『읽지 않은 책에 대해 말하는 법』, 여름언덕, 2008.

조희봉, 『전작주의자의 꿈』, 함께읽는책, 2003.

알베르토 망구엘(강주헌 옮김), 『밤의 도서관』, 세종 서적, 2011.

서경식(이목 옮김), 『소년의 눈물』, 돌베개, 2005.

조이스 캐롤 오츠(송경아 옮김),『작가의 신념』, 북폴리오, 2005.

박경리,『문학을 사랑하는 젊은이들에게』, 현대문학, 1995.

김열규,『녹서』, 비아북, 2008.

앤 패디먼(정영목 옮김),『서재 결혼 시키기』, 지호, 2001.

다니엘 페나크(이정임 옮김),『소설처럼』, 문학과지성사, 2004.

크리스토프 라무르(고아침 옮김),『걷기의 철학』, 개마고원, 2007.

다비드 르 브르통(김화영 옮김),『걷기예찬』, 현대문학, 2002.

에리히 프롬(차경아 옮김),『소유냐 존재냐』, 까치, 2006.

프란츠 카프카(전영애 옮김),『변신·시골의사』, 민음사, 2005.

허먼 멜빌(최수연 옮김),『빌리 버드』, 열림원, 2002.

조지 오웰(도정일 옮김),『동물농장』, 민음사, 2012.

독서 디베이트 도서 선정 및 논제 정리

문학은 단순히 무엇에 관한 지식이 아니라,
인생을 살아내는 경험을 제공한다.
- 로젠 블랫의 『탐구로서의 문학』 중에서 -

다른 사람의 고통을 정확하게 상상하여
사려 깊게 측정하고, 나아가 그것에 관여하고
또 그것의 의미를 물을 수 있는 능력은
인간의 실상이 무엇인지 알고
또 그것을 바꾸어 나가는 힘을 얻는 강력한 방법이다.
- 마사 누스바움의 『시적 정의』 중에서 -

1. 독서 디베이트 도서의 선정

독서 디베이트 도서를 선정할 때 몇 가지 원칙이 있었다.

첫째는 문학 작품이어야 한다. 한 권의 책을 대상으로 책 내에서만 쟁점(논점)을 찾아서 디베이트를 할 때, 책 자체가 찬성과 반대의 쟁점을 모두 포함하고 있어야 한다. 그러기 위해서는 극단적인 해석의 다양성을 포함하고 있어야 한다. 문학 작품을 제외한 대부분의 글들은 작가의 주관적인 관점과 의도가 비교적 명확해서 책에서만 찬반 쟁점을 설정하기 어렵다. 문학은 해석의 다양성과 모호성을 생명으로 한다. 이 다양성과 모호성을 통해서 찬반의 쟁점 생성이 가능하다.

찬반의 쟁점을 설정하기 위해서는 갈등 상황이 필요하다. 갈등은 입장의 차이에서 생긴다. 이런 차이가 있기에 디베이트가 가능하다. 가능하면 내적 갈등보다 외적 갈등이나 사회와의 갈등이 뚜렷한 경우가 좋다. 갈등이 잘 드러나는 문학은 소설과 희곡이다. 희곡은 희극과 비극 중 비극 작품의 갈등이 더욱 명확하고 삶에 대한 통찰의 기회를 더 많이 부여한다. 비극은 갈등이 해소되지 않거나 그 해결이 바람직하지 않기 때문에 발생한다. 김상봉은 『그리스 비극에 대한 편지』에서 "비극이란 슬픔의 자기반성이므로, 비극에 대해 말한다는 것은 슬픔에 대해 말하는 것과 같"으며, "사람은 오직 자기 가슴에 품은 슬픔의 깊이만큼 깊게 세상의 슬픔을 응시할 수 있을 것"이라고 말했다. '자기반성'과 '세상의 고통에 대한 응시'

는 우리가 인간으로서 세상을 살아갈 때 반드시 지녀야 할 것들이다. 따라서 작품은 소설과 비극인 희곡(비극적 성격을 띠는 희곡) 작품으로 한정되었다.

둘째는 고전이어야 한다. 이탈로 칼비노는 『왜 고전을 읽는가』에서 "고전이란 그것을 읽고 좋아하게 된 독자들에게 소중한 경험을 선사하는 책이다. 그러나 가장 좋은 조건에서 즐겁게 읽을 수 있는 기회를 얻은 사람들만이 그런 풍부한 경험을 할 수 있다."고 했다. 학생들에게 소중한 경험을 제공하며 즐겁게 읽을 수 있는 기회를 제공하고 싶었다. 고전은 글자 그대로 오랫동안 살아남은 책이다. 악전고투를 겪으며 힘겨운 세월을 이겨왔다는 점에서 고전(古典)이자 고전(苦戰)이기도 하다. 고전이 오래 살아남을 수 있었던 것은 인간과 삶에 대한 보편적 성찰을 담고 있기 때문이다. 인간과 인간의 삶에 대해 생각해 보는 경험을 학생들과 함께 공유하고 싶었다.

고전을 선택한 또 다른 이유는 작품만을 가지고 디베이트를 할 때, 고전이 아닌 경우는 찬반의 쟁점을 설정하기가 어려웠기 때문이다. 처음부터 고전만을 고집하려고 한 것은 아닌데, 결국 고전으로 가게 되었다. 왜 그럴까 생각해 보면, 결국 고전은 해석의 다양성을 가지고 있는 작품이기 때문이다. 풍부한 해석의 여지를 가지고 있지 않은 작품은 작품만으로 디베이트를 하기 어렵다. 결국 독서 디베이트 작품을 고전으로 한정한 이유는 의도적인 면과 부득이한 면이 함께 있다. 여기에 더해서 시간과 노력을 들여서 만든 논제와 쟁점들이 작품의 절판 등으로 사용할 수 없는 불행(?)을 막기 위한 이유도 있다. 고전이 아닌 경우, 작품이 절판될 가능성이 많고 그럴 경우 논제와 쟁점을 개발하기 위해 들인 노력이 허사가 되기 때문이다. 여기서 더욱 중요한 이유는 독서 디베이트를 포함한 독서 교육을 위해서 학생들에게 읽힐 작품들에 대한 체계적인 연구가 선행되어야 하기 때문이다. 모든 작품을 연구할 수는 없다. 그렇다면, 모두가 인정할 수 있는 고전을 중심으로 우리들의 연구를 집중해야 한다고 생각한다. 제대로 된 연구 없이 학생들에게 권장도서를 선정하여 읽게 하고, 독후표현활동을 하게 한 것이 독서 교육의 문제 중의 하나라고 늘 생각했다.

셋째, 책의 분량이 200페이지 내외의 작품이어야 한다. 두껍지 않은 책을 선택한 이유는 학생들이 두꺼운 책을 잘 읽지 못하기 때문이기도 하지만 보다 중요한 이유는 학생들이 책을 여러 번 읽게 하기 위해서이다. 괜찮은 책이라면 기본적으로 두 번 이상 읽어야 한다. 반복해서 읽으면 처음 읽을 때의 조급함과 긴장감은 사라지고 편안한 마음으로 느긋하게 책을 음미할 수 있다. 특히, 문학 작품 읽기는 작품의 큰 흐름을 파악하는 것도 중요하지만 세부를 꼼꼼히 읽을 수 있는 안목과 능력이 필요하다. 토지의 작가 박경리는 『문학을 사랑하는 젊은이들에게』라는 책에서 다음과 같이 말했다.

"길가에 뒹굴고 있는 돌은 그냥 뒹굴고 있는 것이 아닙니다. 그냥 뒹굴고 있는 것 같지만 작가는 무심하게 그것을 배치하면 안 됩니다. 풍경은 필연적인 것이며 사람의 마음과 사건과 상황과 깊이 연관되어 있는 것으로 다 함께 연출하고 있는 것입니다. 돌 하나, 새 한 마리, 나무 한 그루, 모두 인간과 더불어 삶이라는 드라마를 전개하고 있으며 존재가치를 보유하고 있는 것입니다."

　작품 속의 모든 것들은 작품 속에서 그 나름의 존재 이유를 가지고 있다. 이 존재 이유는 작품을 두 번 세 번 꼼꼼하게 읽을 때 보인다. 이것의 발견이 곧 독서의 즐거움이 된다. 양의 독서에서 벗어나서 질의 독서로 전환해야 독서와 삶이 결합될 수 있다. 독서교육은 학생들이 같은 작품을 반복해서 읽을 수 있도록 교육하는 것이어야 한다. 하지만 대다수의 학생들은 같은 작품을 반복해서 읽지 못한다. 이는 읽기 방법의 문제이기도 하면서 읽는 습관이나 태도의 문제이기도 하다. 독서 디베이트를 통해서 학생들에게 반복해서 작품을 읽을 수 있는 능력을 길러주고 싶었다. 작품을 최소 두 번 이상 읽을 수 있을 때 진정한 독서가라고 할 수 있다. 물론 언젠가는 작품 분량의 제한도 넘어서야 함은 당연하다.

　마지막으로 가장 중요한 원칙은 나 자신과 관계된다. 내 인생의 책 목록까지는 아니지만 내가 평생 읽을 만한 책들을 선정하려고 했다. 물론 다른 책들도 읽겠지만 언제나 편안한 마음으로 돌아가서 읽을 수 있는 책들, 내 삶을 되돌아보고 성찰할 수 있는 책들을 선정했다. 반복해서 읽고 또 읽을 만한 책들을 선정하려고 노력했다.

　기본적으로 위의 네 가지 원칙을 바탕으로 작품을 선정했다. 소설 15작품과 희곡 10작품이다. 문학 읽기는 기본적으로 독자의 윤리적 감각을 고양케 하는 읽기가 되어야 한다고 생각한다. 이를 고양할 수 있는 작품들 중에서 학생들이나 교사들에게 모두 익숙한 작품을 주로 선정하였다. 비록 익숙하지 않은 작품이라도 흥미롭고 충분한 가치가 있는 작품들은 포함시켰다. 물론, 이 작품들도 뛰어난 작가로 검증된 사람들의 작품이다. 단지, 우리에게 익숙하지 않을 뿐이다.

소설 작품은 허균의『홍길동전』, 로이스 로리의『기억전달자』, 박지원의『허생전』, 조지 오웰의『동물 농장』, 프란츠 카프카의『변신』, 나카지마 아츠시의『이능』, 헤밍웨이의『노인과 바다』, 로버트 루이스 스티븐슨의『지킬박사와 하이드』, 황석영, 전상국, 이문열의『아우를 위하여』,『우상의 눈물』,『우리들의 일그러진 영웅』, 카뮈의『이방인』, 톨스토이의『이반 일리치의 죽음』, 마르케스의『예고된 죽음의 연대기』, 허먼 멜빌의『수병, 빌리 버드』, 메리 셸리의『프랑켄슈타인』, 토니 모리슨의『술라』이다.

대부분 학생들과 교사들에게 익숙한 작품인데,『이능』과『수병, 빌리 버드』,『예고된 죽음의 연대기』,『술라』는 다소 낯설 수도 있겠다. 위의 작품 선정 기준에서 벗어난 작품은『기억전달자』와『프랑켄슈타인』이다.『기억전달자』는 고전으로 보기 어렵고,『프랑켄슈타인』은 작품 분량이 300페이지 정도이다. 각각의 작품을 선정한 이유를 간단히 살펴보자.

『홍길동전』과『허생전』은 우리의 대표적인 고전이다. 이 작품들을 통해서 작품의 시대적 가치와 한계를 살펴보려고 했다. 모든 작품은 시대적 배경을 가지고 있으며, 작가는 특정한 시대를 살았던 사람이다. 작가는 시대를 앞서가는 사람이지만 그 시대의 한계 역시 분명히 갖고 있다. 특정한 시대적 상황 속에서 작품의 의의를 검토하고 한계를 살펴보는 일은 고전을 읽는 데 매우 중요하다. 하지만 현실적으로 고전을 이런 방법으로 읽기가 쉽지 않다. 위의 두 작품은 시대적 상황을 학생들이 잘 알고 있기에 이런 방법으로 읽을 수 있다. 익숙한 시대와 작품을 통해서 작품을 비판적으로 검토하고 이를 바탕으로 학생들이 디베이트에 첫발을 디디는 데 무난한 작품이다. 분량이 적으면서도 풍성한 생각거리를 주는 좋은 작품이다.

『기억전달자』는 목록에 포함시킬지 여부를 많이 고민했던 작품이다. 미래 세계를 다루는 작품을 포함시키려고 먼저 헉슬리의 『멋진 신세계』를 읽었다. 뛰어난 작품이긴 하지만 분량이 많고, 내용도 쉽지 않았다. 쟁점을 만드는 데 어려움도 있었다. 그러던 중, 이 책을 접했다. 학생들이 읽고 우리 사회가 나아갈 방향을 고민해볼 수 있는 좋은 책이지만 고전의 무게와 깊이가 느껴지지 않았다. 하지만 학생들이 무척 재미있게 읽었고 의외로 많은 선생님들이 이 작품으로 처음 독서 디베이트를 시작하는 모습을 보았다. 이 작품은 사회의 안전과 이상사회의 관계를 고민하기 좋은 작품이다.

『동물농장』은 학생들이 민주시민으로서 갖추어야 할 자질을 고민해 보게 하려고 선정하였다. 지배계급인 돼지들이 동물농장의 실패의 가장 중요한 원인이다. 우선 이를 인정하고 그럼에도 피지배계급의 동물들이 동물농장의 성공을 위해 제 역할을 다 했는지를 고민해 보는 일은 의의가 있다. 우리가 지녀야 할 성숙한 시민의식에 대해 생각해 볼 수 있기 때문이다. 우리들 대다수는 평범한 시민으로 산다. 훌륭한 지도자를 만나면 좋겠지만 그러기는 쉽지 않다. 그렇다면 깨어 있는 시민의식이 그나마 이 사회를 바른 방향으로 끌어가는 힘이 아닐까.

『변신』을 통해서는 가족 구성원의 역할과 가족애의 문제를 생각해 보고 싶었다. 여기서 중요하게 다루어지는 문제는 가족에 대한 헌신의 문제와 소통의 문제이다. 특히, 가족 간의 소통 부재가 만들어내는 비인간성(소외)과 비극의 문제는 우리의 삶에서도 매우 중요한 문제들이다. 들뢰즈를 비롯한 여러 철학자들이 이 작품을 분석한 바 있다.

『이릉』은 다소 낯선 작품일 것이다. 이 작품도 포함 여부를 많이 고민했지만, 일본의 교과서에도 실린 작가라고 하니 작품성은 인정할 만하다. 중국의 고전을 바탕으로 해서 쓴 작품인데 무엇보다 재미있다. 이 작품은 국민에 대한 국가의 의무와 국가에 대한 국민의 의무를 생각해 보게 하는 좋은 소설이다. 낯선 작품이라 곧 절판되지 않을까 염려했지만 지금도 꾸준히 판매되는 것으로 보아 생명력이 있다고 판단된다.

『노인과 바다』는 삶에서 성공이란 무엇인가를 생각해 보기 위해 선정한 작품이다. 이 작품은 과정보다 결과만을 지나치게 중시하는 요즘 세태에서 과정의 가치와 중요성을 되돌아보게 한다. 또, 산티아고 노인과 소년의 따뜻한 우정도 느껴보기를 바랐다. 헤밍웨이가 노벨문학상을 받는 데 결정적인 기여를 한 작품이다.

『지킬 박사와 하이드』를 통해서는 인간의 내면에는 선과 악의 양면이 있음을 생각해 보고 싶었다. 우리 안에 선과 악의 양면이 공존함을 인정한다면, 그 다음에 우리가 생각해야 할 문제는 당연히 우리 안의 선을 보호하고 악을 억제하기 위한 노력일 것이다. 이 작품은 수많은 연극과 영화로 만들어졌고, 오늘날도 여전히 만들어지고 있다.

『아우를 위하여』,『우상의 눈물』,『우리들의 일그러진 영웅』은 세 편을 묶어서 다루었다. 이 작품들은 공통적으로 학교폭력과 그 폭력에 대한 대응방식을 다룬다. 폭력의 가해자 못지않게 동조자나 방관자의 문제도 함께 살펴봄으로써 시민의식이나 공동체 의식에 대해 고민해 볼 수 있는 기회를 제공한다. 학교 폭력의 문제는 학생들이 현실에서 당면하고 있는 문제이므로 시의성도 지닌다.

『이방인』은 매우 난해한 작품이다. 그럼에도 불구하고 이 작품을 포함시킨 이유는 타자성의 문제를 고민해 보기 위함이다. 우리는 자신과 다른 것을 이해하고 포용하기보다는 배척하고 혐오하는 경향이 있다. 우리 사회가 점점 다문화 사회로 접어들면서 타자에 대한 이해는 더욱 중요한 문제로 대두되고 있다. 사르트르의『구토』와 함께 부조리의 문제를 다룬 대표적인 고전이기도 하다.

『이반 일리치의 죽음』은 죽음의 문제를 다룬 대표적인 고전이다. 죽음의 문제는 곧 삶의 문제이다. 삶과 죽음은 분리되어 있지 않으며 죽음에 대한 우리들의 생각은 우리의 삶에 많은 영향을 미친다. 죽음은 실체가 있지만 그것을 자신의 죽음으로 직접 경험한 사람은 없다는 면에서 매우 추상적인 문제이기도 하다. 난해한 문제이지만 죽음에 대해 고민힌다는 것은 삶의 방식에 대한 고민괴 연계되어 있다는 측면에서 학생들에게 매우 중요한 문제라고 보았다. 철학자 하이데거는 『존재와 시간』에서 죽음을 다루면서 이 작품을 깊이 있게 분석한 바 있다.

『예고된 죽음의 연대기』는 아마 처음 들어보는 사람이 많은 작품일 것이다. 우리에게는 『백년 동안의 고독』의 작가, 환상적 리얼리즘의 거장으로 잘 알려진 마르케스의 작품이다. 사건 전개가 매우 흥미로운 소설이다. 명예와 복수의 관계, 우연과 필연의 관계를 고민해 볼 수 있는 작품이다. 왜, 예고된 죽음(살인)을 아무도 막지 못했을까. 제목 그 자체만으로도 충분히 흥미롭지 않은가.

『수병, 빌리 버드』는 『백경』을 쓴 멜빌의 마지막 작품이다. 이 작품은 『베니토 세레노』, 『바틀비』와 함께 멜빌의 법률 3부작으로도 불린다. 다루고 있는 문제는 『아우를 위하여』, 『우상의 눈물』, 『우리들의 일그러진 영웅』과 같은 폭력의 문제이지만 그 양상은 차이가 있다. 폭력에 대해 좀 더 근원적인 문제를 다룬다. 악(惡)이 폭력을 행사할 때 선(善)이 악을 폭력으로 제압하는 것은 정당화될 수 있는가라는 문제를 제기한다. 선이 악을 폭력으로 제압할 수 없다면 어떻게 악을 제압할 것인가. 그렇다고 선의 폭력을 용인한다면 폭력은 무제한 반복될 것이다. 세상에 점점 폭력이 만연해 가는데 폭력에 대한 근원적인 문제의식과 함께 다수를 위한 소수의 희생은 정당화될 수 있는가라는 중요한 문제도 고민해 볼 수 있다. 철학자 한나 아렌트는 『혁명론』에서 이 작품을 분석하고 있다.

『프랑켄슈타인』은 선정 작품 중에서 유일하게 300페이지가 넘는 작품이다. 그럼에도 불구하고 이 작품을 선정한 이유는 프랑켄슈타인과 괴물의 논쟁이 상당 부분 포함되어 있어 디베이트에 매우 적당하기 때문이다. 또한 『이방인』과 연계하여 '괴물'이라는 타자의 문제를 살펴보기에도 매우 유용하며, 과학자의 책무성(윤리의식)에 대해서도 고민해 볼 수 있다. 이 작품은 300페이지가 넘는 작품들로 넘어가기 위한 징검다리가 될 수 있는 작품이라고 생각한다.

『술라』는 흑인 여성 최초로 노벨 문학상을 받은 토니 모리슨의 작품이다. 그녀의 작품은 『빌러비드』가 가장 잘 알려져 있지만 너무 두껍다. 개인적으로 『술라』도 『빌러비드』만큼 좋은 소설이라고 본다. 흑인과 여성이라는 이중적 억압 아래 놓여 있는 술라가 자신의 정체성을 추구하면서 공동체와 겪는 갈등이 잘 드러난 작품이다. 개인의 개성과 공동체의 가치가 충돌할 때 이를 어떻게 다루어야 하는지를 생각해 보게 하는 작품이다. 두께는 얇지만 만만치 않은 작품이다.

다음으로 희곡 작품으로 넘어가자. 여기에 실린 대부분의 희곡 작품은 낯설지 않을 것이다. 문학에 관심이 있는 사람이라면, 이 작품들을 읽어 보지는 않았어도 제목 정도는 들어봤을 것이라 생각한다. 다만, 장 아누이의 『안티고네』는 익숙하지 않은 작품일 것이다.

희곡 작품은 헨리크 입센의 『인형의 집』, 장 아누이의 『안티고

네』, 소포클레스의『오이디푸스 왕』, 아이스퀼로스의『아가멤논』, 에
우리피데스의『메데이아』, 셰익스피어의『베스니의 상인』,『맥베스』,
『오셀로』,『햄릿』, 아서 밀러의『시련』을 선정했다.『인형의 집』과
『시련』을 제외하면 그리스 3대 비극 작가의 작품과 그것을 현대적
으로 각색한 작품 그리고 셰익스피어 작품이다. 학생들과 독서 디
베이트를 하면서 그리스 비극과 셰익스피어 작품을 접하게 된 것
은 더없는 행운이었다. 이 작품들은 흥미롭기도 하지만 논쟁거리가
무엇보다 풍부하다. 그럼에도 보통 선뜻 손이 가지 않는 작품들이
기도 하다.

　『인형의 집』은 대표적인 페미니즘의 고전에 속한다. 인류의 반을
차지하는 여성의 문제는 남녀 모두에게 매우 중요한 문제이다. 여
성의 자아 찾기를 어떤 관점에서 보아야 할지를 안내한다. 이 작품
은 희극과 비극의 경계에 있다는 생각이 든다. 아서 밀러의『시련』
처럼 사회극으로 봐야 할 것 같다.

　장 아누이의『안티고네』는 그리스 3대 비극작가인 소포클레스의
『안티고네』를 다시 쓴 작품이다. 소포클레스의『안티고네』를 독서
디베이트 도서에 포함시키고 싶었지만 작품에 대한 심층적인 이해
부족으로 쟁점을 설정하기가 어려웠다. 마침 이를 다시쓰기한 장
아누이의『안티고네』를 접하면서, 어떤 면에서는 원작의 가치를 유
지하면서 원작보다 뛰어난 작품이라고 생각을 했다. 철학자 박이문
교수도 이 작품이 원작보다 뛰어나다고 평가한 바 있다. 이 작품이
다루는 문제는『이능』의 문제의식과 함께 다루어 볼 수 있다. 그 문

제는 국가에 대한 의무가 우선이냐 가족에 대한 의무가 우선이냐이다. 또한 대의를 위한 희생의 문제와 결부되기도 하는데 이때는 『수병, 빌리 버드』와 연계해서 생각해 볼만하다.

『오이디푸스 왕』은 대표적 그리스 비극 작품이다. 프로이트와 라깡을 비롯해서 여러 심리학자와 철학자들이 깊이 있게 분석한 작품이기도 하다. 우리들에게는 오이디푸스 콤플렉스를 떠올리게 하는 작품이다. 이 작품에서 주로 논의할 수 있는 문제는 운명의 문제이다. 운명을 어떻게 바라볼 것인가와 진실을 추구하는 것이 모든 것을 희생할 만한 가치가 있는가를 생각해 볼 수 있다. 학생들에게 그리스 비극 작품의 세계를 꼭 접하게 하고 싶었던 것도 이 작품을 포함시킨 중요한 이유이다.

『아가멤논』은 오레스테이아 3부작으로 불리는 아이스킬로스 최고의 작품이다. 오레스테이아 3부작은『아가멤논』,『제주를 바치는 여인들』,『자비로운 여신』으로 이루어져 있다.『아가멤논』는 3부작의 첫 번째 작품이면서 미학적으로 가장 뛰어난 작품으로 평가되고 있다. 아버지가 딸을 제물로 바치고 그런 남편을 아내가 죽이는 이야기를 통해 가족애, 권력, 욕망의 상호 관계를 살펴볼 수 있다. 오레스테이아 3부작 전체로 토론을 해 보는 것도 매우 흥미로울 것으로 생각된다.

『메데이아』는 에우리피데스의 대표작이다. 남편에 대한 복수를 위해서 자신의 자식들을 죽인 메데이아는 악녀의 대명사이다. 오늘날 메데이아는 악녀보다는 희생양으로 평가되며, 페미니즘의 입장에서는 가부장제의 억압에 맞선 여성 영웅으로 보기도 한다. 가족애와 복수 그리고 정의의 관계를 탐색해 볼 수 있는 작품이다.

『베니스의 상인』은 셰익스피어의 작품이다. 같은 작가의 작품이 없는데 유일하게 셰익스피어의 작품이 네 작품이나 된다. 그만큼 셰익스피어의 작품은 흥미롭고 풍부한 토론거리를 제공한다. 『베니스의 상인』은 셰익스피어를 처음 접하는 학생들에게 읽힐 만하다. 『베니스의 상인』은 안토니오의 입장에서 보면 희극이지만 샤일록의 입장에서 보면 비극이다. 샤일록은 종교적, 인종적으로 타자인데 샤일록의 재판을 통해서 타자성의 문제를 살펴볼 수 있다. 이 문제를 다룰 때는 『이방인』, 『프랑켄슈타인』과 연계해서 읽어도 좋다.

셰익스피어의 4대 비극은 인류의 자산으로 평가될 만큼 뛰어난 작품들이다. 4대 비극은 『맥베스』, 『오셀로』, 『햄릿』, 『리어왕』이다. 4대 비극 중 『리어왕』은 거대한 스케일로 셰익스피어 최고의 작품이라고 평가되지만 이 책에서는 분량상 제외했다. 다음에 기회가 있으리라 생각한다. 셰익스피어의 작품은 무궁무진한 토론거리를 제공한다. 하지만 운문과 산문이 병행되고, 비유가 많아서 학생들이 쉽게 접하기 어렵다. 이런 어려움에도 불구하고 셰익스피어는 사람과 삶을 성찰하는 데 있어 꼭 읽어야 할 작품이다.

『맥베스』는 4대 비극 작품 중에서 가장 짧은 작품으로 4대 비극을 읽기 위한 첫 작품으로 적당하다. 『맥베스』가 제기하고 있는 문제는 운명과 욕망의 문제 그리고 양심의 고통의 문제이다. 운명의 문제를 생각할 때는 『오이디푸스 왕』과 연계해서 읽어 볼 수 있고, 삶에서의 성공과 실패의 문제와 과정의 중요성을 생각해 볼 때는

『노인과 바다』와 묶어서 생각해 볼 수도 있다.

『오셀로』는 개인적으로 가장 애착이 가는 작품이다. 대학생 시절에 이 작품을 처음 접했다. 인생에서 처음으로 읽은 셰익스피어 작품이다. 그 때는 이 책이 왜 뛰어난 작품인지 알지 못했다. 내용은 전혀 흥미롭지 않았다. 이후 셰익스피어는 나와 거리가 먼 사람이었다. 하지만 독서 디베이트 작품을 고르기 위해서 노력하다가 결국 셰익스피어로 다시 오게 되었다. 작품에 대해 공부를 하면서 읽었는데 『오셀로』를 비롯한 셰익스피어의 세계는 놀라웠다. 학생들과 놀라움을 함께 나누고자 4대 비극 작품 모두를 논제와 쟁점으로 만들어야겠다고 무리한 결심을 했다. 이런 결심에 가장 큰 걸림돌이 된 작품이 『오셀로』이다. 작품을 읽고 생각하고 관련 문헌을 읽고 또 생각해도 논제와 쟁점을 만들기가 쉽지 않았다. 근 두 달을 『오셀로』만 생각했다. 결국은 논제와 쟁점을 만들었지만 아쉬움이 많은 작품이다. 사랑과 질투는 인생에서 빼놓을 수 없는 문제이다. 오셀로를 통해서 진정한 사랑이 무엇인지를 고민해 볼 수 있다. 그리고 문학 작품 속의 대표적인 악당인 이아고를 만나보는 일도 매우 흥미로울 것이다.

『햄릿』은 말이 필요 없는 작품이다. 『햄릿』을 읽지 않은 사람은 많겠지만 『햄릿』을 들어보지 않은 사람은 거의 없을 것이다. 햄릿은 유약한 지식인의 대명사이며 '햄릿형 인간'이란 단어를 만들어낸 작품이다. 『오이디푸스 왕』과 함께 평론가들이 오이디푸스 콤플렉스를 언급할 때 반드시 거론되는 작품이다. 전 세계적으로 수없이 공연된 햄릿의 세계, 사랑과 복수의 흥미로운 세계 속에서 어떤 삶을 살아야 할지를 고민해 보는 것도 의미 있는 일이다.

『시련』은 아서 밀러의 대표적인 사회극이다. 유명한 세일럼의 마녀사냥을 소재로 삼고 있다. 마녀 사냥은 죄 없는 사람을 집단이 악으로 몰아서 처단하는 것을 말한다. 아서 밀러는 드레퓌스 사건을 고발하기 위해서 이 작품을 썼다. 이 작품은 집단 광기의 문제와 그 속에서 인간성을 보존하기 위한 투쟁의 문제를 다루고 있다. 다수를 위한 소수의 희생 문제와 결부해서는 『수병, 빌리버드』와 연계해서 읽어 볼 수도 있다.

위의 작품들이 공통적으로 다루고 있는 문제는 삶의 문제이다. 우리의 삶은 수많은 윤리적 갈등 속에서 이루어진다. 이 갈등을 얼마나 합리적으로 조정할 수 있느냐는 개인의 삶을 떠나서 우리 사회의 중요한 문제이다. 학생들이 삶의 윤리를 진지하게 고민하고 그들의 가치관을 정립하는 데 도움을 주고자 위 작품들을 선정했다.

위 작품들은 문학을 떠나서 철학과 심리학 등의 여러 분야에서 깊이 있게 연구되고 있다는 점에서 고전 중에서도 대표적 고전의 지위를 차지하고 있는 작품들이다. 그만큼 다양한 생각거리를 제공하고 있다는 뜻이다. 모든 작품을 읽을 수 없다면 풍부한 생각거리를 제공하는 고전을 읽는 것이 바람직하다. 위 작품들 상당수가 영화화되어 있다는 점도 학생들 교육에 도움이 된다. 『기억전달자』, 『노인과 바다』, 『지킬 박사와 하이드』, 『우리들의 일그러진 영웅』, 『프랑켄슈타인』, 『예고된 죽음의 연대기』, 『베니스 상인』, 『멕베스』, 『오셀로』, 『햄릿』, 『시련』 등은 영화로 만들어졌다.

참고로, 위 작품들 중에서 소설인『예고된 죽음의 연대기』,『술라』와 희곡인『아가멤논』,『메데이아』,『오셀로』,『햄릿』은 가르치고 있는 중학교 학생들과 토론해 보지 못한 작품이다.『예고된 죽음의 연대기』와『메데이아』는 최근에 논제와 쟁점을 만들어서 디베이트를 해 볼 여유가 없었다. 그렇지만 너무나 흥미로운 작품이기에 포함시켰다.

『술라』의 경우는 작품이나 논제의 수준이 중학생들에게 어렵겠다는 생각에 망설였다. 이 작품은 교사 수업공동체 모임에서 쟁점을 중심으로 찬반대립 형태가 아닌 토론을 할 때 사용해 보았는데 나쁘지 않았다.『아가멤논』의 경우에는 여고생들과 함께 토론을 한 번 해본 적이 있다. 여고생들이라서 그런지 토론이 너무 잘 되어서 놀랐던 경험이 있다. 그 때 사용했던 논제와 쟁점을 올해 좀 더 공부를 해서 다듬었기에 중학생들과도 충분히 함께 토론할 수 있다는 생각이 든다.

『오셀로』와『햄릿』은 비교적 오래 전에 논제와 쟁점을 만들었던 작품들이다. 하지만 중학교 3학년들을 대상으로 독서 디베이트를 하는 동안 해마다 학생들이 바뀌었다. 바뀐 학생들과 셰익스피어의 작품 중 그나마 좀 쉽게 토론할 수 있는『베니스의 상인』이나『멕베스』를 우선으로 토론하느라『오셀로』와『햄릿』은 다루지 못했다. 그리고『오셀로』는 논제와 쟁점들이 중학생들이 토론하기에 쉽지 않겠다는 생각도 들었다.『햄릿』은 토론하기 좋은 작품이다.『햄릿』자체는 무척 난해한 작품이지만 제시된 논제와 쟁점은 그렇게 어렵지 않다.

독서 디베이트 도서 및 논제 정리

〈소설〉

순	도서명	작가	논제	핵심요소
1	홍길동전	허균	홍길동은 사익(私益)을 추구한 출세주의자이다.	공익과 사익
2	기억전달자	로이스 로리	조너스의 마을은 바람직하다.	안전과 자유 선택과 책임
3	허생전	박지원	허생은 의로운 인물이 아니다.	지식인의 의무
4	동물농장	조지오웰	피지배 계급은 동물농장(혁명)의 실패에 책임이 없다.	민주시민의식
5	변신	카프카	그레고르는 가족보다 자신의 죽음에 대한 책임이 더 크다.	가족애, 소통
6	이능	나카지마 아츠시	적군(흉노)에게 포로로 잡힌 후, 이능이 한 선택은 옳다.	국가의 의무 국민의 의무
7	노인과 바다	헤밍웨이	노인이 먼 바다로 나간 것은 잘못이다.	성공과 실패 과정과 결과
8	지킬 박사와 하이드	로버트 루이스 스티븐슨	지킬은 하이드의 악행(惡行)에 대한 책임이 없다.	선과 악, 양면성
9	아우를 위하여 / 우상의 눈물 / 우리들의 일그러진 영웅	황석영 / 전상국 / 이문열	한 사람의 잘못(폭력)은 우리 모두의 잘못이다.	폭력, 시민의식
10	이방인	까뮈	뫼르소에 대한 사형 판결은 정당하다.	타자성, 관용, 부조리
11	이반 일리치의 죽음	톨스토이	죽음에 대한 이반의 태도 (반응과 수용)는 타당하다.	삶과 죽음, 가족애
12	예고된 죽음의 연대기	마르케스	비까리오 형제에 대한 처벌의 정도는 적당하다.	명예, 복수, 정의
13	수병, 빌리 버드	허먼 멜빌	비어 함장이 빌리를 교수형시킨 것은 정당하다.	선과 악 정의와 폭력
14	프랑켄슈타인	메리 셸리	프랑켄슈타인은 비극적 영웅이다.	타자성, 윤리성, 책무성
15	술라	토니 모리슨	술라는 악(惡)한 존재이다.	타자성, 정체성

〈희곡〉

순	도서명	작가	논제	핵심요소
16	인형의 집	헨리크 입센	노라는 책임감 있는 사람이다.	가족애, 자아실현
17	장 아누이의 안티고네	장 아누이	안티고네의 삶(죽음)은 숭고(崇高)하다.	국가에 대한 의무 가족에 대한 의무
18	오이디푸스 왕	소포클레스	오이디푸스는 운명에 맞서는 영웅이다.	운명, 진실의 추구
19	아가멤논	아이스퀼로스	클뤼타이메스트라의 복수는 정당하다.	폭력, 복수, 가족애
20	메데이아	에우리피데스	메데이아는 악한 존재이다.	정의, 복수, 모성애
21	베니스의 상인	셰익스피어	샤일록에 대한 재판은 공정하다.	타자성, 정의, 공정성
22	맥베스	셰익스피어	맥베스는 운명의 희생양이다.	운명, 욕망, 정의, 양심
23	오셀로	셰익스피어	오셀로가 이아고보다 비극적 결말에 대한 책임이 더 크다.	사랑, 소유, 질투
24	햄릿	셰익스피어	햄릿은 정신적으로 고귀한 인물이다.	광기, 정의, 고귀함
25	시련 The Crucible	아서 밀러	세일럼에서는 불의(不義)가 승리했다	정의와 불의, 시민의식

2. 독서 디베이트 논제와 쟁점의 설정 과정

모든 토론은 논제에서 시작된다. 좋지 않은 논제로 좋은 토론이 이루어질 수는 없다. 좋은 질문이 좋은 해답을 얻기 위한 첫 출발인 것과 같은 이치이다. 시인 이성복은 「그날」이라는 시에서 "모두 병들었는데 아무도 아프지 않았다"고 쓰면서, 후기에 "자신이 병들어 있음을 아는 것은, 치유가 아니라 할지라도 치유의 첫 단계일 수는 있"다고 적었다. 독서토론에서 좋은 논제가 좋은 토론을 보장하지는 않는다. 하지만 좋은 논제는 토론의 첫 단추와 같다. 첫 단추를 잘못 끼우면 토론은 결코 원하는 결과에 도달할 수 없다. 시간을 들여 마음속에서 가능한 쟁점들을 충분히 생각해 보면서 논제의 적절성을 검토하고 또 검토해 봐야 한다.

좋은 논제를 만드는 일은 매우 힘들다. 우선 대상 도서를 선정하는 것 자체가 어렵다. 찬반 쟁점이 세 가지씩 나올 수 있는 200페이지 안쪽의 책을 찾는 일은 그 자체로도 어렵다. 어려움은 작품 자체가 가지고 있는 문제(논쟁거리가 별로 없거나 뚜렷하지 않은 경우, 작품이 지나치게 어려운 경우 등)와 본인의 능력의 문제(작품 이해 능력) 중 하나에서도 발생하고 둘이 겹칠 때도 발생한다.

개인적으로 좋아하는 작가인 도스또예프스키의 작품을 토론도서에 포함시키고 싶었다. 그의 작품 중에서 일단 분량이 많은 것은 제외했다. 그의 이런저런 작품을 보다가 『영원한 남편』이란 작품이 눈에 들어왔다. 『영원한 남편』을 몇번 읽어 보았지만 이 작품으로 논제와 쟁점을 만드는 일은 내 능력 밖이었다. 우리는 타자의 욕망을 욕망한다는 사실을 아이들과 함께 토론하고 싶었다. 하지만 그것은 에스트라공과 블라디미르가 '고도'를 기다린 것과 다를 바 없었다. 하긴 기다리다 보면 언젠가 '고도'가 찾아올지도 모른다. 이런 희망도 없다면 어떻게 세상을 살겠는가.

내 청춘의 작가인 헤르만 헤세의『데미안』도 여러 번 읽었지만 논제와 쟁점을 만들 수 없었다. 이 세상에 자신이 태어난 유일한 이유와 삶을 찾고 있는 싱클레어와 논쟁하긴 어려웠다. 무작정 "안 하는 편을 택하겠습니다."라고 말하는 바틀비에 이르면 사태는 절망적이었다. 많은 책들을 읽었고 토론도서에 포함시킨 작품보다 그렇지 못한 작품이 몇 배로 많다. 정말 뛰어난 작품들을 밀쳐두어야 했을 때는 자괴감이 들기도 했다. 결국, 토론도서를 선정하는 특별한 방법은 없다. 이런 저런 작품을 계속 읽어 보다가 작품과 자신의 능력이 허락할 때 토론도서가 결정된다.

다행히 토론이 될 만한 책을 찾았을 때의 기쁨은 크다. 그 순간은 작품을 수백 번이라도 읽을 수 있을 것 같은 기분이 든다. 하지만 그것 역시 착각이었다. 토론할 만한 작품을 찾았다는 기쁨에서 오는 순간의 환상일 뿐이었다. 실제로는 서너 번 읽기도 힘들었고 그렇게 읽고 세부를 기억하기도 힘들었다. 작품에 끊임없이 밑줄 긋고 그것을 컴퓨터로 옮겨 적고 분류하며 생각하고 메모하였다. 참고도서와 논문을 읽고 발췌하기를 반복했다. 소설이든 희곡이든 하나의 작품 속에서 찬반 쟁점을 세 가지 정도를 만든다는 것은 작품과 참고 문헌들에 대한 반복적 읽기, 발췌, 숙고의 무한 반복으로 이루어진다. 그러면서 논제와 쟁점을 만들어 갔다. 물론 독서 디베이트 논제가 갖추어야 할 조건들[9]을 마음속에 늘 염두에 두고 있었지만 만들어 놓은 논제와 쟁점이 늘 그것에 미치지는 못했다.

독서 디베이트 도서를 선정히는 방법과 논제와 쟁점을 만드는 방법을 소개하고자 이 글을 쓰지만 이를 체계적으로 설명할 수는 없다. 이 일이 기계적으로 할 수 있는 일도 아니고 체계적으로 설명하기에는 우선 나 자신부터 체계가 없다. 논제와 쟁점을 만드는 과정에서 우연히 아이디어를 얻은 경우도 매우 많다. 물론 우연이라고 해서 아무 생각도 하지 않았는데 아이디어가 떠올랐다는 뜻은 아니다. 길을 걸으면서나 밥을 먹으면서, 심지어 자면서도 논제와 쟁점을 생각했다. 좋은 생각이 떠오르면 자다가도 일어나서 메모했다. 그렇게 만들고 나도 성취감은 잠깐이고 쟁점이 가지고 있는 억지스러운 느낌에 괴롭고 허망해지기 일쑤였다. 이런 과정들을 반복하면서 작품을 선정하고 논제와 쟁점을 만들어 왔다. 여기서는 몇몇 작품을 통해서 그 노력의 일부인 고민의 흔적들을 소개하려고 한다.

논제는 작품의 핵심 주제에 대한 이해를 돕는 것으로 쟁점과 함께 만들어져야 한다. 모든 작품을 대상으로 논제와 쟁점을 만드는 작업을 설명하기는 어렵고 또, 그것이 필요하다고 생각되지도 않는다. 이 글에서는 우리에게 가장 익숙한 작품인『동물농장』,『변신』,

---

9) 일반적인 시사토론의 논제와 쟁점이 갖추어야 할 조건들과 다르지 않다. 우선 무엇보다 찬반의 대립이 팽팽할 수 있는 논제여야 한다. 다만, 독서 디베이트의 특수성을 고려하면, 논제는 작품 전체의 핵심적인 주제와 관련이 있어야 하고, 쟁점들은 논제에 대한 입장을 뒷받침할 수 있으면서 작품을 읽는 데 도움을 주는 길잡이 역할도 할 수 있어야 한다.

『노인과 바다』 세 작품을 대상으로 논제와 쟁점을 만들면서 고민했던 내용을 간단히 정리해 본다. 고민의 흔적을 살펴보는 일이 논제와 쟁점을 개발하는 데 다소 도움이 될 수 있다는 생각이 든다. 논제와 쟁점이 갖추어야 할 조건들을 가능한 지키면서 논제와 쟁점을 만들려고 지속적으로 노력했다는 점을 우선 밝혀둔다.

1) 『동물농장』의 논제와 쟁점 만들기 과정

『동물농장』은 제일 처음 독서토론을 한 작품이다. 처음에는 디베이트를 하지 못했다. 여러 번 생각했지만 혁명 실패에 돼지들의 책임이 너무 커 보였다. 지배계급의 동물과 피지배계급의 동물을 같은 위치에 두고 책임 소재를 가리는 찬반 토론을 할 수는 없었다. 다른 작품을 선정할 시간적 여유가 없어서 하는 수 없이 만장일치 토론을 했다.

우선, 『동물농장』에 등장하는 10종의 동물을 뽑았다. 뽑을 때는 다양한 계급이나 계층의 동물들이 포함될 수 있도록 했다. 다음으로 뽑은 10종의 동물들을 대상으로 동물농장의 실패에 대한 책임의 우선 순위를 만장일치의 방식으로 매긴다. 이를 통해서 각각의 동물들이 가지고 있는 문제점을 살펴보려는 의도였다. 돼지들은 나폴레옹, 스노볼, 스퀼러 세 마리만 순위에 올렸다. 문제는 돼지들을 모두 앞 순위로 우선 배치하면 다른 동물들의 문제를 살피는 부분에서 열띤 토론이 될 것 같지 않다는 것이었다. 학생들은 동물의 순위가 후 순위로 밀리면 쉽게 타협하는 경향을 보인다. 이 문제를 해결하기 위해서 돼지들을 1, 2, 3 순위로 정하지는 못하게 했다.

적어도 한 마리의 돼지는 4순위 이하에 넣게 했다. 다음 번 토론에서는 책임이 가장 많아 보이는 나폴레옹과 스노볼은 아예 빼버리고 만장일치 토론을 했다.

만장일치 토론을 진행하면서 『동물농장』에 대한 이해가 점점 깊어졌다. 이 작품을 읽을수록 정말 좋은 소설이라는 생각을 하게 되었다. 이 작품으로 꼭 독서 디베이트를 해보고 싶었다. 그러던 중에 조지 오웰은 『동물농장』을 러시아 혁명에 대한 풍자로 쓴 것은 사실이지만 이 풍자가 '더 광범위한 적용범위를 갖게 하자는 것'도 자기 의도였다고 말한 글을 읽게 되었다. 이 해명에서 오웰은 권력 자체만을 목표로 하는 혁명은 주인만 바꾸는 것으로 끝날 뿐 본질적 사회변화를 가져오지 못한다는 것, 대중이 살아 깨어 있으면서 지도자들을 감시·비판하고 질타할 수 있을 때에만 혁명은 성공한다는 것 등이 그가 작품 『동물농장』에 싣고자 한 메시지라고 말하고 있었다. 이를 읽고 피지배계급의 역할을 중심으로 디베이트를 해보면 좋겠다는 생각이 들었다. 피지배계급의 역할을 고민하는 일은 곧 오웰의 더 광범위한 목표대로 깨어있는 대중의 의식을 살펴보는 문제가 될 것이다. 그래서 『동물농장』의 실패에 대해, 피지배계급 동물들의 책임에 대해 좀 더 고민하게 되었다.

논제를 만드는 일은 어렵지 않았다. '피지배계급은 동물농장(혁명)의 실패에 책임이 없다.'로 정했다. '피지배계급은 동물농장(혁명)의 실패에 책임이 있다.'로 정할까도 생각해 보았지만 일반적으로 책임이 있다고 볼 것이므로 책임이 없다고 정했다.

문제는 쟁점을 만드는 일이었다. 일단 피지배계급의 동물들을 분류해야 쟁점을 세 가지 만들 수 있다는 생각을 했다. 그렇다면 어떻게 분류할 것인가. 벤자민을 냉소적인 지식인으로 분류하는 것은 어렵지 않았다. 복서를 나폴레옹에 대한 신념이 투철한 노동자 계급으로 분류하는 것도 어렵지 않았는데, 문제는 클로버였다. 소설을 다시 읽다가 클로버가 계명에 투철하다는 생각이 들었다. 왜 진작 이 생각을 하지 못했을까. 클로버가 계명에 투철한 노동자 계급이라는 생각에 이르자 복서와 클로버의 공통점이 여럿 보였다. 이들의 공통점은 노동자 계급이라는 점, 동물농장의 성공을 위해 신념을 갖고 누구보다 성실하게 일한다는 점, 다소 어리석다는 점이다. 이리하여 복서와 클로버를 한 무리로 분류할 수 있었다. 마지막 쟁점을 위한 분류에는 쉽게 양과 개들을 넣을 수 있었다. 이들은 아무 생각 없이 시키는 대로 하는 동물이다.

동물들은 분류가 되었다. 이제 어떻게 이 분류를 이용하여 쟁점을 만들까 고민을 했다. 고민 끝에 벤자민이라는 동물을 통해서는 지식인이 자신의 지식을 사회를 위해서 사용할 의무가 있는가 없는가라는 쟁점을 만들 수 있었다. 문제는 대부분의 학생들이 지식인은 사회를 위해서 자신의 지식을 당연히 사용해야 한다고 생각하리라는 점이었다. 그렇다면 찬성 측이 불리할 것 같아서 망설여졌다. 벤자민이 어떤 생각을 했을까하고 고민을 반복했다. 벤자민이 동물농장을 위해서 자신이 나서지 않는 것이 동물농장에 더 도움이 된다고 판단했을 수도 있을 것 같은 생각이 들었다. 또, 우리의 사회에서 4대강 찬성 논리를 편 자칭 지식인이란 사람들과 비교해보면, 벤자민이 자신의 이익을 위해서 돼지들에게 적극 협조하지 않은 점도 긍정적으로 평가할 여지가 있었다.

벤자민의 문제를 해결하자 두 번째, 세 번째 쟁점은 어렵지 않았다. 두 번째 쟁점은 옳다는 신념을 가지고 자신을 희생하며 최선을 다해 한 행동이 나쁜 결과를 가져왔다면, 그것에 대해 책임을 물을 수 있는가 없는가로 정했다. 그리고 마지막 쟁점은 모르고 한 일이 나쁜 일이었다면 그것에 대해 얼마만큼의 책임을 물을 수 있을까로 정했다.

논제를 만들고 나서 논제가 다소 반대 팀에게 유리할 것 같은 생각이 들긴 했지만 더 이상 어쩔 수는 없었다. 찬성 팀이 다소 불리한 면은 토론모형을 찬성 팀에 다소 유리하게 설계해서 조정[10]할 수 있다는 생각도 들었다. 다행히 실제로 학생들과 디베이트를 해보니 비교적 무난하게 디베이트가 되었다. 아쉽긴 하지만 완벽하게 찬반이 균형을 이루는 쟁점을 만들기는 쉽지 않다는 것을 인정할 수밖에 없었다. 이렇게 『동물농장』의 논제와 쟁점을 만드는 작업을 마무리했다.

---

10) 예를 들면, 찬성 팀의 입론에서 시작해서 찬성 팀의 최종발언으로 토론이 끝나게 하는 것을 말한다. 독서 디베이트는 칼 포퍼 토론 모형을 기본으로 해서 이를 변형시켜 사용했다. 칼 포퍼 토론의 특징은 찬성 팀과 반대 팀 모두 입증의 책임이 있다는 것이다. 정책토론의 경우, 찬성 팀은 입증의 책임이 있고, 반대 팀은 반증의 책임이 있다. 반대 팀은 반대만 잘하면 이길 수 있다. 하지만 칼 포퍼 토론은 그렇지 않다. 양쪽 다 자신의 주장을 입증해야하고 상대의 주장도 가능한 조목조목 반박해야 한다. 칼 포퍼 토론의 경우는 그래서 일반적인 토론 모형과 달리 찬성 팀에서 시작해서 반대 팀의 최종발언으로 끝난다.

2)『변신』의 논제와 쟁점 만들기 과정

카프카의『변신』은 논제와 쟁점 만들기란 측면에서 매우 애정 어린 작품이다. 책에 제시된 형태로 만들기까지 많은 고민이 있었다. 한 때는 포기할까도 생각했지만 그러기엔 너무 아까운 작품이었다. 내용면에서도 그러했지만, 분량이 80페이지 정도여서 독서 디베이트의 초반에 아이들에게 읽히기 아주 좋은 작품이기 때문이다.

논제: 아래의 지문과 소설 전체의 내용을 참고하여, 잠자의 죽음이 자신의 생각에 의한 것인지, 아니면 타인(가족들)의 간접적인 강요에 의한 것인지 생각해 보자. 이번 토론의 논제는 잠자의 죽음은 자의(자신의 생각, 뜻)에 의한 것인가, 타의(가족들의 생각)에 의한 것인가?이다.

"「그럼 이제 어쩐다?」 자문하며 그레고르는 어둠 속을 둘러보았다. 곧 그는 자기가 이제는 도무지 꼼짝을 할 수 없음을 발견했다. 그것이 놀랍지는 않았다. 지금까지 이 가느다란 작은 다리를 가지고 실제로 몸을 움직일 수 있었다는 것이 오히려 부자연스럽게 생각되었다. 그는 제법 쾌적하게 느꼈다. 온몸이 아프기는 했으나, 고통이 점점 약해져 가다가 마침내 아주 없어져 버리는 것 같았다. 그의 등에 박힌 썩은 사과와, 온통 부드러운 먼지로 덮인 곪은 언저리도 그는 어느덧 거의 느끼지 못했다. 감동과 사랑으로써 식구들을 회상했다. 그가 없어져 버려야 한다는 데 대한 그의 생각은 아마도 누이동생의 그것보다 한결 더 단호했다. 시계탑의 시계가 새벽 세시를 칠 때까지 그는 내내 이런 텅 비고 평화로운 숙고의 상태였다. 사위가 밝아지기 시작하는 섯도 그는 보았다. 그러고는 그의 머리가 자신도 모르게 아주 힘없이 떨어졌고 그의 콧구멍에서 마지막 숨이 약하게 흘러나왔다."[11]

앞의 논제와 관련해서 생각해 보아야 할 것들은 다음과 같다.

❶ 잠자의 죽음에 가족들은 책임이 있는가?

❷ 잠자는 가족들이 죽인 것인가? 그의 죽음은 자의인가, 타의인가?

❸ 잠자의 죽음이 자의에 의한 것이라면, 가족들은 책임이 없는가?

❹ 가족들의 책임이 있다면 그것을 자의적인 것이라고 말할 수 있는가?

❺ 자살과 타살을 가르는 기준은 무엇인가?

위의 내용을 보면 쟁점을 제시했다기보다는 논제에 대해 좀 더 깊은 고민을 유도하는 정도의 질문임을 알 수 있다. 바람직한 형태는 아니었지만 『변신』을 가지고 3가지 정도로 쟁점을 만들기는 힘들겠다는 생각이 많이 들었다. 카프카에 대한 이런 저런 책을 읽었지만 돌파구는 쉽게 마련되지 않았다. 이런 형태로 2년을 학생들과 디베이트를 했다.

그러던 중, 최윤영이 쓴 『카프카, 유대인, 몸』이란 책을 읽다가 "갑충으로의 변신이 현대 시민 사회의 억압에서 벗어나는 탈출구

---

11) 프란츠 카프카(전영애 옮김), 『변신·시골의사』, 민음사, 1998. 72-73쪽.

역할을 하지만 다른 한편으로는 주변 공동체 세계에서 고립되어 자신만의 길을 가는 삶은 죽음으로 끝날 수밖에 없다는 작가의 신념이 드러난다."는 문장을 읽는 순간 찬반 쟁점을 만들 수 있겠다는 생각이 들었다. 가족들 때문에(특히, 아버지) 자신의 꿈을 접고 원하지 않는 길을 가며 괴로워하는 한 청년의 모습이 떠올랐다. 갑충은 그런 현실에서 벗어나고자 하는 그레고르의 욕망이 표출된 것으로 보였다. 작품을 이런 시각에서 보자 소통의 문제가 두드러지게 부각되었다. 갑충으로 변한 초기에 그레고르는 말을 할 수 있었다. 그는 가족들의 말을 알아들을 수 있었지만 아무도 그가 가족들의 말을 알아들을 수 있을 것이라고 생각하지 않았다. 갑충은 죽을 때까지 가족의 말을 알아들을 수 있었지만, 자신은 점점 인간의 말을 할 수 없게 되어갔다. 소통 부재, 일방적인 의사전달이 이 작품의 비극이란 생각이 들었다.

이런 생각은 라임메르트의 책을 읽으면서 더욱 명확해졌다. 그의 책의 "우리는 먼저 악한 요정이 그레고르를 변하게 했는지 아니면 잠에서 그를 공격했던 내면의 인식이 그를 변하게 한 것인지, 아니면 실제로는 아닌데 그냥 자신을 믿을 수 없을 만큼 '엄청나게 큰 해충으로 변해'있다고 봤는지, 혹은 그가 이미 오래전부터 그랬던 모습을 지금 발견하게 된 것인지 살펴보아야 한다."[12]란 문장은 쟁점을 만들 수 있다는 확신을 주었다. 그의 글은 갑충으로 변한 것이 실제라기보다는 그레고르의 환상일 수도 있다는 느낌을 강하

---

12) 카를라 라임메르트(임영은 옮김), 『카프카』, 생각의나무, 2009. 54쪽.

게 주었다. 얼마나 현실로부터 벗어나고 싶었으면 갑충으로 변하는 환상을 가졌을까.

　본격적으로 쟁점을 떠올리면서 논제를 만들기 시작했다. 처음에는 논제를 '그레고르의 죽음에 가족들은 책임이 없다.'로 생각해 보았다. 그러나 아무리 생각해 보아도 가족들의 책임이 없을 수는 없다고 생각했다. 비록 책임의 정도에 차이가 있을 수는 있지만 없다고 단정 짓기는 어렵다고 보았다. 그렇다면 책임이 그레고르와 가족 모두에게 어느 정도 있음을 인정하고, 어느 쪽에 더 책임이 있는지를 토론해 보면 어떨까라는 생각을 했다. 매우 논쟁적인 토론이 될 수 있을 것 같았다. 이런 생각에 바탕을 두고 논제를 '그레고르의 죽음에 대한 책임은 가족보다 그가 더 크다.'로 정해 보았다. 문장이 머리 속에 잘 들어오지 않았다. 그래서 논제를 '그레고르가 가족보다 자신의 죽음에 대한 책임이 더 크다.'로 바꾸어 보았다. 여전히 좀 어색함이 느껴지긴 했지만 그런대로 괜찮다고 생각했다. 가장 고민을 많이 한 단어는 '더'였다. 그레고르의 죽음에 가족의 책임이 있다 없다로 디베이트를 하면, 가족들의 책임이 있다는 편이 유리하다는 생각이 들어서 '더'란 단어를 넣어서 학생들이 책임의 비교가 중요하다는 생각을 하도록 강조했다.

　논제가 결정되자 논제를 만들 때 머리 속에서 그리고 있던 쟁점들을 구체화했다. 찬성 측이 사용할 수 있는 쟁점을 세 가지로 정리했다. (1) 그레고르가 갑충으로 변한 것은 자신의 선택이다. 그러므로 선택의 책임은 자신에게 있다. (2) 그레고르는 갑충으로 변한 후에 자신의 삶에 잘 적응하지 못했으며 가족들에게도 불편을 주었다. **(3)** 그레고르의 자살은 자신의 선택과 삶에 적응하지 못했기 때문이다.

반대 측에서 사용할 수 있는 쟁점도 세 가지로 정리했다. **(1)** 그레고르가 원해서 갑충이 된 것은 아니다. 그레고르에게 갑충으로의 변신은 불행한 일이다. **(2)** 그레고르는 갑충으로 변한 자신의 삶에 적응하고자 했지만 가족들이 도와주지 않았다. 가족들은 그를 방치하거나 심지어 폭력(특히, 아버지)을 행사하기도 했다. **(3)** 그레고르는 가족들을 위해서 죽을 수밖에 없었다. 그레고르의 죽음이 표면적으로는 자살로 보이지만, 사실상 가족들이 자살하도록 몰아 간 것으로 볼 수 있다.

『변신』으로 쟁점을 만들고 나서 이 쟁점들이 자연스러운 이야기로 연결되는지 다시 한번 고민했다. 찬성 측은 갑충이 되기 이전의 그레고르의 삶은 매우 고단했으므로 그는 무의식적으로 그런 삶으로부터 벗어나고 싶어했는데, 그런 소망이 이루어지자(갑충) 가족들에 대한 미안함 등으로 인해 자신의 삶에 적응할 수 없었고, 결국 그레고르는 자살했다는 이야기의 구성이 가능했다.

반대 측은 그레고르는 갑충으로 변하는 상상하기 어려운 불행을 당하게 되는데, 그레고르를 돌볼 책임이 있는 가족들은 그렇게 하지 않았고, 그가 죽을 수밖에 없도록 행동했다는 식으로 이야기의 구성이 가능했다. 찬반 양측이 이야기를 논리적으로 구성할 수 있다는 생각이 들어 이 쟁점들을 다시 정리해서 이 책에 실린 형태로 만들어 학생들과 디베이트를 했다. 처음에 제시했던 형태보다 훨씬 논쟁적인 디베이트가 되었다.

3)『노인과 바다』의 논제와 쟁점 만들기 과정

마지막으로『노인과 바다』의 논제와 쟁점을 만든 과정을 조금 설명하고 이 글을 마치고자 한다.『노인과 바다』는 노인이 바다에서 청새치와 사투를 벌여 청새치를 잡았지만, 상어의 습격으로 청새치의 뼈만 가지고 집으로 돌아올 수밖에 없었다는 엄청나게 단순한 스토리 구조를 가지고 있다. 과연 이런 정도의 스토리를 가지고 독서 디베이트를 위한 논제와 쟁점을 만들 수 있을까하고 생각했다. 이 작품은 한번 읽어 본 후, 처음에는 포기한 작품이다. 포기한 채 두었다가 디베이트를 할 작품을 선정하지 못해서 다시 읽어 보았다. 이번에는『노인과 바다』를 다루고 있는 여러 글과 헤밍웨이의 전기 등도 함께 읽어 보았다. 그리하여『변신』처럼 처음에는 찬반 쟁점을 만들지는 못하고 논제를 만든 다음에 생각할 거리를 제시하는 수준의 아래 자료를 만들어서 학생들에게 제공했다.

논제: 산티아고는 성공한(가치있는) 삶을 살았다.

논제와 관련하여 생각해 볼 문제들:

(1) 노인이 상어의 습격으로부터 물고기를 지키려고 한 일은 목숨을 위태롭게 한 행동이다. 그 물고기는 그렇게 할 가치가 있는가? 목숨을 걸고 청새치를 지키려고 한 노인의 행동은 옳은가? 노

인의 행동은 끈기와 인내인가? 무모한 행동인가?

(2) 세상에 그 무엇도 영원한 것은 없다. 잡은 청새치도 영원할 수 없다. 상어에게 청새치를 잃은 노인은 청새치를 잡은 것인가, 그렇지 않은 것인가? 노인은 자기 자신과의 싸움에서 패배한 것인가?

(3) 산티아고는 "인간은 파멸당할 수는 있을지 몰라도 패배할 수는 없어."라고 말한다. '파멸'은 물질적·육체적 가치와 관련된 반면, '패배'는 정신적 가치와 관련되어 있다고 할 수 있다. 물질적으로 패배했는데도 정신적으로 패배하지 않을 수 있는가?

(4) 노인의 삶은 가치가 있는 것인가? 만약 가치가 있다면 무엇이 그의 삶을 가치 있게 만드는 것일까?

(5) 삶에서 성공이 의미하는 것은 무엇인가? 성공에는 객관적인 척도가 있는가, 아니면 성공은 주관적인 것인가?

(6) 삶의 성공은 항상 결과론적으로 평가되어야 하는가? 비록 결과가 나쁘더라도 성공한 삶이 있을 수 있는가?

(7) 삶에서 한 번의 성공은 영원한 성공으로 이어지는가? 그렇다면 왜 그런가? 그렇지 않다면 성공이란 삶에서 무슨 의미가 있는가?

(8) 삶은 성공의 연속인가, 실패의 연속인가? 성공과 실패를 가르는 기준은 무엇인가? 우리는 모두 언젠가 죽을 것이다. 죽음을 극복할 수 없는 인간에게 성공한 삶이 가능한가?

(9) 스스로 만족한 삶이 성공한 삶인가, 타인이 성공했다고 평가한 삶이 성공한 삶인가?

만족할 정도는 아니었지만 이 정도로도 디베이트를 할 수 있었다. 다만, 쟁점을 명확하게 제시하지 않아 논쟁이 겉도는 느낌이 들었다. 다시 한번 쟁점에 대해 고민해 보다가 이야기의 시간적 순서에 따라 쟁점을 만들어 보자는 생각이 들었다. 즉, 모험의 시작, 청새치와 투쟁, 결과에 대한 평가 순으로 위계를 설정해 보았다. 무리 없이 이야기를 구성할 수 있겠다는 생각이 들었다. 하지만 기존의 논제로는 이 쟁점들을 담기에 부족하다는 생각이 들었다. 고민 끝에 논제를 '노인이 먼 바다로 나간 것은 잘못이다.'로 정했다. 앞의 논제보다 훨씬 나아보였다. 앞의 논제는 분석되어야 할 가치를 전면에 내세웠던 점이 조금 아쉬웠었다. 본격적으로 쟁점 만들기에 들어갔다.

모험의 시작 쟁점에서는 노인이 정신적으로 충분히 준비가 되어 있었는지 모르지만 물질적으로(장비, 식량 등) 거의 준비가 되지 않았다는 점을 통해서 정신과 물질의 가치를 생각해 보도록 쟁점을 만들었다. 청새치와 투쟁에서는 뼈만 가지고 돌아온 행위를 가치 있다고 볼 것인지 아닌지를 통해서 과정과 결과의 가치를 생각해 보게 하는 쟁점을 만들었다. 마지막 쟁점은 위의 두 쟁점과 변별성을 가진 쟁점을 만들기는 어려워서 두 쟁점을 아울러서 노인은 영웅인가, 패배자인가라는 종합적인 평가를 하도록 쟁점을 만들었다.

세 작품을 통해서 논제와 쟁점을 만들기까지의 고민을 간략하게 글로 적어 보았다. 논제와 쟁점을 만들면서 생각했던 고민들이 고

스란히 다시 되살아났다. 많은 시간이 지났는데도 불구하고 고민의 흔적들이 되살아나는 것은 당시 그만큼 치열하게 고민한 결과일 것이다. 무얼 위해 그렇게까지 고민했을까 생각을 해보니 오기 같은 것이 발동했다는 생각이 든다. 여기에 적은 고민들은 지난 삶의 흔적인데 그것을 말로 풀기에는 재주가 부족함을 느낀다. 중요한 것은 그 누구도 쉽게 논제와 쟁점을 만들 수는 없다는 것이다. 작품과 참고 글들을 반복해서 읽고 생각하고 다듬고 정리하는 과정을 거칠 수밖에 없다. 특별한 재주와 능력보다는 무한 반복하는 노동의 수고로움과 정신적 인내가 필요한 일이다.

정리하자. 논제와 쟁점을 만들려면 갖추어야 할 조건들을 늘 머리속에서 생각하고 있어야 한다. 모든 조건을 충족시키기는 어렵지만 최대한 조건을 지키기 위해 노력할 때 더 나은 논제와 쟁점이 만들어진다. 그리고 한두 번 읽고 안 된다고 쉽게 포기하지는 말자. 한 번 읽어 보고 논제와 쟁점을 만들 수 없다는 생각이 들어도 가능성이 보인다면 여러 참고 글들을 함께 읽어 보는 것이 필요하다. 그래도 안 되면 한두 해 묵혀두었다 다시 한 번 도전해 보면 의외로 잘 되는 경우도 있다. 로맹가리의 소설 『하늘의 뿌리』에는 다음과 같은 구절이 있다. 포기하지 말자.

- 당신은 고생대 초기에 최초로 물 밑의 진흙으로부터 나와, 없
  는 허파기 생기기를 기다리며 숨을 쉬면서 자유로운 대기 속
  에서 살기 시작한 선사시대의 파충류 동물을 기억하오?
- 기억이 나진 않지만, 어디선가 읽은 적이 있어요.
- 좋아요. 그런데 그놈 역시 미쳤다오. 완전히 머리가 돌았지.
  그 때문에 그렇게 애쓴 거지요. 그놈은 우리 모두의 조상이오.
  이걸 잊어선 안 되오. 그놈이 없었더라면 우리가 이렇게 있지
  도 못할 거요. 그놈은 아마 간이 부었을 거요. 우리도 시도를
  해봐야 하오. 그게 진보라는 거요. 그놈처럼 여러 번 해보면
  아마도 우리는 결국 필요한 기관, 예를 들면 존엄이나 우애 같
  은 기관을 갖게 될 거요.[13]

---

13) 로맹 가리(백선희 옮김), 『하늘의 뿌리』, 문학과지성사, 2007. 554-555쪽.

3. 토론한 책

허균

『홍길동전』 토론거리

1. 논제: 홍길동은 사익(私益)을 추구한 출세주의자다.

2. 논제에 따른 쟁점

쟁점 ❶ 가정의 문제: 신분 제도

가정의 문제에서 다루고자 하는 쟁점은 홍길동이 진정으로 신분 제도에 문제의식을 가지고 있었냐는 점이다. 길동은 서자로 태어나서 자신의 능력을 발휘할 수 없는 상황에 분노한다. 그는 호부호형(呼父呼兄: 아버지를 아버지라 부르고 형을 형이라고 부름)하지 못하고 종들로부터 천대를 받는 것을 가슴 아파한다. 그는 자신의 천한 출생을 한탄하면서 사람이 사람을 천하게 대하는 것은 옳지 않다고 생각한다. 이런 길동의 생각은 가부장적 유교사회에서 그 자체로 신분 제도에 대한 저항이며 혁명적인 사상으로 볼 수 있지 않을까.

아니면 그의 생각은 그저 홍길동 개인의 신세 한탄에 그치는 것일까. 홍판서의 집안에서 벌어지는 신분의 갈등은 신분제도 전반에 대한 문제 제기일까. 아니면, 자신의 불우한 처지를 한탄하는 길동의 개인적인 푸념과 반항에 불과할까.

홍판서는 호부호형하지 못하는 길동의 한을 풀어 준다. 길동은 이제 자신을 '소인(小人)'이 아니라 '소자(小子)'와 '소제(小弟)'로 부를 수 있게 된다. 이로써 적서차별 제도는 홍판서의 집에서는 영향력을 잃는다. 이는 신분제도에 대한 길동의 저항을 상징적으로 보여주는 상황일까. 아니면, 자식의 처지를 불쌍하게 생각한 아버지의 사랑의 행위에 지나지 않을까. 신분제도에 대한 길동의 문제의식이 과연 아버지가 호부호형을 허락하는 것으로 해결될까. 이런 식의 개인적인 문제 해결은 오히려 사회 전반의 신분 제도의 문제를 해결하려는 의지를 약화시키는 것은 아닐까. 길동의 진정한 고민은 적서 차별이라는 불공정한 사회제도에 의해서 자신이 희생당하고 있다는 것이므로, 그것의 해결은 홍판서의 개인적인 차원이 아니라 국가 전체의 차원에서 이루어져야 하는 것이 아닐까.

가정을 벗어난 길동은 더 이상은 신분제도를 문제 삼지 않는 것처럼 보인다. 길동은 개인적인 차원을 넘어서 사회적(국가적) 차원에서 신분 제도에 대한 문제의식을 가지고 있었을까. 길동이가 가정에서 보여준 신분 차별에 대한 문제제기는 적서차별이 수백 년간 당연시되던 신분제 사회에서 신분 차별의 부당성을 알리고, 신분 차별에 순응하던 당시의 사람들에게 이에 대한 저항의식을 사회문제로 표면화시킨 개혁적 행위일까. 아니면, 서자로 태어나 자신의 능력을 발휘하지 못하는 불우한 개인의 지극히 사적인 반항 행위에 불과할까.

쟁점 ❷ 국내의 문제: 빈민 구제

홍길동은 집을 나간 다음에 도적의 우두머리가 된다. 길동은 도적의 무리들로 활빈당을 조직한다. 길동의 활빈당은 해인사를 습격하고, 탐관오리를 공격하여 빼앗은 재물과 곡식을 가난한 백성들에게 나누어 준다. 이런 행동은 기존의 사회체제에 대한 저항이었을까. 길동은 의적 활동으로써 새로운 세상을 건설하려 했던 것일까.

조선에서 길동의 활빈당 활동은 길동이 병조판서에 제수되며 끝난다. 과연 길동이 활빈당 활동을 통해서 추구했던 것은 무엇일까. 백성들은 의적 활빈당의 활약에 많은 박수를 보냈을 것이다. 그런데 어느 날 길동이가 병조판서에 제수되고 곧 조선을 떠난다. 이런 홍길동을 백성들은 어떻게 생각했을까. 홍길동은 제도의 개혁을 통하여 가난한 백성들을 구제하려는 생각이 있었을까. 아니면, 신분적 한계에 갇혀 있는 자신의 처지를 개혁하려 했을까. 홍길동은 활빈당을 그 자신의 신분 상승(병조판서)을 위한 발판으로 삼은 것은 아닐까. 빈민 구제는 단지 자신의 이름을 세상에 알리기 위한 방책이 아니었을까. 아니면, 길동이가 병조판서의 벼슬을 요구하여 받은 것은 신분제도 깨뜨리고 사회를 개혁하려는 상징적인 의미가 담겨있는 행위일까.

길동은 병조판서라는 벼슬을 받자마자 가난한 백성들을 구제하는 의적활동을 중지하고 사라진다. 길동은 그나마 '활빈'(가난한 백성을 구함)이라는 이름으로 벌이던 사회활동조차 중단한 것이다. 그렇다고 병조판서가 되어 민중을 괴롭히는 탐관오리들을 벌을 주어 다스린 것도 아니다. 병조판서라는 이름 하나 받은 것으로 모든 일을 중단하는 것은 '활빈'이라는 명목의 활동조차 실제로는 개인적인 출세를 위한 수단이었음을 증명하는 것이 아닐까.

아니면, 대다수 민중이 유교적 이념과 도덕관념에 깊이 빠져 있는 상황에서 국가에 반기를 드는 것은 애초에 불가능하지 않았을까. 만약 길동이 역모를 도모했다면 민중의 영웅은커녕 천하의 역적으로 배척당하지 않았을까. 그가 한 이전의 모든 활동이 순전히 개인적인 욕망에 바탕한 반역을 위한 명분 쌓기로 매도되지는 않았을까. 그래서 길동은 병조판서의 벼슬을 받는 것으로 만족할 수밖에 없었던 것이 아닐까. 그가 병조판서의 벼슬을 이용하여 아무것도 하지 않았다는 것은 다르게 보면 그가 이를 이용하여 개인적 이득을 취하지 않았다는 의미도 된다. 이를 우리는 신분제도를 타파하고자 하는 그의 순수한 마음 때문이라고 생각할 수는 없을까.

쟁점 ❸ 국외의 문제: 율도국(이상국 건설)

길동은 스스로를 '의병장(의로운 군대의 장군)'이라 했다. 그 이름처럼 그는 의로운 사람일까. 그가 율도국을 정벌한 것은 의로운 일일까. 길동의 말처럼 율도국은 형편없는 나라였을까. 길동은 아무도 없는 무인도에 가서 '율도국'이란 나라를 새로 세운 것이 아니다. 멀쩡한 나라를 왕이 되고자 난데없이 침략하여 정복한 것이다. 그렇다면, 율도국의 백성들에게 길동은 의롭지 않은 침략자에 불과하지 않을까.

길동의 침략 전쟁으로 죄 없는 군사들이 죽었고, 율도국의 정당한 통치 질서는 파괴되었다. 길동의 율도국 정벌은 과연 의로운 행동일까. 이는 길동이 후에 율도국을 잘 다스렸다는 사실과는 별개로 불의(不義)가 아닐까. 율도국이 후에 태평성대를 누린다는 말이 있는데 이것으로 율도국을 정복(침략)한 길동의 행위가 정당화될 수 있을까.

　아니면, 홍길동의 율도국 정벌은 그가 이상적인 나라를 건설하기 위한 불가피한 선택이었을까. 모든 개혁에는 어차피 고통과 희생이 따르는 것이 아닐까.

　집 떠난 길동이 활빈당을 조직하여 의적활동을 하고, 병조판서를 제수 받는 등 대장부로서의 면모를 보이는 행동들은 길동의 최종 목표는 아니었을 것이다. 만약 길동이 조선의 불합리한 모순들을 고발하는 것과 병조판서가 되는 것이 최종 목표였다면 그는 그토록 바라던 벼슬을 사양하지도 않았을 것이다. 또, 그는 조선을 떠나지도 않았을 것이다.

　길동에게는 사회를 개혁하고자 하는 분명한 이상이 있었다고 보아야 하지 않을까. 그는 일개 병조판서로서 조선 사회를 개혁하여 이상국가를 건설하는 것이 불가능하다고 판단하고, 나라 밖으로 나가 율도국을 세운 것이 아닐까. 그러나 문제는 율도국이 길동과 하등의 관계가 없었고 또한 율도국의 폭정이나 모순이 전혀 드러나지 않았는데도 길동이 율도국을 침략하여 나라를 세운 것이다. 이를 어떻게 해석해야 할까.

　『홍길동전』에서 율도국은 조선을 대신하는 기능을 담당하고 있다고 보아야 하지 않을까. 길동은 조선을 개혁하여 이상국가를 건설하고 싶었지만 현실적으로 그것이 불가능함을 인정하고, 율도국을 정벌하여 새로 나라를 세워서 그의 이상국가를 실현한 것으로 봐야 하지 않을까. 길동이 율도국을 세워 조선의 문제를 율도국에서 해결한 것으로 생각할 수는 없을까. 율도국은 한 미디로 조선의 이상국가의 모습이라고 보아야 하지 않을까.

길동은 모두가 평화로운 이상사회를 건설한 혁명가인가. 아니면, 다른 나라를 무력으로 빼앗은 침략자에 불과한가.

3. 토론 지도 참고 사항

(1) 학생들과 실제 토론을 해보면 우리의 생각과 다르게 논제에 대한 찬성 측 입장을 지지하는 경우가 많다. 이는 작품이 만들어진 시대에 대한 충분한 고려가 부족해서 생기는 문제라고 생각된다. 길동의 행위를 오늘날의 관점에서만 생각할 것이 아니라 당시의 시대적 상황을 충분히 감안하여 판단해야 한다. 길동의 행위를 비판적으로 바라는 보는 것은 좋지만 너무 부정적으로 해석하지 않도록 주의할 필요가 있다.

(2) 논제에 대한 반대 측은 홍길동은 사익을 추구한 출세주의자가 아니라고만 할 것이 아니라 그가 공익을 추구한 영웅임을 적극적으로 입증하려고 노력해야 한다. 반대만 해서는 결코 토론에서 이길 수 없다.

(3) 각각의 쟁점들을 개별적으로 논의하기보다는 쟁점들을 유기적으로 관련시켜 토론하는 것이 바람직하다.

4. 참고문헌

- 허균(김탁환 풀어 옮김), 『홍길동전』, 민음사, 2015.(토론도서)

- 허균(류수열 풀어 옮김), 『홍길동전-춤추는 소매 바람을 따라 휘날리니』, 나라말, 2009.

- 이진경, 『파격의 고전』, 글항아리, 2016.

- 이정원, 『전(傳)을 범하다』, 웅진지식하우스, 2010.

로이스 로리

『기억전달자』 토론거리

1. 논제: 조너스의 마을은 바람직하다.

2. 논제에 따른 쟁점

쟁점 ❶ 가치 지향성

조너스의 마을은 철저한 규칙과 통제로 사회를 유지해간다. 나아가 불편하고 실용적이지 않은 것들은 모두 없애버린다. 사람들을 불편하게 하는 차이를 없애고 날씨 또한 통제한다. 색깔, 기억, 감정 등을 없애고 그 대가로 사람들에게 안전한 생활과 즐거움을 보장한다. 이 마을에는 고통이 없다. 질서와 통제, 예측가능성, 힘들지 않은 편안한 삶이 이 마을의 특징이다.

반면에 조너스의 마을은 선택의 기회(자유)가 없고 그에 따른 책임도 없다. 나아가 차이에 따른 불편과 실용적인 목적을 위해 인간의 감정도 없애 버린다. 조너스는 이 마을을 "아무 느낌이 없는 세계"라고 표현하고 있다. 또한 조너스는 이 마을에는 사랑이 없음을 암시하고 있다. 그렇다고 해서 이 마을에 즐거움과 행복이 없는 것은 아니다.(물론 즐거움과 행복이 무엇인지는 사람마다 생각이 조금씩 다를 것이다.) 자유와 선택이 없다고 해서 인간의 삶이 불행한 것일까. 자유와 선택이 있는 우리의 삶은 조너스의 마을 사람들의 삶보다 더 나은가.

바람직한 사회의 최우선 가치는 규칙과 통제를 통한 사회적 안전일까. 아니면, 안전보다 우선하는 가치가 있을까. 안전하지 않은 사회가 바람직한 사회가 될 수 있을까. 바람직한 사회의 조건으로 안전은 어느 정도 비중(중요성)을 차지하는 것일까. 나아가 조너스의 마을이 정말 안전한 사회이기는 할까.

쟁점 ❷ 윤리성

조너스의 마을은 노인(안락사)과 아기(출산 제한), 규칙 위반자를 대상으로 임무해제를 행하고 있다. 노인들은 적당한 나이가 되면 임무 해제 기념식을 한 후 안락사를 당한다. 아기들은 생활에 잘 적응하지 못하거나 쌍둥이 중에서 몸무게가 가벼운 아이가 임무해제를 당한다. 또 중요한 규칙을 두 번 이상 어기면 임무해제를 당한다. 임무해제는 마을의 인구 증가, 식량 부족, 규칙 위반 등을 막는 현명한 방법일까. 아니면, 생명을 존중하지 않는 비윤리적 행위일 뿐일까.

임무해제로 인해 조너스의 마을 사람들은 굶주림과 가난으로부터 보호를 받고 있다. 또 이 마을 사람들은 적절한 교육과 원하면 언제든 의학적 치료를 받을 수도 있다. 노인들은 임무해제 전까지 노인의 집에서 존경과 안락한 삶을 보장 받는다. 마을은 매우 체계적이고 안정적으로 관리되고 있다. 오히려 이와 같은 사회가 생명에 대해 더 책임감 있게 행동하는 것은 아닐까.

임무해제가 없는 우리 사회에는 굶주림과 질병 등으로 고통 받는 사람들이 많다. 생명을 관리하지 않고 생명에 대해 책임지지 않는 것, 오히려 이것이 더 생명을 소홀히 하는 행위는 아닐까. 적절하게 생명을 통제하는 것이 생명을 존중하는 행위가 될 수는 없을까.

또 하나 생각해 볼 문제는 임무해제가 무엇인지 마을 주민들에게 알려주지 않는 것이다. 임무해제는 곧 죽음이다. 부정적으로 보면 살인이다. 이 행위는 주민들을 속이는 비윤리적 행위일까. 아니면, 임무해제의 두려움으로부터 마을 사람들을 보호하기 위한 최소한의 윤리적 행위일까. 진실만이 유일하게 윤리적 행위일까.

쟁점 ❸ 공정성

조너스가 기념식에서 얻게 된 직위는 기억보유자이다. 그는 '늘 같음 상태' 이전의 기억을 품고 있다가 돌발 상황(예측하지 못한 상황)이 벌어지면 그 기억으로부터 지혜를 얻어 문제에 대한 해결책을 제시하는 사람이다.

하지만 기억보유자는 고통스러운 삶을 살게 된다. 전쟁과 학살 등과 같은 고통스러운 기억 때문이다. **- 물론 행복한 기억도 있다. -** 기억보유자는 이 고통스러운 기억으로부터 마을을 보호하기 위한 지혜를 얻는다. 그리고 철저하게 고독한 삶을 산다. 그는 자신의 인생 중 어떤 부분도 가족과 함께 나눌 수 없다. 이것은 기억보유자가 지켜야 할 규칙이다.

기억보유자는 분명히 마을의 일원이고 이 직위 역시 위원회에서 결정해주는 것이다. 고통스러운 기억은 기억보유자만 지니고 마을 주민들은 기억이 없다. 그러므로 고통도 받지 않는다. - 물론 행복한 기억도 없다. - 기억보유자는 기억을 간직하고 있는 대가로 마을 사람들로부터 최고의 존경과 마을 사람들은 상상도 할 수 없는 여러 혜택(예를 들면 거짓말을 해도 되고 다른 사람에게 예의를 지키지 않아도 되며 원한다면 어떤 자료도 볼 수 있다)을 누리고 있다. 기억보유자에 대한 마을 사람들의 이러한 행위는 공정할까. 개인의 희생 위에 세워진 조너스의 마을은 바람직한 사회일까. 전체를 위한 개인의 희생은 불가피한 것일까. 누군가의 희생 없이 바람직한 사회는 가능한 것일까.

또 하나 생각해 볼 문제는 원로 위원회에서 사람들의 직위(직업)를 12살 기념식에서 정해주는 것이다. 이 마을은 직업 선택의 자유가 없다. 교사와 원로 위원회의 세심한 관찰과 대화, 아이들의 자원 봉사활동 등을 참고하여 직위를 정해준다. 직위가 정해지면 직위에 대한 훈련을 받고, 훈련 중에도 원로 위원회는 아이들의 행동을 관찰하고 필요하면 행동을 교정해 준다. 아이들의 적성을 살펴서 직업을 정해주는 것은 공정한 행위일까. 그렇지 않을까. 각자에게 직업 선택의 자유가 주어져 있는 우리 사회는 조너스의 마을보다 더 공정한 사회일까. 아니면 아이들의 적성과 능력을 충분히 관찰하여 아이에게 직위를 부여하는 조너스의 마을이 더 공정한 사회일까.

3. 토론 지도 참고 사항

(1) 작품으로 토론할 때, 작품 속의 조너스의 사회와 현재 우리가 살고 있는 사회의 모습을 비교해보면서 토론하는 것이 좋다. 학생들은 보통 논제가 반대 측에 유리하다고 생각한다. 즉, 조너스의 마을은 이상적인 모습이 아니라고 본다. 하지만 현재의 우리 사회와 비교해 보면, 조너스의 마을은 우리가 갖고 있지 않은 많은 장점이 있다.

(2) 이 토론은 바람직한 사회가 갖추어야 할 조건들에 대해 생각해 보고, 그러한 사회를 위해서 우리가 노력해야 할 점은 무엇인지 생각해 보는 데 목적이 있다. 조건들 중에서 매우 논쟁적인 것이 '안전'이다. 사람들의 안전이 보장되지 않는 사회가 이상 사회일 수도 없고, 안전만 있다고 이상사회가 되는 것도 아니다. 사회의 안전을 위해서 필요한 것들이 무엇이고, 사회의 안전과 개인의 자유가 양립할 수 있는 방법에 대해서도 충분히 생각해 보아야 한다.

(3) 임무해제를 마냥 부정적으로 볼 필요는 없다. 물론 임무해제가 바람직하다는 뜻은 아니다. 임무해제는 조너스의 마을을 굶주림과 가난 그리고 범죄의 위험으로부터 보호하는 역할도 하기 때문이다. 자연사만이 선이고 인위적 죽음은 반드시 악일까.

4. 참고문헌
- 로이스 로리(장은수 옮김), 『기억전달자』, 비룡소, 2007.(토론도서)

박지원

『허생전』 토론거리

1. 논제: 허생은 의로운 인물이 아니다.

2. 논제에 따른 쟁점

쟁점 ❶ 독서: 무능한 가장, 미래를 준비하는 인물

허생은 의로운 인물은커녕 무능력한 가장에 불과하다. 생계를 유지하기 힘들 정도로 가난하면서도 돈을 벌 생각은 않고 7년 동안 학업에만 매진했다. 그런 그를 아내가 남의 집 삯바느질을 해서 먹여 살린다. 허생이 일하지 않고 양반의 체면을 지키면서 아내에게 삯바느질을 시킨 것은 무책임한 행동이다.

또한, 허생은 가정파탄의 주범이다. 아내를 오 년이나 방치하여 홀로 지내게 했다. 그의 아내는 남편의 자취를 알지 못해 어려운 형편에서도 계속 제사를 지냈다. 이런 무책임한 행동으로 볼 때 허생은 의로운 인물로 보기 어렵다.

아니다. 허생은 독서(공부) 이외에는 뚜렷한 직업이 없어서 일견 초라하기 짝이 없는 지식인처럼 보인다. 하지만 허생의 독서는 현실에 전혀 도움이 되지 않는 단순한 지적 유희가 아니다. 허생의 독서가 미래를 준비하는 가치 있는 일이었음은 그가 집을 나간 후 보여준 뛰어난 경제활동을 통해서 알 수 있다.

또한, 그의 독서가 아무 대책 없이 세월만 보내는 일이 아님은 그가 10년을 기한으로 공부하고 있다는 사실에서도 알 수 있다. 그러므로 그를 단순히 무능력한 가장으로 생각하는 것은 잘못이다.

쟁점 ❷ 매점매석: 국가 경제의 혼란 초래, 사회 비판과 백성 구제

허생이 돈을 벌어 자신의 재주를 보여주기 위해 선택한 방법은 매점매석이다. 허생의 매점매석 행위는 경제적 논리로 볼 때 정당하지 않다. 그 행동은 자신의 작은 시험을 위한 수단이다. 매점매석은 한 가지 품목을 시장에서 전부 사들여 공급을 통제함으로써 가격을 인위적으로 상승시켜 시세 차익으로 폭리를 취하는 상행위이다. 결과적으로 단기간에 많은 돈을 버는 효과적인 수단이지만, 한 나라의 경제를 뒤흔들고 백성의 고통을 초래하는 비윤리적 행위이다.

매점매석은 경제 규모가 크지 않았던 당시 서민 경제에 엄청난 위협이 되었다. 서민 생활에 직접적인 영향이 적은 과일과 말총을 매점매석의 대상으로 했다고 변명할 수도 있겠지만, 당시 시대상에 비추어 보면 이들 품목은 오히려 생필품에 속한다고 봐야 한다. 유교사상에 바탕을 둔 조선 사회에서 조상에 대한 제사는 자신들의 끼니를 때우는 것보다 더 중요한 일이다. 또, 갓의 문제도 서민의 경제생활과 상관이 없기에 괜찮다고만 생각할 수는 없다. 모든 선비(양반)가 비판의 대상도 아닐뿐더러 가난한 선비들도 많았을 것이다. 이들에게 갓은 없어서는 안 되는 물건이었기 때문이다.

아니다. 우리는 허생을 무턱대고 비난해서는 안 된다. 허생의 매점매석 행위는 그 목적을 양반 비판과 백성 구제에 둔 것이다. 매점매석의 대상이 양반을 위한 것이 대부분이어서 허생의 행위에는 양반의 허례허식을 비판하면서 이를 통해 창출한 이익으로 가난한 백성을 구제하고자 한 의도가 깔려 있다. 과일은 잔치나 제사상에, 말총은 갓을 만드는 데 필수적인 재료로 이 물건들은 당시 사회의 명분과 체면을 중시하는 허례허식의 상징적 산물이다. 따라서 당시 양반들이 명분 추구와 비생산적인 활동에 치우쳐 있음을 매점매석이라는 상행위를 통해 비판한 것이다. 과정에 부정적 요소가 섞여있지만 그 결과는 누구도 해내지 못한 비범한 능력에 의한 것이다.

또, 허생은 돈에 대한 욕심이 없는 사람이다. 허생은 매점매석을 통해 번 돈을 어려운 이웃을 위해 썼다. 심지어 조선의 경제 규모를 고려하여 국가 경제에 부담이 된다며 돈의 일부를 바다에 버리기조차 한다. 이를 통해 허생이 개인의 이익을 위해 재물을 모으지 않았음을 알 수 있다. 허생은 물질 없이도 만족할 수 있는 마음가짐, 즉 돈을 대하는 올바른 자세에 대해서도 여러 차례 강조하고 있다. 변 부자도 허생을 "외물(外物)에 의지하지 않고 스스로 만족하여 사는 사람"이라고 평가하고 있다. 결국 허생의 매점매석 행위는 당시의 사회를 비판하는 효과적인 수단으로 봐야 한다.

쟁점 ❸ 시사삼책: 몽상가(夢想家), 현실 개혁가

허생이 마지막 장면에서 홀연히 사라진 것은 바른 도를 펼치기 어려운 세상에서 뜻을 굽히며 부귀를 누리는 것은 선비의 도리가 아니라고 믿었기 때문이다. 사업 수완이 좋아 돈을 벌고 구제 사업으로 많은 사람들을 도왔으나 도 없는 세상에서는 이상을 실현시킬 수 없다고 믿었기에 숨어버린 것이다. 이는 기존의 제도권에 대한 저항의 몸짓으로 보아야 한다.

아니다. 허생의 행동은 마지막 부분을 보더라도 적극적인 개혁가의 모습은 아니다. 이는 허생이 소극적인 도피와 방관자에 속했음을 의미한다. 허생이 빈민을 구제하기 위해 사회를 앞서가는 선각자로서 부조리한 사회 구조를 비판, 풍자하고 있다는 것을 인정하더라도 그는 그것을 바로 잡으려고 적극적으로 노력하지 않았다. 그는 당시 사회를 비판만 할 뿐 책임을 지지 않는다. 변부자가 자신을 장사치로 보는 것에 허생이 불만을 토로한 것은 그 자신이 선비로서 또는 사대부로서 긍지를 지니고 있었음을 알 수 있다.

허생은 상공업을 장려하고 빈민을 구제하며 북벌책 같은 국가대사를 논하지만 조정에 들어가 현실을 개혁하고 몸소 실천하려는 노력이 부족하다. 허생이 이완 대장에게 내놓은 시사삼책(인재를 천거할 테니 그를 등용하기 위해 조정에 요청해서 삼고초려하게 하라, 명나라 망명객들에게 조선 조정(왕실)과 권세가들의 딸을 내주고 집을 제공하라, 청나라에 양반 자제와 상인들을 파견해 청나라 내부를 정탐케 하라)도 당시의 사회적 상황에서는 거의 실현 가능성이 없는 제안이었음을 그 자신도 알고 있었을 것이다. 현실적으로 실현 불가능한 제안을 하고 그것을 받아들이지 않는다고 해서 숨어버리는 것은 지식인의 올바른 자세가 아니다. 실천 없는 허생의 비판은 현실도피에 다름 아니다.

3. 토론 지도 참고 사항

(1) 최시한의 『허생전을 읽는 시간』과 이남희의 『허생의 처』를 함께 읽으면 토론에 도움이 된다.

(2) 고전 작품을 새로운 시각에서 비판적으로 접근하는 것은 좋지만 지나치게 부정적으로 보는 것은 바람직하지 않다. 독서 디베이트를 하기 전이나 후에 작품이 지닌 역사적 가치를 충분히 학생들에게 설명해 줄 필요가 있다.

(3) 고전은 시대를 뛰어넘는다. 그렇다고 해서 작품이 창작된 당시의 시대적 상황을 무시해서는 안 된다. 오늘날의 시각에서 보면 별 것이 아니라고 생각되는 사상이나 행동도 그 당시에는 엄청난 생각이고 행동일 수 있다.

4. 참고문헌

- 박희병·정길수 편역, 『기인과 협객 중 허생전』, 돌베개, 2010.(토론도서)
- 김수업, 『한 푼도 못 되는 그놈의 양반』, 휴머니스트, 2013.

조지 오웰

『동물농장』 토론거리

1. 논제: 피지배계급은 동물농장(혁명)의 실패에 책임이 없다.

2. 논제에 따른 쟁점

> ※ 피지배계급은 지배를 당하는 계급이다. 동물농장에서는 돼지들이
> 지배계급이고 그 외는 피지배계급이다. 이 토론에서는 피지배계급
> 에 속하는 동물을 벤자민, 복서, 클로버, 양, 개로 한정한다.

쟁점 ❶ 벤자민: 지적이지만 현실의 문제에 참여하지 않는 동물

벤자민은 동물농장에서 누구보다 똑똑한 인물(동물)이다. 사태
를 잘 파악하고 글도 누구보다 잘 읽는다. 하지만 그는 모든 것을
냉소적이며 비관적으로 본다. 그는 자신의 생존을 위해서 현실의
문제에 관여하지 않는다. 지식인은 자신이 알고 있는 지식을 사회
를 위해서 사용할 책임이 있는가. 벤자민은 동물농장의 실패에 책
임이 있는가, 그렇지 않은가.

쟁점 ❷ 복서와 클로버: 머리가 나쁘지만 성실하며 신념에 충실한 동물

복서와 클로버는 누구보다 성실하며 힘이 센 동물들이다. 머리
가 나쁘긴 하지만 신념이 강하다. 복서는 나폴레옹에게 맹목적으
로 충성하는 인물이며, 클로버는 계명에 맹목적이다. 그들은 누구

보다 동물농장을 위해서 자신들의 모든 것을 바쳐서 일한다. 모두에게 도움이 된다고 생각하여 자신들의 신념에 따라 행동했지만 그 결과가 좋지 않을 때, 그들에게 실패의 책임을 물을 수 있는가. 복서와 클로버는 동물농장의 실패에 책임이 있는가, 그렇지 않은가.

쟁점 ❸ 개들, 양들: 생각 없이 시키는 대로 하는 동물

개들과 양들은 돼지들이 시키는 대로 하는 동물들이다. 개들은 동물들을 폭력을 써서 위협하고, 양들은 동물들이 의견을 자유롭게 표현하지 못하게 방해한다. 머리가 나쁘고 무지해서(아는 것이 없어서) 남들이 시키는 대로 행동을 했는데, 그것이 나쁜 결과를 가져온다면 그것에 대해 책임을 져야 하는가. 모르는 것도 죄인가. 개들과 양들은 동물농장의 실패에 책임이 있는가, 그렇지 않은가.

※ 위의 내용들(동물들의 특징, 성격)을 간략하게 표로 정리하면 다음과 같다.

동물	지식	신념	행동
벤자민	지식인, 지적 수준이 높음.	부정적 신념: 세상은 어떻게 하든 변하지 않을 것이라고 생각함. 더 좋아지지도 나빠지지도 않을 것임.	동물농장의 변화를 위해 긍정적 행동도 부정적 행동도 하지 않음.
복서 · 클로버	노동자, 지적 수준이 낮음.	긍정적 신념: 헌신과 노력에 의해서 세상이 바뀔 것이라고 믿음.	동물농장의 변화를 위해 적극적 행동함.
개와 양들	어리석은 민중들, 감시자들, 지적 수준이 낮음.	신념이 없음, 복종이 곧 신념.	부정적 행동만을 함.

3. 토론 지도 참고 사항

(1) 이 토론이 동물농장의 실패에 대한 피지배계급의 책임 여부를 살펴보는 것은 시민의식을 강조하기 위한 것이지, 지배계급인 돼지들의 책임을 면제해 주고자 하는 것은 아니다. 그들은 피지배계급의 어떤 동물보다 책임이 큼을 사전에 분명히 할 필요가 있다. 그렇다고 토론을 할 때 지배계급의 문제를 지나치게 끌어들이면 피지배계급의 문제를 살펴보려는 토론의 목적에서 벗어나게 된다. 피지배계급보다 지배계급에 더 문제가 있다는 식으로 토론을 끌고 가는 것은 바람직하지 않다.

(2) 벤자민에 대해서 학생들은 지나치게 부정적으로만 보려고 하는 경향이 있다. 벤자민이 자신의 생명을 보존하기 위해서 현실에 개입하지 않으려 했다고만 생각하기 때문이다. 하지만 다르게 보면, 그는 현실의 문제에 자신이 참여함으로써 사태가 더욱 악화될 수도 있다고 생각했는지도 모른다. 자신이 현실의 문제에 적극 개입함으로써 동물농장의 혁명을 성공으로 이끌 수도 있지만 오히려 더욱 많은 동물들이 돼지들과 싸움에서 피해를 입을 수도 있다고 생각했을 수도 있다.

(3) 토론 시에 각각의 동물들을 따로따로 쟁점으로 다룰 것이 아니라 각각의 동물들을 연계해서 생각해 볼 필요가 있다. 예를 들면, 벤자민이 복서와 클로버에게 현실을 정확하게 인식시켜 주고, 복서와 클로버가 다른 동물들과 힘을 합쳐서 돼지들에게 대항했다면 어떻게 되었을까. 지식인만으로 혹은 노동자들만으로 세상이

바뀌기는 힘들 것이다. 이들의 연대를 고민해 볼 필요가 있다.

(4) 이 토론에서 중요한 것은 '책임'을 어떻게 정의하느냐의 문제
이다. 사전적 정의를 넘어서 자신들의 주장과 책임의 개념을 연결
할 필요가 있다.

4. 참고문헌

- 조지 오웰(도정일 옮김),『동물농장』, 민음사, 2012.(토론도서)
- 조지 오웰(김기혁 옮김),『동물농장, 파리와 런던의 따라지 인생』,
  문학동네, 2015.
- 조지 오웰(안경환 옮김),『동물농장』, 홍익출판사, 2013.
- 조지 오웰(최희섭 옮김),『동물농장』, 펭귄클래식코리아, 2010.

- 김욱동,『동물농장을 다시 읽다』, 이숲에올빼미, 2012.
- 박홍규,『자유 자연 반권력의 정신 조지 오웰』, 이학사, 2003.
- 박경서,『조지 오웰 읽기의 즐거움』, 살림, 2005.
- 고세훈,『조지 오웰 지식인에 관한 보고서』, 한길사, 2012.

프란츠 카프카

『변신』 토론거리

1. 논제: 그레고르가 가족보다 자신의 죽음에 대한 책임이 더 크다.

2. 논제에 따른 쟁점

쟁점 ❶ 변신: 의지에 따른 선택, 의지와 무관한 초자연적 현상

> 우리는 먼저 악한 요정이 그레고르를 변하게 했는지 아니면 잠에서
> 그를 공격했던 내면의 인식이 그를 변하게 한 것인지, 아니면 실제로
> 는 아닌데 그냥 자신을 믿을 수 없을 만큼 '엄청나게 큰 갑충으로 변
> 해' 있다고 봤는지, 혹은 그가 이미 오래전부터 그랬던 모습을 지금
> 발견하게 된 것인지 살펴보아야 한다.
> - 카를라 라임메르트(임영은 옮김),『카프카』, 생각의나무, 2009. 54쪽.

사람들은 일반적으로 사람이 갑충(벌레)으로 변했다고 하면 부
정적인 생각(불행)을 하는 경향이 있다. 하지만 이 소설은 이러한
변화(변신)에 대한 부정적 선입견을 버리고 읽어 보자. 인간이 갑
충으로 변한 것은 긍정적인 변화일 수도 있고, 부정적인 변화일 수
도 있다고 생각을 열어두자.

그레고르는 갑충으로 변하고 싶었던 것이 아닐까. 그레고르가

갑충으로 변한 것을 자신의 선택으로 볼 수는 없을까. 갑충으로의 변화는 그레고르의 선택이므로 이후 벌어지는 모든 일은 그레고르의 책임으로 볼 수는 없을까. 아니면, 그레고르가 갑충으로 변한 것은 그의 의지와 무관한 초자연적인 현상(합리적으로 설명이 불가능한 현상)일까. 어느날 갑자기 그레고르가 갑충으로 변한 것은 그에게 엄청난 불행이라고 보아야 할까. 그는 설명할 수 없는 불행의 희생자는 아닐까.

쟁점 ❷ 변신 이후의 삶: 그레고르와 가족은 서로를 위해 어떤 삶을 살았나.

그레고르는 갑충으로 변한 후에 자신의 삶에 잘 적응했는가. 가족들에게 지나친 불편을 준 것은 아닐까. 그는 가족들이 그와 함께 살 수 있도록 행동했나. 아니면, 그레고르는 갑충으로 변한 자신의 삶에 적응하고자 했지만 가족들이 도와주지 않았던 것일까. 가족들은 그레고르를 위해 최선을 다했나. 그를 방치하고 그에게 위협을 가했던 것은 아닐까. 가족들이 그레고르의 삶을 방관했다면 폭력의 방관자는 가해자와 다른가.

쟁점 ❸ 죽음: 자살인가, 자살처럼 보이는 타살인가.

그레고르의 죽음은 갑충으로 변한 자신의 삶에 적응하지 못해서 스스로 선택한 죽음인가. 아니면, 가족들이 그가 죽을 수밖에 없도록 몰아간 것일까. 그는 가족들을 위해서 죽을 수밖에 없었던 것은 아닐까. 그레고르의 죽음이 자살의 형태를 취하고 있지만, 사실상 가족들이 자살을 강요한 것으로 볼 수 있지는 않을까.

3. 찬성과 반대의 두 가지 논리적 흐름

〈찬성 측〉 그레고르의 죽음에 자신의 책임이 더 크다.

(1) 그레고르는 갑충이 되기를 무의식적으로 원했다. 갑충이 되기 이전의 그의 삶은 매우 고단했고 그는 그런 삶으로부터 벗어나고 싶어 했다. 갑충으로의 변화는 그의 소망이 반영된 결과이다. 그렇기 때문에 갑충으로 변한 후에도 그는 그렇게 놀라지 않는다. 또한 갑충으로 변한 자신에 대해서 그는 별로 걱정하거나 두려움을 느끼지 않는다. 그가 걱정하는 것은 자신이라기보다는 그의 가족들의 삶이다. 갑충으로 변한 그레고르가 자신에게 불만을 느낄 때는 항상 가족의 경제적 어려움을 그가 해결힐 수 없는 처지에 놓여 있다고 생각할 때이다.

(2) 갑충으로 변한 그레고르는 자신의 삶에 적응하지 못했다. 그는 가족과 소통하는 방법을 몰랐고 함께 생활할 수 있는 방법도 찾지 못했다. 그는 가족에게 불편과 해로움만을 주는 존재가 되었다.(특히, 하숙인과 관계된 소동을 참고할 것.)

(3) 그레고르는 자살하였다. 아마도 그는 자살 이외의 다른 방법을 찾을 수 없었을 것이다. 그는 죽으면서도 결코 가족들을 원망하지 않는다.

〈반대 측〉 그레고르의 죽음에 가족들의 책임이 더 크다.

(1) 그레고르는 갑충이 되기를 원하지 않았다. 갑충이 된 것은 그에게는 엄청난 불행이었다.

(2) 그레고르는 갑충으로 변한 후에도 일에 대한 걱정만 한다. 가족들을 먹여 살려야하기 때문이다.(그는 갑충으로 변한 자신에 대해서는 별로 걱정하지 않는 것 같다. 그의 걱정은 가족들의 경제적 문제와 관계되어 있다.) 가족들은 그레고르를 돌볼 책임이 있음에도 그러지 않았다. 그를 방치했으며 심지어 죽기를 원했다. 그레고르는 가족들에게 항상 책임 의식을 느꼈지만(심지어 갑충으로 변했을 때에도) 가족들은 그렇지 않았다.

(3) 그레고르가 굶어 죽은 것(굶어 죽은 것인지 아버지가 던진 사과의 상처 때문인지 죽음의 원인을 명확하게 단정하기는 좀 어렵다.)은 자살처럼 보이지만 실제로는 가족들이 그가 죽을 수밖에 없도록 행동했다. 특히 그가 사랑했던 여동생 그레테는 그가 없어지기를 바랐다. 그는 가족들을 위해서 그가 사라지기를 바라는 그들의 소망을 들어준 것이다. 그레고르의 죽음은 자살처럼 보이는 타살이다. 가족들이 그를 죽인 것이다.

4. 토론 지도 참고 사항

(1) 논제를 주의 깊게 분석해야 한다. 그레고르의 죽음에 누가 책임이 있는가의 문제라기보다는 어느 쪽이 '더' 책임이 있는가를 논의하는 것이다. 기본적으로 양쪽 모두 어느 정도 책임이 있다는 전제 하에 어느 쪽의 책임이 더 큰가를 토론하는 것이다.

(2) 갑충의 이미지는 일반적으로 부정적인 느낌을 준다. 사람이 벌레로 변했다는 것을 긍정적으로 보기는 어려울지도 모른다. 하지만 카프카에게 변신은 부정적인 의미만을 가진 것은 아니었다. 편견을 버리고 그레고르의 삶을 세밀하게 분석한 다음에 갑충으로의 변화가 그에게 어떤 의미인지를 살펴보자.

(3) 두 번째 쟁점을 다룰 때에는 소통의 문제에 관심을 가지고 살펴보자. 가족들은 그레고르와 소통을 위해서 어떤 노력을 했는지, 그레고르는 가족들과 소통을 위해서 어떤 노력을 했는지를 살펴보자.

(4) 예를 들어 프란츠 카프카가 쓴 단편소설 『변신』은 독일어 제목이 'Die Verwandlung'입니다. 독일어에 익숙하지 않은 사람이라면 영어로 번역된 제목이 무엇일지 상상해보세요. '변신'이라는 우리 말 제목에 비추어보자면 영어로는 'Transformation' 정도가 되지 않을까, 생각할지 모르겠습니다. 그러나 영어판 제목은 'The Metamorphosis'입니다. 이 단어가 무슨 뜻인지 곧바로 떠오르지 않더라도 이건 우리가 흔히 알고 있는 '변신'의 개념이 아니라는 건 확실합니다. 카프카의 '변신'은 '변신 로봇'의 그것이 아닙니다. 독일어 제목 'Die Verwandlung'은 '변신'이라는 뜻과 함께 동사로는 '변태'의 의미를 가집니다. 애벌레가 나비로 다시 태어나는 것 말입니다. 책 내용을 곰곰이 보자면 '변신'보다는 확실히 '변태'라고 하는 게 어울립니다. 그러니까 카프카가 이 소설을 쓸 때 주제로 삼은 것은 주인공 그레고르 잠자가 어느 날 잠에서 깼더니 벌레가 됐더라는, 벌레로 몸이 뒤바뀐 사건에 핵심이 있는 게 아니라는 뜻입

니다. 카프카도 이 책을 펴낼 때 벌레 그림을 삽화로 쓰지 말아달라고 출판사에 당부했다고 합니다. 처음 이 책을 번역한 사람도 두 제목 사이에서 고민이 많지 않았을까요? 하지만 우리나라에 처음으로 소개하는 책 제목을 '변태'라고 한다면 누가 읽어줄까요. 어디까지나 제 상상일 뿐이지만, 이만큼 제목만이라도 원래 언어로 쓰인 부분에 관심을 가진다는 것은 책을 이해하는 데 중요한 열쇠가 될 수 있습니다. - 윤성근,『나는 이렇게 읽습니다: 망설이는 당신을 위한 독서 제안들』, 텍스트, 2016. 62-63쪽.

(5) 그레고르가 자신의 삶에 대한 불만족이나 스트레스로 인하여 갑충으로 변했다면 그것은 자신의 의지에 의한 변신인가, 그렇지 않은가. 삶에 대한 불만족이나 스트레스를 보이지 않는 의지의 측면에서 설명하는 것은 합당할까. 변신하고자 하는 의지를 직접적으로 보인 것은 아니지만 그의 무의식은 그가 변신하기를 희망했다면 그것은 그레고르의 의지가 반영된 것으로 보아야 할까. 아니면, 무의식적인 욕망까지 의지로 보는 것은 과도한가.

5. 참고문헌

- 프란츠 카프카(김태환 옮김),『변신 · 선고 외』, 을유문화사, 2015.(토론도서)
- 프란츠 카프카(전영애 옮김),『변신 · 시골의사』, 민음사, 1998.
- 프란츠 카프카(박환덕 옮김),『변신 · 유형지에서 (외)』, 범우사, 1999.
- 프란츠 카프카(이재황 옮김),『변신』, 문학동네, 2017.

- 최윤영, 『카프카, 유대인, 몸』, 민음사, 2012.
- 카를라 라임메르트(임영은 옮김), 『카프카』, 생각의나무, 2009.
- 빌헬름 엠리히(편영수 옮김), 『카프카를 읽다 1, 2』, 유로, 2005.
- 들뢰즈 · 가타리(조한경 옮김), 『소수 집단의 문학을 위하여』,
  문학과지성사, 2000.
- 김태환, 『미로의 구조』, 알음, 2008.
- 박병화, 『다시 카프카를 생각하며』, 세창미디어, 2011.
- 마르트 로베르(이창실 옮김), 『프란츠 카프카의 고독』, 동문선, 2003.
- 조정래, 『프란츠 카프카 읽기의 즐거움』, 살림, 2005.
- 프란츠 카프카(이재황 옮김), 『아버지에게 드리는 편지』,
  문학과지성사, 1999.
- 클라우스 바겐바하(전영애 옮김), 『프라하의 이방인』, 한길사, 2005.
- 구스타프 야누흐(편영수 옮김), 『카프카와의 대화』, 문학과지성사, 2007.
- 윤성근, 『나는 이렇게 읽습니다: 망설이는 당신을 위한 독서 제안들』,
  텍스트, 2016.
- 마르트 로베르(이창실 옮김), 『프란츠 카프카의 고독』, 동문선, 2003.
- 라이터 슈타흐(정항균 옮김), 『이쩌면 이것이 카프카』, 저녁의책, 2017.
- 묘조 기요코(이민희 옮김), 『카프카답지 않은 카프카』, 교유서가, 2017.

나카지마 아츠시

『이능(李陵)』 토론거리

1. 논제: 적군(흉노)에게 포로로 잡힌 후, 이능이 한 선택은 옳다.

2. 논제에 따른 쟁점

쟁점 ❶ 삶과 죽음

흉노군의 포로가 된 이능이 자살하기보다는 살아남아서 전쟁에 패배한 책임을 속죄할 만한 공적을 가지고 탈주할 것을 결심한 선택은 옳았는가. 이능은 적에게 잡혔을 때 죽음으로써 황제에게 충성해야 했던 것은 아닐까. 살아남아 공을 세워서 돌아가겠다는 것은 비겁한 자기합리화이거나 변명은 아닐까. 아니면 덧없이 목숨을 버리는 것보다 살아서 공을 세우는 것이 더 현명한 행동일까.

무엇보다 소무와 비교했을 때 살아남기로 한 이능의 행동은 어떻게 평가되어야 할까. 소무는 곤궁과 결핍, 혹한과 고독 속에서도 자신의 신념을 굽히지 않았으며, 어떠한 변명도 하지 않았다.

살아남아서 충성하는 것이 옳은가, 죽어서 충성하는 것이 옳은가.

쟁점 ❷ 효(孝)와 충(忠)

천한 3년 가을에 흉노가 안문(雁門)을 침범하자 이를 보복하기 위해 한나라는 대군을 파견한다. 이 싸움에서 한군은 크게 패배한다. 패배한 공손오가 도성에 돌아와서 흉노가 강한 것은 이능이 흉노군을 훈련시키고 군사 작전을 가르치기 때문이라고 무제에게 고한다. 화가 난 무제는 이능의 노모와 처자와 형제를 모두 죽여 버린다. 이 소식이 반년 정도 후에 이능에게 전해진다. 이능은 노모와 자식을 생각하며 강하게 분노한다. 이 일을 계기로 이능의 마음은 변하게 된다.

지금까지 한나라에 대한 군사 전략 만큼은 절대로 맡으려 하지 않던 그가 이제는 자원해서 선우의 의논 상대가 되려 한다. 선우는 크게 기뻐하며 그를 우교왕에 임명하고 그의 딸을 주어 처로 삼게 한다. 무제가 노모와 처자를 죽였다는 소식을 들은 이능은 흉노의 선우의 딸과 결혼하고 우교왕이 되었으며, 한나라와의 전쟁에서 그동안 맡지 않았던 군사 전략을 자원해서 맡는다.

이와 같은 이능의 선택과 행동은 옳은가. 이러한 이능의 행동은 소무의 행동과 비교했을 때 보다 의미 있는 행동일 수 있는가.(아래의 표를 참고할 것.)

이능과 소무가 한나라와 흉노로부터 받은 대접 요약

인물	한의 무제	흉노의 선우
이능	집안을 멸족시킴. (노모, 처, 자식을 모두 죽음) **조부**: 수차례 북방 정벌의 공을 세웠지만 간신들의 방해로 포상을 받지 못함. 대장군 막하 군리의 능욕에 자결함. **숙부**: 아버지의 비참한 죽음을 항의하다 살해당함. 무제는 사고사로 처리함.	국빈으로 극진히 대우함.
소무	무관심, 냉담 **형**: 천자의 행렬을 앞에 두고 경미한 교통 사고를 일으켜 자결을 명받음. **동생**: 어떤 범죄자를 잡아들이지 못해 자결을 명받음.	곤궁과 결핍, 혹한, 고독

쟁점 ❸ 귀국

한나라에서 무제가 죽고 그의 어린 아들 소제가 즉위한다. 어린 소제를 이능의 친구들이 주위에서 보좌하게 되는데, 이들은 이능을 한나라로 불러들이기 위해 흉노에게 사신을 보낸다. 하지만 이능은 남자는 두 번 치욕을 당할 수 없다며 한으로 돌아가기를 거부한다. 이러한 이능의 선택은 옳은가.

3. 토론 지도 참고 사항

(1) 이능의 선택이 옳았는지의 여부는 이능의 행위만으로 결정된다고 볼 것이 아니라 소무의 행위와 상대적으로 비교해서 보아야 한다.

(2) 국가가 국민에게 충성을 요구할 때는 먼저 국민에게 국가의 책임을 다하고 신의를 보여야 하는 것이 아닐까.

(3) 충이 효보다 중요할 수 있는가. 효야말로 모든 것의 근본이 아닐까. 찬성 팀은 이능이 국가에 대한 충을 포기한 것이 아니라 국가가 그에게 충성을 포기하도록 만들었다고 주장할 수 있다. 그의 배신은 자발적인 것이라기보다는 주어진 환경(이능이 죄가 없는 데도 무제가 노모와 처자식을 죽임)에 의해서 강요된 것으로 볼 수 있다.

(4) 찬성 팀이 무제가 이능의 노모와 처자식을 죽임으로써 이능이 배신을 할 수밖에 없었다고 주장한다면, 반대 팀은 이능이 죽음으로써 나라에 충성했다면 무제가 이능의 가족을 죽이지 않았을

것이라고 주장할 수 있다. 나아가 이능이 죽음으로써 충을 지켰다면 그는 충과 효를 다 지킬 수 있었다는 주장도 가능하다. 무제가 이능의 가족을 죽이지는 않았을 것이기 때문이다. 그러므로 이능의 배반을 전적으로 무제의 탓으로 돌리는 것은 옳지 않을 수도 있다. 즉, 모든 사항은 이능의 살아남아서 국가에 충성하겠다는 생각에서 비롯된 것이라고 볼 수 있는데, 이 생각이 타당한지가 논쟁의 핵심이 될 수 있다.

(5) 찬성 팀은 이능도 사람이므로 그가 적에게 포로로 잡혔을 때, 자신의 목숨을 보존하고 살아서 국가에 충성하고자 한 선택을 무조건 잘못이라고 말하는 것은 옳지 못하다고 주장할 수 있다. 이때 반대 팀은 이능은 평범한 한 명의 사람이 아니라 국가로부터 국민을 보호할 임무를 맡고 있는 장군이라는 특별한 지위를 지닌 사람이므로 일반인과 동일시해서는 안 된다는 주장이 가능하다.

(6) 반대 팀은 확인질문을 할 때 이능의 선택과 소무의 선택을 비교하여 이능의 선택이 옳지 않았음을 증명할 수 있는 질문들을 준비하는 것이 바람직하다.

(7) 이능이 고국으로 돌아가지 않은 것은 장부는 두 번 치욕을 당할 수 없다는 이유와 함께 흉노 땅에 새로운 가족들이 있기 때문이라고 볼 수 있다. 반대 팀은 이능이 고국으로 돌아가지 않은 것을 보면 살아서 충성하겠다는 그의 생각이 처음부터 의심스러운 것이었다고 주장할 수 있다.

(8) 찬성 팀은 소무의 행위가 숭고한 행위라는 것을 인정하더라도 이능에게 소무와 같은 행동을 하도록 강요할 수는 없음을 주장

할 수 있다.

(9) 찬성 팀은 죽어서는 세상을 바꿀 수 없고 살아남은 자만이 세상을 바꿀 수 있다고 주장하는 경향이 있는데 죽음으로써 세상을 바꾼 사람들도 많이 있다. 그러므로 소무의 행위를 지나친 고집이 만들어낸 어리석은 행위라고만 할 수는 없을 것이다.

(10) 토론이 너무 이능의 행위에만 초점이 맞춰져 이루어지는 경향이 있는데, 이능과 소무의 특수한 환경과 그들의 선택을 비교하면서 토론이 이루어진다면 더욱 좋을 것 같다.

4. 참고문헌

- 나카지마 아츠시(명진숙 옮김), 『역사속에서 걸어나온 사람들』 중, 「이능(李陵)」, 다섯수레, 1993.(토론도서)
- 나카지마 아쓰시(김영식 옮김), 『산월기』, 문예출판사, 2017.

이능 토론거리
180 / 181

어니스트 헤밍웨이

『노인과 바다』 토론거리

1. 논제: 노인이 먼 바다로 나간 것은 잘못이다.

2. 논제에 따른 쟁점

> (Man is not made for defeat, A man can be destroyed but not defeated. 사람은 패배하게 되어 있지 않다. 어떤 사람은 파멸될 수 있어도 패배하지 않는다.) 파멸과 패배는 다른가. 파멸했는데 패배하지 않을 수 있는가. 어떤 패배는 승리가 될 수도 있는가.

쟁점 ❶ 모험(무모함 : 열정과 의지, 물질 : 정신)

그는 먼 바다로 나갈 준비가 되어 있지 않았다. 그는 혼자였으며 먹거리도 충분하지 않았다. 84일 동안이나 물고기를 잡지 못한 것이 그가 무모한 행동을 한 이유이다. 그가 먼 바닷가로 나간 것은 큰 물고기를 잡기 위함이다. 84일 동안이나 물고기를 잡지 못한 그는 운(행운)을 바랐다. 그는 운에 의지했고 그 운은 그를 파멸시켰다. 그 자신도 너무 멀리 나왔음을 후회한다. 산티아고는 너무 먼 바다로 나간 자신의 과오로 인해 청새치를 잃었음에도 상어들의 탓으로 돌리고 있다. 그는 물질적으로 충분히 준비되지 않은 상태에서 위험한 모험을 한 것이다. 그의 비극은 전적으로 그가 너무 멀리 나왔기 때문이다.

아니다. 노인은 늙었지만 경험이 풍부하고 여전히 물고기를 잡을 만한 힘과 의지가 있다. 그가 먼 바다로 나간 것은 큰 물고기를 잡기 위함이지만 그것을 먹거리로 팔기 위함만은 아니다. 산티아고는 어부로서 자부심이 강한 사람이다. 그는 84일 동안 물고기를 잡지 못하면서 생긴 잃어버린 자존심을 만회하고 싶었을 것이다. 어부로서(직업적 소명의식) 큰 물고기를 잡고자 하는 것은 당연한 것이며 그러기 위해서 그는 모험을 해야 할 필요성을 느꼈다. 때론 인생에서 다소 무모한 모험도 필요하지 않은가. 먼 바다로 나가기엔 물질적 준비가 다소 부족했지만 그는 정신적으로는 충분히 준비가 되어 있었고 물고기를 잡는 온갖 요령을 알고 있었다.

쟁점 ❷ 성취(무가치 : 가치, 결과 중시 : 과정 중시)

그는 자신의 자존심을 회복하기 위해 먼 바다로 모험을 떠났지만 그는 결국 실패했다. 온갖 위험 속에서 커다란 청새치를 잡았지만 돌아오는 길에 상어들이 다 먹어 버리고 뼈만 남는다. 자신이 애써 잡은 청새치를 모두 상어한테 빼앗겼다는 것은 결과적으로 그가 패배했음을 의미한다. 장사꾼의 계산으로 보면 틀림없이 밑지는 장사이다. 그의 노력은 무의미했으며 자신의 목숨만을 위태롭게 한 어리석은 행위이다. 특히, 청새치를 잡은 노력은 인정하더라도 상어와의 싸움은 무의미했다. 그는 이미 상어와의 싸움에서 패배할 것임을 알고 있었다. 패배가 기정사실인 싸움에 목숨을 건다는 것은 자신에 대한 통제를 상실한 행위이다. 그것은 의지의 투쟁이라기보다는 패배자의 몸부림에 가깝다. 그는 감당할 수 없을 정도로 먼 바다로 나간 것이다.

아니다. 사투를 벌인 끝에 잡은 청새치를 상어 떼한테 빼앗기기 전까지는 그는 전혀 패배하지 않았다. 비록 그가 물고기를 잡아서 돌아오지는 못했지만 청새치를 잡았다는 사실은 변함없다. 상어 떼의 습격을 받고 비록 패배했을망정 자신이 세운 목표, 즉 큰 고기를 낚았다는 점에서 그는 정신적으로 전혀 패배하지 않고 오히려 승리를 거둔 셈이다. 결과가 좋지 않다고 해서 결과에 이르는 과정까지 무의미한 것은 아니다. 그는 비록 상어들에 의해 파멸했지만 패배하지는 않았다. 더구나 그에게 중요한 것은 결과가 아니라 어디까지나 과정일 뿐이다. 비록 결과가 만족스럽지 못해도 그것을 이룩해 가는 과정이 정당하고 떳떳하다면 그것으로 성공한 것이다. 먼 바다에서 노인이 보여준 투쟁은 그 자체로 가치가 있다. 그가 먼 바다로 나간 것은 굉장히 가치있는 행위이다.

쟁점 ❸ 패배자 : 영웅

노인은 그 자신의 과오(분수에 넘치게 준비 없이 먼 바다로 나감)로 파멸했다. 그는 결코 영웅이 아니다. 그는 근본적으로 감상벽과 자기연민-외로운 오두막의 벽에 걸린 죽은 아내의 사진, 식량 부족, 눈물-에 빠져 있는 인물이다. 그는 자신의 삶에서 패배한 불쌍한 노인에 지나지 않는다. 그는 아무것도 이루어 놓은 것이 없다. 가족도 재산도 없고 이웃에게 동정 받는 노인에 불과하다. 먼 바다에서 청새치와 벌인 그의 싸움은 그 자신을 위태롭게 했을 뿐이다. 무엇을 위한 싸움인가. 청새치를 지키고자 상어와 싸운 그의 행위는 더더욱 어리석다. 그의 모험은 패배로 끝났다.

아니다. 산티아고는 먼 바다에서 청새치와 상어와 투쟁하는 영웅적 인물이다. 그는 자신의 신체적 한계와 싸워서 이겼다. 청새치를 정복하려는 그의 결의와 인내는 위험에 직면했지만 그는 불굴의 행동을 굽히지 않았다. 3일간 청새치와 상어와의 투쟁은 위대한 영웅들의 이미지를 떠오르게 한다. 역경과 죽음에 직면해서도 당당하게 임하고 존엄하게 행동한다. 그가 비록 패배자라 할지라도 그의 패배는 위대하다. 그는 위대한 패배자인 것이다. 중요한 것은 인간이 승리하는가, 아니면 패배하는가에 있지 않고, 다만 인간이 어떤 태도로 삶을 사느냐는 것이다. 먼 바다로 나간 그의 행위는 영웅적 행위이다.

3. 토론 지도 참고 사항

(1) 노인은 결론적으로 그가 원한 자존심을 회복한 것일까. 그는 청새치를 잡은 것일까, 그렇지 않은 것일까. 토론이 과정과 결과 중심의 쟁점(2번 쟁점)에 집중되도록 지도할 필요가 있음. 토론이 지나치게 물질과 정신의 쟁점(1번 쟁점)에 집중되는 경향이 있음.

(2) 노인이 가져온 청새치의 뼈는 다른 어부들에게 그의 자존심을 회복시켜 준 것일까, 아니면 뼈만 가져온 것은 조롱의 대상일 수도 있지 않을까. 어부가 바다에 나가서 고작 잡아온 것이 청새치의 뼈라면 그것이 긍지의 대상이 될 수 있을까. 마을 사람들은 청새치의 뼈만 가지고 돌아온 노인을 어떻게 평가할까. 그렇게 생각

하는 근거는 무엇인가.

(3) 노인은 그 자신이 여러 번 먼 바다에 나간 것을 후회한다고 표현하고 있다. 그런데 어떻게 패배한 것이 아닐 수 있을까. 노인의 후회를 어떻게 평가해야 할까. 어떤 행위에 대한 후회가 곧 그 행위를 한 것이 잘못임을 인정하는 것으로 보아야 할까.

(4) 생명 자체보다 도전이 중요한 것일까. 노인이 만약 목숨을 잃었다면 노인의 행동은 어떻게 평가될 수 있을까. 그것은 당당하고 명예로운 죽음인가, 스스로에 대한 통제를 상실하고 거대한 자연에 맞선 무모함이 부른 덧없는 죽음인가.

(5) 청새치와의 사투는 인정하더라도 상어에 맞서서 질 것을 알고도 싸운 행위는 어떻게 평가되어야 하나. 상어와의 싸움은 무의미한 것이 아닐까. 그 싸움이 목숨을 걸만한 가치가 있었던 것일까. 노인은 자포자기의 상태로 자기 통제력을 상실한 것은 아닌가.

(6) 논제의 '잘못'을 사전적으로만 정의할 것이 아니라 자신들의 주장을 뒷받침할 수 있도록 재정의를 해보는 것은 어떨까. 논제에 포함된 단어의 개념 정의는 팀의 주장을 증명하는 출발점임을 잊지 말자.

(7) 청새치를 잡으려는 것은 직업적 의무로서 당연시 되어야 하는 것인가. 예를 들면, 위험에 처한 환자를 구하는 소방관이나 의사처럼. 아니면 자신의 능력을 망각한 과도한 모험인가. 일상적인 다양한 예들을 토론에 도입하는 것이 설득력이 있음.

(8) 노인과 상어와의 싸움을 위대한 패배의 관점에서 볼 수는 없을까. 죽음과 맞서 싸우는 강인한 의지에 의한 정신적 승리. 중요

한 것은 삶을 바라보는 태도가 아닐까. 삶을 바라보는 노인의 태도는 바람직한가.

(9) 과정이 중요하냐, 결과가 중요하냐는 어느 것이 중요하다고 단정을 지을 수 없음. 상황에 따라 달라질 수 있을 것임. 그렇다면 단순히 과정이냐 결과냐보다는 어떤 상황인지에 대해 좀 더 구체적으로 논의해야 되지 않을까.

(10) 노인의 상황은 물질적으로 충분히 준비할 수 있는 상황이 아님에도 그에게 물질적 준비 부족을 탓하는 것은 정당한 비판이 될 수 있을까. 어부로서 노인의 숙련된 경험은 물질적 준비 부족을 충분히 극복할 수 있는 것이 아닐까. 아니면, 그럼에도 불구하고 물질의 부족을 의지나 경험으로 만회할 수는 없는 것일까. 그는 물고기를 잡을 수 있는 기본적인 준비는 하고 있었지 않는가.

(11) 노인에게 모험이 필요했음을 어느 정도 인정할 수 있을까.

(12) 실패가 성공을 위한 하나의 과정이 되려면 어떤 조건들이 필요할까. 노인의 실패는 성공을 위한 과정일까. 반대 팀이 노인이 비록 패배했다고 하더라도 그것이 또 다른 성공을 위한 과정이라고 주장한다면 찬성 팀은 어떻게 대응해야 할까.

(13) 과정이나 결과가 가치가 있다고 할 때 가치는 어디에서 생기는가. 우리 삶을 가치 있게 하는 것은 무엇일까.

(14) 여행객이 청새치의 뼈를 상어로 인식하고, 그렇게 아름다운 상어를 보지 못했다고 하는 표현은 노인이 상징적으로 상어와의 싸움에서 승리를 거두었다는 의미를 전하는 것일까.

(15) 나의 생각은, 노인 산티아고와 소년과 청새치는 모두 한 존

재라는 것. 조르주 바타유가 헤겔의 시선으로 거창하게 풀어낸 '주인(노인)과 노예(청새치)의 변증법'이란 것도, 결국 내 안에 도사린 '또 다른 적(敵)이자 친구인 자아(세상)'와의 싸움 외의 아무것도 아니라는 것. - 함정임, 『무엇보다 소설을』, 예담, 2017. 23쪽

4. 참고문헌

- 어니스트 헤밍웨이(김욱동 옮김), 『노인과 바다』, 민음사, 2012.
  (토론도서)
- 어니스트 헤밍웨이(이인규 옮김), 『노인과 바다』, 문학동네, 2014.
- 어니스트 헤밍웨이(이종인 옮김), 『노인과 바다』, 열린책들, 2014.

- 김욱동, 『노인과 바다를 다시 읽다』, 이숲에올빼미, 2013.
- 권봉운, 『헤밍웨이의 삶과 언어예술』, 한결미디어, 2013.
- 제프리 메이어스(이진준 옮김), 『위대한 작가들 15 헤밍웨이 2, 삶과 죽음의 경계에 선 자유인』, 책세상, 2002.
- 김욱동, 『헤밍웨이를 위하여』, 이숲, 2012.
- 김유조, 『허무를 극복한 비극적 인간상 - 어네스트 헤밍웨이』, 건국대학교출판부, 2003.
- 제롬 카린(김양미 옮김), 『헤밍웨이-언어의 사냥꾼』, 시공사, 2012.

로버트 루이스 스티븐슨

『지킬 박사와 하이드』 토론거리

1. 논제: 지킬은 하이드의 악행(惡行)에 대한 책임이 없다.

2. 논제에 따른 쟁점

쟁점 ❶ 목적: 쾌락의 추구

우리는 지킬 박사의 쾌락 추구를 받아들일 수 있는가, 그렇지 않은가. 쾌락의 추구 자체가 나쁜 것은 아니다. 문제는 그 정도나 방법이다. 지킬 박사는 '점잖지 못한 정도의 쾌락'을 추구한다. 이 정도는 도덕적으로 다소 문제가 될 수도 있지만 법적으로 문제가 될 정도는 아니다. 그는 양심의 가책이나 고통 없이 쾌락을 즐기고 싶어서 자신의 내면에 존재하는 악을 분리해 낸다.

지킬의 변신의 목적을 어떻게 평가해야 할까. 어느 정도의 쾌락 추구는 인간의 보편적인 욕구이므로 문제가 없는 것일까. 양심의 가책이나 고통 없이 쾌락을 추구하고자 하는 행위가 나쁜 것일까. 지킬의 양심의 가책과 고통은 그가 설정한 도덕적 고귀함의 수준이 너무 높았기 때문은 아닐까. 그렇다면 그가 자신의 몸에서 하이드를 분리한 행위를 나쁘다고만 말할 수 있을까. "불의한 자아(악)는 그의 보다 고지식한 쌍둥이 자아의 열망과 가책으로부터 벗어나 제 길을 갈 수 있고, 의로운 자아(선)는 흔들림 없이 확고하게 저 높은 곳으로 향하는 발걸음을 이어 가며, 자신이 쾌락을 느끼는 선한 일들을 행할 수 있고, 자기와 상관없는 악 때문에 더는 망신을 당하거나 참회할 일이 없"게 하려는 그의 의도는 잘못된 것일까.

그러나 결국, 그의 점잖지 못한 정도의 쾌락 추구는 하이드에게 붙들려 괴물의 수준으로 변하게 된다. 하이드는 본질적으로 악독하고 악랄한 존재이다. 아이에게 폭력을 가하고 심지어 댄버스 커루 경을 때려서 살해한다. 그렇다고 하더라도 지킬이 하이드의 악행의 정도를 미리 예상한 것은 아니다. 타인에게 지독한 폭력을 가하는 존재를 의도적으로 분리해내고자 한 것도 아니다. 하이드가 행할 악의 정도를 지킬 박사는 미처 예측하지 못했을 것이다.

더 생각해 볼 것은 약을 먹고 변신할 때 악의 출현이나 선의 출현이 모두 가능했다는 것이다. 그런데 왜, 악이 출현하게 되었을까. 그것은 지킬의 욕망이 반영된 결과로 보아야 할까, 아니면 악의 출현은 그 자신도 어쩔 수 없었던 일일까. 왜 순수한 선이 분리되어 나오지 않았을까. 그가 만든 약 자체는 분별의 역량을 갖고 있지 않았기에 악마적이지도 신성하지도 않다. 그 약은 다만 지킬의 성향을 가둬 둔 감방 문을 뒤흔들어 놓을 뿐이었다.

쟁점 ❷ 과정: 지킬의 선택과 한 몸, 두 의식의 문제

어느 날 지킬 박사는 헨리 지킬로 잠자리에 들었으나 그가 원하지 않았음에도 에드워드 하이드로 깨어나게 된다. 이 일은 그가 약을 통해서 마음대로 헨리 지킬과 에드워드 하이드의 상태를 선택할 수 없게 되었음을 의미한다. 그도 이런 상태로 깨어난 자신을 보고 놀람과 두려움을 느낀다. 그는 이것을 "바빌론 왕에게 경고하는 벽의 손가락[14]처럼, 나를 심판하는 글자들을 써 나가는 것 같았"다고 느낀다. 이제 그는 지킬과 하이드 중 하나를 선택해야 함을 깨닫는다.

자신의 선과 악의 균형이 영구적으로 무너져 자발적으로 몸을 변화시킬 역량을 상실한 후, 에드워드 하이드의 인격이 뒤집을 수 없이 자신의 몫으로 굳어질 위험이 있음을 감지했을 때도 지킬은 하이드를 완전히 제거하지 못한다. 물론 그는 지킬과 하이드 중에서 지킬을 선택하지만 그는 이 선택을 무의식적으로 주저했다. 그는 소호에 있는 집을 포기하지도 않았고 에드워드 하이드가 입고 있는 옷도 그냥 서재에 남겨 둔 채 파괴하지 않았다.

이 시점은 그가 하이드로 돌아가지 않을 수 있었던 마지막 통제 가능한 지점이었을 수 있다. 하지만 그는 결국 "하이드로 위장하며 즐겼던 자유, 상대적인 젊음, 가벼운 발걸음, 펄펄 끓는 충동, 은밀한 쾌락들"을 잊지 못하고 하이드로 변신한다. 두 달 정도 억눌려 있던 하이드의 악한 본성은 이 변신으로 폭발적으로 분출하여 결국 아무 죄도 없는 커루 경을 살해하게 된다.

이 마지막 선택의 순간에 지킬은 전적으로 자신의 의지에 따른 선택이 가능했을까. 아니면, 악에 의해서 그런 선택을 제한 받고

---

14) 구약성서 「다니엘」, 5장 5절, 바빌론의 벨사살 왕은 이스라엘 성전에서 탈취해 온 그릇으로 술잔치를 벌이던 "그때에 사람의 손가락들이 나타나서 왕궁 촛대 맞은 편 석회벽에 글자를" 씀. 그날 밤 벨사살은 죽임을 당함.

있었을까. 그는 일종의 하이드(악)에 의한 중독 상태에 있었던 것으로 볼 수는 없을까. 자신에게 문제가 있음을 인정하고 돌아가고 싶지만 돌아가지 못하는 중독자들이 우리 주변에도 많지 않은가.

지킬과 하이드는 한 몸이지만 다른 성향을 가진 두 인격체이다. 지킬은 친절하고 인정이 많은 사람이며 하이드는 거칠고 난폭한 사람이다. 이 두 인격을 하나의 사람으로 보아야 하는가. 두 사람으로 보아야 하는가. 인간을 지배하는 것은 육체인가. 정신인가. 육체와 정신은 분리될 수 있는가. 지킬이 변한 하이드의 상태는 정상적인 상태인가, 아니면 지킬이라는 정상적인 존재의 비정상적인 상태인가.

악한 행위는 하이드의 인격으로 행한다. 이 때는 지킬의 성향이 나타나지 않고 오로지 하이드의 생각이 행동을 지배한다. 지킬과 하이드는 기억을 공유하고 있다. 하지만, 지킬이 하이드에게 아버지 이상의 관심을 가지는 데 비해 하이드는 지킬에게 관심이 없다. 지킬이 하이드에게 원한 것은 '점잖지 못한 정도의 쾌락(품위 없는 처신 정도의 쾌락)'을 추구하는 것이지, 살인과 같은 악을 행하는 것이 아니다. 그런데도 하이드의 행동에 대해 지킬에게 책임을 물을 수 있는가.

지킬은 타락하지 않았고 오로지 하이드 혼자만 죄인이었을 뿐이지 않는가. 지킬은 하이드에게서 돌아왔을 때, 하이드가 저지른 숱한 타락한 행위들을 바로 잡으려고 서둘러 조치를 취하기도 했으니 말이다. 결국 그의 양심은 잠들지 않고 늘 깨어 있었던 것은 아닐까. 아니면 지킬이 하이드와 기억을 공유하고 그의 존재를 인식하고 있는 만큼 하이드의 죄에 대해 책임을 져야 하는가.

※ 아래의 내용은 블라디미르 나보코프의 『문학강의』 중 「지킬박사와 하이드 씨」 부분에서 인용[15]한 것임.

읽는 이가 거의 없는 이 책에 관한 세간의 의견들은 세 가지 중요한 점을 완전히 망각하고 있다.

1. 지킬은 선한가? 아니다. 그는 선과 악이 혼합된 복합물, 99센트의 지킬과 1퍼센트의 하이드의 조합체(혹은 포충. 이는 그리스어 '물'에서 유래한 단어로, 동물학에서는 인간과 다른 동물들의 몸안에 있는 조그만 주머니,[16] 즉 촌충의 유충이 들어 있는 투명한 액체가 담긴 주머니를 말한다. 그래서 어떤 의미에서 하이드 씨는 지킬 박사에게 기생하는 기생충이라 할 수 있다. 하지만 분명히 말해두겠지만, 스티븐슨이 이런 걸 염두에 두고 이 이름을 선택한 것은 절대 아니다)이다. 지킬은 빅토리아 시대의 시각에서 문제성 있는 도덕의식을 가졌다. 그는 자신의 앙증맞은 죄들을 공들여 감추는 위선자다. 뒤끝도 있어서, 과학 문제로 의견을 달리한 래니언 박사를 절대 용서하지 않는다. 그는 무모하다. 하이드는 그의 안에서 그와 혼합되어 있다. 지킬 박사 안에 뒤섞여 있는 선과 악 중에서 악은 순수악의 침전물인 하이드로 분리되는데, 이는 화학적 의

---

15) 로버트 루이스 스티븐슨(권진아 옮김), 『지킬 박사와 하이드씨』, 시공사, 2015. 121-122쪽.
　　(블라디미르 나보코프의 「지킬 박사와 하이드 씨의 기이한 사례」의 해설에서 재인용.)
16) hydatid(포충)'라는 단어가 하이드의 이름과 발음이 유사하다는 것으로 말장난을 하고 있다.

미에서 침전이다. 왜냐하면 복합물인 지킬의 일부는 여전히 뒤에 남아 하이드의 행각에 경악하고 있기 때문이다.

2. 지킬이 완전히 하이드로 변신하는 게 아니라, 그에게서 순수한 악의 농축물이 빠져나와 하이드가 되는 것이다. 하이드가 지킬보다 체구가 작은 것은 지킬이 가진 선의 양이 더 많다는 것을 보여주기 위해서다.

3. 사실은 세 개의 인격 - 지킬, 하이드, 그리고 하이드가 주도권을 가지는 동안 남아 있는 지킬의 잔재 - 이 존재한다.

쟁점 ❸ 지킬의 자살

지킬의 자살은 그 자신의 죄를 인정하고 책임지는 행위일까, 그렇지 않을까. 지킬은 그가 더 이상 지킬의 상태로 돌아갈 수 없음을 알고 자살한다. 이런 그의 행위는 자신의 죄를 인정하고 그에 대한 책임을 지려는 마음에서 비롯된 것일까. 사람들을 위해서 그가 만들어낸 악을 이 세상에서 제거하고자 한 행위는 아닐까. 그는 자신의 죽음으로써 악인 하이드를 제거하려고 한 것은 아닐까. 그는 악인 하이드인 채로 계속 살 수도 있지 않았을까.

아니면, 지킬이 청산가리를 먹고 자살한 것은 자신의 행위에 책임을 진 것이라기보다는 더 이상 하이드로서의 삶도 살 수 없었기 때문이 아닐까. 하이드는 커루 경을 살해한다. 그는 경찰에 쫓기는 삶을 평생 살거나 아니면 곧 체포될 것이다. 체포되면 그는 평생 감옥에 있게 되거나 사형에 처해질 수도 있다. 지킬은 이런 삶을 살 수 없었기 때문에 어쩔 수 없이 자살을 선택한 것은 아닐까. 그는 인류를 위해 자신의 죄를 뉘우치고 자살한 것이 아니라 더 이상의 정상적인 삶이 불가능하다고 판단했기 때문에 어쩔 수 없이 자살을 선택한 것은 아닐까. 그가 자살할 때 가지고 있었던 감정은 책임감이 아니라 두려움이 아니었을까.

지킬의 자살은 하이드의 행위에 그가 책임이 있음을 스스로 인정하고 하이드라는 악을 제거한 행위로 보아야 할까, 아니면 하이드의 행위에 대한 책임과는 무관한 행위일까.

※ 지킬 박사가 선과 악을 분리하려고 한 이유와 선과 악을 분리한 원리를 학생들이 잘 이해하지 못하기에 이를 간단히 정리한다.

(1) 지킬 박사는 '선'이라는 고결한 이상을 지나치게 추구한다. 하지만 그는 즐거움과 쾌락을 탐하는 방탕한 기질 또한 지니고 있다. 이것이 그의 성격적 결함이다.

(2) 지킬 박사는 선과 악이 인간의 내면에 공존하고 있다는 삶(인생)의 법칙을 깨닫는다.

(3) 지킬 박사는 선을 추구하는 일 못지않게 악(쾌락)을 추구하는 일에도 진지하다.

(4) 그러므로 지킬 박사의 내면에서 선에 대한 고귀한 이상과 쾌락에 대한 욕망이 끝없이 충돌한다. 그는 이 충돌로 괴로움을 겪는다.

(5) 따라서 그는 자신의 내면의 선과 악을 분리하여 선과 악이 각

자의 이상을(각자가 추구하는 바를) 방해 없이 추구하도록 만들려고 한다.

(6) 지킬 박사는 신비와 초월적인 방향으로 나아간 그의 학문적 탐구 덕분으로 인간의 육체가 고정된 것이 아니라 쉽게 해체될 수 있다는 것과 육체를 구성하는 어떤 정신적인 힘이 있다는 것을 알게 된다.

(7) 지킬 박사는 육체를 구성하는 정신적 힘을 조정할 수 있는 약을 만든다.

(8) 지킬 박사는 지킬에게서 악인 하이드를 분리해 낸다. 이는 순수한 선과 악의 분리는 아니다. 지킬은 여전히 선과 악을 함께 지닌 존재이기 때문이다. 다만, 그 자신 속의 악을 분리해 냈을 뿐이다.

3. 토론 지도 참고 내용

(1) 논제에서 '책임'이란 단어를 사전적으로만 정의하기보다는 자신들의 주장을 뒷받침할 수 있도록 재정의를 하는 것이 바람직함.

(2) '품위 없는 처신'을 악으로 규정할 것인가, 그렇지 않은가. 악을 어떻게 정의해야 할까. '품위 없는 처신'을 지킬의 욕망의 발현이라고 했을 때, 욕망 그 자체는 악이 아니다. 다만, 지킬의 욕망이 다른 사람들에게 해를 입힌다면 악이라고 볼 수 있다. 그러므로 작품 속에서 지킬의 욕망이 구체적으로 어떻게 나타나는가를 살펴볼 필요가 있다.

(3) 지킬과 하이드가 두 인격임을 인정했을 때, 하이드의 악행에 대해 어떻게 처벌할 것인가. 하이드는 지킬의 몸을 가지고 있기 때문에 하이드에 대한 처벌은 지킬에 대한 처벌이 될 수밖에 없고 따라서 지킬이 하이드의 범죄에 대해 책임져야 한다. 그렇지 않을 경우 피해자는 있는데, 처벌할 가해자(신체)는 없게 된다는 주장이 있을 수 있다. 하지만 같은 몸에 대한 처벌이라고 할 때, 그 몸 속의 인격이 다를 경우, 예를 들어 지킬의 몸에 하이드의 인격이 있다면 이는 지킬에 대한 처벌이 아니라 하이드에 대한 처벌이 될 수 있지 않을까. 이런 경우에는 처벌할 대상이 없다고 말할 수는 없을 것 같다. 책임은 '특정한 몸(신체)'에게 물어야 하는 것인가, '특정한 인격'에게 물어야 하는 것인가.

(4) 지킬이 하이드를 만들었으므로 지킬이 책임을 져야한다는 논리는 항상 타당한 것일까. 예를 들어 부모가 아이를 낳았을 경우, 아이의 잘못에 대해 반드시 책임을 져야 하는가. 그렇지 않다. 아이가 정상적인 판단이 가능한 경우(성인)와 그렇지 않은 경우(미성년)를 구분해서 책임을 물어야 한다. 아이가 정상적인 판단이 가능하다면 아이가 책임을 져야 하고, 그렇지 않다면 부모가 책임을 져야 한다. 여기서 하이드가 이성적인 판단이 가능한가라는 중요한 물음이 제기될 수 있다. 책 속에는 이에 대한 명백한 언급은 없어 보인다.

(5) 하이드는 지킬에게서 순수한 악이 분리된 존재이므로 하이드는 이성적 판단이 불가능하며 악만을 행할 수밖에 없는 불쌍한 존재라는 시각이 있을 수 있다. 이런 시각은 기본적으로 바람직하지

않다. 악만을 행할 수밖에 없는 존재라면 불쌍하게 생각하기보다는 제거하는 것이 바람직하다. 왜냐하면 우리는 하이드에게 당한 피해자들의 고통을 생각해야 하기 때문이다. 그들이야말로 진정 불쌍한 존재이며 동정을 받아야 마땅한 존재이다. 잘못하면 가해자(하이드)를 피해자로 둔갑시키는 결과가 될 수도 있다.

(6) 살인한 하이드는 쾌감을 느끼고 헨리 지킬은 이에 대해 슬퍼하고 반성한다. 그러므로 지킬에게 책임이 없다는 논리도 가능하다. 하지만 죄에 대해서 반성하는 것으로 책임이 면해지는 것은 아니다. 반성과 더불어 책임도 지는 것이 진정한 반성이 될 수 있다.

4. 참고 문헌
- 로버트 루이스 스티븐슨(윤혜준 옮김),『지킬 박사와 하이드 씨·존 니컬슨』, 을유문화사, 2016.(토론도서)
- 로버트 루이스 스티븐슨(박찬원 옮김),『지킬 박사와 하이드』, 펭귄클래식코리아(웅진), 2008.(토론도서)
- 로버트 루이스 스티븐슨(권진아 옮김),『지킬 박사와 하이드 씨』, 시공사, 2015.
- 로버트 루이스 스티븐슨(이미애 옮김),『지킬 박사와 하이드』, 푸른숲주니어, 2007.

『아우, 우상, 영웅』 토론거리

1. 논제: 한 사람의 잘못(폭력)은 우리 모두의 잘못이다.

> 토론 작품은 황석영의 「아우를 위하여」, 전상국의 「우상의 눈물」, 이문열의 「우리들의 일그러진 영웅」이다.

2. 논제에 따른 쟁점

쟁점 ❶ 개인의 책임 : 사회의 책임

악(폭력)은 태어나는 것일까, 만들어지는 것일까.(메리 셸리의 『프랑켄슈타인』 참조.) 개인의 잘못은 개인에게만 책임이 있을까, 사회도 책임이 있는 것일까. 이영래(「아우를 위하여」), 최기표(「우상의 눈물」), 엄석대(「우리들의 일그러진 영웅」)의 폭력은 그들만의 잘못일까, 학교를 포함한 사회에도 책임이 있는 것일까. 그들의 공통점은 가정환경이 매우 불우하다는 점인데 이를 어떻게 받아들여야 할까. 그들의 가정환경이 그들을 폭력적으로 만든 것은 아닐까. 한나 아렌트는 '악의 평범성'을 주장했는데 그녀의 주장은 옳은 것일까.

폭력적인 행동에 대해 사회의 책임은 묻는 것은 그들의 폭력을 정당화시키는 것은 아닐까. 불우한 가정환경이 꼭 폭력으로 이어지는 것일까. 어려운 가정 환경을 극복한 훌륭한 사람도 많지 않은

가. 폭력의 책임을 사회에 돌린다면 폭력에 대한 책임을 묻는 것이 불가능하지 않을까.

쟁점 ❷ 폭력의 희생자 : 폭력의 가담자(자발적 복종)

이영래, 최기표, 엄석대의 반 아이들은 폭력의 희생자들일까, 아니면 그들에게도 폭력의 책임을 물어야 할까.

아이들이 그들(영래, 기표, 석대)에게 저항하지 못한 것은 그들의 폭력 때문이기에 반 아이들에게 책임을 묻는 것은 지나친 것이 아닐까. 그들이 잔인하게 폭력을 휘둘렀고 반 아이들은 두려움 때문에 어쩔 수 없이 그들을 도운 것은 아닐까. 반 아이들에게까지 책임을 묻는 것은 폭력의 희생자를 가해자로 만드는 불합리한 일은 아닐까.

아니면, 학급 아이들의 도움이 없었다면 혹은 학급의 아이들이 모두 힘을 모아 그들(영래, 기표, 석대)에게 저항했다면 그들의 폭력은 지속될 수 없었을 것이기 때문에 학급 아이들에게도 책임을 물어야 할까. 학급 아이들은 그들(영래, 기표, 석대)의 편에 붙어서 자발적으로 복종하며 개인적인 이익을 누린 것은 아닐까. 단지, 그들에 대한 두려움 때문에 그들을 도운 것일까.

쟁점 ❸ 폭력에 대한 폭력: 선(善)인가 악(惡)인가

폭력에 대해 폭력으로 대응하는 것은 다수를 위한 선한 행위일까, 다수를 위해 개인을 희생시키는 악할 행위일까. 폭력을 폭력으로 대응하는 것은 또 다른 폭력을 낳는 것은 아닐까, 아니면 학급의 아이들을 폭력으로부터 보호하기 위한 어쩔 수 없는 정당한 행위일까. 선한 폭력은 가능한가.(허먼 멜빌의 『빌리 버드』참조.)

기표의 담임이 기표에게 가한 합법적이고 지능적인 폭력(간접 폭력)과 석대의 새로운 담임이 석대에게 가한 체벌은 정당한 것일까. 담임들이 기표와 석대에게 행한 행위들이 기표와 석대를 영구히 폭력적인 인물로 만드는 것은 아닐까. 영래, 기표, 석대는 폭력의 가해자이기 이전에 이미 폭력의 희생자는 아니었을까.(가정 폭력, 가난한 삶을 방치 등)

아니면 영래 반의 교생 선생님처럼 비폭력적인 방식으로 아이들이 학급 내 폭력의 문제를 스스로 해결하도록 해야 할까. 교생 선생님은 교생이므로 교사로서의 권한이 거의 없었기 때문에 적극 개입할 수 없었고, 현실적으로 영래의 반처럼 학급 폭력의 문제를 아이들 스스로 해결하는 것은 불가능한 방식은 아닐까.

3. 토론 지도 참고 사항

(1) 세 작품 중 특정한 작품을 대상으로만 토론을 진행할 것이 아니라 세 작품 모두 골고루 포함시켜서 토론이 진행되도록 해야 함.

(2) 학교 폭력의 문제는 학생들이 현재 당면하고 있는 문제이므로 실제 경험을 토론에 결부시켜 보는 것도 좋은 방법임. 다만, 일반화하기 어려운 지나치게 개별적인 사례를 이용하여 토론하는 것은 바람직하지 않음.

(3) 폭력에는 직접적으로 신체에 가하는 폭력뿐만 아니라 지능적

이고 간접적인 폭력도 있음. 어느 것이 더 무서운 폭력일까를 고민
해 보아야 함.

4. 참고문헌

- 전상국,『우상의 눈물』, 사피엔스, 2012.(토론도서)
- 이문열 외 2,『우리들의 일그러진 영웅 외 2(20세기 한국소설 37)』,
  창비, 2013.(토론도서)
- 황석영,『객지(황석영소설집)』, 창작과비평사, 1998.(토론도서)

- 슬라보예 지젝(이현우 외 2인 옮김),『폭력이란 무엇인가』,
  난장이, 2012.
- 에티엔 드 라 보에시(박설호 옮김),『자발적 복종』, 울력, 2004.
- 헨리 데이빗 소로우,『시민의 불복종』, 이레, 1999.

알베르 카뮈

『이방인』 토론거리

1. 논제: 뫼르소에 대한 사형 판결은 정당하다.

2. 논제에 따른 쟁점

쟁점 ❶ 인물의 성격: 정직한 인물인가 반사회적 인물인가.

뫼르소는 순수하고 정직한 인간인가(특히, 그가 사용하는 언어적인 면에서 그리고 자신의 욕망에 충실하다는 면에서), 자기 욕망에만 충실한 이기적이고 비도덕적이며 무책임한 인간인가.

사람들은 대부분 육체적 감각(육체적 욕망)에 저항하려고 한다. 육체적 욕망을 억눌러야 하는 상황에서 그러지 못하면 죄의식을 느끼곤 한다. 하지만 뫼르소는 어머니의 장례를 치르러 가는 길에 버스에서 졸고, 장례식 전날 밤에 영안실에서 어머니의 시신을 곁에 두고 잠을 자고 담배를 피우고, 커피를 마시면서 맛있다는 생각을 한다. 심지어 그는 엄마의 시신도 보지 않았고, 단 한 번도 울지 않았으며, 장례식이 끝난 뒤 무덤 앞에서 묵도(默禱)도 하지 않고 곧장 떠난다. 엄마의 장례식 다음 날에는 여자 친구(마리)와 희극 영화를 보고 잠자리를 같이한다. 그는 자신의 욕구에 따라 솔직하게 엄마의 죽음에 무심하게 행동한다. 그의 표현에 의하면 그는 "육체적 욕구에 감정이 방해받는 일이 많은 천성"을 지녔다.

그는 자신의 욕망에 충실하지만 인간의 도리라고 생각되는 예의상 하는 말이나 행동을 싫어한다. 뫼르소는 "그건 아무래도 상관없지만", "그건 아무 의미도 없는 말이지만", "그건 전혀 중요하지 않지만"과 같은 표현을 자주 사용한다. 그의 이런 표현들에서는 상대에 대한 배려가 느껴지지 않는다. 이는 지극히 자기중심적인 표현들이다. 마리가 자신을 사랑하냐고 물었을 때, 그는 그렇지 않다고 대답한다. 그는 상대방의 감정이나 자기에 대한 타인의 평가를 생각하여 상대방이 자신으로부터 듣고 싶어 하는 말을 억지로 하지는 않는다. 그는 자기와 타인 사이에 감정적·물질적인 보상과 이해관계를 따지지 않고 오직 자신의 감정과 판단에 따른다. 뫼르소는 자기가 처한 상황에서 보통의 사람들이 마땅히 해야 한다고 요구하는 바를 따르지 않는다. 어떤 가식도 과장도 없이 타인의 평가에 신경 쓰지 않고 있는 그대로 자기를 드러낸다. 그의 말과 행동은 그 자신에게 가장 정직하고 진솔한 행위이다.

그러나 다른 시각에서 보면, 있는 그대로 거짓 없이 자신이 느끼는 대로 말하는 뫼르소의 행동은 다른 사람들이 볼 때는 도저히 이해할 수 없는 행동이다. 그는 사람들에게 정직한 존재가 아니라 무감각하고 인간성이 결여된 존재로 생각된다. 사람들은 그가 보이는 반응에 당황하거나 거북해하거나 이상하다고 생각한다. 뫼르소는 사회의 가장 근본적인 규칙을 무시하고 있으므로 그 사회와 아무 관계도 없으며, 인간의 마음에서 우러나오는 가장 기본적인 반응도 보일 줄 모르는 사람이다. 그는 패륜아일 뿐만 아니라 사회적 부적응자이며 인간으로서 자격 미달자이다.

뫼르소는 체면이나 예의에 얽매이지 않는 정직(솔직)한 인물인가. 남을 배려하지 않는 반사회적 인물인가.

쟁점❷ 살인의 의도: 있었는가 없었는가.

『이방인』에서 독자들의 기억에 가장 충격적인 부분은 아랍인을 왜 죽였느냐는 질문에 뫼르소가 '태양 때문'이라고 대답하는 장면이다. 우리는 그의 대답을 어떻게 받아들여야 할까.

어떤 행위의 결과에 대해 '왜?'라고 물을 때에는 이유와 원인을 구별해 살펴 볼 필요가 있다.[17] 이유가 행위의 내부의 의도라면 원인은 행위를 유발하는 외부의 힘이다. 살인의 동기를 묻는 것은 살인의 이유를 묻는 것이다. 이유에는 금전적인 문제나 보복 등의 이해관계가 얽혀 있고 어떤 의도가 담겨 있다. 그런 의미에서 뫼르소에게는 아랍인을 죽일 특별한 이유가 없었다고 볼 수 있다. 뫼르소 자신도 아랍인을 죽일 의도가 없었으며 그것은 우연이었다고 대답한다.

그가 아랍인을 죽일 의도가 없었다는 것을 인정한다면 다음으로 우리는 그가 아랍인을 향해 총을 쏠 수밖에 없었던 원인이 무엇인가를 살펴봐야 한다. 그 날의 상황을 뫼르소의 입장에서 요약하면 이렇다. 태양은 붉은 폭발을 일으켜 그 열기로 그를 내리누르고 있

---

17) 뫼르소가 태양 때문에 살인을 했다고 말하는 문제와 관련해서 어떤 행위에 대해서는 이유와 원인을 구별해서 살펴봐야 한다는 생각은 유헌식의 『행복한 뫼르소』란 책에서 빌려왔다. 쟁점 ❷를 설명함에 있어서 이 책에서 많은 도움을 받았다. 『이방인』에 관심이 많은 독자는 사르트르의 『이방인』 해설과 함께 이 책을 꼭 한번 읽어 볼 것을 권한다.

었다. 뜨거운 태양의 엄청난 숨결을 얼굴에 느낄 때마다 뫼르소는 이를 악물었고, 태양과 태양이 쏟아 붓는 캄캄한 취기(醉氣)를 이겨내려고 몸을 긴장시켰다. 그는 모래, 흰 조개껍질, 유리조각에서 빛의 칼날이 솟아날 때마다 턱뼈가 움찔움찔한다. 벌써 두 시간째 낮이 펄펄 끓는 금속의 대양 속에 닻을 내리고 있었다.

　이런 상황에서 그는 아랍인과 해변에서 두 번째 마주한다. 그는 자신이 뒤로 돌아서기만 하면 끝난다는 생각을 했다. 하지만 그는 돌아설 수 없었다. 태양으로 진동하는 해변 전체가 그 뒤로 밀려들고 있었기 때문이다.

　아랍인과 마주한 순간 그가 느낀 것들을 정리해 보자. 불로 지지는 듯한 태양의 열기, 눈썹 위에 고이는 땀방울, 엄마의 장례를 치르던 그날과 똑같이 느껴지는 태양, 두통, 피부 밑의 모든 핏줄들이 펄떡거림, 불로 지지는 것 같은 견딜 수 없는 뜨거움, 태양빛이 아랍인의 칼에 반사되어 이마를 쑤시는 듯한 느낌, 동시에 눈썹에 고여 있던 땀이 눈꺼풀 위로 흘러내려 눈물과 소금의 장막에 의해 가려져 캄캄해진 눈, 이마 위에서 울리는 태양의 심벌즈 소리, 아랍인의 칼에서 뿜어져 나오는 눈부신 빛의 칼날이 속눈썹을 쥐어 뜯고 고통스러운 두 눈을 후벼 팜, 모든 것이 기우뚱거리고 하늘 전체에서 불비가 쏟아지는 것 같음. 이 일련의 과정에서 초점은 강렬한 태양빛에 있다.

　뫼르소가 아랍인에게 총을 쏠 수밖에 없었던 것은 아랍인 개인에 대한 분노 때문이 아니다. 뫼르소가 아랍인을 쏜 것은 당시 그의 불쾌감을 상승시킨 상황 때문이었다고 생각해 볼 수 있다. 태양의 열기 아래서 태양빛이 단도를 통해 뫼르소의 눈에 전달되는 순간 뫼르소는 불쾌감에 사로잡혀 판단력을 잃고 아랍인을 향해 총을 쏘았던 것이다. 만약 우리가 이런 설명을 받아들인다면 그의 살인은 우연에 의한 것이지 결코 의도적인 것이 아님을 인정하는 것이다.

그렇지 않고 태양 때문에 아랍인을 죽였다는 그의 대답에 대하여 재판정 내의 모든 사람들처럼 어처구니가 없어서 웃음을 터뜨릴 만큼 비상식적인 일로 치부한다면 상당 부분 그의 살인은 의도적인 것이고, 그가 말한 태양 때문에라는 말은 황당무계하고 파렴치한 변명에 불과할 것이다.

그의 살인에서 또 하나 생각해 볼 문제가 있다. 그것은 뫼르소가 아랍인에게 첫 발을 쏜 후, 뜸을 들인 다음 아랍인에게 네 발을 연속으로 쏘았다는 것이다. 예심판사가 왜 그랬느냐고 물었을 때 뫼르소는 아무 대답도 하지 않는다. 조금 후 그는 마음속으로 예심판사가 이해하지 못하는 그 마지막 질문은 "그다지 중요하지 않다"고 말한다. 그의 말처럼 첫 발 이후에 네 발을 더 쏜 것은 중요하지 않은 문제일까. 그 네 발은 그의 살인이 잔인하며 다소간 의도적이었다는 것을 말하는 것은 아닐까. 검사의 말처럼 뫼르소는 일이 제대로 되었는지 확인하기 위해서 침착하게, 틀림없이, 깊이 생각한 끝에 쏘았던 것이 아닐까. 아니면 감정적 흥분 상태에서 벌이진 우발적이고 충동적인 사건임을 말하는 것일까. 또, 예심 판사가 자신의 행위를 후회하느냐는 질문에 뫼르소는 "진정 후회하기보다는 차라리 좀 귀찮다 싶은 느낌"이라고 대답한다. 이 대답을 우리는 어떻게 해석해야 할까. 그는 순진무구한 아이 같은 인간일까, 잔인하고 무감각한 악당일까. 우리는 자신이 저지른 범죄에 대해 전혀 뉘우치는 빛을 보이지 않는 뫼르소의 태도를 어떻게 받아들여야 할까.

뫼르소의 태양 때문에라는 말은 진실일까, 그렇지 않을까. 뫼르소는 살인을 계획했을까, 그렇지 않을까. 그의 살인은 자신의 욕망에 충실한 정직한 인물의 우발적인 살인인가, 반사회적인 성향을 지닌 인물의 의도적인 살인인가. 그의 살인은 영혼이라는 게 아예 없고, 인간적인 면은 커녕 사람다운 심성을 지켜주는 도덕적인 신념도 전혀 없는 자의 폭력적인 행위인가, 아니면 강렬한 태양의 열기 때문에 방아쇠를 당겼고, 그 총알에 아랍인이 죽었을 뿐 살인의 의도는 없었던 것일까. 살인의 의사는 없었지만 살인의 결과는 있다면, 이 때의 살인은 유죄인가, 무죄인가. 유죄라면 그 죄는 교수형을 당해도 마땅한 죄인가.

쟁점 ❸ 재판의 과정과 결과: 정당한가 정당하지 않은가.

뫼르소에 대한 재판의 과정과 그 결과는 정당한가. 뫼르소의 재판에서 뫼르소가 어머니의 장례식과 그 이후에 보인 행위들을 근거로 그를 유죄로 몰아가는 것은 정당한가. 뫼르소는 그가 실제로 저지른 살인보다는 오히려 어머니의 장례식에서 울지 않았고, 다음 날 여자 친구와 즐겁게 놀고 다녔다는 이유 때문에 더 무거운 비난을 받는 것으로 보인다.

검사는 뫼르소가 저지른 범죄를 이야기할 때보다 훨씬 더 긴 시간을 할애하여 그가 장례식에서 보인 태도를 문제 삼는다. 뫼르소가 반사회적인 인물이므로 그의 반사회적 성격을 그의 살인 재판과 연결을 짓는 것은 정당한가. 아니면, 뫼르소가 살인을 했기에 범죄자가 되는 것이 아니라 범죄자이기 때문에 살인하게 되었다는 논리는 어처구니없는 것일까.

사형을 구형하는 검사도 사형을 선고하는 배심원들도 뫼르소의 개인적 성향이나 상황을 전혀 고려하지 않는다. 그들은 어머니의 장례식에서 눈물을 흘릴 수도 있고 흘리지 않을 수도 있다고 생각하지 않는다. 인간이라면 당연히 어머니의 장례식에서 눈물을 흘려야 한다고 생각한다. 그렇게 행동하지 않는 뫼르소는 영혼도 없고, 인간다운 점도 인간들의 마음을 지켜주는 그 어떤 도덕적 원리도 찾아볼 수 없는 존재라고 생각한다. 이런 검사와 배심원들의 판단은 정당한가.

뫼르소의 변호사는 검사의 판단에 대하여 그에게 피고가 어머니의 장례를 치렀다고 해서 기소된 것인지 아니면 살인을 해서 기소된 것인지 항의한다. 이에 검사는 그 두 범주의 사실 사이에는 "어떤 심오하고 비장하고 근본적인 관계가 있음을 감지하지 않을 수 없다"고 말한다. 검사는 "본인은, 범죄자의 마음으로 자기 어머니를 땅에 묻었다는 이유로 이 사람의 유죄를 주장합니다."라고 단호하게 말한다. 검사는 뫼르소가 비도덕적이고 파렴치한 인물인 탓에 그의 살인은 냉혹하고 무정하게 계획된 살인이며 그는 사형에 처해져야 마땅하다고 주장한다. 검사의 이런 주장은 뫼르소의 살인보다는 그의 개인적 성향을 문제 삼는 것으로 뫼르소에 대한 부당한 폭력으로 보아야 할까, 아니면 사회의 정의와 질서를 유지하기 위한 정당한 폭력일까.

뫼르소는 사형선고를 받았지만 사형의 이유를 인정하지 않는다. 그래서 자신에게 죽음이 다가오는 순간 자신의 삶에 더욱 애정을 보인다. 그렇다고 그가 사형을 피하려는 것은 아니다. 그는 부조리한 현실에 반항하듯 사형을 당당하게 받아들인다. 심지어 사형 판결을 멸시하는 듯한 반항적인 태도를 보인다. 사형을 당하는 날 많은 사람들이 와서 증오의 함성으로 맞아주길 바란다. 그의 이런 태도는 자신의 부조리한 운명에 맞서는 정당한 행위인가, 자신의 행위를 반성하는 능력을 상실한 자의 광기인가.

심지어 뫼르소는 세계가 자신에게 보이는 냉담함과 거부감을 자신에 대한 '세계의 정다운 무관심'으로 파악하고 자신의 삶이 행복하다고 생각한다. 그는 전에도 행복했고 지금도 행복하다고 말한다. 이런 뫼르소의 태도를 우리는 어떻게 받아들여야 할까. 그는 검사나 배심원들과 다르게 자신의 삶을 긍정적으로 바라보고 있는데 우리들도 그렇게 보아야 할까. 우리는 검사나 배심원들의 시각으로 뫼르소를 보게 되는가, 아니면 뫼르소 그 자신의 시각으로 보게 되는가.

뫼르소를 교수형시킨 것은 정당한가. 그는 사회를 위협하는 인물로서 관용보다는 정의의 심판을 받아야 하는 인물인가, 아니면 그가 우리와 다름을 인정하고 이해하려고 노력했어야 하는가.

【참고자료】 이기언,『이인』, 문학동네, 2011. 158-159쪽.(작품 해설 중에서)

　검사의 주장에 따르면, 뫼르소가 "사전에 범행을 계획했다"는 것이고, "범죄 행위인 줄 뻔히 알면서" 그리고 "그럴 만한 이유도 없이, 게다가 입에 담기조차 민망한 치정사건을 뒤치다꺼리하기 위해 살인을 한 것"이고, "뒷마무리를 확실히 하기 위해서, 침착하게, 실수 없이, 어찌 보면 심사숙고 끝에, 네 발을 더 발사했기" 때문에, "통상적인 살인", 즉 "정상참작의 여지가 있다고 판단할 수 있는 우발적인 행위"가 아니라는 것이다. 또한, "인간 사회를 등지고 살아온" 뫼르소는 인간 사회의 "가장 기본적인 규율조차 모르는" 인간이고, "인간 심성의 초보적인 반응조차 모르는" 인간으로서 "자기 어머니를 도의적으로 살해한 인간"일 뿐만 아니라 "범죄자의 마음가짐으로 어머니의 장례를 치렀기" 때문에, 이 세상에서 가장 추악한 "패륜아"라는 것이다. 뫼르소의 영혼을 들여다보았다는 검사의 말에 따르면, 뫼르소는 "영혼이라는 게 전혀 없고, 인간적인 면이라고는 눈곱만큼도 없는" 인간이고, "인간의 심성을 지켜주는 윤리 규범이라곤 하나도 찾아볼 수 없는" 인간이고, "오로지 흉악한 모습밖에 보이지 않는 인간"이기 때문에, "이 사회가 궤멸할 수도 있는 나락"을 품고 있는 "사악한 영혼"의 소유자라는 것이다. 뫼르소가 과연 그런 인간인가? 뫼르소가 그렇게 살인을 했던가?
〔……〕

　반면에, 변호사가 보기에 뫼르소는 "능력이 닿을 때까지 어머니를 모셨던 모범적인 아들"일 뿐만 아니라, 게다가 "신사이고, 회사에 충실하고, 모든 이들로부터 사랑 받고, 남의 불행을 함께 나누고, 착실하고 지칠 줄 모르는 일꾼"이다. 한 마디로, "한 순간의 미망에 빠진 성실한 일꾼"이라는 것이 변론의 핵심이다. 검사의 논고와 변호사의 변론을 비교해 보면, 전혀 다른 두 사람을 두고 하는 말로밖에 들리지 않는다. 도대체 검사와 변호사의 해석 중에서 어느 것이 옳은 해석일까?

3. 토론 지도 참고 사항

(1) 이 논제에서는 '정당성'에 대한 용어 정의가 필요하다. 법적인 정당성과 도덕적인 정당성 등이 있을 수 있다. 법적으로 문제가 없더라도 도덕적으로 문제가 될 수 있고, 도덕적으로 문제가 없더라도 법적으로 문제가 될 수도 있다.

(2) 반대 측은 뫼르소의 행동이 정당방위이기 때문에 그는 무죄라고 주장할 수 있다. 그러기 위해서는 먼저 정당방위의 개념을 정의하고 아랍인의 행동이 뫼르소에게 치명적인 위협이 되었음을 증명해야 한다.

(3) 반대 측은 뫼로소의 죄를 일부 인정하고 당시 그의 불안전한 정신 상태, 신변의 위협 등을 들어서 살인은 나쁘지만 정상을 참작해 달라고 할 수 있다. 즉, 살인죄는 인정하지만 교수형은 지나치다는 것이다. 이 주장에서 재판 과정의 문제점을 제기할 수도 있다. 그의 살인이 아니라 반사회적이라고 느껴지는 그의 행동을 지속적

으로 문제 삼는 것은 올바른 재판이 아니라고 비판할 수 있다. 재판의 과정이 부당했음을 입증할 수 있다면 그의 죄는 무죄가 될 수도 있다. 재판의 과정은 그 결과만큼 중요하기 때문이다.

(4) 찬성 팀은 살인도 문제지만 뫼르소의 반사회적 행동도 매우 문제가 됨을 집중적으로 부각하면서 그의 재판과정에 문제가 없었음을 주장할 수 있다. 반사회적인 생각을 가지고 있는 사람은 우리 사회의 유지와 발전에 언젠가 치명적인 위협이 될 수 있음을 강조하면서 그의 교수형은 정당하다고 주장할 수 있다.

(5) 토론에서 살인의 의도가 있었느냐 없었느냐가 가장 중요한 쟁점으로 부각된다. 이 쟁점에서 최초의 한 발보다 그 이후 네 발을 추가적으로 쏘았다는 것이 문제가 되는데, 찬성 팀과 반대 팀 모두 이 문제에 대해 어떤 논리로 자신의 주장을 증명할 것인지 충분히 생각하고 토론에 임해야 한다.

(6) 실제 우리 사회에서 벌어지는 차별(다른 것에 대한 편견, 색안경)의 문제와 살인 등의 강력 범죄를 예로 들면서 토론에서 임한다면 더욱 효과적일 것이다.

4. 참고문헌

- 알베르 카뮈(유기환 옮김),『이방인』, 홍익출판사, 2014. (토론도서)
- 알베르 카뮈(김화영 옮김),『이방인』, 민음사, 2011. (토론도서)
- 알레르 카뮈(김화영 옮김),『이방인』, 책세상, 2001.
- 알베르 카뮈(최수철 옮김),『이방인』, 시공사, 2012.
- 알베르 카뮈(이기언 옮김),『이인』, 문학동네, 2011.

- 모르방 르베스크(김화영 옮김),『알베르 카뮈를 찾아서』,
  나남출판, 1998.
- 유기환,『알베르 카뮈』, 살림, 2013.
- 이기언,『지성인 알베르 카뮈』, 울력, 2015.
- 로널드 애런슨(변광배 · 김용석 옮김),『사르트르와 카뮈 우정과
  투쟁』, 연암서가, 2011.
- 김영래,『알베르 카뮈: 태양과 청춘의 찬가』, 토담미디어, 2013.
- 이윤,『굿바이 카뮈』, 필로소픽, 2012.
- 유현식,『행복한 뫼르소: 소설 속 주인공과 함께하는 철학 산책』,
  아카넷, 2017.

레프 니콜라예비치 톨스토이

『이반 일리치의 죽음』 토론거리

1. 논제: 죽음에 대한 이반의 태도(반응과 수용)는 타당하다.

2. 논제에 따른 쟁점

쟁점 ❶ 죽음의 타자성

　이반은 자신의 죽음을 받아들이지 않으려 한다. 의사에게서 자신이 곧 죽게 될 거라는 충격적인 소식을 접한 그는 깊은 당혹감에 빠진다. "그가 키제베터의 논리학에서 배운 '케사르는 사람이다. 사람은 죽는다. 따라서 케사르도 죽는다.'는 유명한 삼단논법은 케사르에게나 적용되지 자신에게도 적용된다고는 이반은 꿈에도 생각지 않았다. 그가 볼 때 인간 케사르는 인간이었으므로 법칙의 적용은 정당했다. 그러나 자기 자신은 케사르가 아니므로 인간이 아니며 항상 다른 사람들과는 전혀 다른 특별한 존재라고 여겼다." 이반은 '모든 사람이 죽는다.'는 보편적인 사실을 아는 것과 '나는 죽는다.'라는 개별적인 사태를 받아들이는 건 완전히 다른 문제인 것처럼 행동한다. 죽음 앞에서 '인간 보편'보다 '특별한 존재(자기는 특별한 존재이므로 일반적인 사람들은 죽을 수 있지만 자신은 그렇지 않다)'에 집착하는 이반의 반응은 타당한가.

　자신의 죽음을 용납하지 않으려는 경향은 죽음의 문제를 윤리적으로 접근하는 데서도 나타난다. 이반은 소설의 한 대목에서 자신의 처지를 한탄하며 엉엉 울다가 돌연 혼잣말을 한다. "그래, 쳐라 쳐! 근데 이유가 뭐야? 내가 무슨 잘못을 했느냐고? 도대체 왜 이러는 거야?" 사실 죽음의 이유는 단순했다. 이반에게 죽음이 찾아온 것은 옆구리를 다쳤기 때문이다. 옆구리에 입은 내상이 그의 몸 상태를 전체적으로 망쳤기 때문이다. 뜻하지 않은 사고사든 노화로 인한 자연사든 죽음의 직접적인 원인은 언제나 신체에 있다. 그런데도 이반은 죽음의 원인을 신체적인 것에서 찾는 데 머물지 않는다. 그는 그가 죽어야만 하는 도덕적 이유, 그가 무슨 죄를 지었는지를 알고 싶어한다. 죽음에는 보이지 않는 도덕적 원리가 작용하며, 죽는 자는 그 죽음에 어느 정도 도덕적 책임을 져야 한다고 생각하는 듯한 그의 반응은 타당한 것일까. 죽음에 대해 자신이 무언가 잘못하지 않고서는 그런 일이 일어날 수 없다고 믿는 것은 타당한가. 죽음을 윤리적 문제로 접근하는 이반의 반응은 타당한가.

쟁점 ❷ 죽음의 진정성

이반을 힘들게 하는 것은 자기가 죽게 된다는 사실뿐만이 아니다. 그가 가장 힘들어 하는 것은 죽음에 대하여 주위 사람들이 보이는 반응이다. 그가 죽을 것이라는 절망적인 상황을 모두 알지만 이 사실을 인정하기는커녕 오히려 그의 절망적인 상태에 대해 속이고, 그 속임수에 그 자신마저도 가담하기를 강요하는 것은 그에게 커다란 고통을 안겨준다. 이반은 자기의 아내까지도 진실로 자기의 고통을 동정하거나 자기에게 다가오는 죽음을 위로해주지 않

고 오직 각자의 이기적 타산에 따라 자기를 대한다고 느낀다. 그의
이러한 느낌은 타당한가.

죽어가는 사람 앞에서 그에게 끊임없이 희망의 메시지를 주려는
태도가 이반의 생각처럼 산 사람들이 자기 삶의 보존을 위한 방편
이라고 봐야할까. 죽음을 목전에 둔 이반에게는 자신의 절망적인
상황에 희망을 안겨주려는 그들이 위선적으로 보였겠지만 산 사람
의 입장에서는 어쩔 수 없는 일이 아닐까. 그것이 그의 죽음의 진
정성(그의 고통과 죽음을 이해하지 못하며 따라서 그의 고통에 대
한 진정한 위로를 하지 못함)을 훼손하는 행위일까. 마지막 길을
떠나는 사람에게 거짓말을 해서라도 위안과 위로를 주려는 태도가
잘못일까. 죽어가는 자에게 건네는 살 수 있다는 희망의 말을 이반
이 위선이라고 느끼는 것은 타당한가. 게라심을 제외한 '주위 사람
들의 거짓말'이 자신의 죽음의 진정성을 약화시킨다고 생각하여 그
들에게 분노하는 이반의 반응은 타당한가.

쟁점 ❸ 죽음의 수용(삶의 정당화)

이반은 죽음 직전에 물질적인 욕망(관계官界에서의 출세, 사교계
에서의 영예, 물질적 안락)을 추구한 자신의 삶이 무가치했음을 깨
닫는다. 자신의 삶이 거짓과 위선의 삶이라고 느낀다. 자신이 삶을
잘못 살았음을 느낀다. 그런데 어찌 보면 당연히 해야 할 일을 하
면서 산 그의 삶이 죽음 직전의 그의 깨달음처럼 잘못된 것일까.

그는 판사이다. 판사는 하찮은 일을 하는 사람이 아니며 그는 자
기에게 주어진 일을 꼼꼼하게 한다. 그는 자신 앞에 오는 불쌍한

사람들에게 행사하는 권력을 즐기지만 그렇다고 해서 권력을 이용하거나 오용하지 않는다. 그는 중차대한 잘못을 저지른 적이 없으며 양심에 숨길만한 죄를 저지르지도 않았다. 그는 아이들에게 잘했고 아내를 두고 외도를 하지도 않았다. 단지 그가 떨쳐 버리지 못하는 작은 결점은 카드놀이인데 그것도 지나친 법이 없다. 결론적으로 이반은 창피해할 만한 일을 거의 하지 않았다고 할 수 있다.

이런 그가 자신의 죽음을 수용하기 위해서 자신의 삶이 무가치했음을 인정하는 것은 타당한가. "삶의 정당화는 그를 붙들고 놔주지 않아 그는 앞으로 나갈 수 없었다. 이 점이 그를 제일 힘들게 했다." 삶의 정당화! 내 삶은 괜찮은 삶이었다. 따라서 그 삶을 지속하고 싶고 또 그것은 지속되어야 마땅하다. 자기 삶에 대한 이러한 정당화는 이반이 삶을 단념하지 못하게 하는 강력한 걸림돌이 된다. 그러므로 그는 모든 것이 잘못되었음을 인정한다.

이반의 삶은 거짓과 위선의 경멸스러운 삶이 아니라 단지 우리와 같이 사소하고 평범한 삶에 불과한 것은 아닐까. 이반이 자신의 삶에 암시하는 비난의 태도를 받아들인다는 것은 곧 살기 팍팍한 이 세상에서 타인에게 큰 피해를 입히지 않고 최선을 다해 살아가는 수많은 사람들을 모욕하고 무시하는 처사는 아닐까.

3. 토론 지도 참고 사항

(1) 죽음의 원인을 어떤 태도로 받아들이는 것이 우리의 삶에 더 도움이 될까. 죽음의 원인을 단지 생물학적 이유로만 보는 것이 도

움이 될까, 아니면 윤리적인 원인으로 보는 것이 도움이 될까. 경우에 따라 다를까. 전체적으로 죽음을 논제에 대한 찬성 측의 입장에서 보는 것이 삶에 도움이 되는 것인지, 반대 측의 입장에서 보는 것이 삶에 도움이 되는 것인지를 살펴볼 필요가 있다.

(2) 죽음은 그 자체로 인간에게 중요한 문제임은 분명하지만, 삶과 연관지어서 논의할 때 훨씬 의미가 있다. 죽음의 문제는 곧 삶의 문제이기도 하기 때문이다. 죽음 자체에서 어떤 의미를 찾는 것은 불가능하며 무의미한 것이 아닐까. 물론 내세에 대한 믿음을 갖고 있는 신앙인의 관점에서는 달리 볼 여지도 있을 것이다. 그렇다 하더라도 죽음이 삶과 연계되어 있음을 부정할 수는 없을 것이다.

(3) 타인의 죽음을 바라보고 토론할 것이 아니라 나에게 죽음이 닥친다면 어떻게 행동할 것인지 좀 더 진지하게 고민하고 토론에 임하는 태도가 필요하며 죽음을 대하는 현실의 다양한 예를 제시한다면 좀 더 쉽게 토론을 할 수 있다.

(4) 죽음을 대하는 태도의 문제는 옳고 그름이나 사실 여부가 아니라 신념이나 태도의 관점에서 어느 쪽이 더 타당한가를 판단해야 한다. 예를 들면 죽음의 원인에 대한 윤리적 관점의 경우는 증명할 수 없다. 단지, 생물학적 이유와 달리 윤리적 이유를 찾으려고 하는 태도가 비과학적이고 사실이 아니더라도 필요한 이유가 있을 것이다. 그리고 윤리적 원인을 찾으려는 태도가 우리의 삶에 긍정적인 영향을 미칠 것인지 부정적인 영향을 미칠 것인지를 생각해 볼 필요가 있다. 이 문제에서 사실이냐 아니냐는 논쟁의 여지가 없다. 죽음에는 사실 어떤 도덕적 원리도 없다. 그렇다고 해서

죽음에 도덕적 원리(윤리적인 측면의 이유)를 찾으려는 태도가 잘 못이라고 단정 지을 수는 없는 것이다. 죽음에 대한 두려움의 심정 도 마찬가지로 논란의 여지가 없다. 죽음은 두려울 수밖에 없는 것 임을 인정하고 그 속에서 죽음을 예외적이고 특별한 현상으로 생 각하는 태도와 죽음의 원인을 도덕적인 원리에서 찾으려는 태도를 서로 연관을 지어서 논의할 필요가 있다.

(5) 이반에 대한 가족들의 태도가 이기적이고 자기중심적이라고 비난할 수도 있지만 그 반대도 가능하다. 가족을 대하는 이반의 태 도가 오히려 이기적인 면이 있고 그래서 죽음의 순간에 그가 가족 에 대한 용서와 사랑을 말하는 것일 수도 있다. 죽어가는 이반이 가족들에 대해 평가한 것을 전적으로 신뢰할 수는 없다. 이반의 말 과 행동에는 죽어가는 사람으로서 건강한 사람에 대한 분노의 감 정도 포함되어 있을 것이다. 그렇다면 건강한 사람들의 말과 행동 은 그에게 위선적으로 보일 수밖에 없는 측면도 있을 것이다.

(6) 죽음의 문제는 다소 추상적이고 학생들의 입장에서는 공감하 기가 쉽지 않아 토론하는 데 어려움이 있다. 그러므로 현실의 죽음 의 예들을 통해 좀 더 구체적인 형태의 죽음의 문제를 다루는 것이 도움이 된다.

4. 참고문헌

- 레프 톨스토이(박은정 옮김), 『이반 일리치의 죽음』, 펭귄클래식코리아, 2015.(토론도서)
- 똘스또이(이강은 옮김), 『이반 일리치의 죽음』, 창비, 2012.
- 레프 톨스토이(고일 옮김), 『이반 일리치의 죽음』, 작가정신, 2015.

- 박이문, 『문학속의 철학』, 일조각, 2011.
- 유헌식 외(텍스트해석연구소), 『죽음아, 날 살려라』, 휴머니스트, 2008.
- 블라디미르 나보코프(이혜승 옮김), 『나보코프의 러시아 문학 강의』, 을유문화사, 2012.

가브리엘 가르시아 마르케스

『예고된 죽음의 연대기』 토론거리

1. 논제: 비까리오 형제에 대한 처벌의 정도[18]는 적당하다.

2. 논제에 따른 쟁점

쟁점 ❶ 살인의 동기

이 작품은 여자가 자신의 비밀을 바른대로 고하여 알림으로써 혐의에 대한 확인도 없이 남자가 살해당하는 사건을 다루는 이야기로 간단히 요약할 수 있다. 앙헬라 비까리오는 결혼 첫날 밤에 처녀가 아니라는 이유로 남편인 바야르도 산 로만으로부터 쫓겨나서 친정으로 온다. 그녀의 처녀성을 범한 사람이 누구냐는 오빠의 추궁에 그녀는 자신과 관계를 맺은 남자로 산띠아고 나사르를 지목한다. 이에 앙헬라의 쌍둥이 오빠들(빠블로 비까리오와 뻬드로 비까리오)은 집안의 명예를 회복하고자 산띠아고 나사르를 죽이려 한다.

여기서 문제는 앙헬라가 왜 산띠아고를 자기 불행의 원인 제공자로 지목했느냐는 것과 정말로 그가 그런 잘못을 저질렀는가, 아니면 그는 죄 없는 희생자인가 하는 점이다. 주인공 산띠아고 나사

---

18) 비까리오 형제는 산띠아고 나사르를 죽인 벌로 3년의 징역을 산다. 이 3년의 징역은 그들의 범죄에 적당한 형벌일까. 아니면, 너무 가벼운 것일까.

르의 죽음의 원인으로 작용한, 나사르가 앙헬라 비까리오의 처녀성을 범했는지의 여부(비록 암시를 통해 나사르가 아님을 드러내고는 있으나 그 사실을 분명하게 밝히지는 않고 있다.)와 자신과 관계를 맺은 자가 산띠아고 나사르라고 지목한 앙헬라 비까리오의 동기와 의도는 작품의 마지막까지 밝혀지지 않는다.

　작품 어디에도 앙헬라가 산띠아고를 사랑했다는 대목은 없다. 하지만 앙헬라가 남편 바야르도의 주장인 처녀가 아니라는 진실을 인정함으로써 산띠아고에 대한 혐의가 상대적으로 진실인 것처럼 추리에 맡겨지고 있다. 그러나 앙헬라는 처음부터 오빠들이 보복할 수 있도록 산띠아고의 이름을 바로 말해 버린 태도에 걸맞지 않게 법정에서 판사가 그녀에게 진실을 추궁했을 때, 자신을 이렇게 만든 장본인은 산띠아고였다고만 말할 뿐 뒷받침할 증거를 전혀 제시하지 못한다. 작품에는 아무도 산띠아고와 앙헬라가 함께 있는 것을 본 사람이 없을 뿐만 아니라 단 둘이 있는 것을 본 경우는 더더구나 없었다고 언급되어 있다. 또, 어릴 적부터 모든 생활을 함께 해 온 화자와 동료들은 그들 사이에 함께 알지 못할 그런 엄청난 비밀[19]이 따로 있으리라 생각할 수 있는 사람은 한 명도 없었다고 말한다.

　다른 어느 누구의 이름이라도 말할 수 있었을 상황에서 자신의 처녀성을 범한 사람이 산띠아고 나사르라는 앙헬라의 말은 죽음의 선고로 바뀐다. 하지만 이러한 심각한 고발은 살인사건을 일으켰

---

19) 산띠아고가 앙헬라의 정조를 유린했다는 것과 같은 비밀.

음에도 불구하고 아이러니하게도 증명되지 않는다. 앙헬라가 27년 후에 화자와 인터뷰를 할 때에도 그녀는 사건을 긍정도 부정도 아닌 모호한 상태로 남겨둔다.

그렇다고 산띠아고가 앙헬라의 처녀성을 범한 사람일 수 있는 가능성이 아예 없는 것도 아니다. 산띠아고 나사르는 여자를 좋아하는 호색한이다. 비록 오래도록 시내에서 한 번도 앙헬라와 산띠아고가 함께 있는 것을 본 사람이 없었지만 화자인 작가와 그 친구들 간에는 나사르 부자(이브라임 나사르와 산띠아고 나사르)가 평소에 '영계 잡아먹는 새매'[20]라는 별칭으로 통하고, 산띠아고 역시 그의 아버지처럼 주로 그의 목장이 있는 은밀한 산지에서 난봉꾼 짓을 한 것으로 알려진 증거가 불명확한 소문이 존재한다. 그의 호색한 기질은 마리아 알레한드리나와의 관계에서도 엿볼 수 있다. 15살 때부터 이브라임 나사르와 정을 통한 바 있는 마리아 알레한드리나를 좋아한 산띠아고는 14개월간 절제를 하지 못할 만큼 이 완숙한 여인에게 깊이 빠져 있었다. 이들의 관계를 끊기 위해 아버지인 이브라임 나사르는 가죽 혁대로 그를 때려가며 침대에서 끌어내 1년이 넘도록 엘 디비노 로스뜨로 농장에 가둬 놓는다.

더욱이 의심스러운 점은 그는 살해 위협을 사전에 알았고, 혐의사실에 명확한 증거가 없음에도 변명이나 적극적인 저항을 하지 않았다는 것이다. 피해자라고 생각되는 앙헬라가 명확한 공개증언을 하지 않고 증거도 불명확한 상황인데도 말이다. 이는 어떻게 보

---

20) 우리가 그에게 붙여 준 별명처럼 그는 한 마리의 새매였다. 자기 아버지처럼 처녀들의 봉오리를 닥치는 대로 꺾어 대며 홀로 돌아다녔지만……"

면 그가 앙헬라의 말을 인정했음을 의미하는 것이다.

쟁점 ❷ 살인의 의도

이 작품의 또 하나의 쟁점은 비까리오 형제가 정말로 산띠아고 나사르를 죽이고 싶어했는가이다. 이 문제는 비까리오 형제가 결혼 첫날 밤에 소박맞은 누이 앙헬라의 정조 유린에 대한 명예회복이 목적임을 사전에 알리면서 살인을 감행하기 때문에 생긴다. 즉, 산띠아고 나사르의 죽음이 비밀리에 진행된 것이 아니라 '확실하게 예고된 죽음'이었다는 것이 문제를 복잡하게 만든다.

작품 내 한 인물의 증언에 따르면, 비까리오 형제는 산띠아고 나사르를 죽이고 싶지 않았으며, 누군가 그들의 살해 계획을 말려 주길 바랐다. 비까리오 형제는 많은 사람들에게 여러 번 "우리는 산띠아고를 죽일 것이다"라고 반복해서 말한다. 이렇게 공공연한 발언은 그들이 살인을 하고 싶지 않다는 소망을 이야기한 것일 수도 있다. 왜냐하면 그렇게 말함으로써 살인은 마을사람들에게 저지당할 수도 있기 때문이다. 또, 그들은 자신들이 명예를 회복하고자 노력했지만 그 노력이 경찰이나 마을 사람들의 방해로 이루어지지 않았다고 말함으로써 나름대로 명분을 만들 수 있기 때문이다.

그들에게 중요한 것은 산띠아고 나사르의 죽음이 아니다. 그들이 잃어버렸다고 생각하는 가족의 명예를 되찾는 일이 중요하다. 그 방법이 무엇이든 상관없다. 사회에서 강제된 도덕관(무시무시한 의무)을 따르기 위해 산띠아고 나사르는 죽어야 했고 비까리오 형제는 그를 죽여야 했다.

또 다른 문제는 사건의 구성이 우연적, 돌발적으로 생성된 요소들로 짜여 있다는 것이다. 즉, 주인공 산띠아고 나사르의 죽음으로 귀결된 사건은 그 발단부터 결말까지의 전 과정이 우연의 연속이라 할 만큼 이례적이다.

자신의 처녀성을 범한 자가 산띠아고 나사르라고 말함으로써 사건의 발단을 제공한 앙헬라 비까리오의 돌발적인 증언, 우유가게 여주인인 끌로띨데 아르멘따를 비롯해서 산티아고 나사르를 향한 살해 위협을 알고 있었던 주민들이 수없이 많았음에도 불구하고 그 사실이 나사르나 그의 가족에게 알려지지 않은 점, 비까리오 형제가 자신들이 나사르를 죽이려 한다는 것을 그 많은 사람들에게 알렸음에도 아무도 그들의 행위(살인)를 말리지 않은 점, 언제나 후문을 이용하던 나사르가 사건 당일엔 자신을 죽이려고 비까리오 형제가 기다리고 있던 '불길한 문(운명의 문)'이 된 정문으로 나가게 된 이유 등 사건의 발단에서 결말까지의 과정 모두가 우연으로 이어져 있다.

이렇게 무수히 반복되는 우연들은 산띠아고 나사르를 죽인 것이 비까리오 형제들이 아니라 마치 운명인 것처럼 생각하게 만든다. 결과적으로 본다면 비까리오 형제가 산띠아고를 죽인 것이지만 운명이 마치 그들이 산띠아고를 죽이도록 몰아갔다는 느낌이 든다.

하지만 산띠아고 나사르의 죽음이 전적으로 불운한 우연의 연속으로 일어난 것은 아니다. 우선, 산띠아고를 죽이겠다고 공공연하게 말한 비까리오 형제의 의도 그리고 이유를 정확하게 알 수 없지만 산띠아고 나사르를 자신의 정조를 유린한 사람으로 지목한 앙헬라의 의도, 만약 빠블로가 남자로서의 소임(가족의 명예 회복을 위한 산띠아고 나사르에 대한 복수)을 다하지 않는다면 그와 결혼하지 않을 것이라는 빠를로의 약혼녀인 쁘루덴시아의 의도, 산띠아고의 생명이 위협받는 순간에 그 위험으로부터 보호와 경고의 도움을 고의적으로 포기한 나사르 가문의 '호색적 난봉끼'에 대한 빅또리아 구스만의 원한과 증오심[21] 등도 산띠아고의 죽음에 우연과 함께 작용한다.

어쨌든 비까리오 형제는 산띠아고 나사르를 죽이겠다고 명백하게 밝혔다. 살인을 확실하게 예고한 그들의 의도가 살인을 피하고 싶어서 그랬는지 아닌지는 정확하게 알 수 없지만 그들이 산티아고 나사르를 죽였다는 사실은 변함이 없다.

쟁점 ❸ 죽음의 의미

마지막으로 확실하게 예고된 죽음을, 산띠아고 나사르 자신을 포함해서 아무도 막지 못했다는 것을 어떻게 보아야 할까.

산띠아고 나사르는 비까리오 형제가 자신을 죽이려 한다는 것을 알았다. 그런데도 그는 마치 죽고 싶었던 것처럼 아무런 조치를 하

---

21) 디비나 플로르의 어머니 빅또리아는 산띠아고의 아버지인 이브라임 나사르에게 짓밟힌 과거에 대한 한(恨)과 그 앙금 때문에 딸에 대한 산띠아고의 촉수를 항시 경계하면서 복수심에 차 있었기 때문에, 이것이 산띠아고의 죽음을 초래하기까지 계속적으로 불행하게 작용하는 환경적 요소가 된다. 이브라임 나사르는 여러 해 동안 목장 마구간에서 그녀와 비밀스러운 정사를 즐기고 나서 사랑이 식어 버리자 그녀를 자기 집에 데려다 놓고 집안일을 시켰다. 빅또리아 구스만이 가장 최근의 남편과 낳은 딸 디비나 플로르는 자신이 산띠아고 나사르의 정부가 되어야 할 운명임을 인식했고 그런 사실 때문에 그녀는 미리 불안감을 느꼈다. 그래서 빅또리아 구스만은 산띠아고가 죽기를 바랐다.

지 않는다. 산띠아고는 자신의 과오나 결백을 그 누구에게도 밝히지 않고 광장의 군중들이 구경하는 가운데 자기 집 대문에서 선 채로 참살 당한다. 그의 죽음은 부지불식간의 죽음이 아닌 예고된 죽음이었다. 자신의 노력으로 막을 수도 있었다는 측면에서 보면 그가 그렇게 하지 않고 죽음을 맞은 일은 일종의 자살 같은 느낌을 준다. 그렇게 보면 비까리오 형제가 산띠아고를 죽인 것은 사실이지만 충분히 정상참작이 가능하지 않을까.

또, 비까리오 형제가 살인한 이유는 실추된 명예를 지체 없이 회복해야 한다는 명예에 대한 의무에서 비롯된다. 명예는 집단적 도덕 질서를 회복하기 위해 실행해야 하는 복수심에 당위성을 제공한다. 명예를 훼손하는 상대에 대한 복수심과 그 복수심을 표현하는 행위를 정당한 폭력으로 용인하는 명예에 대한 집단 무의식이 명백히 예고된 살인을 가능케 한 가장 중요한 동인이다. 이것이 어쩌면 '확실하게 예고된 산띠아고 나사르의 죽음'을 막지 못한 가장 중요한 이유일 것이다. 그렇다면 비까리오 형제의 살인은 정상이 참작되어야 하는 것이 아닐까.

산띠아고의 죽음을 목격하는 시민들은 살인극을 구경하는 단순한 놀이적 인간(Homo Ludens)으로 전락하고 있다. 이들은 하나의 집단적 순응(명예의 회복을 위해서는 살인도 가능하다)에 길들여진 모습으로 나타난다. 모두가 산띠아고의 살해가 임박함을 알면서 아무도 그것을 막지 않는다.[22] 이는 명예를 위한 폭력에 모두가

---

22) 물론 끌로띨데 아르멘따와 루리사 산띠아가 그리고 끄리스토 베도야와 같은 사람들은 막으려고 노력은 했지만 모두가 실패한다.

집단적으로 마비되어 있음을 뜻한다. 그렇다면 이는 시민들이 비까리오 형제와 살인을 공모한 공범이거나 비까리오 형제의 살인이 정당함을 의미하는 것이 아닐까. 화자는 산띠아고를 죽이는 데 동의하지 않는 사람이 있었다는 것과 그의 죽음을 비밀리에 원했던 사람도 있다는 사실을 조사를 통해 알아낸다. 즉 그의 죽음은 한 개인의 행위이지만, 동시에 미심쩍은 처녀성 약탈에 종지부를 찍게 되는 명예회복을 위한 집단적인 앙갚음이다. 그렇다면, 명예를 위해 상대방의 목숨을 빼앗은 일은 명백한 잘못일까. 명예가 사람의 목숨과 바꿀만한 가치가 있을까. 혹은 산띠아고 나사르를 죽이는 것 외에 명예를 회복할 수 있는 다른 방법은 없었을까.

비까리오 형제의 살인의 정당성을 따지기 전에 먼저 지적하고 싶은 문제는 비까리오 형제가 산띠아고를 살해하는 방식의 잔인성이다. 그들의 잔인성을 보면 어떤 정상참작도 불가능하지 않을까. 그들은 산띠아고를 죽인 행위를 반성하지 않는다. 그들은 신부의 고해성사도 참회할 것이 없다며 거절한다. 살인자 형제는 농락당한 누이의 명예수호 차원에서 범하는 살인이라면 천 번이라도 감행했을 것이라고 재판에서 진술했다. 그들의 강한 자기확신만큼 그들은 옳은 일, 해야 하는 일을 한 것일까.

누이의 명예회복이 곧 가문의 명예 회복이라고 생각하는 비까리오 형제에게는 가문의 명예를 회복하기 위한 희생양이 필요했다. 산띠아고는 비까리오 형제가 만들어낸 죄 없는 희생양은 아닐까.

마지막으로 한 가지만 더 생각해 보자. 이 작품에서 사람들은 살인 사건에 연루된 사람들 중 바야르도 산 로만만이 유일한 피해자라고 주장한다. 이는 마을 사람들의 중론이다. 이들의 설명에 따르면, "다들 그 비극의 다른 주인공들은 삶이 각자에게 지정해 준 몫을 품위 있게, 그리고 어떤 의미로는 위대하게 완수했다고 생각했다. 산띠아고 나사르는 자신이 저지른 무례를 속죄했고, 비까리오 형제는 사내 대장부임을 입증했으며, 농락당한 여동생은 명예를 되찾았다는 것이다." 바야르도 산 로만만이 얻은 것 없이 모든 것을 잃었다는 말이다. 마을 사람들의 이런 생각에 우리는 동의할 수 있는가.

3. 찬성과 반대의 두 가지 논리적 흐름

〈찬성 측〉 비까리오 형제가 산띠아고 나사르를 살해하고 받은 징역 3년은 그들의 죄 값으로 적당하다.

(1) 산띠아고 나사르가 자신의 과오나 결백을 누구에게도 밝히지 않았다는 점에서 죄의 가능성이 없지는 않고, 그가 호색한이었다는 점.

(2) 비까리오 형제는 나사르를 꼭 죽이려는 의도는 없었으며, 그들은 가족의 명예를 지키기 위한 의무를 이행했다는 점.

(3) 산띠아고 나사르는 비까리오 형제가 자신을 죽이려 한다는 사실을 알았는데도 아무런 조치를 하지 않았다는 면에서 이는 일종의 자살로 볼 수 있다는 점. 그의 죽음은 부지불식간의 죽음이

아닌 예고된 죽음이며, 명예를 추구하는 집단 무의식의 결과라는 점.

〈반대 측〉 비까리오 형제가 산띠아고 나사르를 살해하고 받은 징역 3년은 그들의 죄 값으로 너무 가볍다.

(1) 산띠아고 나사르가 앙헬라의 처녀성을 빼앗았다는 증거가 부족했다는 점에서 죄 없는 사람을 죽였을 가능성. 편견의 산물.(아버지 이브라임)

(2) 살인의 의도를 명확히 밝혔으며, 그 살인이 매우 잔인했다는 점.

(3) 살인 후에도 자신의 행위를 전혀 후회하지 않았다는 점. 산띠아고 나사르는 집단적 명예 회복 의식의 희생양이라는 점.

4. 참고문헌

- 가브리엘 가르시아 마르케스(조구호 옮김), 『예고된 죽음의 연대기』, 민음사, 2017.(토론도서)

- 송병선 편역, 『가르시아 마르케스』, 문학과지성사, 1997.

- 최병일, 「마르케스의 『예고된 죽음의 연대기』에 형상화된 신화 읽기」, 『비교문화연구 6권』, 경희대학교 비교문화연구소, 2003.
- 김창환, 「산티아고 나사르의 죽음의 의미 연구: 『예고된 죽음의 연대기』를 중심으로」, 『스페인어문학 13권』, 한국스페인어문학회, 1998.
- 배지완, 「가르시아 마르께스의 소설에 나타난 영화기법: 『예고된 죽음의 연대기』를 중심으로」, 『스페인어문학 Vol.15 No.1』, 한국서어서문학회, 1999.

허먼 멜빌

『수병, 빌리 버드』 토론거리

1. 논제: 비어 함장이 빌리를 교수형시킨 것은 정당하다.

2. 작품의 역사적 배경

작품의 배경이 되는 1797년 여름은 1789년 프랑스 혁명의 영향으로 영국에서 일어났던 스핏헤드 소요사건과 노어 반란사건이 발생한 수개월 뒤의 시점이다.

당시 영국은 시대적으로 매우 불안한 상황으로 미국의 독립과 프랑스 혁명으로 인해 영국 사회에 급진주의 사조가 빠르게 확산되고 있었다. 또한, 영국은 프랑스의 나폴레옹과 전쟁을 하고 있는 중이었으며, 유럽 전체는 나폴레옹의 득세로 기존 체제가 붕괴될 위험이 있을 정도로 혼란스러웠다. 특히, 영국 해군에서 벌어진 전대미문의 두 반란사건은 전시(戰時) 체제의 영국 위정자(爲政者)와 집권세력에게는 심각한 부담과 우려를 주었다.

역사적 배경의 이해를 위해 두 반란 사건의 개요[23]를 간략하게 살펴보면 다음과 같다.

---

23) 최수연, 「'빌리버드'에 드러난 역사의 진실: 제국주의 이데올로기 비판」에서 인용하여 수정함.

1780년대의 심각한 인플레이션으로 영국 해군의 실질임금이 저하된다. 이에 따른 극심한 생계와 복지 문제가 대두된다. 문제에 대한 불만의 표출로 1797년 4월 영국 남부의 군항인 스핏헤드에서 브리드포트 제독 휘하의 장병들이 처우개선을 요구하는 소요사태가 발생한다. 이때 소요군은 봉급 인상, 식사 개선 그리고 가혹한 장교들의 교체를 요구하고 협상을 진행했다. 그러나 결국 해군성에서 소요군을 처벌할 것이라는 소문 때문에 협상은 난항을 겪는다. 이 때 하우 제독이 중재하여 위기를 넘겼다. 이 협상에 대해 해군성이 불만을 표시하고 협상 결과를 무시하자 반란의 불씨는 꺼지지 않고 잠재되어 있었다. 그러던 중 그해 5월 노어 항에 정박해 있던 샌드위치호의 장병들이 반란을 주도하고 각 전함들도 동참하여 반란의 규모가 커졌다. 각 전함은 대표자를 선출하고 그 대표자들 중 총대표자로 프랑스 혁명에 적극 동조했던 리처드 파커 장교를 선출한다. 그들은 8개의 요구사항을 버크너 제독에게 전달했으나 요구는 거부된다. 이에 반란군은 영국 국왕에게 의회를 해산하고 프랑스와 평화협정을 맺을 것을 요구한다. 이런 반란군의 정치적 요구에 해군성이 더욱 강경한 입장을 고수하면서 사태는 더욱 악화된다. 그러자 반란군은 반란의 성격을 사회혁명으로 몰아 런던을 봉쇄하기에 이른다. 또, 일부 반란군이 전함을 프랑스로 끌고 가려고 시도하면서 사태는 매국적 행위로 변질되어 간다. 결국, 반란군은 내부의 분열로 동력을 잃는다. 대표자 파커를 포함한 9명의 반란군 지휘관이 모두 교수형에 처해짐으로써 소요는 일단락된다.

3. 인권(Right-of-Man)호[24]와 벨리포텐트(Bellipontent)호

『수병, 빌리 버드』는 상선인 인권호의 평화의 상징이던 빌리가 군함인 벨리포텐트호로 강제 징집되는 것을 기점으로 내용상 두 부분으로 나눌 수 있다.

전반부는 귀향 중이던 상선 인권호를 주요 무대로 19세기 미국인들이 지향한 사회상을 보여준다. 배의 이름에서 짐작할 수 있듯이 인권호는 '인권, 선(善), 관용, 상호 이해' 등의 덕목이 주요 가치가 되는 사회이다. 인권호에는 19세기 미국인들이 자신들의 현실이라고 믿었던 이상주의적 세계가 반영되어 있다.

인권호는 혼란스럽고 통일성이 없어 보이지만, 이 배의 사회는 인간의 존엄성과 행복이 추구되고 권리가 보장되는 인간중심적 사회이다. 배의 선장 그레이블링 역시 무력과 강압이 아닌 양심과 도덕을 통솔의 원칙으로 삼고 있다. 그는 덕망 있는 사람으로 인정받고 있으며 인간에 대한 사랑과 이해가 남달랐다. 때문에 인권호는 구성원들의 불만과 요구가 자유롭게 표현될 수 있는 다소 혼란스런 사회다. 이 때문에 선장의 걱정이 끊일 새가 없었다. 이런 인권호는 선장이 평화를 안겨주는 사람, 보석같이 귀중한 존재라고 아끼는 빌리에 의해 평화를 찾는다.

24) 이 배의 이름은 프랑스 혁명을 비하하고 격하했던 반혁명적 보수주의자인 에드먼드 버크의 역사서인 『프랑스 혁명에 관한 성찰』에 대한 반박으로 토마스 패인이 1791년에 발표한 책 이름인 『인간의 권리(Right of Man)』에서 따온 것이다.

빌리는 인권호의 훌륭한 선원이기에 선장을 포함한 모든 선원들은 그가 전함으로 징집되는 것을 매우 안타까워한다. 그러나 그가 처음부터 인권호의 모든 선원들에게 사랑을 받았던 것은 아니다. 벨리포텐트호에서처럼 빌리는 상선에서도 자신의 신체적 힘을 행사한 적이 있다. '붉은 구레나룻'이 그에게 시비를 걸어왔을 때이다. 빌리는 붉은 구렛나룻을 한 방에 쓰러뜨렸고, 이후 그도 빌리를 좋아하게 된다. 이렇듯 인권호에서는 선상의 질서가 자연스런 힘의 행사를 통해서 이루어진다. 하지만 이 힘의 행사가 오히려 질서와 평화를 가져온다.

인권호는 빌리를 중심으로 선원들 스스로 질서와 조화를 이루고 있다. 그를 중심으로 새롭게 형성된 질서는 통제나 강요에 의해서 이루어지지 않는다. 질서는 어느 정도의 갈등은 있지만 선원의 자발적인 동의에 의해 이루어진다. 인권호는 인간에 대한 상호 신뢰와 도덕성이 사회의 기본 원칙을 이루고 있다. 선원들의 자발적 판단에 의해 질서와 평화가 수립된다. 또, 인권호에는 가족과 같은 신뢰와 사랑 그리고 이해가 충만하다.

인권호는 양심, 도덕, 인권(권리), 상호 이해가 중심이 되는 사회이다. 멜빌을 비롯한 19세기 미국인들이 꿈꾸는 이상세계라 할 수 있다.

반면, 작품 후반부의 주요 무대인 군함 벨리포텐트호는 19세기 미국사회의 전형이다. 개인의 권리와 인격보다는 사회 질서와 사회의 목적을 중시하는 공리적(公利的) 사회윤리가 지배하는 세계이다.

이 사회의 중심에는 왕이 있고 그에 대한 절대적인 복종이 요구된다. 이 사회에서는 충성과 애국심이 중요하다. 그러나 실제로 이 군함의 대부분의 사람들에게 이 말은 별 구속력이 없었다. 왜냐하면 당대 영국 해군은 모자라는 수병을 강제 징집하였을 뿐 아니라, 런던 경찰의 도움을 얻어 신체 건강한 혐의자나 미심쩍은 사내를 마구 잡이로 체포하여 즉시 해군 공창(工廠)이나 함대로 이송했기 때문이다. 또한, 자원입대한 사람들 중에서도 애국심과는 아무 상관없는 사람들이 많았다. 그들은 단지 빚을 값을 능력이 없기에, 혹은 도덕적 파산상태를 모면하기 위해 입대했다. 심지어 감옥에서 직접 차출되어 오는 수병들도 있었다. 그래서 실제 전장에서는 싸우는 군사들 뒤, 그들의 탈주를 막기 위해 장교가 칼을 빼들고 서 있어야 했다. 이 사회의 금기어는 사회의 지배 질서에 위협을 가하는 강제 징집과 반란이다.

이 사회의 질서는 법치주의(법에 의한 지배), 이성주의(특히, 도구적 이성[25]), 공리적 사회주의(개인의 자유와 권리보다 공익을 우선함)에 의해 유지된다. 이를 위해 군율에 의한 강력한 통제와 상호감시에 의해 체제가 유지된다. 이 사회는 강력한 법률에 의한 규칙과 위계질서를 부여받은 조직 사회이다. 하지만 이 사회는 인위적 규제에 의한 억압과 그 규제에 대한 위반의 가능성이 산재해 있다. 엄격한 규율과 통제, 감시에 의해 겉으로는 평화와 질서가 유지되고 있지

---

25) 호르크 하이머는《도구적 이성 비판》에서 현대 사회의 이성 개념을 '주관적 이성'이라고 정의하고, 이를 '객관적 이성' 개념과 대비시킨다. 주관적 이성은 대상을 분류하고 계산하고 논리적 관계를 따지는 이성의 능력이다. 주관적 이성의 능력은 오래전부터 이성의 중요한 능력 중 하나였다. 주관적 이성은 목적과 관계하지 않으며, 어떤 목적에 가장 적합한 수단을 찾아내는 데 주력한다. 주관적 이성이 관심을 갖는 목적이 있다면 오직 주체의 '자기 이익' 뿐이다. 이러한 주관적 이성이 바로 '도구적 이성'이다. 이에 반해 객관적 이성은 전통적으로 생각되었던 이성의 개념이다. 객관적 이성은 주체의 관심과 별개로 인간이 추구할 목적이나 목표가 있다고 믿는다. 그리고 객관적 이성은 그러한 목적과 관계할 능력을 갖고 있다. 플라톤의 이데아론이 대표적인 객관적 이성의 철학이다.

만, 그 아래에는 악의, 거짓, 기만, 무질서 등이 잠재해 있다. 이곳이 바로 벨리포텐트호의 세계이다.

벨리포텐트호의 세계는 19세기 미국인들의 이상과 달리 그들의 실제 현실을 반영한 사회이다.

정리하면, 인권호의 세계는 19세기 미국인들이 자신들의 현실이라고 굳게 믿고 있었던 이상주의적 세계이다. 반면에 벨리포텐트호의 세계는 사회의 구조적인 악(惡)이 뿌리 깊게 박혀있던 그들의 실제 사회이다. 인권호의 세계를 상징하는 말은 자연, 도덕적 양심, 여성성, 따뜻한 감정이라면 벨리포텐트호를 상징하는 말은 왕, 군법, 남성성, 차가운 이성이다. 이 두 세계는 철저하게 이분법적으로 구분되어 있다.

4. 사건 개요

빌리는 선임 위병 하사관 클래가트의 시기와 모함으로 선상 반란의 누명을 쓰고 피소된다. 평소 빌리의 인간됨을 익히 알고 있었던 비어 함장은 공식적인 내부 조사를 지양하고 빌리와 클래가트를 직접 대질시켜 진상을 파악하려 한다. 그러나 클래가트와 대질시, 너무나 당혹스러운 상황과 그의 사악함에 충격을 받은 빌리는 그가 격분할 때 겪는 언어 장애로 인해 혀가 꼬여 제대로 진술하지 못한다. 그는 오히려 클래가트를 주먹으로 쳐서 전시(戰時) 중 상관 살해라는 중죄를 범하게 된다. 전례가 없는 이 사건을 처리하기 위해서 비어 함장은 선상의 약식 재판을 주재한다. 비어 함장은 마침내 빌리를 교수형에 처하는 판결을 이끌어 낸다. 빌리의 처형은 신속하게 집행된다.

5. 빌리 버드, 클래가트, 비어 선장의 성격[26]

(1) 빌리 버드(Billy Bud) : 고결한 야만인

빌리는 상선 인권호에서 군함 벨리포텐트호로 강제 징집된다. 이는 그가 서로 다른 존재 방식과 사고 방식이 지배하는 한 세계에서 다른 세계로 옮겨짐을 뜻한다.

빌리는 벨리포텐트호를 지배하는 이성과 규칙을 전혀 알지 못한다. 빌리는 또한 이 세계에 만연한 이중적 의미 체계를 알지 못한다.[27] 빌리가 대변하는 순수는 그가 벨리포텐트호의 속성을 전혀 알지 못함을 의미한다.

그렇다고 해서 그가 지능이 모자란 것은 아니다. 그의 순수는 어린아이의 무지 상태와 비슷하지만 어린 아이와는 달리 지능이 발

---

26) 신경자, 「Billy Budd, Sailor에 나타난 근대 합리주의의 비극」, 이화여자대학교, 1996.의 내용을 요약하여 인물의 성격을 정리했다. 문장은 전반적으로 수정했고, 토론에 필요 없는 부분은 인용하지 않았다. 논문의 저자에게 양해를 구하며 좋은 글에 대해 감사를 드린다. 이 부분은 토론을 위해서 반드시 필요한 부분은 아니다. 논제와 쟁점을 가지고 얼마든지 토론할 수 있다. 이 부분을 읽지 않아도 상관은 없지만 작품을 좀 더 깊이 있게 이해하고 토론하고 싶다면 꼭 읽어 볼 것을 권한다.

27) 인권호를 떠날 때 빌리가 한 경례는 정들었던 시절에 대한 단순한 작별인사이다. 하지만 벨리포텐트호의 사람들은 이것을 모두 "감추어진 야유, 강제 징집 전반에 대한 은밀한 욕지기"로 오해한다.

전된 후에도 계속 유지된 순수다. 어린 아이의 순수는 아무것도 모르는 상태이지만 빌리의 순수는 나름대로 아는 것이 있지만 그것이 단순한 상태이다. 그의 세계에 대한 단순한 이해는 한 마디로 세계는 눈에 보이는 그대로이며, 그것은 좋은 것이며, 세계가 나에게 사랑을 보내주고 있다는 말로써 요약될 수 있다. 그는 벨리포텐트호가 전면에 내세우는 대의명분을 그대로 받아들인다. 왜냐하면 그는 눈에 보이는 대로 보고 그것은 모두 좋은 것이라고 인식하기 때문이다.

빌리는 자아와 세계가 분리되기 전의 인간의 느낌과 상태를 보존하고 있다. 그는 동물과도 같고 원시인과도 같다. 그는 아이 같은 모습을 지니고 있다. 이들은 모두 이성중심적 사고와 이것이 만든 문명 사회의 속성을 잘 모르는 존재들이다.

화자는 빌리가 간교한 뱀의 유혹을 받아 타락하기 이전의 아담과 같다고 말한다. 빌리는 문명을 아직 경험하지 않은 비문명인의 면모를 지니고 있다. 빌리의 순수는 문명을 잘 모르고 단순하게 세계를 해석한다[28]는 의미에서의 순수이다. 빌리가 지니고 있는

---

28) 빌리가 이런 단순한 현실 인식을 가지게 된 것은 몇 가지 그의 특수한 조건에 기인한다. 그는 무엇보다 뛰어난 외모와 힘을 지녔다. 한 개인이 가질 수 있는 최상의 신체적 조건을 가지고 항상 그것으로 인해 뛰어난 뱃사람으로서 숭배를 받으면서 살아온 빌리는 항상 세계는 있는 그대로 좋은 것이라 인식하게 되었고 사람들이 자신을 사랑하고 숭배하는 것에 익숙해졌던 것이다. 또한 그가 아직 젊은데다가 그 때까지 오로지 상선의 선원이라는 제한된 경험을 한 것도 이런 단순한 현실 인식을 가지고 살아갈 수 있었던 큰 요인이 된다. 화자가 지적하는 대로 선상의 생활이라는 것이 자연이라는 외부적인 것에 지배되는 것이라 사람을 상대하며 체스 게임을 하듯이 머리를 굴리고 이중적인 삶의 방책을 개발해야 할 필요가 훨씬 적은 것이기 때문이다.

선함도 막연한 절대선[29]이 아니다. 그것은 문명인에 비해서 비문명인이 소유하고 있는 단순함과 비관습성이다.

그런데 빌리가 지닌 단순성과 순수는 벨리포텐트호와 어울리지 않는다. 군함 벨리포텐트호의 선원들에게 빌리는 이해할 수 없는 낯선 존재이다. 그는 여느 강제 징집된 수병들과는 달리 전혀 반항도 하지 않고 억울한 감정도 없어 보인다. 그는 고아이며 수병이지만, 아마도 귀족의 자제였을 것으로 추측되는 사회적으로도 신기한 존재다. 그는 어른이면서도 소년 같은 표정이 오락가락하고 남성이면서 여성같은 면모를 함께 가진다. 이런 빌리의 면모는 남자들만으로 이루어진 벨리포텐트호의 사람들에겐 매우 낯선 것이다.

조직, 규칙, 이성이 지배하는 벨리포텐트호의 사람들에게 빌리가 대변하는 순수함과 비문명성은 낯선 가치로 느껴진다. 빌리는 그를 보는 모든 사람에게 벨리포텐트호의 지배적 가치들이 배제한 가치들[30]을 상기시킨다. 이것은 잠재적으로 조직 사회에 큰 위협이 된다. 빌리가 순수라는 이름으로 대변하는 가치[31]는 벨리포텐트호에서 위험스럽게 여겨지다가 그것이 조직의 질서를 위협하는 결정적인 순간에 배제 당한다.

빌리가 이 군함에서 배제 당하게 되는 이유는 이성 중심적 사고

---

29) 물론 빌리는 절대선(善)을, 클래가트는 절대악(惡)을 상징한다고 보는 평자들도 많다.
30) 인권호라는 사회가 지향하는 가치들. 혹은 "왕, 남자, 이성" 등의 가치와 대비되는 "자연, 여성, 아이, 동물, 본능" 등의 가치들. 조직과 규율보다는 개인과 자유의 가치.
31) 벨리포텐트호와 같이 이성과 규칙에 의해 움직이는 조직 사회의 작동 방식을 모르며, 대신 단순한 마음으로 세계와 자아를 동일시하고 모든 것을 있는 그대로 좋게 받아들이는 비문명인과 자연인과 같은 것들.

가 지배하는 사회에서 그 자신을 변호할 말을 찾지 못하기 때문이다. 빌리는 말을 더듬는 결점을 가지고 있다. 하지만 그가 항상 그런 것은 아니다. 그는 어떤 특수한 상황에서만 즉, 갑작스런 강한 감정의 격발 하에서만 말을 더듬거나 하지 못한다. 빌리가 작품에서 자신의 결점을 드러내는 경우가 세 번 나온다. 이 세 상황의 공통점은 그가 전혀 모르는 조직 사회의 악과 관련하여 억지로 말을 해야 하는 경우다.

빌리의 자연적 순수함은 벨리포텐트호에서 자신을 표현할 말을 빼앗기고 침묵을 강요당한다. 이 때, 빌리가 자신을 표현할 수 있는 유일한 수단은 육체적 언어를 사용하는 것이다. 그는 대질 심문에서 자신을 변호하지 못하고 말을 더듬거리다가 결국에는 클래가트를 주먹으로 쳐서 죽인다. 그는 클래가트를 죽일 의도가 없었다고 말한다. 혀를 쓸 수 없어서 대신 손으로 말했다고 한다. 이처럼 이성과 규칙이 지배하는 벨리포텐트호에서 빌리는 자신을 표현할 말을 찾지 못한다. 그의 육체적 언어는 군함의 질서를 위협하는 것으로 여겨지고 이에 따라 그는 처형을 당한다.

빌리가 대변하는 순수는 이 사회에서 자신을 방어할 능력이 없다. 벨리포텐트호에서 그의 순수는 인권호에서와는 달리 치명적인 약점이 된다. 빌리로 대변되는 가치가 이 사회에서 희생되는 데는 순수 그 자체의 한계에도 원인이 있다. 그 한계는 악에 대한 통찰력의 결여이다.

지금까지 살펴본 것처럼, 빌리의 순수는 막연한 절대적 순수가 아니라 벨리포텐트호의 특징을 모른다는 의미에서의 순수이다. 바꾸어 말해 빌리의 순수는 이 군함과 다른 문화와 문명과 사고 방식과 존재 방식에 익숙하다는 의미에서의 순수라고 할 수 있다. 빌리가 가진, 비문명적, 여성적, 자연적, 감정적인 가치들은 벨리포텐트호로 대변되는 문명적, 남성적, 문화적, 이성적 사회에서 철저히 배제된다. 따라서 빌리의 운명은 벨리포텐트호 사회가 타자로 배제한 가치들의 운명이기도 하다.

(2) 비밀 경찰, 선임위병하사 클래가트(Claggart) : 본성적(선천적) 타락

클래가트는 이성이 매우 발달한 인물이다. 그는 표면적인 행동만 보았을 때 매우 합리적이다. 화자는 클래가트의 행동과 심리의 특성을 '본성적 타락'이란 말로 표현한다. 이것은 지성에 의해서 지배되며 그 안에 어떤 야만스런 천박성도 포함하지 않는다.

겉으로 그는 항상 정중하게 행동한다. 그는 절제할 줄 안다. 그는 사소한 죄도 범하지 않는다. 그는 천박하거나 관능적이지도 않다. 이런 점에서 그는 특별한 자존심을 지니고 있다.

본성적 타락이라는 말은 작품 속의 클래가트의 실제 행동과 정확히 일치한다. 그는 빌리에게 항상 다정하다. 그러나 그의 이성과 합리적 행동은 실상 가장 비이성적이고 비합리적인 동기를 쫓아 움직인다. 그의 표면적인 침착함과 지각 있어 보이는 태도는 언뜻 그를 이성의 법칙에 지배받는 사람으로 보이게 한다. 하지만 그의 마음 속은 지극히 비이성적인 감정들로 들끓고 있다. 그의 이성적 행동은 비이성적 동기에서 비롯된 목적을 실현시키는 도구다. 클래가트의 이성은 머리로만 이루어진다. 그의 가슴 속은 비이성적 욕구들로 가득하다. 그의 행동의 동기는 광기와 맞닿아 있지만, 목적을 달성하기 위해 그가 사용하는 방법과 일을 진행하는 과정은 냉철함, 사리분별, 건전한 논리에 부합하는 것처럼 보인다.

이성적이고 합리적인 인간처럼 보이는 클래가트는 왜 비합리적이고 광기어린 동기들에 의해 움직이는 것일까. 화자는 선천적 타락이 엄격한 종류의 문명사회와 밀접한 관련이 있다고 설명한다. 이 악은 문명 속에서, 특히 그것이 표면적으로 내세우는 가치가 거창할 때 번성하는 악이다. 이 악은 항상 품위라는 겉껍질을 쓰고 있다. 이 때의 논리나 이성은 거친 야만적 힘을 합리화시켜줄 도구적 이성이다.

비밀경찰이라는 지위 때문에 그는 모든 것에는 감추어진 동기가 있다고 의심한다. 그의 지위는 그가 빌리와 정반대로 모든 것에는 숨은 의도가 있다고 생각하게 한다. 그가 이런 인식을 가지게 된 이유는 궁정과 벨리포텐트호와 같은 복잡하고 위선적인 문명 세계 속에서 오랫동안 생활했기 때문이다. 또한, 영국 사회의 귀화한 외국인으로서 항상 소외된 위치에서 살아온 탓도 있을 것이다. 본래 이성적 인간인 그는 이런 삶의 경험 속에서 사람들의 숨은 동기들을 추적하는 특출한 재능을 개발시켰을 것이다.

클래가트는 벨리포텐트호의 삶의 조건과 작동 방식을 자신의 삶속에 내면화시킨 사람이다. 이 때 그의 뛰어난 이성적 능력은 그가 가진 비합리적이고 광기어린 동기들을 합리화시키는 데 사용된다.

화자는 클래가트처럼 비이성적 목적을 이성적 방법으로 추구하면 결국 광인이 된다고 말한다. 광인 중에서도 클래가트와 같은 종류의 광인이 제일 위험하다. 왜냐하면 그것은 특정한 대상에 대해서만 광기를 보이며, 매우 은밀하여 보통 사람들이 보기에는 정상과 구별할 수 없기 때문이다. 이런 광기는 빌리에 대한 클래가트의 복합적 감정과 일련의 행동[32]에서 잘 나타난다.

그가 빌리를 두고 행하는 모든 계획과 밀고는 그의 편에서는 진실로 정당하다. 클래가트는 빌리를 이해할 수 없다. 빌리는 강제 징집을 당해왔으면서도 전혀 불만이 없는 듯이 보인다. 무엇보다 겉으로 보이는 그의 외모와 행동과 그의 내적 동기가 완전히 일치하는 듯 보이는 것이 그에게는 이해되지 않는다. 빌리는 그에게 하나의 도덕적 현상이다. 그는 군함에서 빌리의 이런 특성을 지적으로 간파할 수 있는 유일한 사람이다. 그는 빌리에게 큰 집착을 보이고 그를 해석하려고 애쓴다.

클래가트가 빌리에 대한 자신의 복합적인 감정을 이성으로 포장하고 다스리려 할 때 그것은 광기로 흐른다. 클래가트는 가장 비이성적인 동기를 이성적으로 처리하는 가운데 선천적 타락의 상태, 일종의 광기에 지배된다.

클래가트의 자의적 현실 인식과 비이성적인 동기 때문에 빌리에

---

32) 클래가트는 빌리의 순진무구한 매력과 당당하고 자유분방한 기질을 갈망했지만 결국 단념하고 만다. 그가 빌리에게 반감을 품게 만들었던 빼어난 인간적 아름다움에 대한 질투심은 그가 빌리를 혐오하게 한다. 그는 자신의 내면에 자리한 본질적인 사악함을 제거할 수 없지만 언제든 은폐할 수는 있다. 그는 무엇이 선인지 알고 있지만 스스로 선해질 능력은 없다. 그러므로 그는 선을 혐오한다.

대한 해석은 오해의 연속이다. 빌리가 실수로 그가 걷는 길목에 쏟은 수프에 대해서 그는 빌리가 자신에 대한 은밀한 반감을 표출한 행위로 해석한다. 왜냐하면 그는 상호 주고받지 않는 악의란 있을 수 없다고 생각하기 때문이다. 그리고 이 사건을 계기로 별명이 '찍'인 한 영악한 상병이 그에게 빌리에 관해 고자질했던 바를 확신하게 된다. 클래가트는 자신도 속고 있지만 그 사실을 알지 못한다.[33] 그의 부하 '찍'이 한 말은 거짓이다. 그러나 그는 고자질의 진위 여부를 전혀 의심하지 않는다. 그는 수병들이 자기와 같은 비밀경찰에게 좋지 않은 감정을 품고 있다는 것을 잘 안다. 이런 상황에서 클래가트는 자기 중심적인 오해를 거듭하면서 빌리가 반란의 주동자가 될 것으로 판단한다.

(3) 비어(Vere) 선장 : 별 같은 비어

비어 선장은 두드러진 충성심으로 오랫동안 봉사함으로써 명성을 얻고 있는 영국 해군 선장이다. 그럼에도 그는 전 인격을 해상 생활의 경험에 흡수당하지 않은 흔치 않은 경우이다.

그는 뛰어난 선원이며 귀족 출신이지만 이를 이용해 지위를 높인 사람은 아니다. 그는 단호한 성격과 꾸밈 없는 겸손함을 동시에 갖추고 있다. 이런 그의 면모를 잘 아는 한 친척은 그를 '별 같은 비어'라고 불렀고, 이것이 그의 영광스러운 별명이 되었다.

비어는 철저한 벨리포텐트호의 수호자이다. 개인적으로 그는 별

---

33) 어쩌면 스스로 속기를 원했는지도 모른다.

처럼 빛나는 고결한 인격을 지니고 있지만 동시에 해군 중에서 누구보다 효율적인 장교이다. 그는 부하들의 복지를 염려하는 장교이지만 절대로 규율을 어기는 것을 용납하지 않는다. 그는 평소 균형 잡힌 인간적인 모습을 보여주지만 벨리포텐트호의 선장으로서 공적 기능을 수행할 때는 개인적인 특성을 드러내지 않는다. 인간적인 모습과 군함의 선장이라는 기능인으로서의 대조는 작품 곳곳에서 발견된다.

비어는 인간적 따뜻함과 더불어 군함의 선장으로서 군법을 내면화하고 있다. 그는 다정한 아버지의 모습과 군의 규율을 단속하는 지휘관의 모습을 모두 가지고 있다. 벨리포텐트호의 질서를 유지하기 위해 그가 내리는 판단은 그 개인의 판단이 아니다. 비어의 이런 양면성은 빌리의 선상 재판에서 잘 드러난다. 그는 빌리의 사형을 고집하는 엄격한 군함의 선장이다. 그러나 빌리가 반란을 기도한 적이 없다고 증언했을 때, 비어는 좀처럼 드러내지 않는 그의 감정을 조금 드러낸다. 곧 그는 개인적 감정을 억제하고 선장으로서의 역할을 우선한다. 이처럼 조직 사회는 비어에게 지배 질서의 유지를 위한 기능인으로서의 삶을 우선적으로 요구한다.

비어는 인간은 형식적인 질서에 의해 구속받아야 한다고 믿는다. 비어는 형식적 질서가 세계 평화와 인류의 참된 복지를 해칠 혼돈에 대한 방패막이 되어줄 것이라고 믿는다. 사회적, 정치적으로 새로운 의견들이 쏟아져 나와 사람들의 마음을 휩쓸어 가고 있던 당시 그는 이런 신념을 가지고 대처해간 사람이다. 비어는 하나의 질서가 사람을 지배해야 하며 거기에 대한 헌신을 통해 영광을 얻을 수 있다는 신념이 확고하다. 이런 신념이 그에게 벨리포텐트호가 대변하는 세계[34]의 질서를 수호하게 만들었다.

그는 확고한 신념에 따라 영국 해군에 헌신하였고, 사심 없이 영국 제국의 질서를 뒤엎는 모든 혼란스런 사태에 반대했다. 비어 선장의 질서에 대한 신념은 언뜻, 자기를 부인하고 사회라는 더 큰 가치에 헌신하기에 자기중심성을 극복한 듯이 보인다. 하지만 이런 확고한 신념은 맹목적인 모습으로 나타나기도 한다.

비어 선장은 빌리에 의해 클래가트가 살해당한 이후, 자신의 신념을 지키려는 확고한 태도를 드러낸다. 이 때 비어가 보이는 홍분된 태도는 이 군함의 의사가 선장의 정신 이상을 의심케 한다. 이처럼 비어는 그가 절대적으로 수호되어야 한다고 믿는 벨리포텐트호의 질서가 흔들릴 때 동요한다. 평소에 균형 잡힌 면모를 보이고 선장의 기능을 수행할 때도 비교적 공정한 비어지만, 그의 삶의 핵심적인 신념이 도전받는 순간에 그의 이성은 흔들리는 듯한 모습을 보인다.

비어 선장이 선상 재판을 열어 즉시 사건을 처리한 것도 이런 맥락에서 해석할 수 있다. 다른 장교들은 이 사태를 해군 제독에게 맡겨야 한다는 의견이었다. 그러나 비어에게 이런 의견은 고려 대상이 되지 않는다. 그에게 벨리포텐트호의 질서는 절대적인 것이며, 그는 군함 안에 반란과 혼란의 여지를 잠시라도 남겨두는 것을

---

34) 이 세계를 제국주의적 세계라고 비판적으로 평가하는 사람들도 있다. 비어는 제국주의의 지배와 질서에 기여하는 제국주의자라는 것이다.

용납하지 못한다.

선상 재판의 결과에 대해서도 그는 타협의 여지를 두지 않는다. 재판은 하나의 형식이며, 그는 처음부터 빌리는 처형되어야 한다고 결론을 짓고 있다. 비어가 재판정에 세 사람의 장교를 부른 것은 각자가 판단을 내리게 하려함이 아니다. 그는 자신의 판단의 결과를 그들에게 이해시키고 그들을 설득하려 한다. 재판에서 비어는 유일한 증인이자 선장의 자격으로 확실한 주도권을 쥐고 있다. 그는 자신의 판단을 다른 장교들에게 강요하고 있는 것처럼 보인다.

그가 만약 자신의 신념을 그렇게 철저하게 밀고 나가지 않았다면, 자신이 지키는 전함의 질서가 조금 흔들리는 것을 받아들일 수 있었다면, 그래서 빌리에 관한 분명한 판결을 좀 유보했더라면 사태는 빌리의 즉각적인 교수형까지는 이르지 않았을 것이다. 그러나 전함의 질서를 지키려는 비어 선장의 집요한 욕망은 벨리포텐트호의 질서가 위협받을 수 있는 조금의 가능성도 남겨두지 않는다. 그는 빌리가 결백함을 믿지만 즉각적인 교수형 외의 어떤 타협의 여지도 남기지 않는다.

6. 논제에 따른 쟁점

> "하느님의 천사에게 맞아죽은 거야! 하지만 그 천사는 목이 매달려야 해!"

쟁점 ❶ 사건의 발생(정당방위 혹은 선한 폭력의 문제)

빌리가 클래가트의 이마를 쳐서 죽인 것은 정당한 행위일까, 그렇지 않을까. 이 문제는 빌리의 언어장애와 밀접하게 연관되어 있다. 클래가트의 모함에 당황한 빌리는 말을 더듬는 중세가 나타난다. 그는 이성적으로 문제를 해결할 수 없어서 폭력을 썼다고 볼 수 있다. 비록 빌리가 폭력을 사용했지만 이는 클래가트의 모함에서 비롯된 것이기 때문에 정당한 것인가, 아니면 과도한 폭력의 행사인가.

좀 더 넓은 의미로 이 문제를 생각해 보면 상황이 보다 복잡하다. 빌리의 언어 장애는 선한 인간이 지닌 인간적 한계에 대한 상징으로 볼 수 있다. 빌리의 행위는 한계를 지닌 인간이 사회정의(악의 제거)를 실현하기 위해서는 불가피하게 선한 폭력을 쓸 수도 있다는 것을 보여주는 것일까. 폭력을 사용하지 않고 세상의 악에 대항해 싸울 수 있을까. 그렇다면 빌리가 클래가트를 죽인 것은 정당한 행위일까. 아니면, 선한 폭력이라 하더라도 그 폭력에 대해서 빌리는 책임을 져야 할까. 선한 폭력이 있기는 할까. 폭력은 그 자체로 악은 아닐까.

이 쟁점에서 생각해 볼 다른 문제는 클래가트가 절대악(絶對惡)이 아닐 수도 있다는 것이다. 그는 빌리를 이해할 수 없었다. 그래서 그는 비밀경찰로서 빌리를 벨리포텐트호에 위험한 인물이라고 판단한 것이다. 그는 그의 역할을 다했을 뿐이다. 다만, 빌리의 순수함과 무지가 이에 대해 적절하게 대처하지 못해서 문제가 커진 것으로 볼 수도 있다. 빌리의 폭력이 그의 순수함과 무지에서 비롯된 것이라면 그가 이 문제에 대해 책임을 져야하지 않을까.

쟁점 ❷ 재판과정(빌리 사건의 예외성과 긴급성의 문제)

비어 함장은 빌리가 죄가 없다는 것을 알고 있다. 하지만 그는 빌리를 교수형에 처한다. 그는 빌리 사건을 예외적이고 긴급성을 요하는 일이라고 생각한다. 왜냐하면 빌리가 비록 죄가 없다고 해도 전시에 상관을 죽인 일은 용납될 수 없으며, 이 사건이 선상 반란의 단초가 될 수도 있다고 생각하기 때문이다.

비어 함장이 주재하는 선상의 약식 군사재판은 외견상 분명 성문화된 실정법인 군법에 의해서 이루어진다.[35] 그러나 임시선상재판은 기존의 규범과 관례를 무시한다. 이는 최소한의 법 정신과 이념마저도 무시한 정당성 없는 재판이라는 생각이 들게 한다. 특히, 빌리가 클래가트를 죽인 동기의 규명과 그 진위여부에 대한 객관적인 조사를 하지 않은 점, 빌리에 대한 클래가트의 고발의 진실 여부를 밝히기 위한 증인심리(證人審理)를 채택하지 않고 대신 고발자(클래가트)와 피고발자(빌리)를 대면시킨 점, 임시군법회의에서 비어가 보인 여러 가지 독단적인 점 등은 다소 이해하기 어렵다.

그의 이해하기 어려운 행동의 명분은 빌리 사건의 예외성과 긴급성에 있다. 비어 함장은 빌리가 클래가트를 죽인 것을 예외적인

---

35) 법은 개인의 권리를 보호하는 장치인 동시에 사회 전체의 안녕과 이익을 위해 개인의 권리를 제한하는 합법적인 장치로도 이용될 수 있다. 벨리포텐트호에서 진행되는 재판은 법의 이런 역설적인 측면을 선명하게 드러낸다.

사안으로 전함에 위해를 끼칠 수 있는 긴급한 문제로 인식한다. 따라서 그는 전함을 수호하기 위해 모든 재판 과정을 그의 지위와 권한으로 통제하여 자신이 의도했던 결론을 도출해 나간다.

비어 함장이 예외성과 긴급성을 바탕으로 빌리를 처형한 것은 정당할까. 아니면, 비어 함장이 빌리 사건의 예외성과 긴급성을 지나치게 과장하고 독단적으로 행동하고 있는 것일까. 그는 자신의 독단과 독선에 따라 죄 없는 빌리를 죽인 것은 아닐까. 아무도 선장의 정확한 의도를 알 수 없는 상황에서 신속하게 진행된 빌리의 재판은 가장 위험한 종류의 광기(반란에 대한 두려움과 반란이 일으킬 혼란 때문에)에서 비롯된 것은 아닐까. 비어 선장은 빌리 사건의 충격으로 인해 잠시 정신이 이상해져서 오판을 한 것은 아닐까.

아니면, 전시의 전함의 선장으로서 선상의 질서를 유지하기 위해서는 어쩔 수 없었을까. 비어 함장이 전함을 위해서 빌리가 죄가 없다고 생각하면서도 군사적 의무를 들어서 겉으로 드러난 행위의 결과만으로 빌리를 교수형시킨 것은 옳은 선택일까. 다수를 위한 소수의 희생은 불가피하지 않을까.

쟁점 ❸ 재판의 결과(체제의 안정과 진실의 추구)

비어는 빌리를 석방하거나, 감형(減刑), 일반군법회의에 회부 혹은 사형에 처할 수 있는 네 가지 결정을 내릴 수 있었다. 하지만 그는 빌리가 죄가 없음을 확신하면서도 단호하게 그를 교수형에 처한다.

비어는 법은 두 가지가 있는데 인간의 법과 신의 법이 그것이라고 말한다. 빌리의 사건은 전시(戰時)에 해군함선에서 발생한 것이 므로 이 경우는 반란법, 즉 인간의 법에 해당된다. 그런데 전쟁에서 선(善)한 사람도 적(敵)이라는 이유로 죽이게 되는 것처럼 반란법도 범법자의 의도여부는 고려하지 않는다. 그 행위의 결과만을 문제 삼는다. 그러므로 신(神)의 법의 입장에서는 빌리가 무죄라할지라도 벨리포텐트호처럼 인간이 만든 규율을 엄격히 지켜야 하는 세계에서는 재고의 여지없이 빌리는 반란법에 의해 처형돼야만한다는 것이 비어 함장의 생각이다.

그렇다면, 비어 함장은 정의와 진리를 추구하기보다는 손쉽게 현실에 안주한 것은 아닐까. 인간 세계의 질서를 유지하기 위해 신의정의를 외면한 것은 아닐까. 그는 사건의 진실보다 전함의 안전을더 중요하게 생각한 것은 아닐까. 그렇다면 체제의 안전을 위해서진실이 때론 말살되어도 좋을까. 도덕적으로 죄가 없는 사람이 법에 의해서 처벌 받는 것이 정당화될 수 있을까.

이 소설의 배경이 되고 있는 배는 멜빌의 작품들에서 미국 사회혹은 국가의 축소판으로 해석된다. 벨리포텐트호 안에서 일어나는일련의 사건들은 개인의 생명과 자유가 사회의 질서와 조화를 이루지 못하는 상황으로 볼 수 있다. 이런 상황에서 우리는 어떻게행동해야 할까.

7. 토론 지도 참고 사항
(1) 비어 함장이 빌리를 교수형시킨 행위 자체의 정당성도 중요

하지만 비어 함장, 빌리 버드, 클래가트의 행위의 동기를 골고루 깊이 있게 살펴보는 토론이 되어야 한다. 지나치게 비어 함장의 행위와 동기에만 초점을 두는 것은 바람직하지 않다.

(2) 비어 함장이 행위의 결과만을 중시한다고 한 말은 상관 살인에 대해 무조건적으로 처벌해야 한다는 제한적인 의미가 아니다. 상관을 살해한 행위의 결과가 동기에 상관없이 전체 함정의 안전과 질서에 미치는 영향을 우선적으로 고려해야 한다는 의미로 읽는 것이 바람직하다.

(3) 비어 함장이 빌리의 언어장애를 빌리가 클래가트를 살인하기 전에 알았는지 그렇지 않은지는 중요한 문제가 아니다. 어쨌든 살인은 벌어졌고 재판과정에서 빌리의 언어장애 문제를 참고하였다.

(4) 빌리가 클래가트에게 악한 감정이 있었고 이것이 살인의 동기가 되었다는 주장은 책의 내용과 다르다. 빌리는 클래가트의 모함으로 선장실에서 그와 만나기 전에는 클래가트에게 나쁜 감정이 없었다.

(5) 개인의 인권과 사회(전함) 체제의 안전이 상충한다고 판단될 때 어떻게 행동할 것인지에 대한 고민이 필요하다. 다수를 위한 개인의 희생은 불가피하고 옳은 것일까.

(6) 악의 폭력에 선이 어떻게 대응할 수 있을지에 대한 깊은 고민이 요구된다. 악의 폭력에 선이 폭력으로 대응할 수밖에 없다면, 악의 폭력과 선의 폭력은 어떻게 다르며, 폭력에 폭력으로 대응한다면 폭력이 사회 전반으로 확산되지 않을까. 어떻게 하면 악의 폭력을 차단할 수 있을까.

(7) 모든 폭력이 나쁜 것일까. 폭력이 필요하고 인정되는 상황은 없을까. 폭력이 불가피한 상황들에 대해 생각해 볼 필요가 있다.

8. 참고문헌

- 허먼 멜빌(안경환 옮김),『바틀비/베니토 세레노/수병, 빌리 버드』, 홍익출판사, 2015.(토론도서)
- 허먼 멜빌(김훈 옮김),『선원, 빌리 버드 외 6편』, 현대문학, 2015.
- 허먼 멜빌(최수연 옮김),『빌리 버드』, 열림원, 2002.(절판)
- 허먼 멜빌(황문수 옮김),『수병 빌리버드 평전』, 한국학술정보(주), 2007.
- 신경자,「Billy Budd, Sailor에 나타난 근대 합리주의의 비극」, 이화여자대학교 석사논문, 1996.
- 김옥례,「Herman Melville의 Billy Budd 연구」, 이화여자대학교 석사논문, 1982.
- 김대찬,「국가 주권과 배제된 자들의 혁명:『빌리 버드』(Billy Budd)에 내재된 프랑스 혁명의 의미」, 영남대학교 석사논문, 2014.
- 서경실,「멜빌의『빌리 버드』연구: 지배이데올로기에 대한 부정과 도전」, 숙명여자대학교 석사논문, 1998.
- 이현정,「Melville의 Billy Budd, Sailor 연구: 절대성 부재 시대의 법과 사회와 개인」, 서울대학교 석사논문, 2000.

메리 셸리

『프랑켄슈타인』 토론거리

1. 논제: 프랑켄슈타인은 비극적 영웅이다.

2. 논제에 따른 쟁점

쟁점 ❶ 과학자의 책무성(개인적 명예 : 인류에 대한 헌신)

빅터 프랑켄슈타인은 학문적 욕구, 지적 호기심, 죽음과 탄생에 관한 의문을 가지고 생명창조를 통해서 인류의 발전에 기여하고자 했지만 실패한 비극적 영웅인가, 아니면 자신의 명예(창조주로서의 영광)와 죽은 어머니를 살리려는 욕망(불멸성의 추구) 때문에 생명창조라는 신의 영역에 도전한 오만한 인물인가. 프랑켄슈타인은 인류를 위해 불굴의 의지로 생명창조에 임한 인간의 한계에 도전한 영웅적 인물인가, 아니면 생명창조는 파멸을 초래한 부정적 행위이고 그는 실패자이며 과대망상증 환자인가.

빅터가 과학자로서 인류에 공헌하기 위한 선한 의도로 연구를 했다고 인정하더라도 그는 생명창조 과정에서 인간이 지녀야 할 도덕성을 상실한 것이 아닐까. 인류에 대한 헌신보다는 개인적인 야망을 추구하는 비도덕적인 인간으로 변한 것은 아닐까. 그가 생명을 창조하기 위해서 납골당의 시신을 이용한 것은 윤리적으로 용납될 수 있는가. 그가 생명 창조를 위해 사용한 비윤리적 수단이 인류의 발전에 도움이 된다면 정당화될 수 있을까.

　빅터가 원래 창조하려 했던 것은 괴물이 아니라 자신과 같은 인간이었다. 하지만 창조 과정에서 미세한 신체 부분이 작업 속도를 늦추는 큰 걸림돌임을 깨닫는다. 그는 처음의 의도와 달리 체구가 거대한 존재를 만들기로 결심한다. 키는 2미터 40센티 정도로 잡고 나머지를 거기에 비례를 맞춘다. 이러한 그의 창조과정은 인간이 아닌, 인간 사회에 융화될 수 없는 존재를 만들 수밖에 없었던 것은 아닐까. 가장 이성적이고 신중해야 할 창조 과정에서 빅터는 개인적인 욕망에 빠져 오히려 과학자로서 비이성적으로 행동한 것은 아닐까. 그는 창조 과정에서 괴물에 대해 전혀 배려하지 않았던 것은 아닐까. 이렇게 만들어진 괴물이 어떻게 아름다운 존재가 될 수 있으며 인간과 함께 살 수 있단 말인가. 빅터는 신처럼 생명을 탄생시키고자 하는 욕망에 눈이 멀었던 것은 아닐까.

　빅터는 섬뜩함을 불러일으키는 괴물의 모습을 왜 창조과정 중에는 깨닫지 못했을까. 빅터는 피조물을 창조하는데 필요한 재료들을 죽은 시체들이 가득한 납골당에서 수집한다. 그는 이미 죽어버린 시체들의 파편을 조합하여 피조물을 만든다. 그는 이렇게 만든 피조물이 인간과 같은 완벽하고 아름다운 창조물이 될 수 있다고 생각한 것일까. 그가 창조한 괴물의 사지가 애초에 균형 잡힌 비율로 설계되었다 하더라도 창조의 결과는 기형적일 수밖에 없었던 것은 아닐까. 출처를 알 수 없는 송장들을 붙여 만든 피조물이 생명을 부여 받더라도 하나의 완전한 몸이 될 수 있을까.

　그는 성공과 명예에 눈이 멀어 피조물을 창조하는 과정에서 공상과 현실을 전혀 구분하지 못한 것은 아닐까. 성공을 위한 광기어린 열정에 사로잡혀 괴물의 끔찍한 모습을 인지하지 못했거나 무시한 것은 아닐까. 이것이 모든 불행의 원인은 아닐까. 그가 좀 더 이성적으로 행동했다면 이렇게 끔찍한 형태의 괴물은 탄생하지 않았을 것이며 자신과 피조물에게 닥칠 불행한 운명을 벗어날 수 있지 않았을까. 왜 그는 생명창조 과정에서 현실을 냉정하게 볼 수 없었을까. 혹시 그는 지나친 명예욕 때문에 제정신이 아니었던 것은 아닐까.

　성공을 향한 그의 광기는 그가 비정상적인 자기애(自己愛)에 빠진 과대망상증 환자임을 말하는 것은 아닐까. 빅터는 유사 과학 이론과 자연철학에 사로잡혀 이 학문들이 인류를 진보시킬 것이고 자신은 인류의 선조가 될 것이라고 믿는다. 그는 창조의 가장 심오한 신비를 밝히고 죽음을 꿰뚫어 어두운 세상에 격류와 같은 빛을 비추겠다는 생각을 품고 있다. 또한, 새로운 존재를 창조하는 행위는 자신을 축복받은 창조자로 만들 것이며, 어떤 아버지도 자신만큼 완벽하게 자녀들의 감사를 받을 수 없을 것이라고 생각한다. 그는 독립적이고 순수한 기원으로서의 자신의 모습을 꿈꾸며 후손들에게 존경받는 선조로 자신을 내세우려한다. 이러한 빅터의 모습은 자신의 능력과 모습을 과대평가하고 혼자 힘으로 외부 세계를 변화시킬 수 있다고 생각하는 과대망상증 환자의 전형적인 모습이라고 볼 수도 있지 않을까. 그가 괴물의 창조과정에서 기형적인 괴물의 탄생을 인지할 수 없었던 것도 그의 이 과대망상중 때문은 아닐까. 그리고 이 과대망상중은 그의 자기중심주의에서 비롯된 것은 아닐까.

프랑켄슈타인이 생명창조에 집착하는 이유는 과학의 힘을 빌려 죽은 어머니 캐롤라인을 되찾고자하는 개인적인 욕망 때문은 아닐까. 프랑켄슈타인은 어머니의 죽음으로 사랑하는 사람을 잃는 고통을 겪은 뒤, 죽음으로부터 인간을 자유롭게 만들겠다고 다짐한다. 이 다짐은 죽은 생물체에 생명을 불어넣어 새 생명을 창조하고자 하는 욕망으로 발전한다.

이러한 그의 욕망은 괴물을 창조한 후에 그가 꾸는 꿈을 통해서도 잘 드러난다. 꿈속에서 빅터의 약혼녀 엘리자베스의 모습을 한 형상이 나중에는 죽은 어머니의 모습으로 뒤바뀌는 장면이 나온다. 빅터가 엘리자베스에게 입을 맞추자 그녀의 모습은 죽은 어머니 캐롤라인으로 변한다. 이는 결국 빅터가 엘리자베스가 아닌 죽은 어머니를 욕망한다는 결론에 도달할 수 있게 한다. 그는 죽은 어머니를 살려내고 싶은 것이다. 죽은 어머니를 살리려는 그의 행동은 맹목적인 집착이며, 인간이 불멸성을 추구하는 것은 신에 대한 오만한 도전은 아닌가. 그가 어머니를 죽음으로부터 구해내려고 하는 것은 그의 미성숙한 정신을 드러내는 것은 아닌가. 성인이 되어서도 어머니로부터 벗어나지 못하는 퇴행적 모습은 아닌가. 그의 지식애는 어머니에게로 돌아가고픈 퇴행적 욕구와 연관되어 있는 것은 아닐까.

아니면, 위의 부정적인 모습과 달리 도전하는 인간을 영웅으로 평가한 프랑켄슈타인의 말처럼 그의 행위는 불굴의 의지로 과학의 발전에 도전하는 영웅적 행위인가. 선원들이 월튼에게 위험한 항해를 그만 두고 영국으로 돌아갈 것을 요구하자 프랑켄슈타인은 도전을 포기하려는 선원들의 나약한 정신을 질타한다. 그는 선원들에게 인류에게 이익을 가져다 준 '영웅'이 되어 돌아가라고 말한다. 프랑켄슈타인은 인간은 비록 그 '도전'이 실패할지라도 이에 맞서야 하며, 이는 곧 인류의 이익에 이바지하여 후손들에게 영웅이 될 것임을 강조한다. 프랑켄슈타인의 이러한 사고는 그의 스승 발트만 교수가 도전을 대하는 태도와 일치한다.

발트만 교수는 지칠 줄 모르는 열정을 과학 발전의 원동력으로 보며 긍정적으로 평가한다. 그는 고대 과학자들이 비현실적이고 허무맹랑해 보이는 것을 추구했을지라도, 그들의 도전이 있었기에 현대 과학이 탄생했음을 주장한다. 크렘페 교수가 고대 과학자들의 무모한 도전을 사회질서를 어지럽힌 비합리적이고 비이성적인 행동으로 보았다면, 발트만 교수는 그럼에도 불구하고 그들의 불굴의 의지는 높이 평가받아야 한다고 주장한다. 발트만 교수로부터 영향을 받은 프랑켄슈타인은 자신의 생명창조에 대한 도전이 실패할지라도 이후에 성공의 토대가 될 것임을 의심하지 않는다.

그의 생명창조 행위는 이러한 자신의 신념을 실천에 옮긴 영웅적인 행위는 아닐까. 그는 지칠 줄 모르는 열정과 시체를 다루는 역겨움 속에서도 결코 포기하지 않았다. 비록 그의 도전이 실패했지만 그것이 언젠가 인류에게 유익한 일이 될 수도 있지 않을까. 그의 실패가 다음의 성공을 위한 밑거름이 될 수도 있지 않을까. 빅터에게 창조과정의 두려움(공포)은 결코 목표달성에 있어 장애가 될 수 없었다. 빅터의 야망은 생명과 죽음의 틀을 깨어 '어둠'의 영역이던 죽음에 빛을 가하여 새로운 종을 만들겠다는 것이다. 그래서 인류의 과학 발전에 기여하고 싶었던 것이다. 그의 실패에도 불구하고 그의 불굴의 의지는 존중받아야 하는 영웅적 행위가 아닐까.

프랑켄슈타인의 생명창조의 목적에 대한 논란과 더불어 생명 창조를 위해 그가 사용한 수단의 정당성을 생각해보자.

프랑켄슈타인의 창조는 현대 과학을 이용하여 납골당이나 묘지에서 훔친 시체의 조각들에 전기 충격을 가하는 것으로 신의 창조와는 다르다. 프랑켄슈타인은 자신이 생명창조에 성공하면 인류에게 엄청난 이익을 가져다 줄 것이고, 자신은 창조주로서 영광을 얻게 될 것임을 기대한다. 생명의 창조를 위해서 시체를 이용하는 것은 그의 목적이 선한 것이라도 하더라도 윤리적으로 용납될 수 없는 행위는 아닐까. 괴물의 탄생은 윤리적으로 잘못된 행위가 낳은 필연은 아닐까. 선한 목적을 위해서는 윤리적으로 다소 문제가 되는 수단도 용납될 수 있을까.

쟁점 ❷ 가족애(자기중심적 이기주의 : 가족과 인류에 대한 사랑)

행복한 어린 시절, 자애로운 아버지의 존재, 다정한 어머니, 아름다운 연인, 지식에 대한 열정, 다정한 친구가 있는 빅터와 태어나자마자 버려진 불행한 유년기, 자신을 버린 가혹한 아버지, 어머니의 결손, 연인과 친구가 부재한 괴물은 다르면서도 같은 존재는 아닐까. 둘의 공통점은 가족과 사회로부터 점점 고립되어 간다는 것이다. 다만, 빅터는 자발적 고립을 선택하고 괴물은 타인에 의해 고립을 강요당한다는 점은 다르지만 말이다.

빅터는 과학자로서의 원대한 욕망과 그 성취를 위해 가정과 사회로부터 스스로를 격리시킨 채 노예처럼 일한다. 생명 창조를 향한 프랑켄슈타인의 '열정'은 가족 간의 단절을 야기한다. 빅터는 가족의 근심어린 편지(아버지와 엘리자베스)와 그의 안부를 전해 듣고 싶어 하는 소박한 염려를 잘 알면서도 한 번도 답장하지 않은 채 오직 실험에만 몰두한다. 그리고 그의 실험의 결과로 탄생한 괴물로 인해서 그의 가족들은 죽임을 당한다.

가족의 살인은 프랑켄슈타인이 괴물을 창조하고 난 후 발생한다. 첫 희생자는 빅터의 어린 동생 윌리엄이다. 빅터의 일기를 읽고 그를 만나기 위해 제네바로 가던 괴물은 윌리엄을 만나 우연히 그를 죽이게 된다. 다음 희생자는 저스틴이다. 저스틴은 빅터 집안의 하녀이자 윌리엄의 유모이다. 그녀는 윌리엄의 살인범으로 누명을 쓴 뒤 교수형을 당한다. 그 다음에는 헨리가 괴물의 손에 살해당한다. 헨리는 빅터와 어린 시절부터 사귀어 온 가장 절친한 친구다. 괴물은 빅터가 여자 괴물을 만들어 주겠다는 약속을 어기자 먼저 헨리를 죽인다. 그리고 엘리자베스를 살해한다. 엘리자베스는 어릴 때 빅터의 집에 입양된 여성이다. 그녀는 가계상 여동생이지만 빅터의 연인이기도 하다. 그러나 그녀는 빅터와의 결혼식날 비극적인 죽음을 맞는다. 살인에 해당되는 것은 아니지만 빅터의 어머니 캐롤라인은 병으로, 그리고 아버지 알폰스는 잇따른 비극에 대한 충격으로 죽는다. 캐롤라인을 제외한 나머지 사람들의 죽음은 빅터와 혈연관계에 있거나 친구, 연인으로서 빅터에게 소중한 사람들이다.

빅터의 괴물 창조로 인해 가족들은 모두 비극적인 죽임을 당하게 되고 결국 그의 가족은 해체된다. 이러한 비극은 그의 실험이 가족(사회)과의 철저한 단절과 고립 속에서 행해졌기 때문은 아닐까. 과학의 발달이 강력한 민주적 통제 아래서 이루어지지 않고 개인의 동기만을 추구해 사회의 통제로부터 벗어나 불행이 초래된 것은 아닐까. 가족(사회)에 대한 그의 태도를 우리는 어떻게 평가해야 할까.

프랑켄슈타인은 생명 창조를 위해서 가족을 향한 소박한 즐거움과 애정도 마다한다. 빅터는 자신의 생명 창조라는 욕구를 충족시키지 전까진 멈추지 않는다. 마침내 그의 실험은 성공을 거두고, 그 결과로 괴물이라는 존재가 태어난다. 이후에 비극적인 사건이 연이어 일어나지만 빅터는 그 모든 과정을 겪으면서도 혼자 해결하려고 할 뿐만 아니라 가족에게조차 어떠한 사실도 알리지 않는다.

빅터는 자신의 가족을 사랑하고, 그 누구보다 그들의 연이은 죽음을 비통해한다. 자신이 만든 괴물에게 사랑하는 사람들이 죽임을 당한 것으로 인해 빅터는 심한 죄책감을 느끼기도 한다. 이런 점은 빅터가 슬퍼하는 감정을 가진 인간이라는 점을 보여준다. 하지만 그의 행동들을 보면 과연 그가 자신의 가족들에게 연민의 감정을 품었는가에 대해 의문이 들 때가 있다. 빅터는 자신이 버린 괴물이 윌리엄을 죽이고 저스틴마저 죽게 만들고 나서도 절대로 괴물에 대한 일말의 진실도 말하지 않는다.

괴물의 계략으로 저스틴(그녀도 넓게 보아 가족이라고 할 수 있다.)은 살인죄를 뒤집어쓴다. 하녀의 신분인 저스틴은 자신이 무죄임을 밝힐 방법이 없다. 빅터는 자신의 동생을 죽인 것이 괴물인 것을 알지만 저스틴을 위해 어떤 증언이나 변명도 하지 않는다. 그는 자신의 고백이 미친 사람의 헛소리처럼 들릴 것 같아 그녀의 혐의를 풀어주지 않는다. 저스틴에게 사형이라는 극한 처벌이 내려졌음에도 불구하고 빅터는 내적으로 번뇌를 거듭할 뿐, 그녀를 변호하기 위한 어떤 행동도 취하지 않는다.

빅터는 유죄를 선고받은 저스틴을 보고 "피고인의 괴로운 심정은 나의 것과는 비교가 되지 않았다. 그녀에겐 결백이라고 하는 최소한의 위안거리가 있었지만, 내가 느끼는 양심의 가책의 독아(毒牙)는 내 가슴을 찢어놓고도 결코 힘을 늦추지 않을 것이다."라고 말한다. 또, "괴로운 심정은 나의 것과 비교가 되지 않는다."라고 말하며 죽음을 앞둔 저스틴을 보며 "내일이면 삶과 죽음의 황량한 경계를 넘을 그 불쌍한 희생자도 나만큼 깊고 쓰라린 고통을 느끼지는 못한다."라고 말한다. 이런 빅터의 말은 진정한 슬픔과 고통의 표현인가, 아니면 스스로를 희생자라고 생각하는 자기중심적이며 이기적인 모습일 뿐인가. 그의 말은 무고한 사람의 죽음 앞에서 자신의 고통을 과장하는 비도덕적인 행위는 아닌가.

또, 엘리자베스에 대한 빅터의 태도도 이해하기 어려운 면이 많다. 프랑켄슈타인의 어머니는 처음 엘리자베스를 집으로 데려올 때, 자신이 원하던 딸처럼 여겼고 동시에 프랑켄슈타인의 미래의 배우자감으로 생각한다. 그녀는 집안의 대소사를 관할하고 하인들의 대변인이 되어주는 관리인의 역할도 하며, 사랑 많고 부드럽고 친절하여 모든 사람의 사랑을 받는 존재이다. 무엇보다 프랑켄슈타인에게는 누이의 의미를 넘어서 배우자, 그리고 마지막 죽음의 순간까지 그와 함께한 사람이다.

빅터는 이런 엘리자베스와 결혼을 계속 지연시킨다. 그녀는 이런 빅터의 진심을 알지 못해 괴로워 한다. 빅터는 그녀와 결혼을 결심한 후에도 불안해하는 모습을 보인다. 엘리자베스는 그에게 이유를 묻지만 그는 대답해 주지 않는다. 빅터는 엘리자베스에게 결혼 후에 자신을 괴롭히는 비밀을 말해 주겠다고 한다. 빅터는 엘리자베스에게 괴물의 존재를 함구함과 동시에 세상이 자신을 동정하고 침묵해 주기를 바란다. 그녀의 알 권리는 보호라는 명목으로 지연되어 엘리자베스는 영문도 모른 채 희생당한다. 괴물의 손에 엘리자베스는 말 한 마디 못하고 죽는다. 엘리자베스에 대한 그의 이런 행동(결혼의 지연, 괴물의 존재 은폐)은 매우 이기적인 행위인가, 아니면 그녀를 진정으로 사랑하기에 그녀를 보호하기 위한 행위일까. 빅터는 가족(특히, 엘리자베스)의 사랑을 받을 줄만 알지 나눌 줄은 모르는 이기적이며 패쇄적인 존재는 아닐까.

가족과 사회로부터 고립되어가는 빅터를 어떻게 보아야 할까. 생명 창조라는 자신의 과업에 몰두한 나머지 가족을 방치한 이기적이며 무책임한 인물일까, 아니면 가족과의 안락한 생활을 포기한 채 인류를 위한 생명창조에 열중하고, 괴물로부터 사랑하는 가족을 잃어가면서도 괴물에 대한 투쟁을 멈추지 않은 자기희생적 인물일까. 가족에 대한 그의 태도는 모든 것을 자신이 책임지려는 책임감 있는 행동일까, 아니면 사실을 은폐하기 위한 비겁한 행위에 불과할까. 빅터는 자기중심적이며 이상적인 열정에 사로잡혀 결국 자신의 가정을 파괴해버리고 만 것은 아닐까.

쟁점 ❸ 윤리적 책임(연민과 공감의 부재 : 인류에 대한 책임)

빅터는 다른 존재(괴물)에 대한 연민과 공감의 감정을 상실한 괴물인가, 아니면 여자 괴물을 만들어달라는 괴물의 청을 거절하고 그를 제거해서 인류를 보호하고자 한 영웅적 인물인가. 괴물은 보호받아야 할 가련한 존재인가, 제거해야 할 인류의 적인가. 괴물이 자신의 불행 때문에 다른 사람을 불행하게 하는 행위는 용납될 수 있을까. 특히, 괴물이 빅터의 가족들을 죽일 수밖에 없었음을 변명하는 자기합리화의 말들은 그의 이기심에서 기인하는 것으로 결코 받아들일 수 없는 것은 아닐까. 괴물의 살인은 용서와 이해의 여지가 없는 악행일까. 그렇다면 괴물에 대해 복수하고자 하는 빅터의 행위도 정당화될 수 있는 것일까. 아니면, 괴물의 살인 행위와 빅터가 괴물에게 행한 책임감 없는 행위는 별개의 문제일까. 괴물에 대해 복수하려는 빅터의 행동은 개인적인 감정에 의한 사적 행위 인가, 인류를 보호하기 위한 공적인 행위인가. 괴물을 대하는 빅터 의 행위를 어떻게 받아들여야 하는가.

철학자이자 교육학자인 루소는 연민의 존재 여부를 인간과 괴물 을 나누는 기준으로 보았다. 루소는 모든 인간에게는 이성에 앞선 감정적 원리가 존재한다고 보았다. 그 두 원리는 바로 자기애(自己 愛)와 타인에 대한 연민이다. 루소는 인간이 자기 보전의 욕구인 자기애 외에도 다른 사람의 처지를 살펴볼 수 있는 연민의 능력을 갖추고 있다고 본다. 이 때문에 자기 자신만의 개체적 한계를 넘어 다른 사람들과 관계를 맺고 공동체를 이루는 사회적 존재로 살 수 있다고 보았다. 따라서 루소에게 연민이란 이성이나 그 밖의 다른 모든 윤리보다 우선되는 것이며 인간을 인간답게 만들어주는 가장 기본적인 감정이다.

연민은 자기애와는 달리 타자의 고통에 정서적으로 동참할 때 발생하는 감정이다. 연민은 자신만의 개체적 한계를 벗어나 타자 와 자신을 이어주는 매개체를 형성해줄 수 있다. 나아가 연민은 자 기애의 작용을 완화시켜줌으로써 자신에게서 다른 타자에게로 관 심을 확장시켜 타자를 이해할 수 있는 계기를 제공한다. 이처럼 연 민은 상대방을 이해하려는 상상력의 작용을 통해 개체의 수준에 머물러 있는 자기애를 뛰어넘어 사회적인 의미의 공감으로 그 범 위를 확장시켜준다. 인간이 다른 존재를 이해할 수 있는 것은 기본적으로 인간에게 연민이라는 감정이 있기 때문이다. 이 연민이 상상력의 도움을 받아 공감으로 확장될 때 인간 공동체는 서로에 대한 유대감을 형성할 수 있게 된다. 자아와 타자를 하나로 연결시켜주는 힘이자 원동력인 연민을 바탕으로 한 공감은 단순히 공포를 느끼는 것에서 그치지 않고 더 나아가 실천적인 도덕적 행위의 형태로 작동할 수 있다.

그런데 프랑켄슈타인에게는 자기애만 있을 뿐 괴물에 대한 연민의 모습은 보이지 않는다. 괴물에 대한 그의 연민과 공감의 부재를 어떻게 보아야 할까. 빅터는 괴물의 고통을 이해하지 못하고 있으며 그러한 노력조차 시도하지 않는다. 그는 스스로 괴물을 창조하였고, 본래의 목적과 다르게 오직 실험의 빠른 성공을 위해 외형적으로 누가 보아도 끔찍한 괴물을 만들었다. 괴물이 인간들에게 버림받는 가장 근본적인 원인은 인간과 다른 기형적인 외형이다. 이것이 사람들에게 공포를 주는데 빅터가 그렇게 만든 것이다. 그럼에도 불구하고 그는 괴물에게 어떤 선한 행동도 보이지 않고 괴물을 창조하자마자 버린다.

창조주에게 버림받고 인간사회에서까지 소외당한 괴물은 프랑켄슈타인을 향한 복수심으로 그가 사랑하는 가족과 친구들을 살해한다. 창조주인 프랑켄슈타인에게 버려진 괴물은 후에 다시 그와 만났을 때, 빅터에게 생명에 대한 윤리적 책임을 묻는다. "어떻게 이런 식으로 생명을 갖고 감히 장난치는 겁니까? 당신 의무를 다하시오." 창조주로서의 의무를 다하라는 괴물의 요구는 정당한 것이 아닐까. 그런데 빅터는 시종일관 괴물에 대한 윤리적 책임을 회피한다.

빅터로부터 버림받은 백지 상태의 선한 존재였던 괴물은 사람들과의 유대관계를 갖지 못하고 거부당하면서 악한 괴물로 변해간다. 빅터의 피조물이 괴물이 된 것은 강요된 고립과 고독의 결과이다. 괴물이 빅터가 사랑하는 사람들을 죽임으로써 비도덕적인 행위를 하는 괴물이 된 것은 바로 인간 사회로부터의 연민이 거절되었기 때문이다. 그는 사람들에게 자비와 동정과 연민을 구했지만 어떤 인간도 괴물에게 이를 베풀지 않는다. 심지어 괴물이 선행을 베푼 인간들도 마찬가지였다.

괴물은 인간과 인간 공동체로부터 총 3번의 연민의 거부를 당한다. 그리고 그때부터 괴물은 빅터의 동생인 윌리엄을 시작으로 살인을 하기 시작한다.

먼저 괴물은 태어나자마자 빅터라는 창조주이자 아버지인 동시에 처음 접한 인간에게 이름도 없이 버림받는다. 빅터의 이런 행동은 괴물이 인간 공동체에 속할 가능성을 애초부터 없애버린다. 괴물은 이름이 없다. 프랑켄슈타인은 자신의 피조물을 비열한 놈, 괴물, 마귀, 악마, 악귀 등으로 부르며 타자로서 배제한다. 자신을 버린 누군지도 모르는 창조주에 대한 원망과 슬픔, 그로부터 느끼는 고독감은 괴물이 더욱더 가정이라는 인간 공동체를 원하게 만든다.

창조주로부터 버림받고 거부당한 채 홀로 남은 괴물에게 등장한 것이 바로 드 레이시 가족이다. 괴물은 드 레이시 가족에게서 얻은 3권의 책을 독학하면서 연민, 보호, 공감 그리고 동정의 감정을 배우게 되고 또 그것들을 원하게 된다. 자신의 처지를 이해해주길 바라며 무조건 자신을 내치지 않고 그들이 자신과 함께 해주기를 원한다. 괴물은 가난한 이 가족을 몰래 도와주면서 자신도 인간 공동체에 포함되길 원한다. 그런 그가 원한 것은 가정이라는 공동체이며 선함으로 가득한 드 레이시 가족은 그런 괴물에게 있어 이상적인 가정의 모습이었다.

하지만 그들 역시 인간과 다른 괴물의 흉측한 외모 때문에 노인에게 접근한 괴물을 두려워하며 폭행한다. 경악하면서 자신들의 집을 떠나는 그들을 보며 괴물은 하염없이 슬퍼하고 분노한다. 그렇게 동정과 연민을 애원했건만 결국 자신을 받아주길 바랐던 드 레이시 가족마저 도망가는 모습을 보면서 괴물은 또 한 번 거부당했다는 생각에 좌절한다.

사회라는 인간 공동체로 편입할 수 있는 연결고리라고 믿었던 드 레이시 가족에게마저 연민의 요구를 거절당하고 괴물이 생각해 낸 사람은 이런 자신의 흉측함을 이미 알고 있는 창조자인 빅터이다. 괴물은 빅터를 찾아간다. 그에게 가는 여행길에 괴물은 위기에 빠진 어린 소녀를 만나게 된다. 어린 소녀는 강둑을 따라 달리다가 발이 미끄러져 그만 급류 속으로 떨어지는데 괴물이 그녀를 구해 준다. 의식을 잃은 소녀를 회복시키기 위해 갖은 방법으로 애를 쓰고 있는데 한 농부가 나타나더니 소녀를 낚아채고선 괴물을 향해 총을 겨누고 발사한다. 괴물은 어린 소녀를 살리기 위해 물에 뛰어들었고 또 의식을 잃은 소녀를 회복시키고자 애썼다. 이런 자신의 노고에 감사하기는커녕 총을 발사하며 위협적인 태도를 보이는 인간에게 괴물은 또 한 번 분노한다. 이로써 그는 자신이 베푼 선행에 대한 보답이 살과 뼈가 찢기는 비참한 고통이라는 사실에 인간을 증오하는 마음을 갖게 된다.

괴물의 악행을 멈출 수 있는 것은 오직 다른 사람과의 공감과 유대감이다. 그러나 사람들과 유대가 더 이상 불가능함을 안 괴물은 빅터를 찾아간다. 괴물이 바라는 동정과 공감은 그가 자기와 짝이 될 여성 괴물을 만들어 달라고 프랑켄슈타인에게 청할 때 가장 고조된다.

여성 괴물을 창조해 달라는 괴물의 논리와 그것을 거부한 빅터의 논리를 비교하면서 누구의 생각이 더 타당한 것인지 판단해 보자. 어느 쪽의 논리에 공감하느냐에 따라 괴물을 차갑게 대하는 빅터의 행동의 의미가 달라진다. 먼저 괴물의 말을 들어보고 다음으로 빅터의 말을 들어보자.

괴물은 그에게 고독을 벗어나 연민을 느끼며 살 수 있도록 자신과 공감할 수 있는 여자 괴물을 만들어 달라고 한다. 괴물은 어떤 존재가 자신에게 자비를 베푼다면 그에게 백배 천배 보답할 것이며, 그 한 사람 때문에 모든 인간과 평화롭게 지낼 것이라고 말한다. 만약 여자괴물을 만들어 준다면 아주 만족스럽지는 않지만 그걸로 만족하며 세상에서 동떨어져 살 거라고 말한다. 그와 여자괴물은 서로 깊이 사랑할 것이며 자신의 삶이 행복하지 않더라도 남을 해치지 않을 것이라고 다짐한다. 만약 빅터가 여자 괴물을 만들어준다면 빅터나 다른 인간이 다시는 자신들을 보지 못할 것이며, 자신들은 남미의 넓은 황무지에 가서 인간에게 피해를 주지 않으며 살 것이라고도 다짐한다. 이런 괴물의 말에 순간 설득 당한 빅터는 여자 괴물을 만들다가 괴물과의 약속을 어기고 여자 괴물을 파괴한다. 그의 이런 행동은 괴물이 어떠한 공동체(괴물만의 가정)에도 속하지 못하게 만든다. 결국 처음에는 순수한 마음을 지녔던 자신이 진짜 '괴물'이 된 것은 인간들 그 중에서도 빅터 때문이라고 괴물은 말한다. 괴물은 그 자신에게도 행복할 권리가 있지 않느냐고 묻는다. 그리고 자신의 이 권리가 거부당하면 잔인하게 복수하겠다고 빅터를 협박한다.

프랑켄슈타인이 여성 창조를 그만 둔 요인을 정리해 보면 다음과 같다. 첫째, 그는 여성 괴물의 의지가 두려웠다. 그녀는 욕망과 견해를 지녀 남성 창조물에 의해 통제되지 않을 것이고, 그녀가 탄생하기 전에 맺어진 사회계약을 준수하길 거부할지도 모른다. 그녀는 자신의 통일성을 주장할 것이고 그녀 자신의 존재를 결정할 권리를 주장할지도 모른다. 둘째, 무제한적 여성 괴물이 가질 가학적 욕망에 대한 두려움이다. 프랑켄슈타인은 여성 괴물이 그녀의 짝보다 만 배는 더 악할 것이라 상상하며 살인을 즐기는 사람으로 정의 내린다. 셋째, 그는 여성 창조물이 남성보다 더 추악할까봐 그래서 남성 창조물조차 혐오감에 그녀에게서 돌아설까봐 두려워한다. 넷째, 그는 그녀가 인간 남자를 더 선호할 것을 염려한다. 마지막으로 그는 그녀의 재생산 능력 즉, 유사한 창조물을 퍼뜨릴 능력을 두려워한다.

요약하자면, 빅터는 여성괴물이 남자괴물의 몇 천 배에 달하는 힘과 사고력, 이성을 갖게 될 것을 두려워한다. 더욱이 그는 여성 괴물이 흉측하고 빈약한 남성괴물을 떠날 수도 있다고 생각한다. 빅터는 괴물이 두 번 버림을 받을 경우 그의 분노는 하늘을 찔러 더 큰 재앙을 가져올 수 있다고 걱정한다. 그리고 빅터는 여성 괴물이 인간 남성의 형태에 이끌려 새끼를 낳아 인간 세대에 혼란을 가져 올 수 있다는 생각에 이른다. 즉 인류를 파괴할 수 있다고 생각한다. 이런 생각들을 통해서 빅터가 여성 괴물을 파괴한 것은 과학자로서 인류에 대한 그의 책임감에서 비롯된 것으로 볼 수 있다.

우리는 빅터와 괴물 중 누구의 생각에 동의하게 되는가. 우리가 빅터가 아니라 괴물의 논리에 동의한다면 괴물이 빅터에게 하는 말은 자신의 악과 추악함이 인간의 것일 수도 있다는 것을 폭로하는 것이다. 괴물은 악한 것은 자신이 아니라 빅터라고 말한다. 괴물은 '말'이라는 수단을 통해서 빅터의 비정상성을 드러내고 자신의 고통을 타인들에게 충분히 공감시키고 있는 것처럼 보인다. 괴물은 말을 통해 자신이 악한 존재가 아님을 설득시키는 데 성공한 것일까. 우리는 괴물이 선한 의지와 동기를 가지고 있었음을 믿게 되는가.

빅터의 이야기를 통해서 본 악한 괴물의 모습은 괴물의 이야기를 듣고 난 후에 괴물에 대한 판단을 재고하게 하지 않는가. 만약, 우리가 괴물의 이야기에 공감한다면 괴물을 대하는 빅터의 행위는 잘못된 것이 아닌가. 괴물은 말을 통해서 자신이 악한 존재가 아님을 설득하는 데 성공한 것이 아닐까.

시각적으로 자신과 동일하지 않다는 이유로 창조물을 괴물, 악마로 판단하는 프랑켄슈타인의 태도는 세계를 자아와 타자로 나누고 자신과 시각적으로 다른 존재를 열등할 뿐 아니라 사악한 존재로 규정하는 자기중심적인 태도로 해석할 수 있지 않을까. 결국 창조물을 악마로 간주하는 프랑켄슈타인의 편협하고 모순된 사고가 창조물을 인간사회로부터 소외시킴으로써 어린 아이와도 같았던 그를 진정한 악마로 변하게 만든 것은 아닐까.

그러나 우리가 만약 빅터의 논리에 동의한다면 그의 행동은 의로운 행위가 될 것이다. 프랑켄슈타인은 자신이 창조한 생명을 돌보아야 할 책임보다 그 생명에 대한 생(生)과 사(死)를 결정할 권리를 자신의 의무로 생각하는 것 같다. 동생 윌리엄의 살인범이 하녀 저스틴이 아니라 자신의 창조물임을 알게 된 프랑켄슈타인은 창조주로서 괴물을 죽여야 한다고 다짐한다. 빅터의 논리를 따르면 그가 자신의 가족, 더 나아가 인류를 위하여 자신이 창조한 생명을 죽이는 행위는 정당한 행위가 될 수 있다. 무엇보다 괴물이 비록 처음 선한 존재였다고는 하지만 자신의 불행을 탓하면서 타인을 죽이는 행위는 용서될 수 없는 것이 아닐까. 빅터의 논리는 괴물의 논리보다 더 설득력이 있는가. 우리는 빅터의 주장에 공감하고 그 주장을 받아들일 수 있는가.

빅터가 괴물을 대하는 행동은 창조주로서의 책임을 다한 정당한 행위인가, 아니면 창조주로서 괴물에 대한 최소한의 책임마저도 회피하는 행위인가. 그가 가족과 인류를 위해서 창조물을 죽이려고 하는 행동은 정당한가. 괴물의 행위가 마음에 들지 않으면 그를 죽일 책임과 권리가 그에게 있을까. 그는 창조하자마자 괴물을 버린 자신의 행위를 먼저 반성해야 하는 것이 아닐까. 자신의 도덕적 잘못을 반성하기보다 괴물로부터 가족 그리고 인류를 구해야한다는 그의 생각은 올바른 것일까. 그가 괴물에 대한 윤리적 책임을 회피한 것은 가족과 인류에 대한 윤리적 책임을 다하기 위한 부득이한 행위라고 보아야 할까.

그는 자신이 창조한 괴물로부터 인류를 구하려는 영웅적인 행위를 한 인물인가, 아니면 자신의 피조물에 대해 최소한의 연민도 보이지 않는 무책임하고 비열한 인간인가.

3. 찬성과 반대의 논리적 흐름

찬성	프랑켄슈타인은 과학자로서 인류의 발전을 위해 자신과 가족의 삶까지 희생시키면서 노력하였고, 자신이 잘못 창조한 피조물을 죽여서 인류에 대한 책임을 다하고자 노력하다가 희생당한 비극적 영웅이다.
반대	프랑켄슈타인은 과학자로서의 개인적인 명성과 죽은 어머니를 살리기 위해서 가족을 버리고 괴물을 창조했으며, 자신이 만든 피조물에 대해 연민과 동정을 포함한 어떠한 책임도 지지 않으려고 했던 비겁한 이기주의자이다.

4. 토론 지도 참고 사항

(1) 위의 논제로 토론하기 어렵다면 쟁점 3에 맞추어 '괴물은 죄

가 없다.'라는 논제로 좀 더 쉽게 토론할 수 있다. 이 때의 쟁점은 아래와 같다. 실제로 이 쟁점으로 토론을 많이 했다. 너무 자세한 쟁점에 대한 설명은 오히려 토론을 방해할 수 있다. 학생들의 수준에 맞게 설명을 적절하게 조절하는 것이 바람직하다. 위의 글은 토론에 쓸 쟁점을 제시할 목적뿐만 아니라 작품에 대한 해설의 목적도 지닌다. 그러므로 토론 후에 학생들이 작품을 좀 더 잘 이해하도록 돕기 위해서 보여줄 수 있다.

(2) 쟁점 ❶ 악(惡)은 태어나는 것인가, 만들어지는 것인가: 괴물은 태어난 순간부터 악한 존재인가, 아니면 사람들의 편견이 괴물을 악하게 만든 것인가. 괴물을 대하는 사람들의 태도(증오, 경멸, 혐오, 공포, 추악)는 옳은가. 괴물의 외모를 고려한다면 사람들의 태도는 불가피한 것이 아닌가. 만약, 악이 태어나는 것이 아니라 만들어지는 것이라면 무엇이 악을 만드는가. 악은 그 자신의 본성과 무관하게 만들어지는 것일까. 악이 만들어지는 것이라면 그 악에 대해서 우리는 어떻게 책임을 물어야 하는가.

(3) 쟁점 ❷ 행복을 추구할 권리(행복추구권): 괴물에게 행복을 추구할 권리가 있는가. 괴물이 사람들에게 연민과 우정(보호, 친절, 사랑, 호의, 동정, 공감)의 감정을 요구하는 행위는 정당한가. 괴물이 빅터 프랑켄슈타인에게 자신의 외로움을 달래 줄 여자 괴물을 만들어 달라고 요구하는 것은 무리한 요구인가. 여자 괴물의 존재는 괴물의 행복을 위한 최소한의 필요조건은 아닐까. 모든 존재는 행복을 요구할 권리가 있고, 공동체에 소속되고자 하는 욕구는 가장 기본적인 욕구가 아닐까. 나와 다르다고 해서 타자로 배척하고

그가 행복할 권리마저 빼앗을 수 있는 권한이 우리에게 있는가. 우리의 행복이 누군가에 의해서 위협 받는다면 우리는 투쟁해야 되지 않을까. 행복이 삶의 궁극적인 목표가 아닌가. 프랑켄슈타인은 괴물의 행복을 위해 여자 괴물을 만들어주어야 하지 않았을까.

(4) 쟁점 ❸ 자신의 행위에 대한 책임: 프랑켄슈타인은 괴물의 창조주로서 괴물에 대한 책임이 없는가. 창조주로서 괴물을 향한 그의 행위(괴물을 버리고 도망침, 괴물을 혐오하고 두려워함 등) 정당한 것인가. 자신이 원하지 않는 결과(아름다운 생명체를 창조하고자 했으나 추악한 괴물이 만들어짐)에 대해서는 책임질 필요가 없는 것일까. 괴물을 버리고 도망간 그의 행위는 이해될 수 있을까. 괴물은 겉모습으로 인해 차별받는데 그를 이렇게 만든 것은 빅터 자신이 아닌가. 그는 창조 과정에서 좀 더 신중하게 행동했어야 하지 않을까. 그가 지나치게 서두른 것이 모든 비극의 발단이 아닌가. 그가 좀 더 책임감 있게 행동했다면 사태는 다르게 전개될 수도 있지 않았을까.

(5) 쟁점 ❹ 정당방위: 괴물은 사람(프랑켄슈타인을 포함)들에게 존재의 위협을 느낀 것이 아닐까. 프랑켄슈타인에 대한 괴물의 복수는 위협에 맞서 싸운 정당한 것인 아닐까. 프랑켄슈타인에게 직접 복수를 하지 않고 그가 사랑하는 사람들을 죽임으로써 그에게 복수하는 괴물의 행동은 정당화될 수 있는가. 사랑 받지 못한다고 해서 상대를 괴롭히는 것은 정당한가. 폭력에 대응하는 방법은 폭력 외에는 없는가. 무엇보다 자신이 불행하다고 해서 살인과 같은 방법으로 다른 사람을 불행하게 하는 행동이 용납될 수 있는가.

(6) '괴물은 죄가 없다.'란 논제로 토론할 때는 제2부 전체, 제3부 제7장을 반복적으로 읽을 필요가 있음.

(7) 괴물은 사람일까, 사람이 아닐까. 괴물은 그 자신은 사람이라고 생각하고 행동하지만 주변 사람들은 괴물을 사람이리고 생각하지 않는다. 내가 비록 사람이라고 생각하더라도 타인들이 이를 인정하지 않는다면 사람으로 존재할 수 없는가, 아니면 타인의 인정 여부와 상관없이 사람인 걸까.

5. 참고문헌

- 메리 셸리(한애경 옮김), 『프랑켄슈타인』, 을유문화사, 2013.(토론도서)

- 메리 셸리(김선형 옮김), 『프랑켄슈타인』, 문학동네, 2014.(토론도서)

- 메리 셸리(오숙은 옮김), 『프랑켄슈타인』, 열린책들, 2015.

- 메리 셸리(오은숙 옮김), 『프랑켄슈타인』, 미래사, 2002.

- 프랑코 모레티(조형준 옮김), 『공포의 변증법』, 새물결, 2014.

- 질 메네갈도 책임편집(이영목 옮김), 『프랑켄슈타인』, 이룸, 2004.

- 장정희, 『프랑켄슈타인』, 살림, 2004.

- 조미정, 「『프랑켄슈타인』과 타자성: 페미니즘, 정신분석,
  마르크스주의 비평」, 숙명여자대학교 박사논문, 2008.

- 이미영, 「판타지에 나타난 나시시즘과 주체의 전복: 메어리 셸리의
  『프랑켄스타인』을 중심으로」, 경희대학교 석사논문, 2002.

- 최현지, 「타자의 욕망을 욕망하기:『프랑켄슈타인』의 라캉적 읽기」,
  경북대학교 석사논문, 2014.

- 김진실, 「『프랑켄슈타인』에 나타난 교육: 루소적 연민과 공감
  부재의 문제를 중심으로」, 인하대학교 석사논문, 2016.

- 김보영, 「『프랑켄슈타인』에 드러난 도전의 이중성」, 국민대학교
  석사논문, 2015.

- 강효정, 「메리 셸리의『프랑켄슈타인』에 나타난 괴물 연구」,
  동국대학교 석사논문, 2016.

- 권선희, 「괴물성의 정치학:『프랑켄슈타인』을 중심으로」,
  경희대학교 석사논문, 1998.

- 허재영, 「타자 - 괴물, 여성과 법, 그리고 호모 사케르:
  『프랑켄슈타인』을 중심으로」, 경희대학교 석사논문, 2013.

- 강진숙, 「『프랑켄슈타인』의 정신분석학적 비평」,
  순천대학교 석사논문, 2011.

- 신숙희, 「메리 셸리의『프랑켄슈타인』에 나타난 괴물의 타자성 연구」,
  명지대학교 석사논문, 2001.

토니 모리슨

『술라』 토론거리

1. 논제: 술라는 악(惡)한 존재이다.

2. 가부장제와 흑인여성 그리고 바텀

논제에 대한 쟁점에 들어가기 전에 가부장제와 흑인여성의 삶 그리고 작품의 배경이 되는 바텀에 대해 간단히 살펴보고자 한다. 이는 이 작품을 이해하는 데 긴요한 일이다. 가부장제와 흑인여성의 삶에 대한 아래의 간단한 설명은 김영란의 논문[36]을 참고했다.

가부장제는 여성에 대한 남성의 억압 체계 전반을 말한다. 가부장제는 가족에서 사회 전반에 이르기까지 여성에 대한 남성의 권력을 합법화하고 구조화한다. 가부장제는 생물학적 차이에 기반한 남녀관계를 억압적 관계로 만든다. 역사상 모든 사회는 남성에 의한 여성 지배체계인 가부장제에 의해 구조화된 사회라고 볼 수 있다.

시몬 보봐르는 성과 성별에 따른 계층화의 차이를 밝히면서 남성은 주체적 존재이며 여성은 남성의 타자로서 존재한다고 말한다.

---

36) 김영란, 「토니 모리슨의 흑인 여성적 글쓰기: 『술라』를 중심으로」, 서울시립대학교 석사논문, 2006.

그녀는 이런 기본 가정이 사회, 정치, 문화적인 모든 측면을 지배해 왔다고 말한다. 이처럼 문화 전반에 걸쳐 지배 권력을 행사하고 있는 가부장제는 젠더(gender)의 계층화에 바탕을 두고 있다.

가부장제는 여성의 성을 노동력 재생산에만 국한시켜 억압하고 통제해 왔다. 가부장제 하에서 흑인 여성들은 인종과 성에 의해 이중으로 억압을 받았다. 흑인 여성들의 성은 백인 남성들에 의해 노동력 재생산과 성폭력의 대상이 되었다. 수많은 흑인 노예 여성들은 강간과 같은 성폭력과 육체에 가해지는 폭력(채찍질 등)으로 고통 받았다. 그녀들의 육체적 상흔은 여기서 그치지 않았다. 흑인 여성들은 백인 주인의 재산 증식을 위해서 농장의 흑인 남성들과 무차별적인 성관계를 치렀다. 그녀들은 그 대가로 고작 작은 돼지, 새 드레스, 새 신발을 받았다. 그리고 다섯 번째 아이를 낳을 경우는 5달러 정도의 돈을 받았다.

노예제 해방 이후, 흑인 남성과 흑인 여성의 역할이 사회와 가정으로 분리되면서 여성은 남성에게 경제적으로 종속된다. 이는 여성의 모성역할 강화로 연결된다. 여성을 경시하는 자본주의 사회의 이데올로기를 받아들인 흑인사회는 성 이데올로기를 정치 이데올로기로 전치시켜 가부장제를 강화한다.

흑인 여성은 법적 신분이 없는 인격자로서 경제 활동이 허용되지 않았다. 흑인 여성들은 재산을 소유할 수 없었고 생계를 위해 할 수 있는 일도 없었다. 그녀들은 경제적으로 남성에게 의존할 수밖에 없었다. 그로 인해 흑인 여성은 남성의 지배에 종속되었다.

『술라』에 등장하는 흑인 남성들은 경제 활동이 허용되지 않아 경제적으로 자립할 수 없었고, 인종적 억압으로 삶에서 좌절을 경험한 인물들이면서, 가정 내에서는 가부장적 사고 체계를 가진 인물들이다. 흑인 남성은 백인중심의 경제체제에 의해 가장의 책임을 박탈당함으로써 심리적 거세를 경험하게 된다. 그들은 이로 인한 무력감으로 가정을 파괴하는 자기 파괴적인 인물들이다. 작품 곳곳에서 인종차별로 인해 직업을 얻지 못한 흑인 남성들이 무료해하는 모습을 볼 수 있다. 그들은 정신적 무력감에서 가족을 버리거나 아내에게 분노를 표출하는 가정의 폭군이 된다.

술라의 외조부인 보이보이(Boyboy)는 경제적 무능력으로 가장의 역할을 할 수 없게 되자 아내 에바와 어린 세 자녀를 남겨두고 집을 나가버린다. 해나는 딸 술라가 세 살 되던 해에 남편 르커스(Rekus)의 죽음을 맞고, 넬의 아버지 와일리(Wiley Wright)는 선원으로 거의 바다에서 생활한다. 그리고 에바의 외아들인 플럼은 전쟁의 상흔으로 마약에 빠져 환각상태로 지내는 인생의 실패자이다. 이들 모두 사회적으로 차별 받는 흑인 남성들이기에 사회적 정체성을 제대로 확립하지 못한다. 그러므로 흑인 남성들은 가정 내에서 가부장으로서의 권리를 확고히 하기 위해 여성을 관리하고 통제한다. 그들은 흑인여성들을 비인격적으로 대우함으로써 스스로 남성으로서의 정체성을 지키려 한다.

다음으로 작품의 배경이 되는 바텀 공동체에 대해서 간단히 살펴보자.

소설『술라』의 작품 배경은 오하이오에 위치한 메달리온이다. 소설은 이곳의 바텀(Bottom) 공동체의 기원에 대한 묘사로 시작된다. 어느 백인 농부가 자신이 부리던 흑인 노예에게 힘든 일을 잘해내면 자유와 한 뙈기의 땅을 주겠다고 약속한다. 그 일을 해낸 흑인 노예는 주인에게 약속을 이행해 달라고 요구했다. 농부는 흑인에게 자유는 주었으나 땅만큼은 떼어주고 싶지 않았다. 그래서 농부는 흑인 노예에게 언덕 꼭대기의 땅을 준다. 농부는 우리가 보기에 그 곳은 높은 곳이지만 하나님이 보기에는 천국의 바닥, 최고의 땅이라며 흑인 노예를 속인다. 이로부터 '바텀'이란 지명이 유래한다.

이 땅은 현재 변두리라고 불리며 백인들의 골프장 건설을 위해 재개발 중이다. 도시가 점점 발전하면서 계곡의 도시가 밀집지역으로 바뀌고 공해로 찌들자 바텀은 다시 백인들이 탐내는 곳이 되었다.

바텀 공동체는 아프리카 고유의 문화가 살아있다. 바텀은 전통적인 흑인 공동체 정신과 관용적·포용적인 흑인 특유의 세계관을 간직하고 있는 곳이다. 바텀에는 어려운 이웃을 도와주고 조상을 공경하는 흑인의 미덕이 살아있다. 공동체는 서로를 돌보면서 살아가는 이웃으로 존재한다. 주민들은 어머니가 사라진 아이들을 18개월이나 돌봐주며, 정처 없는 고아들을 맡아 키운다. 부모는 물론 혼자 사는 이웃 노인의 집에 들러 청소와 요리를 해준다. 이곳은 창녀마저도 활기차고 재치가 넘치는 곳이다. 바텀 공동체의 이런 모습은 노예제와 인종차별 속에서 사회의 하층민으로 살아야 했던 흑인들이 내·외적으로 힘든 상황을 극복하는 정신적 토대가 되었으며, 흑인이 미국 사회에 최초로 뿌리를 내린 이후부터 계속 겪어 온 인종주의로 인한 그들의 지난한 삶을 유지해 온 중요한 방편이 되었다.

하지만 바텀 공동체의 포용적·관용저 태도의 이면에는 공동체 성원 개개인의 삶의 발전 가능성을 막아 버리는 체념이 병존하고 있다. 관용과 포용이라는 수용적 태도는 백인들의 억압과 차별을 견디는 힘이 되기도 하지만, 다른 한편으로는 기존 체제에 대한 저항을 통한 진보와 발전을 막기도 한다. 이처럼 변화와 발전을 거부하는 바텀 공동체의 수동성은 결국 공동체가 해체될 운명을 예고한다.

『술라』는 1920년대에서 1960년대 사이, 약 40여년에 걸쳐 일어난 흑인 공동체 마을 내의 사건들을 다룬다. 실제로 그 시기에 흑인들은 인종차별로 고통 받고 있었다. 특히 흑인 여성은 가장 하찮은 존재로 여겨졌다.

『술라』에는 흑인차별과 관련된 장면들이 곳곳에 존재한다. 헬렌이 기차 안에서 백인 전용 칸으로 잘못 들어가 수치심을 느끼는 장면이나 흑인여성 전용 화장실을 찾아 헤매던 장면이 대표적이다. 또, 치킨 리틀이 죽었을 때, 그의 시체를 발견하는 과정에서도 흑인차별을 엿볼 수 있다. 거룻배 사공은 강기슭에서 흑인아이의 시체를 발견하곤 흑인들은 짐승보다 못하다고 비난한다. 사공이 경찰관에게 그 사실을 보고하자 시체를 왜 물 속에 다시 던져 넣지 않았느냐고 묻는 부분도 흑인이 비인간적인 대접을 받고 살았음을 보여준다. 이러한 차별에도 불구하고 바텀 마을의 흑인공동체는 변화나 도전보다 주어진 현실에 순응하는 편을 택한다.

바텀 공동체의 또 다른 부정적인 면은 남성성의 부재와 관련한 가부장적 질서의 강요를 들 수 있다. 바텀 공동체의 남성들은 거의 모두 남성성을 상실한 존재들이다. 이와 관련하여 『술라』에서 가장 눈에 띄는 점은 넬과 술라의 가정사가 거의 여성을 중심으로 설명된다는 점이다. 넬의 집안 내력은 증조할머니 세실(Cecile), 할머니 로셸(Rochelle), 어머니 헬렌(Helene)을 거쳐 넬로 연결된다. 그리고 술라의 집안 역사는 할머니 에바와 어머니인 해나로부터 술라로 이어진다. 넬과 술라 모두에게 할아버지나 아버지들은 집을 일찍 떠나버리거나 죽었거나 아예 처음부터 소설에 등장하지 않는다.

바텀은 가난, 백인 우월주의, 가부장제로 인해 뒤틀려 있다. 남성들은 인정받는 직종에 참여할 기회를 박탈당하고 있다. 그들은 백인들의 주변에서 허드렛일을 하면서 무기력증에 빠져 술, 계집질, 여자 때리기 등으로 울분을 해소한다. 여성들은 남편과 아이를 돌보는 외에 생계를 꾸리고 이웃의 노인들과 고아들마저 돌보아야 하는 상황에 처해 있다. 즉, 바텀 공동체는 여성의 희생을 요구하는 부정적인 면으로 고착되어 있다. 백인이 흑인 남성에게 억압을 가하고, 흑인 남성들은 그 억압을 다시 흑인 여성들에게 전가하는 상황이다.

3. 논제에 따른 쟁점

쟁점 ❶ 가족에 대한 태도

술라[37]가 악인인가를 판단할 때, 가장 먼저 그녀가 가족을 대하는 태도에 대하여 살펴보아야 한다. 가족은 모든 인간관계와 사회관계의 기초로서 가족 간의 윤리는 모든 사회가 엄격히 지킬 것을 요구한다. 만약, 이를 어겼을 때는 가혹할 정도의 비난과 때론 처벌을 받는다.

가족에 대한 술라의 태도에서 크게 문제가 되는 것은 두 가지다. 첫째는 그녀의 어머니 해나(Hannah Peace)가 불길에 휩싸여 죽어갈 때 그녀가 지켜만 보고 있었다는 것이고, 둘째는 할머니인 에바(Eva Peace)를 노인 요양소(양로원)에 보내버렸다는 사실이다. 이 문제들을 살펴볼 때, 우리는 술라가 행한 행위의 결과만이 아니라 행위의 원인도 잘 따져보아야 한다.

첫 번째 문제부터 살펴보자. 12살이 된 술라는 우연히 어머니 해나가 자신을 사랑하지만 좋아하지는 않는다는 말을 듣게 된다.[38] 그 말을 들은 술라는 자신이 어머니로부터 거부되었다고 생각한다. 술라는 세상에 기댈만한 사람이 아무도 없다고 느낀다. 어머니의 말에 놀람과 슬픔을 느낀 술라는 넬과 함께 화창한 여름날의 강가

---

37) '술라'라는 이름의 어원에 대해 루이스(Vashti Crutcher Lewis)는 '술라'가 아프리카식 이름으로 바방지 언어로, 두려워하다, 도망하다, 찌르다, 적절한 상태에서 나쁜 상태로 바꾸다, 시든, 영혼의 실패, 정복당하다, 공포로 질리다, 또는 두려움으로 굳다 등의 여러 가지 뜻을 가지고 있으며 그 뜻 중 하나 혹은 조합된 뜻을 나타낸다고 분석한다. 또한 콩고어로 '술라'는 '충격적 징후'이며 이 의미야말로 자신의 분석에 타당하다고 본다. '술라'의 아프리카식 의미는 술라가 공동체의 전통적 가치관에 반기를 든다는 점에서 일맥상통한다고 본다.(이경선, 「토니 모리슨의 소설에 나타난 인종적 수치심 치유」, 성균관대학교 박사논문, 2013.에서 재인용.)

38) 해나가 말하는 사랑(love)은 살아있는 존재 자체에 대한 사랑 또는 본능적인 모성애적 사랑을 의미한다. 반면, 좋아함(like)은 한 인간의 성격과 행동에 대한 애정을 의미한다. 이는 해나가 술라에 대한 모성애는 있지만 술라를 딸이 아닌 다른 개체로 바라볼 때 애정을 느낄 수 없음을 나타낸다.

로 나가서 놀던 중 우연히 치킨 리틀(Chicken Little)을 죽게 한다. 이 사건을 계기로 그들의 순수했던 유년 시절은 끝이 난다.

해나가 불타고 있을 때, 할머니 에바는 딸을 구하기 위해 불구의 몸을 끌어 불타고 있는 딸에게 가려고 애쓰고 있었다. 하지만 술라는 뒤쪽 현관에서 그저 바라보며 서 있었다. 나중에 에바가 그녀의 친구들에게 자기가 본 것을 말했을 때, 그들은 자기 엄마가 불에 타는 모습을 본 사람이라면 누구나 그 충격으로 술라처럼 꼼짝하지 못했을 것이라고 말한다. 에바는 그렇다고 말은 하면서도 그들의 생각에 동의하지 않는다. 에바는 술라가 불타고 있는 해나를 바라만 보고 있었던 것은 술라가 놀람과 두려움으로 마비되어서가 아니라고 생각한다. 에바는 술라가 도덕성을 상실한 채 재미가 있어서 지켜보고 있었다고 확신한다.

우리는 마을사람들과 에바의 말 중에서 누구의 말을 더 신뢰할 수 있는가. 마을 사람들의 말은 우리가 상식적으로 받아들일 수 있는 반면, 에바의 말은 동의하기가 매우 난감하다. 그렇지만 술라의 할머니인 에바의 말을 신뢰하지 않을 이유도 없다. 에바의 말이 사실이라면 비록 엄마에게 자신을 좋아하지 않는다는 말을 들었지만 엄마가 불에 타죽는 모습을 보면서 기괴한 웃음을 띠는 술라는 슬퍼할 능력을 상실한 괴물이 아닐까. 아니면 자신을 좋아하지 않는다는 엄마의 말을 들은 술라의 정신적 충격을 우리가 지나치게 과소평가하는 것일까. 문제는 어느 경우든 객관적인 증거가 있는 것은 아니라는 사실이다.

두 번째는 술라가 귀향 후, 노인을 돌보는 흑인 공동체의 전통을 무시한 채 할머니인 에바를 노인 요양소로 보내버린 일에 대해 살펴보자. 10년 만에 술라가 집에 돌아오자 에바는 술라에게 결혼을 해서 정착해 살라고 충고한다. 이에 술라는 자신은 다른 사람과 무엇을 해볼 생각이 없고, 자기 자신을 좀 더 온전하게 완성시키고 싶다고 대꾸한다. 이러한 술라의 태도에 에바는 그녀가 살아가는 방식을 간섭하고 비난한다. 술라는 더 이상 이를 견디지 못하고 그녀를 요양소로 보내 버린다.

　흑인 공동체는 노인 요양시설을 조상을 중요하게 여기지 않는 백인 문화의 산물로 생각한다. 그러므로 술라가 에바를 노인 요양소에 보낸 일은 흑인 공동체로서는 받아들이기 힘든 죄악이다. 하지만 이 문제도 생각만큼 단순하지 않다. 우리는 이 문제 이전에 에바가 막내아들인 플럼(Plum)을 불태워 죽인 일을 살펴봐야 한다. 왜냐하면, 술라가 에바를 요양소로 보낸 이유에는 자신도 삼촌처럼 할머니에 의해 죽임을 당할 수도 있다는 두려움이 있기 때문이다.

　우리는 에바가 자신의 아들을 불에 태워 죽인 행위를 모성애의 발로로 보아야 할까, 아니면 독단적인 판단으로 아들을 죽인 살인 행위로 해석해야 할까. 에바의 모성애는 손녀인 술라를 아들 플럼처럼 죽일 수도 있을까, 그렇지 않을까.

　플럼은 참전 후 마약중독자가 되어 집으로 돌아온다. 에바는 어린아이로 퇴행한 플럼이 온전한 삶을 살아갈 수 없다고 판단하여 그를 불태워 죽인다. 이 사건만을 보았을 때 아들을 자신의 소유물로 생각하고 그의 생명을 마음대로 앗아갔다는 점에서 에바의 행위는 비난을 피할 수 없다. 그러나 에바는 이 사건이 있기 전, 자신의 아이들을 먹여 살리기 위해 스스로 철로에 뛰어들어 다리 한 쪽이 절단되는 사고를 당함으로써 보험금을 타낸다. 물론 이는 비도덕적인 일이지만 에바의 모성애를 잘 보여주는 사건이기도 하다. 또한 에바는 플럼이 죽은 후, 자신의 딸 해나가 불에 타서 죽어가고 있을 때 죽을 각오로 2층의 자기 방에서 몸을 던져 해나를 구하고자 한다. 에바가 플럼을 불에 태워 죽이는 사건과 불에 타고 있는 해나를 구하고자 하는 사건은 일견 정반대의 행위로 보인다. 그러나 이 두 사건은 동일한 에바의 모성애에서 나온 행동으로 보아야 하지 않을까.

불에 타고 있는 해나를 자신의 몸을 던져 구하려고 한 행위가 모성애의 발로였음은 논란의 여지가 없다. 우리는 에바가 플럼을 불태워 죽인 일도 더 이상 자식이 고통 받길 원하지 않는 엄마의 모성애의 발로였다고 생각할 수 없을까. 에바는 막내아들인 플럼을 무척 사랑했다. 에바는 자신의 모든 것을 아들 플럼에게 물려주고 싶어 했다. 플럼은 1917년 전쟁에 나가기 전까지만 해도 그녀의 끊임없는 사랑과 애정에 쌓여 있었다. 하지만 플럼은 전쟁에서 마약 중독자가 되어 돌아온 후 퇴폐적인 삶을 살아가며 무기력한 모습을 보인다. 이런 플럼을 에바는 불로 태워 죽임으로써 그를 구원한 것은 아닐까. 즉, 에바의 행위를 파괴인 동시에 구원의 행위로 볼 수는 없을까. 결국 에바는 아들의 남성으로서의 마지막 자존심을 지켜주고, 아들의 고통을 멈추기 위해서 아들을 살해한 것은 아닐까. 플럼의 죽음은 에바에 의한 안락사가 아닐까.

아니면, 어떤 경우든 엄마가 자식을 죽이는 일은 잘못일까. 플럼의 삶은 그의 것이므로 에바가 마음대로 결정할 문제는 아니지 않을까. 에바의 행위는 어머니의 지나친 모성애의 결과가 아닐까. 그녀는 아들의 나약함과 사회부적응의 문제를 이유로 강압적이고 일방적인 모성애를 발휘하여 아들의 삶을 파괴한 것은 아닐까. 에바의 사랑은 독립적인 존재인 아들의 존엄성과 차이를 인정하지 않는 자기중심적인 사랑은 아닐까. 그녀는 모자관계를 소유관계로 착각하고 있는 것이 아닐까.

지금까지 살펴보았듯이 문제는 에바의 모성이 희생적이면서 또한 폭력적이라는 사실이다. 에바의 모성은 자신의 다리를 절단한 대가로 가정을 부양해왔고 불타는 딸을 살리기 위해서 이 층에서 뛰어내릴 만큼 헌신적이지만, 온전한 개인으로 살지 못할 것 같은 아들을 불태워 죽일 만큼 폭력적이기도 하다. 에바의 이런 사랑에 대한 술라의 본능적 두려움을 우리는 이해해야 하지 않을까. 술라는 자신도 삼촌(플럼)과 같이 될 수 있다는 공포로부터 벗어나고 싶었던 것이 아닐까. 그래서 술라는 에바를 요양원으로 보낸 것이 아닐까. 술라의 눈에 비친 에바는 자상한 할머니가 아니라 자신의 목숨을 담보로 보험금을 타고 아들의 목숨까지 빼앗는 잔혹하고 왜곡된 모성의 모습이 아닐까. 술라가 에바를 요양원에 보내는 비정함은 에바로부터 살아남고자 하는 술라의 분투의 결과로 이해해야 하지 않을까.

아니면, 술라가 현재 누리고 있는 삶이 가족을 위해 자신의 몸을 불구로 만들면서까지 헌신한 에바에 의한 것임에도 불구하고, 술라는 자신의 자아추구를 위해 에바와 단절을 선언한 파렴치한 인물로 보아야 할까. 술라는 에바의 사랑을 전혀 이해하지 못하고 있는 것은 아닐까. 술라는 아이들을 살리기 위해 다리를 절단한 에바에게 23달러의 보험금을 위해 영혼을 팔아버렸다고 비난했다. 이런 술라는 생존을 위해 눈물겨운 투쟁을 해야 했던 에바의 삶의 조건과 그 역할을 전혀 이해하지 못하고 있는 것은 아닐까.

플럼과 자신을 사랑했냐고 묻는 해나의 물음에 에바는 굶어죽지 않고 생존하기 위한 그녀의 극단적인 선택이야말로 사랑이 아니면 무엇이냐고 반문한 적이 있다. 딸인 해나와 손녀인 술라에게 에바는 충분한 양육과 애정을 보여주지는 못했다. 하지만 우선 살아남아야 하는 열악한 현실에서 에바는 가족을 위해 최선을 다한 삶을 산 것이 아닐까. 그리고 그것이 그녀가 보여줄 수 있는 최선의 사랑이 아닐까. 우리는 자식들에 대한 에바의 사랑은 부족하지 않았는데, 그녀의 사랑과 가족을 사랑한 방식이 가족들에게 충분히 이해받지 못했다고 생각해야 하지 않을까.

쟁점 ❷ 성(性)과 결혼에 대한 태도

술라는 결혼이라는 제도적 장치에서 벗어나 자유로운 성생활을 즐긴다. 그녀는 다른 사람들의 시선이나 평가는 신경 쓰지 않고 자신의 방식대로 살아간다. 술라는 이미 열 살 무렵부터 어머니인 해나가 마을남자들과 자유롭게 성관계를 맺는 것을 목격하면서 자랐다. 어릴 때부터의 경험으로 그녀는 섹스에 대한 거부감이 없다.

그녀는 1937년 바텀 공동체로 다시 돌아온다. 귀향 후 그녀는 공동체의 다른 남자들과 자유롭게 성관계를 즐긴다. 하지만 술라는 해나와 달리 공동체의 여자들뿐만 아니라 그녀와 성관계를 가졌던 남자들로부터도 배척당한다. 이는 술라가 성을 통해 자신의 자유로움을 추구하지만 타인에 대한 배려나 존중의 모습이 결여되어 있기 때문이다.

해나의 경우는 아내가 있는 남성과 성관계를 가짐으로써 그들의 배우자와 마을의 여성들을 격분시키기는 하지만, 그녀는 일상적 필요에 의해 관계를 가졌으며 무엇보다 상대가 자신을 완전하고 멋진 사람으로 인식하도록 배려한다. 하지만 술라는 오직 자기 자신을 위해 남성과 성관계를 가질 뿐이다. 그녀는 관계 중에도 외로움을 느낄 정도로 타인을 마음속에 받아들이지 않는다. 술라는 이런 이기적인 태도로 인해서 마을 여인들뿐만 아니라 그녀와 관계한 남성들에게도 비난 받는다. 성에 대한 술라의 이런 태도를 우리는 어떻게 받아들여야 할까. 술라는 성적으로 문란하며 타인에 대한 배려라고는 털끝만큼도 없는 사악한 존재일까, 아니면 그녀의 자유분방함과 성(性)이 그녀의 정체성을 추구하는 한 방편이었음을 인정해야 할까.

술라의 성생활에서 특히 문제가 되는 부분은 그녀가 친구인 넬(Nell)의 남편인 주드(Jude)와 동침한 일이다. 술라에게 우정은 감정의 공유를 의미했다. 소녀 적에 둘은 한 소년을 사이에 두고 다투지 않았다. 술라는 다만 주드가 자신의 공허함을 일시적으로 채워주었기 때문에 그와 잠자리를 가진 것 뿐이다. 술라는 그것 때문에 넬의 결혼이 파탄나고 넬과의 우정이 깨지는 것까지는 생각하지 못했다. 오히려 왜 자신의 남편을 빼앗아가야만 했냐고 묻는 넬에게 술라는 그를 빼앗아간 것이 아니라 단지 그와 섹스만을 했을 뿐이라고 말한다. 그러면서 술라는 우리가 정말로 좋은 친구라면, 어째서 그걸 극복하지 못하는지 넬에게 반문한다. 우리는 넬에 대한 술라의 이런 반응을 이해할 수 있는가.

아니면, 사랑하지도 않는 친구의 남편과 성관계를 갖는 일은 친구를 배려한다면 상상할 수 없는 비도덕적인 일로 받아들여야 할까. 물론, 술라가 의도적으로 주드를 잠자리에 끌어들여 넬의 가정을 파탄낸 것이 아님은 분명하다. 술라는 사람을 소유하려고 하지 않는다. 술라는 주드를 빼앗으려고 동침한 것이 아니며 더구나 그것이 넬을 고통 속에 밀어 넣는 일이라고는 생각하지 않았다. 또한 술라와 넬은 항상 다른 사람들의 사랑을 공유했다.

술라는 의도하지 않았지만 넬의 가정을 망치고 그 결과로 우정도 파괴된다. 그러나 술라의 의도가 무엇이었던 그녀가 넬의 가정을 파괴한 것은 분명하지 않은가. 자신의 절친한 친구의 남편과 동침하는 일이 넬의 마음속에 어떤 파문을 일으킬지 이해할 수 없는 술라는 타인의 감정을 읽을 능력을 상실한 것이 아닐까.

술라의 성의 문제를 선과 악으로 명백하게 구분하기 어려운 이유는 그녀가 성을 자신의 정체성 추구와 기존의 전통이나 관습에 대한 저항의 의미로 사용하기 때문이다. 따라서 우리는 술라의 성을 단순히 육체적 욕구의 문제가 아니라 역사적·사회적 맥락에서 살펴 볼 필요가 있다.

술라에게 성은 육체적 즐거움이나 타인과 만남을 위한 수단이 아니다. 그녀에게 성은 남성의 욕구를 만족시켜 주고 출산을 위한 수동적인 역할을 위해 존재하지 않는다. 그녀에게 성은 자신의 본질을 탐구하고 주장하기 위한 활동이다. 그녀는 자신의 자아를 추구하기 위한 수단으로써 자신이 원하는 남자들과 자유롭게 성관계를 맺는다. 술라에게 성은 느껴지는 대로 행할 수 있는 자유롭고 개방적인 행위이다.

가부장제 하에서 여성은 자신의 욕구보다 다른 사람(남자)의 욕구를 먼저 돌보고 헤아리도록 교육 받는다. 가부장제 하에서 여성의 성은 결혼 제도 안에서 남성의 성적 대상이나 재생산과 관련된다. 여성의 성적 욕망은 대개 가부장적 질서에 대한 위협으로 간주된다. 그러므로 가부장적 권력관계에서 여성이 성적 욕망을 표출하는 행위는 여성에 대한 남성의 억압에 맞서 저항하는 신체의 행위가 된다. 또한 여성이 사회적으로 억압된 성의 관념에서 벗어나 새로운 성적 주체가 되는 것은 남성의 욕구나 욕망에 종속되지 않고 자율적이고 능동적으로 자신의 욕구나 욕망을 재구성함을 의미한다. 가부장제에서는 욕망을 추구하는 쾌락의 속성 때문에 여성으로 하여금 자신의 욕망을 은폐하도록 강요한다. 이런 억압은 여성에 대한 남성의 지배와 통제가 효율적으로 이루어질 수 있도록 기능한다. 술라가 사는 공동체에서는 여성의 쾌락을 금기시하고 그것 자체를 인정하지 않는다.

하지만 술라는 자신의 욕구에 충실하다. 그녀는 흑인 여성에게 부과된 친절하며 종교적이고 성에 무관심한 전통적인 흑인 여성의 이미지를 과감히 버린다. 그녀는 집안일을 하고 아이들을 키우며 가정을 위해 헌신하는 정형화된 여성의 이미지에서 탈피한다. 그녀는 성적으로 자유분방하고 자신의 욕망에 충실한 파격적인 여성상을 보여준다. 그녀는 성을 통하여 공동체의 가부장적 규범과 관습에 정면으로 도전한다. 그녀는 인종주의와 가부장제 하에서 성적, 인종적으로 각인된 몸의 역할을 거부한다. 술라는 남녀 관계에 있어서 역사상 이제껏 흑인여성에게 강요되어진 가족 내의 재생산의 이미지를 거부하고 금기시 되어왔던 성적 취향, 선택권, 쾌락의 추구를 주체적으로 찾아 나선다. 술라의 성은 자기 자신의 자유를 얻기 위한 투쟁의 산물이다.

역사적인 맥락에서 볼 때도 술라가 성적 욕망의 표출을 자기 주장의 한 방편으로 택한 것은 중요한 의미를 지닌다. 노예제도 속, 흑인 여성의 성은 백인 지주의 재산 증식의 수단(출산을 통한 노동력 확보)이나 그녀들을 억압하는 수단[39]으로 이용되어 왔고, 또 흑인 남성에 의해서는 남성성을 확인하는 수단으로 이용되어 왔다. 술라의 성행위는 역사적으로 흑인 여성들이 빼앗긴 성의 본모습을 되찾고 그것을 새로운 눈으로 바라보고 정의하는 일이다. 이는 흑인 여성들의 정신적 해방과 자아 발견, 흑인 정체성과 인간 주체성을 동시에 탐구하는 문제와 직결된다. 그러므로 술라처럼 흑인 여

---

39) 바텀의 남성들은 인종 차별에 대한 위로를 목적으로 흑인 여성과 관계를 시작하거나 흑인 여성을 또 다른 남성성의 획득을 위한 수단으로 삼는다. 이는 주드와 넬의 결혼에서 가장 노골적으로 드러난다.

성이 빼앗긴 성을 되찾고, 그것을 자신의 관점에서 재정의 하는 일은 그들의 자아발견을 향한 중요한 밑거름이 된다.

　10년 만에 귀향한 술라에게 에바는 결혼해서 정착할 것을 충고하지만 술라는 자기만의 독자적인 삶을 살겠다고 선언한다. 술라는 피스가의 다른 여성들과 비슷하게 개방적인 성적 성향을 갖고 있다. 그럼에도 불구하고 남성과의 관계에 있어서 뚜렷하게 구별되는 점이 있다. 그것은 술라가 여성에게 인생의 목표이자 정착역으로 요구되는 결혼을 받아들이지 않는다는 점이다. 비록 실패했지만 한 번씩 결혼의 경험이 있는 할머니, 어머니와는 달리 술라는 끝까지 독신으로 산다. 에이잭스와 관계 이외에는 어떤 진지한 관계도 맺지 않는다. 술라는 에바를 양로원으로 보내고 결혼을 완강히 거부함으로써 공동체의 윤리적 규범에 저항한다.
　술라는 귀향한 뒤 처음으로 흑인 공동체와 결혼과 양육의 문제로 부딪힌다. 대부분의 가부장제 사회와 마찬가지로 흑인 공동체에서 여성에게 부여된 가장 큰 역할은 아내와 어머니로서의 역할이다. 대부분의 흑인 여성들은 넬처럼 남성의 보조자와 위로자로서의 역할과 함께 흑인의 미래를 위한 출산과 육아를 여성의 당연한 의무로 받아들인다. 그런데 술라는 아내와 어머니로서의 전통적인 역할을 강요하는 결혼제도가 과연 여성으로서 행할 진정한 선인지 의심한다.
　그녀의 눈에 비친 결혼한 여성들은 진정으로 살아 있는 존재들처럼 보이지 않는다. 술라는 결혼과 동시에 개인적 욕구와 여성 주체로서의 삶을 포기하고, 공동체의 관습과 인습에 얽매여 살아가는 넬과 같은 여성들의 삶에 동의하지 않는다. 술라는 바텀 마을 사람들이 하나같이 공동체의 관습에 얽매여 살아간다고 생각한다. 그들은 공동체 안에서 진정 인간으로서 느껴야 하는 욕망이나 자유를 맛보지 못하는 것으로 보인다. 그녀들은 자신의 정체성 등에는 관심이 없고 오직 주어진 삶에 순응한 채 살아가는 것으로 보인다. 그래서 술라는 자신은 그런 삶을 살지 않겠다고 생각한다. 그녀는 오로지 자신만을 위해 살기로 다짐한다.

술라는 규범에 얽매여 사는 넬과 마을 여자들을 거미에 비유한다. 그녀들은 자유의지보다는 사회 규범에 의해 규정된 삶의 테두리인 거미줄을 벗어나지 못한다. 그녀들은 창조력이 필요한 자유낙하를 엄두도 내지 못한다. 남성, 자식, 즉 사회에 의해 부과된 삶의 테두리를 벗어나지 못한다. 술라는 자신의 목소리를 억압한 채 규범에 순응하는 넬의 삶은 단순한 생존에 지나지 않으며 죽음과도 같은 삶이라고 생각한다.

술라는 넬을 비롯한 마을 여자들과 달리 공동체의 규범에서 벗어나 자신의 자유를 추구하며 기꺼이 자유낙하를 시행한다. 술라에게 결혼이란 제도는 자아의 상상력을 억압하는 장례식과 같다. 그러므로 그녀는 결혼을 거부한다.

술라는 남성 중심적 시각에서 옳은 것으로 정의되었던 모성과 여성의 전형성을 파괴한다. 술라는 가부장제 안에서 규범화된 여성성을 전복시킨다. 술라는 인종적 · 성적으로 상투적인 여성의 모습, 흑인이면서 여성이 의미하는 바를 받아들이기를 거부하고 실험적인 삶을 살아간다.

술라와 흑인 남성들과의 관계는 파격적이고 실험적이다. 그녀는 남성에게 종속된 삶, 인습과 전통에 얽매인 삶을 철저하게 배격한다. 그녀는 남성들과 자기본위의 주체적인 관계를 시도한다. 술라의 이러한 남녀관계의 시도는 남성 위주의 종속적 관계의 틀을 깨고 자유롭게 여성의 목소리를 내는 독립적이고 주체적인 관계의 시도로서 의미가 크다. 그러므로 우리는 술라가 기존의 제도적 속박에서 벗어나 여성이 주체적으로 남녀관계를 주도할 수 있음을 보여준 것으로 생각할 수 있다. 이러한 생각에 동의한다면 우리는 술라를 악이 아니라 영웅적 인물로 보아야 하지 않을까.

아니면, 우리는 술라를 타인을 배려하지 않고 자기를 과시하고 싶어 하는, 타자의 목소리를 전적으로 부정하고 자신의 목소리만 주장하는 이기적인 존재로 봐야 할까. 그녀는 사회 규범을 비롯해서 외부의 모든 것들을 무시하고 자신의 자유만 추구한다. 이는 그녀가 자신만의 세상에 갇혀 타인을 배척하고 자신만이 옳다고 생각하여 오만하게 행동하는 존재임을 의미하는 게 아닐까.

술라의 새로움은 자신의 의지대로 삶을 개척하려는 그녀의 독립심에서 찾아볼 수 있다. 그러나 이 새로움은 바텀 사회가 축적해온 역사적 경험과 자신의 새로운 의식이 서로 소통할 여지를 차단한다는 측면에서 폐쇄적이다. 술라는 가부장적 인습에 묶여 살아가는 공동체 여성들의 삶을 죽은 삶으로 비판하면서 공동체 안에서 흑인 여성들이 담당해왔던 전통적인 아내와 어머니의 역할 자체를 부정하고 있는 것으로 보인다. 술라는 자유롭고 독립적인 성적 주체를 지향함으로써 백인중심사회에서 흑인의 인종적 정체성을 무시하고 있는 것은 아닐까. 또한 가부장적 이데올로기 안에서도 공동체를 이끌어온 여성 고유의 긍정적인 역할이 있다는 사실을 간과하고 있는 것이 아닐까. 그러므로 그녀는 공동체와 소통하지 않고 공동체의 긍정적인 역할을 무시하기 때문에 공동체의 입장에서는 악일 수밖에 없지 않을까.

쟁점 ❸ 공동체와의 관계

바람직한 개인과 공동체의 관계는 무엇일까. 이 질문은 다음과 같은 질문들을 포함하고 있다. 개인이 속한 공동체와 그 개인의 가치관이 충돌할 때, 어떤 일이 발생할까. 개인은 그가 속한 공동체와 자신의 안녕을 위해 자신의 생각과 상관없이 공동체가 요구하는 가치관을 따라야 할까. 그리고 만약 그렇지 않을 경우, 그 개인은 어떻게 될까. 술라처럼 공동체에서 그녀에게 주어진 기대를 저버리고 자신의 의지대로 행동할 때는 어떤 일이 벌어질까. 공동체에서 공공의 적으로 규정된 개인의 몰락은 과연 그 공동체에 어떠한 영향을 끼칠까. 더욱이 흑인 사회라는 특수성을 지닌 공동체에 흑인여성이라는 조건을 더하면 문제는 더욱 복잡한 양상을 띤다.

개인과 공동체는 뗄 수 없는 긴밀한 관계이다. 어느 사회에서든 공동체와 개인은 순응과 갈등의 관계에 놓인다. 공동체의 유대가 긴밀할수록 자유로운 개성을 지닌 개인과 갈등을 일으킬 가능성이 커진다. 특히, 흑인 사회라는 특유의 끈끈함을 공유하고 있는 공동체에서 자유로운 자아를 가진 개인은 자신의 개성 발현과 자아 탐색으로 인해 공동체와 갈등을 일으킬 수밖에 없다. 이때 술라는 적극적으로 자신의 자아실현에 방해가 되는 사회적 관습의 틀을 깨는 실험적인 삶을 살며 공동체의 기존 체제에 도전한다.

10년 동안 바텀 공동체를 떠나 있으면서 대학 교육까지 받아 더욱 자유로운 신여성이 된 술라는 마을 사람들의 편협함과 답답한 생활 방식을 비판한다. 이에 대해 바텀 주민들은 술라를 소외시켜 악으로 낙인을 찍는다. 왜냐하면 술라가 자신들이 오랫동안 지켜온 관습과 규범을 송두리째 뒤흔들기 때문이다. 바텀 공동체는 자체의 규범을 거부한 채 자신의 삶은 자신의 것이라고 주장하는 술라를 불길하고 사악한 악으로 규정한다.

『술라』에서 가장 두드러지는 쟁점은 선과 악의 경계를 가늠하는 기준이다. 흑인 공동체의 입장에서 자유롭게 자아 정체성을 추구하는 술라는 악이고, 자신의 욕구를 억압하고 공동체의 규범과 가치를 지키는 넬은 선이다.[40] 하지만 술라는 마을 공동체에서 악으로 여겨짐에도 그녀의 존재는 공동체에 유익하게 작용한다. 술라의 파격적인 행동들은 아이러니하게도 마을 사람들에게 자신들의 행동을 돌아보는 반성의 기회를 제공하기 때문이다.

---

40) 어릴 적 꿈을 충족시키기 위해 넬은 바텀 마을을 한 번도 떠나지 않고 그곳에서 결혼하지만 술라는 좀 더 자유롭게 자신만의 삶을 추구하기 위해 가족과 사회를 버리고 바텀을 떠난다. 넬의 삶은 사회가 규정한 모범적인 여성의 길이며 술라는 전통과 관습과 규범에 저항하며 산다. 넬에게 있어 변화란 지옥과도 같은 것이지만 술라에게 지옥은 영원히 변하지 않는 곳이다. 술라와 넬은 서로 상반된 삶을 산다. 술라는 이름인 피스(평화)와 달리 항상 흑인 공동체에 저항하고 그것을 전복시키려 한다. 반면에 넬은 공동체 내부의 규범에 순응하는 삶, 흔히 정상적이라고 불릴만한 여성의 삶을 산다.

술라의 자유분방한 행동들이 마을에 퍼지자, 마을 사람들은 그녀를 마치 그들이 대항해야 할 사악한 악녀처럼 취급한다. 에바가 요양소에 수용되었다는 말이 나돌자 바텀 사람들은 고개를 흔들었고, 술라가 주드를 빼앗은 후에 그를 어떻게 버렸는지를 들었을 때 그녀를 창녀 취급하며, 그녀가 귀향할 때 일어났던 울새 떼의 재앙을 기억한다. 또한 해나가 불에 타고 있는 모습을 그녀가 쳐다만 보고 있었다는 이야기로 인해 마을은 그녀의 사악함에 분노한다.

남자들은 그녀가 백인 남자와 잠을 잤다는 소문으로 그녀를 끊임없이 손가락질을 하고, 그녀를 이해할 수도 용서할 수도 없는 죄인으로 여긴다. 그것은 사실이 아닐 수도 있지만 그녀는 확실히 그런 짓을 할 수 있는 여자라는 사실에 늙은 여인네부터 어린아이들까지 그녀를 수치스럽게 여기고 외면한다. 이렇게 술라는 마을 사람들의 분노의 대상이 된다. 그녀의 이마 위의 모반은 그들에게 뱀의 이미지로 부각되어 그것은 마을 사람들이 그녀의 사악함을 규정하는 또 다른 단서가 된다.

마을 사람들은 술라를 그들이 몰아내야 할 악귀처럼 여겨서 밤이면 문간에다 빗자루를 가로질러 놓고 현관의 계단 위에 소금을 뿌린다. 그녀로 인해 자신들의 가정에 부정이 타는 것을 막으려 한다. 그러나 이러한 술라의 불길함에 대한 마을 사람들의 경계심은 오히려 그들의 삶을 역설적인 방식으로 변화시키고 있다. 그들은 술라를 경계할수록 점차 자신의 가족들을 더 보호하고 사랑하게 된다. 마을 사람들은 마치 자신의 생활 한 가운데 침투한 악마에 대항하듯이 자신의 가정을 안식처로 다시 꾸미고 그들의 남편과 아내들을 아끼고 자신의 자식들을 보호하고 사랑하기 시작한다.

이와 같이 술라는 정체되어 있던 마을 사람들의 삶을 역설적인 방식으로 변화시키고 있으며, 그녀의 삶 자체가 서서히 그들의 잃어버린 도덕성을 회복시키는 역할을 하게 된다. 술라의 존재가 공동체의 도덕의식을 무디게 만드는 것이 아니라 오히려 공동체의 도덕의식을 일깨워 준다. 술라는 결과적으로 보면 공동체에 선을 행한 것이다.

술라가 선한 존재일 가능성은 술라가 사라진 후에 바텀에서 일어난 일들을 살펴보면 알 수 있다. 술라의 존재가 사라지자 티폿의 엄마는 술라가 티폿을 층계 밑에 떨어뜨린 이후 삼갔던 매질을 다시 시작했고, 술라의 악의로부터 자기 아이들을 방어했던 다른 어머니들도 맞서 부딪혀야 할 대상이 없게 되자 아이들을 방치하기 시작했다. 또한 아내들도 더 이상 그들의 남편을 애지중지하지 않았다. 즉, 더 큰 악이라고 여겨지는 것에 대항하여 선행을 실천하다가 그 악이 사라지자 악행들이 다시 고개를 들기 시작한다. 이는 악으로 등장한 술라가 마을 사람들에게 결국 유익한 존재로 기능했음을 말하는 것이 아닐까. 이와 같은 일련의 사건들은 일반적으로 인식하던 선과 악의 문제를 넘어 악한 존재가 어떻게 선으로 작용하고 있는지를 보여준다. 따라서, 술라의 삶은 공동체로부터 악으로 지칭되지만 그녀의 행동이 초래한 역설적인 파급효과를 고려할 때, 선과 악의 이분법적인 대립이 무의미하다는 것을 입증하는 것은 아닐까.

악의 화신인 술라의 죽음은 마을 사람들에게 좋은 일로 생각된다. 수년간 중단되었던 터널 공사가 재개되고 요양소의 수리공사 같은 일이 희망으로 제시된다. 그러나 아이러니하게도 술라를 악으로 간주하고 술라로부터 자식과 아내와 늙은 부모를 지키려는 모습이 사라짐으로써 오히려 바텀 사람들의 삶은 피폐해진다. 그리고 몇 개월 후 샤드랙이 이끄는 전국자살일 행사에 마을 사람들은 떼죽음을 당하게 된다. 술라를 비난했던 바텀의 여성들을 포함하여 많은 사람들이 강 양안을 잇는 터널 속에서 빠져 죽는다. 이들의 죽음은 시신조차 거두지 않을 정도로 술라를 고립시키고 외면했던 공동체 사람들에 대한 술라의 복수라 할 만하다. 그 이유는 넬을 제외하고 마을 사람들 중 유일하게 술라에게 관심을 갖는 샤드랙이 술라의 죽음을 슬퍼하면서 마지못해 행한 전국자살일의 의식에 동네 사람들이 자발적으로 따라가 떼죽음을 당한다는 데서 알 수 있다. 샤드랙은 본의 아니게 술라를 대신해서 마을 사람들에게 복수한 것이지만 이들의 죽음을 술라와 연결시키는 작가의 의도는 무엇일까. 그것은 새로운 자아를 갈망하는 술라의 욕구를 외면하고 변화·발전을 거부하는 흑인 공동체의 폐쇄성은 공동체의 죽음을 의미함을 보여주는 것이 아닐까. 그러므로 바텀 사람들이 술라를 악으로 규정한 것은 잘못이 아닐까.

우리는 술라의 자유분방한 행위를 공동체 사람들의 자존심에 상처를 입히고 공동체의 가치관을 흔드는 악으로 보아야 할까. 바텀 사람들은 일상적인 악에 대하여 관용적 태도를 보인다. 이런 그들이 술라에 대해서는 철저하게 배타적 태도를 보인다는 사실은 무엇을 의미할까. 술라의 행동이 바텀 공동체 내에서는 절대 용인될 수 없는 행동이었다는 뜻이 아닐까. 공동체의 전통과 질서를 무시하는 술라를 공동체가 받아들이는 것은 불가능하지 않았을까.

술라는 공동체에 대한 책임을 회피함과 동시에 스스로도 공동체의 도움을 차단했다. 이처럼 공동체 성원으로서 기본적 의무를 져버린 술라는 바텀 공동체에서 소외당했을 뿐만 아니라 죽을 때에도 혼자 외롭게 숨을 거둔다. 심지어 그녀의 장례식을 돌봐 주려는 사람도 나타나지 않아 시신이 사흘 동안이나 방치되었다. 그 이유는 술라가 흑인 공동체를 지탱해 주는 가장 기본적인 공동체 윤리를 무시했으며 자기의 모태가 되는 흑인 문화를 전적으로 부정하기 때문이다. 결국 공동체의 전통을 무시한 절대적으로 자유로운 자아 찾기는 방종이 아닐까.

정체성은 우리가 타인과 분리될 때 비로소 인식될 수 있는 것임과 동시에 타인과의 관계를 배제하고는 결코 인식될 수 없는 것이다. 타인과의 관계를 배제한 정체성이란 불가능하다. 이는 술라에게 그대로 적용된다. 그녀는 사회로부터 떨어져 있을 때 고유한 자신의 정체성을 획득하지만 실제로 그 정체성은 타인과의 관계를 배제한 것이기 때문에 미완으로 남는다. 문제는 술라가 사회의 억압, 희생, 질서를 벗어남으로써 획득한 자유 역시 사회적 한계 내에서만 실현 가능하다는 것을 알지 못한다는 사실이다. 술라는 정체성을 찾기 위해 바텀 공동체를 떠나야 했던 만큼 사회 공동체와의 관계 속에서 자신을 찾아야 했다. 술라는 자유를 얻었으나 그 자유 속에는 위험이 내재해 있었고, 그것이 바텀 사람들에게는 악으로 규정된 것이 아닐까.

아니면, 우리는 술라의 행위를 공동체 고유의 가치관을 깨뜨려 변화를 두려워하는 공동체를 변화시키려는 의도로 해석해야 할까. 술라는 공동체를 변화시키고자 노력했지만 공동체로부터 이해받지 못하고 오히려 공동체를 교란시키는 악으로 규정된 것은 아닐까.

선과 악, 정상과 비정상의 개념은 절대적인 기준에 따라 분류된 것이 아니라 사회의 정의에 따라 얼마든지 달라질 수 있는 상대적인 것이 아닐까. 선과 악은 서로 의존하면서 분리되어 있는 모순적 관계이지 대립적 관계는 아니다. 이런 관점에서 술라의 삶은 새롭게 해석되어야 한다. 바텀 마을에서 공동체의 규범과 전통을 무시한 채 자신만의 삶을 추구하는 술라는 악으로 존재한다. 마을 공동체는 술라를 악한 존재로 규정함으로써 그들의 선함을 확보할 수 있다. 그러나 공동체의 가치와 사회의 기준을 거부한 채 살아가는 술라의 실험적 삶은 악한 것이 아니라 단지 다른 사람들과는 다른 삶으로 해석되어야 하지 않을까.

나아가 우리는 바텀 사람들보다 술라가 선하다고 볼 수는 없을까. 술라는 넬에게 자신의 자유로운 삶을 포기한 채 위선적이고 인습적인 삶 속에서 아무 희망도 없이 살아가는 것이 오히려 악이라고 말한다. 술라의 이 말은 진실이 아닐까. 술라는 먼 훗날에 사람들이 자신의 삶을 이해하고 사랑할 수 있을 거라고 말한다. 술라는 죽음을 눈앞에 둔 순간까지도 자신이 살아온 삶을 후회하지 않는다. 오히려 자신의 삶이 넬이 살아온 삶보다 더 선한 것일지도 모른다고 주장함으로써 넬을 당황하게 한다.

　이 작품은 대다수의 상식으로 볼 때, 누가 봐도 선과 악이 분명해 보이는 두 흑인여성의 관계를 보여준다. 하지만 우리는 악의 상징처럼 보이는 술라가 과연 악인인지 확신하지 못한다. 또한, 넬의 삶을 보면서 선의 상징처럼 보이는 그녀의 삶이 선인지 확신하지 못한다.

4. 참고문헌

- 토니 모리슨(송은주 옮김), 『술라』, 문학동네, 2015.(토론도서)

- 서숙, 『술라, 서숙 교수의 영미소설 특강5』, 이화여자대학교출판부, 2013.
- 김미아, 『토니 모리슨의 사색』, 동인, 2012.
- 이승은, 『토니 모리슨』, 평민사, 1999.
- 한재환, 『토니 모리슨의 삶과 문학』, 역락, 2015.

- 김미아, 「상생의 미학: 토니 모리슨의 『술라』」, 『現代文學理論硏究 Vol.52』,
  현대문학이론학회, 2013.
- 김명주, 「토니 모리슨 『술라』의 정체성 탐구 양상:
  미국 1970년대 문화적 나르시시즘」, 『미국사연구 16』, 한국미국사학회, 2002.
- 이효선, 「토니 모리슨의 『술라』에 나타난 흑인 모성의 양가성」,
  『영어권문화연구 Vol.6 No.2』, 동국대학교 영어권문화연구소, 2013.
- 차민영, 「토니 모리슨의 『술라』: 이항대립의 아이러니」,
  『世界文學比較硏究 Vol.29』, 2009.

- 이주영, 「토리 모리슨의 『술라』에 나타난 경계 허물기」,
  경북대학교 석사논문, 2010.
- 박순정, 「토니 모리슨의 작품에 나타난 자아와 사랑 추구:
  『술라』와 『빌러비드』를 중심으로」, 충남대학교 석사논문, 2003.
- 김영미, 「공동체와 개인: 토니 모리슨의 『술라』 연구」, 서울대학교 석사논문, 2006.
- 정슬기, 「토니 모리슨의 『술라』에 나타난 자아형성의 요인 분석」,
  충남대학교 석사논문, 2016.
- 문샛별, 「토니 모리슨의 흑인 남성 다시 보기: 『술라』의 섀드락을 중심으로」,
  이화여자대학교 석사논문, 2013.
- 권계옥, 「토니 모리슨의 여성적 글쓰기와 긍정의 비전」,
  한국외국어대학교 석사논문, 2015.

- 김영란, 「토니 모리슨의 흑인 여성적 글쓰기:『술라』를 중심으로」,
  서울시립대학교 석사논문, 2006.
- 박은희, 「토니 모리슨의『술라』에 나타난 인간관계 형성 양상」,
  한국교원대학교 석사논문, 2008.

- 김화정, 「토니 모리슨 소설 연구: 아프리카계 미국 여성의 정체성 찾기」,
  전북대학교 박사논문, 2011.
- 윤석경, 「토니 모리슨의 소설에 나타난 몸의 정치:『가장 푸른 눈』,『술라』,
  『빌러비드』를 중심으로」, 숙명여자대학교 박사논문, 2007.
- 이경선, 「토니 모리슨의 소설에 나타난 인종적 수치심 치유」,
  성균관대학교 박사논문, 2013.
- 최재구, 「토니 모리슨 소설에 나타난 이중의식: 분열에서 공존으로」,
  경희대학교 박사논문, 1999.
- 이일수, 「토니 모리슨의 서사적 주체:『가장 푸른 눈』,『술라』,『빌러비드』
  에서의 정착경험을 중심으로」, 서울대학교 박사논문, 2004.
- 강정희, 「토니 모리슨 소설 연구: 삶을 향한 죽음의 변주」,
  한양대학교 박사논문, 2010.
- 오병석, 「토니 모리슨의 공동체 사랑 연구」, 세종대학교 박사논문, 1998.
- 정혜령, 「토니 모리슨 소설에 나타난 주체와 타자의 관계」,
  동아대학교 박사논문, 2011.
- 김선옥, 「흑인 공동체와 미국 흑인의 정체성 형성 문제:
  Toni Morrison의 the Bluest eye, Sula, song of Solomon 연구」,
  서울대학교 박사논문, 2005.
- 김정원, 「토니 모리슨의 소설 연구: 미국흑인의 정체성 탐구와 역사인식」,
  전남대학교 박사논문, 2001.

『인형의 집』 토론거리

1. 논제: 노라는 책임감 있는 사람이다.

2. 논제에 따른 쟁점

쟁점 ❶ 여인: 타인(랑크 박사)과의 관계

랑크 박사는 노라를 사랑한다. 그가 노라의 집에 드나들면서 헬메르와 지속적인 관계를 맺고 있는 것도 이 때문이다. 노라도 랑크 박사가 자신을 사랑한다는 것을 알고 있다. 그렇기 때문에 그녀는 랑크 박사에게 부탁하여 크로그스타드의 채무를 해결하려고 생각하기도 한다. 하지만 박사가 그녀에게 사랑을 고백하자 그녀는 불편해하면서 그에게 도움을 요청하지 않는다. 자신을 사랑하는 사람을 남편에게 꼭 필요한 사람이라는 이유로 곁에 두고 있는 노라의 행위는 여인으로서 책임감 있는 행동일까. 남편과 랑크 박사 사이에서 노라는 책임감 있게 행동하고 있는가.

쟁점 ❷ 아내: 남편과의 관계

노라는 아버지의 건강과 헬메르의 목숨을 위해 죄를 저질렀다. 아버지의 서명을 위조하여 크로그스타드에게 돈을 빌린다. 노라의 행위는 죽어가는 남편을 살리기 위한 아내로서 책임감 있는 행동일까. 아니면, 남편을 속인 무책임한 범죄 행위일까. 자신의 비밀을 남편에게 끝까지 말하지 않는 것은 아내로서 책임감 있는 행동일까. 아니면, 자기만족을 위한 위선적인 행동일까. 아무리 어려운 환경 속에서도 서로를 신뢰하고 함께 어려움을 해결해 가는 것이 책임감 있는 행동은 아닌가. 때론 거짓도 좋은 일(善)이 될 수 있는가. 진실만이 책임감 있는 행동인가.

쟁점 ❸ 인간: 자신과의 관계

로라는 자신이 남편의 인형에 불과했다는 것을 깨달았다면서 세상 밖으로 나가겠다고 한다. 남편에 대한 실망과 배신으로 8년 동안의 결혼 생활이 행복이 아니었음을 알게 된다. 남편과 자식들에게 맞춰 살아온 자신의 삶을 후회한다. 세 아이의 엄마이기도 한 그녀는 아이들의 양육도 포기한다. 세상을 이해하고 자신의 삶을 찾기 위해서 집을 떠나는 노라의 선택은 진정한 자신을 찾기 위한 책임감(용기) 있는 행동인가. 아니면, 남편과 아이들을 버린 이기적인 행동인가. 진정한 자신은 가정을 떠나야만, 가족을 버려야만 찾을 수 있는가. 자신을 위한 삶을 찾는 것이 책임감 있는 행동일까. 다른 사람을 위해서 헌신하는 것이 책임감 있는 행동일까.

3. 토론 지도 참고 사항

(1) '책임감'을 어떻게 정의할 것인지가 중요한 문제이다. 타인(가족)에 대한 책임만을 생각할 것이 아니라 자기 자신에 대한 책임

도 생각해 볼 필요가 있다. 자신의 발전을 위해 최선을 다하는 것이 자신에 대한 책임감 있는 행동이라고 생각해 볼 수도 있다.

(2) 『인형의 집』은 여성해방의 관점에서 읽을 필요가 있다. 가족에 대한 어머니의 책임만을 강조하는 것은 어머니의 희생을 전제한 것이다. 누군가의 희생 위에 가족 관계가 유지된다면 진정으로 행복한 가정이라고 할 수 있을까.

(3) 자신의 삶에 충실한 것과 이기적인 행위는 어떻게 구분될 수 있는 것일까. 자신의 삶에 충실할 수 있을 때 진정으로 남에게 헌신할 수도 있는 것은 아닐까. 아니면, 자신의 삶을 희생하면서 가족이나 타인을 위해 사는 것이 진정한 헌신일까.

(4) 노라가 자녀의 양육을 포기한 것을 자녀를 버린 것으로만 해석해야 할까.

(5) 로라가 서명을 위조한 것은 잘못이지만 여자는 자신의 이름으로 돈을 빌릴 수 없었던 당시의 상황이 노라가 그렇게 할 수밖에 없게 한 것은 아닐까. 노라보다는 당시의 부당한 제도에 책임을 물어야 하는 것이 아닐까.

(6) 로라가 랑크 박사가 자신을 좋아한다는 것을 알면서도 남편에게 필요하다는 이유로 그를 자신의 곁에 두고, 크로그스타드에게 빌린 돈을 남편 몰래 갚기 위해서 그의 도움을 받으려고 했던 일은 진정 남편인 헬메르를 위한 일일까. 노라는 랑크 박사의 도움으로 빚을 갚고자 했지만 그가 사랑을 고백하자 그의 고백을 받아들이지 않고 돈도 빌리지 않는다. 랑크 박사의 고백을 받아들이지 않고 그의 돈을 빌리지 않은 것만으로도 로라는 자신의 책임을 다

한 것일까. 노라가 남편을 위해서 그렇게 했다는 것을 인정하더라도 랑크 박사의 입장에서 이 문제를 다시 한번 생각해 봐야 하는 것은 아닐까.

(7) 노라가 가족들을 두고 집을 나간 것은 잘한 일일까. 그녀가 집을 나가지 않는다면 그녀의 인형 같은 삶은 달라질 수 있을까.

(8) 노라가 헬메르에게 한 거짓말을 선의의 거짓말이라고 볼 때, 선의의 거짓말의 기준은 무엇일까. 노라는 헬메르를 속임으로써 그의 목숨을 구하지만, 결국 그를 난처한 입장에 처하게 하지 않는가. 노라는 눈앞의 문제를 해결하기 위해 훗날 예상되는 문제를 생각하지 않았다는 측면에서 성급하고 오히려 책임감 없는 사람으로 볼 수 있을까.

(9) 노라가 집을 나갈 어떤 준비도 되어 있지 않는 상황에서 무조건 집을 나간다고 자신의 정체성을 찾을 수 있을까.

(10) 노라의 책임을 묻기 전에 반대로 남편인 헬메르가 가정과 노라에게 얼마나 책임감 있게 행동했는가를 먼저 물어보는 것은 어떨까. 만약 헬메르가 가장으로서 책임감 있게 행동하지 못했다면 노라에게 책임감 있는 행동을 요구하는 것은 무리일까. 아니면, 헬메르의 책임감과 노라의 책임감은 별개의 문제일까.

4. 참고문헌

- 헨리크 입센(안미란 옮김), 『인형의 집』, 민음사, 2010.(토론도서)
- 알도 켈(김수연 옮김), 『입센』, 생각의나무, 2009.

장 아누이

『안티고네』 토론거리

1. 논제: 안티고네의 삶(죽음)은 숭고(崇高)하다.

2. 논제에 따른 쟁점

> 장 아누이의『안티고네』를 보다 깊이 있게 읽기 위해서는 소포클레스의
> 『오이디푸스 왕』과『안티고네』를 먼저 읽어 볼 것을 권한다. 오이디푸스
> 왕은 안티고네의 아버지이다.『오이디푸스 왕』을 읽으면 그녀의 집안 내
> 력을 이해하는 데 도움이 된다. 그리고 이 작품은 소포클레스의『안티고
> 네』를 재해석한 작품이므로 원작품과 비교하며 읽어 보는 것도 작품을
> 이해하고 즐기는 데 도움이 된다. 참고로 소포클레스의『안티고네』는 국
> 법(國法)과 천법(天法, 천륜 또는 가족의 도리)의 대립을 보여주고 있다.

쟁점 ❶ 고귀함(용감함, 신념에 충실)과 오만함(비타협, 독선)

안티고네는 순수함과 자유와 절대적 행복을 추구한다. 그녀는
그것을 가로막는 모든 것을 거부한다. 안티고네는 현실과 타협하
며 위선적인 삶을 살기보다는 차라리 죽음을 택한다. 반면, 크레온
은 개인의 정서나 취향과 상관없이 맡은 임무를 완수할 수밖에 없
는 상황을 이해한다. 그는 현실과 타협하면서 얻는 일상의 작은 행
복으로 만족해야 한다고 주장한다. 안티고네와 크레온의 삶의 방
식을 비교했을 때, 자신의 신념을 절대화하여 타협하지 않고 죽음
을 무릅쓰는 안티고네의 삶은 고귀한 삶인가. 아니면, 자신만의 삶

의 방식을 고집하는 오만한 삶인가.

쟁점 ❷ 가족에 대한 의무와 국가에 대한 의무

크레온은 국가의 질서를 유지하고자 반역자인 폴리네이케스의 시신을 짐승의 밥이 되도록 매장하지 못하게 한다. 폴리네이케스는 크레온의 조카이며 안티고네의 오빠이다. 그를 매장하지 못하게 한 것은 크레온에게도 고통스러운 일이지만 사회적 책임과 공익의 관점에서 자신의 의무를 수행한다.

하지만 안티고네는 크레온의 명령을 거부한다. 오빠의 영혼을 위해 자신이 해야 할 최소한의 신성한 의무라고 확신하고 시신에 흙을 덮어준다. 이 일로 그녀는 자신이 죽게 될 것임을 잘 알고 있다.

크레온은 그녀를 살리기 위해 설득하지만 그녀는 그와 타협하지 않는다. 국법을 어긴 안티고네의 행위는 죽음을 각오하고 가족의 의무를 수행한 의미 있는 행위인가. 아니면, 공익보다 개인의 사적인 의무를 중요하게 생각하는 이기적인 행위인가. 국가 전체의 질서와 번영을 위한 크레온의 명령을 거부하고 오빠에 대한 혈육으로서의 의무를 수행한 안티고네의 행위는 공익보다 사익을 앞세운 것은 아닌가. 가족에 대한 의무를 국가에 대한 의무보다 우선해야 하는가. 아니면, 그 반대인가.

쟁점 ❸ 죽음의 가치(의미)와 무가치(무의미)

순수함과 자유와 행복을 추구하는 안티고네는 절대적인 것을 추구하며 그것을 가로막는 모든 것을 거부(반항)한다. 그녀는 크레온처럼 현실과 타협하며 세속적인 작은 행복에 만족하는 삶을 사느니 차라리 죽는 것을 선호한다.

그렇지만 그녀는 죽기 전에 하이몬에게 보내는 편지에서 그녀가 왜 죽는 것인지 모르겠다고 고백하면서, 자신의 죽음이 의미가 없으며 부조리한 일임을 깨닫는 것처럼 보인다. 그녀의 죽음은 그녀의 깨달음처럼 무의미하고 부조리한 일인가. 아니면, 절대적 가치와 자신의 신념에 충실한 사람의 의미 있는 죽음인가.

사람의 죽음이 어떤 의미를 가질 수 있을까. 모든 것의 끝인 죽음에서 의미를 찾고자 하는 행위는 어리석은 짓일까.

3. 토론 지도 참고 사항

(1) 안티고네의 행위는 이기적인 행위인가, 이타적인 행위인가. 그녀가 폴리네이케스를 묻어 준 것이 진정 가족의 의무이기 때문이었을까. 그 자신의 죽음의 충동이나 크레온에 대한 저항의 욕망은 없었을까.

(2) 에테오클레스나 폴리네이케스는 둘 다 자신의 아버지인 왕에게 패륜적인 행위를 했다. 폴리네이케스가 테베를 공격한 것은 에테오클레스가 테베를 1년씩 통치하기로 한 약속을 어겼기 때문이다. 그런데 크레온은 에테오클레스에게는 성대한 장례를 치러주고 폴리네이케스는 땅에 묻지도 못하게 한다. 이런 크레온의 행위는 정당화될 수 있을까. 크레온의 선택적 행동은 잘한 일일까, 잘못한

일일까. 크레온은 전적으로 국가의 이익을 위해 행동한 것일까, 그 자신의 욕심은 없었을까. 안티고네가 크레온에게 저항한 것은 크레온의 부당한 처사에 대한 반항의 의미는 아닐까.

(3) 우리는 크레온이 안티고네에게 들려주는 두 오빠의 이야기를 전적으로 신뢰할 수 있을까.

(4) 안티고네의 죽음은 무슨 의미가 있을까. 그녀의 죽음으로 테베는 조금이라도 변한 것일까. 자신의 신념을 위해 죽는 것이 옳다 하더라도 그것이 세상에 도움이 되지 않는 것이라면 자기만족 이외의 무슨 의미가 있을까.

(5) 안티고네가 죽음에 대해 두려움을 드러내거나 자신의 죽음의 의미를 찾지 못한 것처럼 행동하는 것은 비겁함의 표시인가. 아니면, 두려움과 무의미함 속에서도 자신의 신념대로 행동한 정말 용기 있는 행위일까. 자신의 신념을 지키기 위해 두려움 없이 행동하는 것이 진정한 용기일까, 두려움을 느끼지만 그럼에도 불구하고 신념을 지키는 것이 진정 용기 있는 행위일까. 죽음에 대한 두려움이나 죽음의 의미(혹은 무의미)를 생각해보는 것은 신념이나 용기와는 무관한 인간의 본성은 아닐까. 죽음에 대한 의문은 나약함의 표시가 아니라 인간적임을 표시하는 것은 아닐까.

(6) 안티고네는 크레온에 맞선 혁명가인가 반역자인가.

4. 참고문헌

- 장 아누이(안보옥 옮김), 『안티고네』, 지만지(지식을만드는지식),
  2011.(토론도서)
- 소포클레스·아이스퀼로스(천병희 옮김), 『오이디푸스왕·안티고네』,
  문예출판사, 2004.(함께 읽을 책)
- 소포클레스(김기영), 『오이디푸스 왕 외』, 을유문화사, 2014.
- 소포클레스(김종환), 『안티고네』, 지식을만드는지식, 2014.

- 박이문, 『나는 읽는다 고로 나는 존재한다(한 철학자의 책읽기)』,
  베스트프렌드, 2008.
- 임철규, 『그리스 비극』, 한길사, 2007.
- 강유원, 『인문고전 강의』, 라티오, 2011.
- 주디스 버틀러(조현순 옮김), 『안티고네의 주장』, 동문선, 2005.
- 이명호, 『누가 안티고네를 두려워하는가』, 문학동네, 2014.

『오이디푸스 왕』 토론거리

1. 논제: 오이디푸스는 운명에 맞서는 영웅이다.

2. 논제에 따른 쟁점

쟁점 ❶ 집을 떠나 방랑(운명에 맞섬 : 운명을 회피)

친부모로부터 버림받은 오이디푸스는 코린토스의 왕 폴뤼보스와 메로페의 양자가 된다. 어느 날 오이디푸스는 연회석에서 술에 취한 어떤 사내로부터 그가 그들의 아들이 아니라는 말을 듣는다. 그 일이 계속 그의 마음을 괴롭히자 사실 관계의 확인을 위해 그는 부모님 몰래 아폴론을 찾아간다. 아폴론은 오이디푸스의 물음에는 대답하지 않고 친부살해와 근친상간의 운명을 그에게 들려준다. 이 말을 들은 오이디푸스는 코린토스로 돌아가지 않고 줄곧 세상을 떠돈다. 그러던 중 오이디푸스는 친아버지인 라이오스를 죽이게 되고, 스핑크스의 수수께끼를 풀어서 테바이의 왕이 되며, 그의 친모인 이오카스테와 결혼하여 네 명의 자식을 낳게 된다.

친부살해와 근친상간의 운명에서 벗어나고자 집을 떠난 오이디푸스의 행위는 결국 치욕적인 운명의 출발점이 된다. 아폴론의 신탁을 듣고 집을 떠나 방랑한 오이디푸스의 행위는 운명에 맞선 영웅적 행위(부모님을 보호하기 위해 왕자의 지위를 버림)인가, 운명을 회피한 행위인가. 그는 운명에 맞서다 희생된 영웅인가, 자신의 행위(폴뤼보스의 친자식인지 아닌지 밝히려는 노력은 하지 않고 아폴론을 찾아감, 아폴론의 신탁을 듣고 집을 떠남, 화를 참지 못하고 라이오스를 죽임)를 통해 비극적 운명을 초래한 어리석은 자인가. 오이디푸스의 고통은 자신의 어리석은 행위에서 비롯된 것인가, 운명에 맞서 자신의 신념에 따라 용감하게 행동했지만 운명을 극복하지 못한 것인가.

쟁점 ❷ 진실의 추구(책임감 : 자만심)

테이레시아스, 이오카스테, 양치기(목자)가 모두 왕의 살해범을 찾는 오이디푸스를 만류한다. 테이레시아스는 오이디푸스의 불행을 말하지 않기 위해 집으로 돌려보내 달라고 한다. 이런 테이레시아스에게 오이디푸스는 천하에 몹쓸 악당, 귀도, 지혜도, 눈도 먼 자, 음흉한 마술사, 교활한 돌팔이 설교사라고 비난하고 심지어 모함(크레온과 자기를 제거하기 위해 범행 꾸밈)을 하며 파멸 속으로 꺼져버리라고 말한다. 이오카스테는 당신 목숨이 소중하다면 제발 이 일을 더 따지지 말라고 부탁한다. 하지만 오이디푸스는 이오카스테가 그의 출신의 비천함이 드러날 것을 두려워해서 만류한다고 오해하며 더 이상 자신을 괴롭히지 말라고 한다. 또, 라이오스의 목자는 두려워서 진실을 말하지 않으려 하는데 오이디푸스는 목자에게는 말하지 않으면 죽이겠다고 협박한다. 끔찍한 말을 하지 않을 수 없게 되었다는 목자의 말에 오이디푸스는 "그래도 기어이 들어야겠다."라고 답한다. 오이디푸스는 이렇게 세 사람이 모두 만류함에도 한결 같은 고집으로 진실을 밝히고자 한다. 그 누구도, 그 어느 것도 그로 하여금 끝까지 진실을 탐색하도록 강요하지 않았다. 그럼에도 진실을 추구하는 그의 행위는 용감한 것인가, 스스로를 파멸시키는 어리석은 것인가.

진실에 대한 끝없는 추구는 재앙으로부터 테바이를 구하기 위한 왕으로서의 책임감과 의무감에서 비롯된 영웅적 행위인가, 지나친 오만(자신의 힘과 지식을 과신)과 자신감, 출신 성분에 대한 열등감(그는 왕위를 물려받은 것이 아니고 스스로의 노력으로 얻음), 타인에 대한 의심(크레온, 테이레시아스가 자신의 왕위를 찬탈하려고 자신을 라이오스의 살해범으로 지목했다고 생각)에서 비롯된 어리석은 행위인가.

쟁점 ❸ 죄에 대한 책임(책임, 용기 : 광기 혹은 자해, 비겁)

오이디푸스가 자신의 눈을 스스로 찌른 것은 자신의 행위에 대한 책임과 결과(고통을 자신만의 것으로 받아들이고 그 어떤 존재에게도 도움의 손길을 요청하지 않음)를 전적으로 수용한 영웅적 행위로서 재앙으로부터 테바이를 구원한 행동인가, 고통을 참지 못해 저지른 어리석은 자해로서 그를 운명의 비참한 희생양으로 만든 행위인가. 오이디푸스가 자신의 눈을 찌른 행위는 운명도 개입할 수 없는 오이디푸스만의 고유한 가치 영역(행동 영역)이며 운명보다 강인한 위대함을 보여주는 행위인가, 아니면 운명에 희생된 자의 광기인가.

그는 비록 자신의 눈을 스스로 찔렀지만 자살하지는 않는다. 장님으로 테바이와 사람으로부터 멀리 떨어진 키타이론 산속에 칩거하는 것은 자신이 저지른 극악한 죄악에 걸맞은 죽음보다 더한 형벌을 원하고, 그것을 통해 스스로를 정죄하는 영웅적 행위인가, 살고 싶은 욕망에서 비롯된 비겁한 행동인가.

3. 토론 지도 참고 사항

(1) '운명'과 '영웅'을 어떻게 정의할 것인가가 중요한 문제이다. 운명은 인간의 힘으로 도저히 어쩔 수 없는 무엇일까, 아니면 인간의 행위가 결국 그의 운명을 만드는 것은 아닐까.

(2) 스핑크스와 오이디푸스에 대한 신화를 찾아보는 것도 토론에 도움이 된다.

(3) 진실에 대한 끊임없는 추구를 어떻게 평가해야 할까. 진실은 그 모든 것을 희생해서라도 반드시 추구해야 하는 것일까. 그의 진실 추구는 편집증적인 면이 있지 않는가.

(4) 오이디푸스의 떠남이 신탁에 맞서는 행위라면 그는 신탁 자체를 회의할 수는 없었을까. 그 당시 사람들이 신탁을 회의할 수는 없었다고 하더라도 영웅이라면 보통의 사람들과 달라야 하는 것이 아닐까. 신탁을 믿지 않고 신을 회의하는 것이 가능했을까.

(5) '맞섬'의 정의를 새롭게 할 필요가 있음. 맞섬은 어떤 문제에 부닥쳐서 직면하여 버티는 것을 말하는 것인가, 그 이상의 의미로서 버티는 것을 넘어 적극적으로 돌파하려는 의지와 행위를 포함하는가.

(6) 오이디푸스가 스스로의 눈을 찌른 행위는 자신에 대한 징벌적 의미 이외에는 없는 것일까. 신의 운명을 벗어난 인간의 선택에서 영웅적 의미를 읽을 수는 없는가. 오이디푸스는 자신의 잘못을 남 탓으로 돌릴 수도 있지 않았을까.

(7) 눈을 찌른 행위를 죽음보다 더욱 고통스러운 행위로 볼 수 있을까.

(8) "영웅은 사적인 모든 것을 포기하고 온전히 공적인 것에 자신을 던져야만 하는 사람이다."(강유원,『문학 고전 강의』, 19쪽.)

4. 참고문헌

- 소포클레스 · 아이스퀼로스(천병희 옮김),『오이디푸스왕 · 안티고네』,
  문예출판사, 2004.(토론도서)
- 아이스퀼로스 · 소포클레스 · 에우리피데스(천병희 옮김),
  『그리스비극 걸작선』, 숲, 2012.
- 소포클레스(김기영 옮김),『오이디푸스 왕 외』, 을유문화사, 2014.
- 소포클레스(강대진 옮김),『오이디푸스 왕』, 민음사, 2009.

- 르네 지라르(김진식 · 박무호 옮김),『폭력과 성스러움』,
  민음사, 2000.
- 김상봉,『그리스 비극에 대한 편지』, 한길사, 2003.
- 양운덕,『문학과 철학의 향연』, 문학과지성사, 2011.
- 주경철,『테이레시아스의 역사』, 산처럼, 2002.
- 임철규,『그리스 비극』, 한길사, 2007.
- 강대진,『비극의 비밀』, 문학동네, 2013.
- 천병희,『그리스 비극의 이해』, 문예출판사, 2013.
- 크리스티앙 비에(책임편집), 정장진(옮김),『오이디푸스』,
  이룸, 2003.

아이스퀼로스

『아가멤논』 토론거리

1. 논제: 클뤼타이메스트라의 복수[41]는 정당하다.

2. 논제에 따른 쟁점

이 작품을 제대로 이해하기 위해서는 펠롭스 가문의 신화와 트로이 전쟁이 발생한 원인이 대해서 알아야 한다. 이를 간단히 소개한다. 먼저, 펠롭스 가문의 신화를 살펴보자. 펠롭스 가문의 신화는 김기영의 책[42]에서 작품의 이해에 필요한 부분만 발췌하여 문장을 다듬었다.

펠롭스 가문의 시조는 탄탈로스이다. 탄탈로스는 제우스의 후손으로 신들과 교제할 기회가 많았다. 어느 날 탄탈로스는 신들이 정말로 전지전능한 존재인가 의심이 들었다. 그는 신들을 시험하기 위해 아들 펠롭스의 사지를 잘라 요리해서 신들을 대접했다. 이런 만행을 알아본 신들은 탄탈로스의 교만한 행동에 분노한다. 신들은 그에게 끔찍한 형벌을 내린다. 〔……〕

---

41) 클뤼타이메스트라가 아가멤논을 죽인 것을 말함.
42) 김기영, 『신화에서 비극으로』, 문학동네, 2014. 33-35쪽.

펠롭스는 오이노마오스의 딸 힙포다메이아에게 청혼한다. 그런데 오이노마오스에게는 신탁이 내린 적이 있었다. 그 신탁은 딸과 결혼하는 사위의 손에 죽게 된다는 것이었다. 그래서 오이노마오스는 구혼자들과 전차 경주를 벌여 그들을 물리쳤다. 그런데 힙포다메이아의 마음을 얻은 구혼자 펠롭스는 계략을 꾸몄다. 펠롭스는 오이노마오스의 마부를 매수해 전차 바퀴를 느슨하게 만들어 경주에서 그를 물리쳤다. 오이노마오스는 자살했다. 펠롭스는 힙포다메이아와 결혼하여 아트레우스와 튀에스테스를 낳았다.

펠롭스의 두 아들은 훗날 권력투쟁을 벌인다. 그런데 튀에스테스가 형수 아이로페와 불륜을 저지른다. 이 사실을 안 아트레우스는 분노하여 튀에스테스의 아들들을 잡아서 요리를 만든다. 아트레우스는 튀에스테스를 초대해서 그 요리를 식사로 대접했다. 동생 튀에스테스는 그것도 모르고 요리를 맛있게 먹었다. 식사가 끝난 후, 아트레우스는 요리하고 남은 아이들의 잘린 목과 사지를 튀에스테스에게 보여주었다. 이를 보고 분노한 튀에스테스는 아트레우스의 가문에 저주를 퍼부었다.

악행을 저지른 아트레우스의 두 아들이 아가멤논과 메넬라오스이다. 아가멤논은 클뤼타이메스트라와, 메넬라오스는 헬레네와 결혼했다. 아가멤논과 클뤼타이메스트라 사이에선 딸 이피게네이아, 엘렉트라, 크뤼소테미스, 그리고 아들 오레스테스가 태어났다. 당시 아르고스는 아가멤논이, 스파르타는 메넬라오스가 통치했다.

다음으로 트로이 전쟁이 일어난 원인에 대해 간단히 살펴보자.

이는『아가멤논』앞 부분에 해당하는 내용이다.

　당대의 미녀인 헬레네에게 청혼하기 위해 그리스 전역의 영웅들이 모인다. 부친 알카이노는 선택받은 1명을 제외한 나머지 영웅들의 폭주를 우려한다. 그는 오딧세우스의 제안을 받아들여 헬레네가 위기에 빠졌을 때 그녀를 구하기 위해 거병하겠다는 맹세를 요구했다. 이후 헬레네가 트로이의 왕자 파리스에게 납치된다. 파리스는 헬레네를 데리고 트로이로 도주한다. 파리스를 응징하기 위해서 메넬라오스의 친형인 아가멤논을 중심으로 과거 그녀에게 구혼했던 모든 영웅들이 출전한다.

　그러나 출전을 위한 모든 준비를 마친 이들은 바람 때문에 배를 띄우지 못한다. 그들은 2년 간 에우보이아 섬 근처의 아울리스에서 발이 묶인다. 예언자 칼카스의 신탁에 의하면 아가멤논의 행위가 아르테미스의 진노를 샀기 때문에 순풍이 불지 않는 것이다. 칼카스는 아르테미스의 허락을 받기 위해서는 아가멤논의 딸 이피게네이아를 희생해야 한다고 말한다. 고심하던 아가멤논은 딸인 이피게네이아를 제물로 바친다. 그 이후 원정군은 트로이로 출항한다.

쟁점 ❶ 가족의 면에서

　아가멤논은 좋은 아버지, 좋은 남편이었을까, 그렇지 않았을까. 아니면, 아가멤논에게 좋은 아버지나 남편을 바라는 것은 그 자체로 옳지 않은 일일까. 아가멤논은 단순히 한 가정의 아버지, 남편이 아니라 한 국가의 왕이었다. 왕의 역할을 제대로 수행하기 위해서 가정의 희생은 불가피한 것이 아닐까.

아가멤논은 딸인 이피게네이아를 트로이 원정을 위해 희생시켰다. 그의 이런 행동은 인륜을 저버린 잔인할 행동으로 보아야 할까. 아니면, 이피게네이아의 희생은 트로이 전쟁을 위한 불가피한 선택이었을까. 전쟁을 위해서 자식까지 희생시킨 그의 행위를 영웅적 행위로 볼 수는 없을까.

아트레우스의 두 아들은 파리스와 헬레네의 원수를 갚기 위해 제우스의 호의(好意) 하에 트로이 원정의 준비를 마쳤다. 그러나 아울리스 항구에 정박 중인 함대는 역풍을 만나 움직일 수가 없었다. 아르테미스의 분노 때문이다.

함선이 출항할 수 있도록 순풍이 불어주지 않아 출항이 지연되고 있는 상황에서 아가멤논은 자식을 희생시키든지 아니면 출정을 포기해야하는 양자택일의 딜레마에 놓인다. 이러한 선택의 딜레마 속에서 아가멤논은 자신의 딸을 희생하여 아르테미스 여신에게 바친후 출범한다. 아가멤논이 자신의 딸 이피게네이아를 희생시킨 결단은 그 자신의 자유의지에서 나왔는가, 아니면 신의 미망(迷妄)[43]

---

43) 그리스 비극에서 비극적 상황 전개는 어떤 계기로 인해 전개되며, 이 계기는 누군가의 과오 내지 실수(hamartia)로 나타난다. 하마르티아는 인간 조건에서 비롯되며 이러한 인간 조건은 고삐나 굴레로 상징되는 제약이며 필연적 성격을 갖는다. 이 필연 내지 제약은 인간 생존의 기본 틀이다. 필연 혹은 제약은 인간의 자유행사의 측면에서 보면 인간의 한계이며 또한 인간을 어쩔 수 없이 인간이게끔 만드는 한계인 것이다. 원래 자유란 제약을 전제로 한 것이다. 운명도 그런 제약내지 필연의 일부인 것이다. 그리스 비극은 이런 제약내지 한계 내에서의 인간의 선택적 행위의 문제를 다루고 있다. 제약이 없으면 선택도 없는 것이다. 그러므로 그리스 비극은 인간과 관련되는 필연성, 한계, 제약을 바탕으로 해서 구현된다(박종현, "희랍 비극에서의 상황과 행위", 64쪽).

하에 선택된 결정일까.

아가멤논이 이피게네이아를 죽인 이유는 우선 한 인간의 필연적 숙명을 들 수 있다. 인간에게 필연은 고삐 또는 굴레를 의미한다. 인간이 폴리스 또는 그 사회 속에서 사는 한 필연은 인간의 생존을 위한 기본 틀이며, 그 틀 안에서 주어지는 일정한 조건이다. 그것에 기반을 두고서야 인간으로서 살아갈 수 있다.

아울리스 항구에서 아가멤논이 딸을 희생하든 그렇지 않든 헬레네의 약탈에 대한 보복으로 그는 제우스의 뜻에 따라 트로이 출정을 감행할 수밖에 없는 운명에 처해 있었던 것은 아닐까. 정의의 구현자인 제우스의 정의의 법칙에 따라 파리스는 손님의 도리를 어긴 죄로 응징을 피할 수 없다.

제우스의 정의와 딸의 희생 사이에서 아가멤논은 결단을 내리지 못해 왕홀(王笏)로 땅을 치며 흐르는 눈물을 억제하지 못했다. 아가멤논은 번민 속에서 선택의 길을 모색했지만 그는 이미 예정되어 있는 숙명의 길을 걸어갈 수밖에 없지 않았을까. 요컨대, 아가멤논이 딸의 희생을 요구받았을 때 선택의 여지가 없었으며, 있었다 해도 그것을 피할 수 없는 운명이 아니었을까. 제우스가 아가멤논의 의지를 강요했을 때 아테[44]를 보내 아가멤논의 판단력을 상실하게 만들어 다른 행동을 취하지 못하게 했던 것은 아닐까. 모든 일은 제우스의 명령이며 제우스가 트로이 원정을 결정했을 때 아가멤논은 따를 수밖에 없었다고 봐야하지 않을까. 제우스가 약탈자를 벌주고 정의의 원칙을 수립하기 위해 트로이 전쟁을 결정했기 때문에 이피게네이아의 희생은 제우스의 뜻일 수밖에 없지 않을까. 그에게 지워진 운명은 이피게네이아를 살리는 것을 허용하지 않았던 것이 아닐까. 비록 아가멤논이 내린 결단이 자발적인 것처럼 보이지만 필연적 운명인 제우스의 뜻에 의해 결정된 것으로 보아야 하지 않을까.

우리는 아가멤논이 딸을 살리기 위해 전쟁을 그만뒀어야 했다고 말할 수 있다. 하지만 그가 살았던 시대는 도덕적으로 수치를 회피하고자 하는 수치문화가 지배하는 사회였다. 그러한 사회에서는 어떤 희생을 치르더라도 명성과 지위를 유지해야만 했다. 파리스가 헬레네를 강탈함으로써 아트레우스의 두 아들은 심한 분노와 모욕을 느꼈다. 두 영웅은 자신들의 명성과 지위를 유지하기 위해서라도 트로이 전쟁을 감행해야만 했다. 만약 아가멤논이 출정하지 않는다면 영웅으로서 굴욕과 불명예를 초래할 뿐 아니라 동맹국으로부터 비겁자라는 비난을 받게 된다. 아가멤논은 출정을 중단함으로써 초래되는 불명예와 수치를 감당하기가 쉽지 않았을 것이다. 아가멤논에게 있어 트로이를 응징하지 않고 출정을 그만둔다는 것은 생각할 수 없었던 일이 아닐까. 결국 동맹국으로부터 모욕과 수치를 당하지 않으려면 딸을 희생시켜 출정해야 했던 것은

---

44) 아테는 일반적으로 파멸, 재앙, 불운의 개념으로 쓰인다. 그러나 아테는 정신 상태와 관계된 특별한 개념으로도 쓰이는데 일차적으로는 정신 작용의 손상을 의미한다. 따라서 기만, 미혹을 뜻하게 된다. 주로 인간이 휘브리스(Hubris란 자신의 한계를 알지 못하고 이를 넘어서는 행위, 즉 오만한 행위를 의미한다.)를 범하면 신은 분노하여 아테를 보내어 인간을 미혹시켜 파멸의 길로 이끌기 때문에 아테는 고대 희랍시인들이 만들어낸 신의 책임과 인간의 책임간의 다리를 놓아주는 고유한 개념이다. / 아테는 신들이 인간에게 내리는 운명이며, 처음에 인간에게 상냥하게 다가와 마음을 홀린 다음 결국에는 파멸로 인도하는 미망(迷妄)이다. 아테의 엄습을 받은 인간은 오만에 빠져 분수를 모르고 인간의 질서를 어지럽히다가 결국은 자신의 미망의 제물이 되고 만다.

아닐까. 아가멤논이 아르테미스 여신의 뜻을 거역하여 함대 해산과 출정을 중단하는 것은 수치문화가 지배하는 사회에서 절대 불가능한 일로 봐야 하지 않을까.

아니면, 제우스의 뜻이 이미 정해져 있다 할지라도 최종 선택은 아가멤논이 한 것으로 보아야 할까. 이피게네이아를 희생하든 그렇지 않든 아가멤논은 자유롭지 못할 것이다. 그가 어떤 선택을 하든 고통과 불행이 초래되거나 무거운 책임이 뒤따르게 될 것이다. 즉, 제우스의 명을 거역하는 일이나 자식을 희생시키는 일 모두 고통과 책임이 뒤따르게 될 것이다. 이처럼 가혹한 선택의 기로에서 아가멤논은 둘 중의 하나를 선택해야만 했다. 결국 아가멤논은 이피게네이아의 희생을 선택한다. 이는 아가멤논 자신의 선택이므로 그의 자유의지에 따른 선택으로 봐야 하지 않을까.

요컨대 인간의 행위가 신의 뜻에 의해 이루어지지만 최종적인 결정은 인간의 선택에 달려있는 것이 아닐까. 파리스를 응징하기 위해 군대를 일으켜 원정을 떠난 것은 제우스의 뜻이지만 아가멤논의 자발적인 행동이기도 하다. 전쟁을 일으킨 것은 제우스의 뜻이지만 그 전쟁을 수행하는 것은 인간이다. 트로이 원정이 비록 제우스에 의해 계획된 것이라 해도 원정을 위해 딸을 희생시킨 것은 아가멤논의 선택이다. 그의 선택은 그가 책임져야 하는 것이 아닐까. 아가멤논은 딸을 희생시키지 않고 원정대를 해산하거나 순풍이 불기를 기다릴 수는 없었을까.

신이 인간의 운명에 영향을 미칠지라도 인간 자신의 행동에 따라 운명은 변화될 수 있지 않을까. 인간의 행위가 신의 뜻에 따라 결정되더라도 최종적인 선택은 인간의 의지에 달려있는 것이 아닐까. 인간의 선택에 따라 그 운명도 다르게 전개된다고 봐야 하지 않을까. 그러므로 인간의 행위가 신의 뜻에 따라 행해지더라도 그 결과에 대한 책임은 인간에게 남는 것이 아닐까. 이피게네이아의 희생에 대한 최종 결정은 아가멤논이 한 것이므로 그가 자신의 결정에 책임을 져야 하는 것이 아닐까.

또한, 우리는 아가멤논이 군대 앞에서 이피게네이아를 희생시킨 행위는 개인적인 범죄 그 이상이라고 보아야 하지 않을까. 아가멤논의 행위는 가족에 대한 사랑보다 개인적인 야망이나 군사적인 이익을 앞세워 인륜을 파괴한 행위이기 때문이다. 아가멤논이 처한 문제적 상황은 신에 대한 복종의 여부가 아니라, 그릇된 충고를 받아들일지 말지에 관한 문제였다고 봐야 하지 않을까. 그는 그릇된 충고를 받아들이기로 결정했다. 딸을 죽인 아가멤논의 야만적인 행위는 불만에 가득 찬 군인들에게 강력한 감정적인 장악력을 발휘했다. 당시 아가멤논의 사령관이라는 위치가 흔들렸고, 딸을 희생 제물로 바치는 것이 그의 마지막 희망은 아니었을까.

우리는 이피게네이아의 희생이 아가멤논의 합리적 판단에 따라 이루어졌다고 생각할 수 있을까. 아가멤논은 딸을 죽이는 것이 괴롭다고 말하면서도 동맹의 약속을 앞세워 이피게네이아를 희생시킨다. 그 약속은 남편을 버린 한 여자 때문에 짓밟힌 자존심을 회복하기 위한 전쟁을 하겠다는 것이다. 아가멤논은 딸을 희생시킨 것을 정당화하기 위해 신의 뜻을 주장한다. 그러나 파리스에 대한 복수가 정당하더라도, 그것을 위해 자식을 죽인 일까지 정당화될 수 있을까. 아가멤논은 딸의 목숨보다는 자신의 결정을 동맹국들이 어떻게 받아들일지, 그것이 동맹관계를 해치지는 않을지를 더 우려한다. 그래서 아가멤논은 딸의 울부짖음을 철저하게 외면한다. 아가멤논은 심지어 이피게네이아의 입을 막아 가문에 저주가 쌓이지 않도록 한다. 그의 이런 세심함은 죄 없는 이피게네이아가 마지막으로 가져야 할 저항의 권리까지 박탈한다. 이런 아가멤논의 행위에서 딸의 고통에 대한 아버지로서의 연민의 감정을 찾기는 어렵지 않은가.

강한 역풍 때문에 출정하지 못하는 아가멤논은 함대를 해산할 수도 없고 이피게네이아를 희생시킬 수도 없는 난감한 상황에 놓였음을 우리는 인정할 수 있다. 하지만 이런 상황에서 아무리 제우스가 아테를 보내 아가멤논의 판단력을 마비시켰을지라도 그가 딸을 죽인 것은 자신의 마음 속에 호전적 욕망이 있었기 때문이 아닐까.

이 쟁점에서 우리가 생각해 봐야하는 다른 문제가 하나 더 있다. 이피게네이아의 죽음에서 주목을 요하는 것은 아르테미스 여신의 태도이다. 생명과 수확의 여신인 아르테미스가 이피게네이아의 희생을 요구했다는 것을 액면 그대로 수용하는 데는 무리가 있기 때문이다. 이미 『아가멤논』의 앞부분에서 코러스는 아가멤논의 출병을 강력하게 반대한다. 코러스는 새끼를 밴 토끼를 잡아먹는 독수리의 비유를 통해서 전쟁의 잔인함을 경고한다. 아르테미스의 성향을 감안할 때 여신은 아가멤논에게 이피게네이아의 희생이 아닌 전쟁을 재고할 기회를 주었다고 해석하는 것이 적절하지 않을까.

칼카스가 알려주는 아르테미스 여신의 분노는 트로이가 공격당한다는 사실 그 자체에 대한 것이 아니다. 아르테미스는 트로이의 순진무구한 사람들, 특히 어린아이와 여성이 아가멤논의 희생자가 될 것을 두려워하고 있다. 결국 아르테미스는 이피게네이아의 죽음을 원한 것이 아니라 아가멤논이 전쟁을 그만두기를 원했다고 보아야 하지 않을까.

아가멤논은 10년의 트로이 원정 기간 동안 아내를 사실상 방치했다. 아내는 외로움과 두려움 속에서 살아야 했다. 클뤼타이메스트라는 그 외로움과 두려움 속에서 아이기스토스를 만난 것이다. 클뤼타이메스트라는 자식들에게 자신의 이런 모습을 보여주기 싫었을 것이다. 그래서 오레스테스를 떠나보낸 것이다. 오레스테스를 떠나 보낸 것은 그의 안전을 생각했기 때문이다. 그러므로 우리는 클뤼타이메스트라의 외도에 대한 책임이 아가멤논에게 있다고 보아야 하지 않을까. 아니면, 아가멤논은 한 집안의 가장이기도 하지만, 트로이 전쟁의 동맹국들의 맹주였다. 전쟁을 하면서 가정과 아내를 돌본다는 것은 사실상 불가능하므로 그에게 책임을 묻는 일은 부당하지 않을까. 무엇보다 클뤼타이메스트라는 아내의 역할을 제대로 하지 않았다. 아들인 오레스테스를 추방했다. 그녀가 어떻게 아가멤논을 심판할 수 있는가.

아가멤논은 아내를 방치했을 뿐만 아니라 전쟁 기간 동안 트로

이에서 방탕한 생활(크뤼세이스들을 농락)을 하였고, 전리품(戰利品)으로 프리아모스의 공주인 캇산드라를 첩으로 데려와 아내를 모욕하였다. 이런 남편을 참아내는 일은 클뤼타이메스트라에게 불가능한 요구를 하는 것이 아닐까. 아니면, 아가멤논에게도 전쟁은 클뤼타이메스트라만큼 고통스러운 것이었고 그도 외로웠음을 인정해야 할까. 또, 그의 행위의 옳고 그름을 판단할 때 전쟁이라는 특수한 상황을 좀 더 감안해야 하지 않을까. 무엇보다 클뤼타이메스트라도 정부(情夫)를 두고 방탕한 생활을 했다. 이런 그녀가 아가멤논을 응징할 자격이 있을까.

쟁점 ❷ 가문의 면에서

아트레우스 가문의 저주받은 끔직한 과거는 캇산드라와 합창대의 장 그리고 아이기스토스의 대사 속에서 엿볼 수 있다. 또한 클뤼타이메스트라의 대사도 아가멤논에 대한 복수를 그 집안 대대로 내려오는 저주의 탓으로 돌리고 있다. 이는 죄를 범한 아버지가 죄를 범하도록 운명된 자식을 낳으며, 그 자식은 또 다른 유사한 죄를 반복하여 범하게 되는 죄의 연속성을 나타내는 것이다.

아가멤논의 가문은 대대로 잔인한 악행을 저질렀다. 이 가문의 악행은 위의 펠롭스 가문의 신화를 통해서 잘 알 수 있다. 이 가문의 신화를 보면 악행이 대대로 유전되고 있음을 알 수 있다. 그러므로 이 가문의 일원인 아가멤논도 악함을 물려받았을 가능성이 많으므로 그가 가문에 또 다른 악행을 저지를 것(아가멤논은 이미 그의 딸인 이피게네이아를 죽였다.)으로 보아야 하지 않을까. 이 가문의 악행을 끊기 위해서 클뤼타이메스트라가 아가멤논을 죽인 일은 정당하지 않을까. 아니면, 가문의 악행과 아가멤논은 아무런 상관이 없으며, 클뤼타이메스트라가 아가멤논을 죽인 것은 이 가문의 또 다른 악행이며, 그녀로 인해서 이 가문의 악행은 앞으로도 계속된다고 보아야 할까.

아트레우스는 동생의 자식들을 죽여 동생에게 먹이는 악행을 저질렀다. 그래서 동생인 튀에스테스는 가문을 저주하였다. 그의 저주로 악행은 후대에도 지속된다. 과학적으로 보면 악행은 유전될 수 없다. 하지만 악행은 도덕적·윤리적으로 혹은 환경적으로 유전될 수 있다. 악한 부모 밑에서 자녀가 악해질 가능성을 부정할 수 없다. 아니면, 우리는 아트레우스의 악행과 아가멤논의 행위는 전혀 별개의 것으로 생각해야 할까. 잔인한 행위는 생물학적으로 뿐만 아니라 환경적으로도 유전되는 것으로 보는 것은 무리이며, 아가멤논이 비록 악행을 저질렀다고 인정하더라도 그것을 그의 가문과 연관 짓는 것은 어불성설(語不成說)이라고 생각해야 할까.

아가멤논이 이피게네이아를 죽인 것은 그 악행이 대를 이어 계속될 것임을 보여주는 것은 아닐까. 클뤼타이메스트라는 아가멤논의 잔인함이 자신의 다른 자식들을 죽일지도 모른다고 생각했을 수도 있지 않을까. 가문의 저주가 자식들에게 되풀이 될 것이 두려워서 오레스테스를 떠나보낸 것으로 볼 수는 없을까. 아가멤논은 트로이 전쟁에서 수많은 잔인한 행위를 하였다. 이를 보아도 그의 잔인한 성격은 가문 대대로 이어진 것으로 보아야 하지 않을까. 아가멤논의 잔인함은 클뤼타이메스트라의 복수를 정당화시켜주는 것은 아닐까. 아니면, 아가멤논이 이피게네이아를 죽인 것은 전쟁을 위한 불가피한 희생이었기에 이를 이유로 아가멤논의 성격을 잔인하다고 단정하는 것은 잘못이 아닐까. 전쟁에서 잔인한 행동은 불가피한 것이 아닐까. 오히려 클뤼타이메스트라가 아가멤논을 죽이는 과정과 죽인 후에 보여준 그녀의 행동이 훨씬 잔인한 것은 아닐까. 그녀는 아가멤논과 캇산드라의 시체를 보고 환호하였고, 아가멤논의 장례도 제대로 치러주지 않았다. 또, 클뤼타이메스트라가 오레스테스를 추방한 것도 잔인한 행동이지 않은가. 그녀의 이런 잔인함은 그녀의 정부(情夫)인 아이기스토스[45]와 관계를 위한 것이지 결코, 가문을 위한 행동으로 볼 수는 없지 않을까.

클뤼타이메스트라가 아가멤논을 죽인 이유는 가문의 저주를 끊기 위한 것으로 자신과 자식들, 가문을 보호하기 위한 불가피한 선택이었을까. 아니면, 아내가 남편을 죽인 잔인한 행위로 가문의 저주를 끊을 수 없으며, 이는 또 다른 가문의 저주를 낳을 뿐이라고 생각해야 할까. 그녀는 폭력을 무한히 증식시키는 행위를 한 것이 아닐까.

쟁점 ❸ 국가의 면에서

아가멤논을 호전적이고 잔인한 오만한 왕으로 보아야 할까. 아

---

45) 아이기스토스는 비록 복수의 주동자는 아니지만, 복수의 동참자라고 할 수 있다. 그에게도 복수의 동기가 있다. 자신의 아버지 튀에스테스에게 아트레우스(아가멤논의 아버지)가 악행을 저질렀기 때문이다. 아트레우스는 튀에스테스의 자식들을 잡아서 요리하여 튀에스테스를 초대해 먹게 했다. 그래서 튀에스테스는 아트레우스 가문에 저주를 내렸다. 바로 이 가문의 저주가 아가멤논으로 하여금 아버지의 악행에 대한 죄 값을 치르게 함으로써 실현된 것이다.

니면, 그를 존경받는 전쟁의 영웅으로 보아야 할까. 이 문제는 우리가 트로이 전쟁을 어떻게 평가하느냐와 관련이 있다.

극의 시작에서 "제우스께서 아트레우스 아들들을 보내 파리스를 치게 하셨다"라는 합창대의 대사를 통해 아가멤논의 트로이 원정이 제우스의 뜻에 의해 감행된 전쟁임을 알려주고 있다. 그렇다면 제우스의 뜻은 무엇인가. "죄 지은 자 신의 가혹한 노여움을 풀지 못하리라"라는 대사와 "약탈한 자는 약탈당하고 살해자는 대가를 치르나니 제우스께서 왕좌에 계시는 동안에는 행한 자는 행한 만큼의 고통을 당하게 마련이라. 그것이 곧 제우스의 법도임에랴"라는 합창대의 대사에서 죄 지은 자, 약탈한 자, 살해한 자는 제우스에 의해 응징을 받는다는 것을 알 수 있다. 이러한 정의의 법칙 속에 제우스는 남의 아내를 빼앗은 파리스와 헬레네의 무모한 행동에 분노하였고 그들을 보호해준 트로이인들에 대해서도 죄의 대가를 원하였다. 제우스는 트로이에서 그의 정의를 수행할 사람으로 아가멤논을 원하였다. 따라서 아가멤논은 제우스의 정의를 수행하는 자(복수의 사자)로서 트로이 원정을 감행하게 된 것이다. 그러므로 그의 전쟁은 의로운 것이 아닐까. 비록 전쟁 중에 죄 없는 자의 희생이 따랐지만 그것은 전쟁의 속성상 불가피한 일이 아닐까.

그러나 다른 시각에서 보면 트로이 전쟁은 아내를 빼앗긴 한 남자의 복수욕에서 비롯된 어리석은 전쟁이 아닐까. 아가멤논은 어리석은 전쟁으로 많은 사람들에게 고통을 주었기 때문에 결코 영웅적인 인물일 수는 없지 않을까.

비록 우리가 트로이 전쟁의 정당성을 인정하더라도 아가멤논은 너무 많은 사람들을 고통에 몰아넣은 것이 아닐까. 아가멤논은 부정한 여인(헬레네)을 되찾고자 수많은 아르고스 전사들을 전쟁터로 몰아넣어 죽음의 길로 인도한 분별력 없는 왕으로 비난을 받았다. 전쟁터로 떠났던 수많은 아르고스 전사들이 한줌의 재로 돌아왔으며, 이에 분노한 시민들은 아트레우스의 아들 형제에 대하여 원한에 찬 증오심을 품게 되었다. 또, 아가멤논의 원정대는 트로이에서 무차별적으로 살육을 저지르고 도시의 신전 또한 무자비하게 짓밟았다. 트로이 원정은 제우스의 의지에 따른 것이라 하더라도 트로이의 신전 파괴나 트로이인 학살은 아가멤논이 한 일이며, 그는 이 일에 대해서 책임을 져야 하지 않을까. 이 모든 것은 아가멤논의 호전적이고 잔인한 성격에서 비롯되었다고 보아야 하지 않을까.

클뤼타이메스트라는 호전적이고 잔인하고 오만한 왕을 백성들을 위해서 제거한 것이며, 이는 트로이를 과도하게 파괴하고 신전을 약탈한 아가멤논에 대한 신의 응징이 아닐까. 아가멤논의 오만함은 '자줏빛 천'을 밟는 장면에서 잘 드러난다. 클뤼타이메스트라는 아가멤논이 궁전으로 들어가기 전에 자줏빛 천(카펫)을 밟도록 유도한다. 자줏빛 천을 밟는 일은 오직 신에게만 바치도록 되어있는 영광이다. 비록 클뤼타이메스트라가 유도했지만, 이를 받아들인 것은 아가멤논의 오만함 때문이 아닐까. 아가멤논은 그러한 대접은 신들에게나 합당하며 그의 발걸음이 그 고귀한 직물을 망가뜨릴 수도 있다는 것을 알았다. 그럼에도 클뤼타이메스트라의 아부와 고집을 꺾지 못하고 굴복함으로써 화를 자초한다. 그가 그녀의 계략에 넘어간 것은 결국 그의 내면에 오만함이 자리하고 있었기 때문이 아닐까. 클뤼타이메스트라는 단지 그것을 잘 이용한 것일 뿐이지 않을까.

아가멤논은 가정과 국가를 그의 복수욕의 희생물로 삼았고 클뤼타이메스트라는 아가멤논을 죽여 백성들의 원한을 풀어준 것은 아닐까. 그녀는 사회의 정의를 구현하기로 결심하고 그 목적을 위해서 아가멤논, 코러스, 파수병, 그리고 심지어는 같은 여성인 캇산드라까지도 포함하는 남성의 세계를 무력화시키며, 마침내 아가멤논의 살인이라는 그녀가 원하는 목적을 성취한 영웅적 인물은 아닐까.

아니면, 우리는 트로이 전쟁은 가정의 신, 환대의 신을 모욕한 파리스를 응징한 정의로운 전쟁으로 보아야 할까. 트로이 전쟁이 정의로운 전쟁임은 제우스가 증명하고 있지 않은가. 그렇다면 클뤼타이메스트라는 위대한 영웅이자 남편인 아가멤논을 죽여 권력을 빼앗는 악녀가 아닐까. 클뤼타이메스트라가 아르고스의 봉화 시스템을 장악하고 코러스에게 그 봉화 신호의 과정을 묘사하는 과정은 클뤼타이메스트라가 아르고스의 권력을 장악하고 있는 증거로 평가된다. 이를 보아도 그녀는 딸에 대한 복수보다는 권력에 더 많은 관심이 있었다고 봐야 하지 않을까. 결국, 클뤼타이메스트라는 남편의 권력을 빼앗고, 그의 정부(情夫)인 아이기스토스를 위해서 남편을 죽인 것으로 생각할 수 있지 않을까. 클뤼타이메스트라는 남편을 자신의 욕망의 희생물로 삼은 것이 아닐까.

3. 찬성과 반대의 논리적 흐름

찬성	가족(자신, 딸), 가문, 국가의 입장에서 클뤼타이메스트라의 행위가 정당방위임을 세 가지 주장을 통해서 입증한다. 이는 아가멤논이 좋은 가장, 남편, 왕이 아니었음을 입증하는 것이다. 아가멤논이 잔인하고 호전적이고 호색한이며 복수욕에 사로잡힌 인물임을 입증하는 것이다. 아가멤논으로 인해서 가정과 가문, 국가가 고통 받고, 희생되었음을 증명하는 것이다.
반대	가족(자신, 딸), 가문, 국가의 입장에서 클뤼타이메스트라의 행위가 정당방위가 아니라 자신의 부도덕한 욕망을 충족시켜기 위한 행위임을 세 가지 주장을 통해서 입증한다. 이는 아가멤논이 정의를 실현하기 위해서 가족까지도 희생시킨 희생적 영웅임을 입증하는 것이며, 반대로 클뤼타이메스트라가 영웅을 함정에 빠뜨려 죽인 잔인하고 호색하며 부도덕한 인물임을 입증하는 것이다.

4. 참고문헌

- 아이스퀼로스 외 2인(천병희 옮김), 『그리스비극 걸작선 중 아가멤논』, 숲, 2012.(토론도서)

- 아이스퀼로스(김기영 옮김), 『오레스테이아 3부작』, 을유문화사, 2015.(토론도서)

- 아이스퀼로스 외 2인(천병희 옮김), 『오이디푸스왕 · 안티고네』, 문예출판사, 2004.

- 아이스킬로스(두행숙 옮김), 『오레스테이아』, 열린책들, 2012.

- 임철규, 『그리스 비극』, 한길사, 2007.

- 김기영, 『신화에서 비극으로』, 문학동네, 2014.

- 강대진, 『비극의 비밀』, 문학동네, 2013.

- 김상봉, 『그리스 비극에 대한 편지』, 한길사, 2003.

- 천병희, 『그리스 비극의 이해』, 문예출판사, 2013.

- 조숙희, 「클뤼타임네스트라 재평가하기」,
  『고전·르네상스 영문학 10권 1호』, 2001.
- 장지원, 「아이스퀼로스 오레스테이아의 교육적 여성상」,
  『교육철학 제57집』, 2015.
- 김기영, 「아이스퀼로스 비극에 나타난 전쟁관: 『페르시아인들』,
  『테바이를 공격하는 일곱 장수들』, 『아가멤논』을 중심으로」,
  『서양고전학연구 제37권』, 2009.
- 문혜경, 「아이스킬로스의 『아가멤논』에 나타난 제우스의 정의와 Hybris」,
  『서양고전학연구 제29권』, 2007.
- 김기영, 「신화에서 비극으로: 비극 플롯의 형성 - 아이스퀼로스 오레스테
  이아 삼부작을 중심으로」, 『인문언어(Lingua Humanitatis) Vol.10』, 2008.
- 김용수, 「인지과학의 관점에서 본 연극대사:
  『아가멤논』의 사례를 중심으로」, 『드라마연구 제35호』, 2011.

에우리피데스

⌐ 『메데이아』 토론거리

1. 논제: 메데이아는 악(惡)한 존재이다.

2. 논제에 따른 쟁점

먼저 드라마가 시작되기 전의 상황[46]을 간단히 살펴보자.

메데이아[47]는 콜키스를 다스리던 아이에테스 왕의 딸이었다. 그녀의 왕국은 신의 가호가 찬란한 집안이었다. 아이에테스의 아버지가 태양신 헬리오스였기 때문이다. 어느 날 낯선 남자 50여 명이 아르고호를 타고 콜키스를 찾아왔다. 그 무리의 지도자가 바로 이아손이다. 그는 그리스 본토의 이올코스의 왕자였다. 그러나 숙부인 펠리아스가 이아손의 아버지를 몰아냈고 그에게서 이올코스의 왕위를 빼앗았다. 성년이 된 이아손이 펠리아스에게 왕위를 되돌려 달라고 하자, 펠리아스는 콜키스를

---

46) 김헌, 『그리스 문학의 신화적 상상력』, 서울대학교출판문화원, 2016. 305-307쪽. 김헌의 책에서 주로 인용하였으며, 부분적으로 문장을 수정하고 내용을 조금 보충했음.
47) 메데이아는 흑해 동쪽 해안에 있는 콜키스 출신으로, 핀다로스(『퓌테이아 경기 승리가』)와 헤시오도스(『역사』)에 따르면 콜키스인들은 검은 피부를 가진 이집트 태생의 인종이었다. 에우리피데스는 명시적으로 밝히고 있지 않지만, 이러한 정황들로 미루어볼 때 메데이아 역시 검은 피부를 가진 이방인이었음에 틀림없다. 〈임철규, 『고전』, 한길사, 2016. 276쪽.〉

지키는 황금 양모피(金羊毛皮: 금양모피)를 가져오면 왕권을 넘겨주겠다고 했다. 이아손은 왕위를 되찾기 위해 아르고호를 타고 목숨을 건 모험을 감행했다.

아이에테스의 궁전에 들어선 이아손을 본 메데이아는 첫눈에 그에게 반했다. 에로스 신이 쏜 화살에 맞아 치명적인 사랑에 빠지고 말았던 것이다. 그녀는 이아손의 사랑을 차지하기 위해 그가 콜키스의 수호성물인 황금 양모피를 가질 수 있도록 도와주었다.[48] 그것은 국가에 대한 반역이었다. 아이에테스가 그들을 쫓아오자, 메데이아는 아버지의 추격을 방해하기 위해 인질로 잡아왔던 남동생을 죽여 토막을 내어 아버지 앞에 내던진다. 그 바람에 뒤를 쫓던 고국의 배들은 그 시체의 토막을 모으느라 시간이 걸려 메데이아 일행을 놓친다. 사랑에 눈이 먼 그녀는 경악할 만한 끔찍한 짓도 눈 하나 깜짝 하지 않고 감행했다.

콜키스를 빠져나온 그들은 이올코스로 돌아왔고 삼촌인 펠리아스 앞에 황금 양모피를 내밀었다. 그러나 펠리아스는 왕위를 내놓지 않았다. 메데이아가 다시 한 번 이아손을 돕기 위해 나

---

48) 콜키스에 도착한 이아손은 콜키스의 왕인 아이에테스 왕에게 황금 양모피를 구하러 오게 된 경위를 설명한다. 왕은 자신의 황소로 밭을 간 후, 용의 이빨을 뿌리면 황금 양모피를 주겠다고 약속한다. 그러나 그 황소는 다리가 청동으로 되어 있으며, 입에서는 불길을 내뿜어 곁에 가기도 힘들었으며, 뿔은 창처럼 날카로웠다. 어쩔 줄 몰라 하는 이아손을 메데이아는 결혼을 조건으로 도와준다. 메데이아는 이아손에게 코카서스 산에서 프로메테우스의 피를 먹고 난 풀로 만든 고약을 준다. 그 고약은 갑옷이나 투구에 바르면 어떤 불길이나 무기도 막아낼 수 있었다. 고약을 건네주며 메데이아는 약의 효과가 하루밖에 지속되지 않는다는 사실과 용의 이빨을 밭에 뿌리면 대군의 병사가 땅에서 솟아날 터이니 돌을 하나 집어 던지라고 알려준다. 메데이아의 말대로 한 이아손은 모든 일을 무사히 끝냈다. 하지만 왕이 약속을 지키지 않자 메데이아는 황금 양모피를 지키던 용을 잠재우고 그것을 훔치는 일을 도와준다. 〈피에르 그리말(최애리 옮김), 『그리스 로마 신화 사전』, 열린책들, 2003.〉

섰다. 그녀는 펠리아스의 딸들을 따로 불러 신기한 장면을 보여주었다. 커다란 솥에 물과 약초를 넣은 다음 늙은 양을 토막내서 집어넣고 펄펄 끓였다. 잠시 후 뚜껑을 열자 솥에서 어리고 튼튼한 양이 살아 나왔다. 이 광경을 보고 놀란 딸들에게 메데이아는 늙고 약해진 펠리아스도 이렇게 젊게 만들 수 있다고 유혹했다. 메데이아의 마법을 철석같이 믿은 딸들은 아버지를 토막 내 메데이아의 솥에 넣고 끓였다. 그러나 결과는 완전히 달랐다. 메데이아가 신비의 약초를 넣지 않았기 때문이다. 펠리아스는 철없는 딸들의 손에 끔찍하게 죽임을 당했다.

엽기적인 광경을 본 이올코스 사람들은 전율하며 그녀와 이아손을 쫓아냈다. 조국에서 추방당한 그들이 정착한 곳이 바로 코린토스였다.

쟁점 ❶ 사랑: 가족에 대한 배신과 이아손에 대한 사랑

콜키스의 공주인 메데이아는 이아손에게 첫눈에 반한다. 그녀는 이아손을 사랑하게 된다. 이아손은 메데이아의 아버지이며 콜키스의 왕인 아이에테스의 황금 양모피를 빼앗으러 왔다. 이아손은 이오코스의 왕자였으나 삼촌인 펠리아스에게 왕위를 빼앗겼다. 성년이 된 이아손이 펠리아스에게 왕위를 돌려달라고 하자, 펠리아스는 콜키스를 지키는 황금 양모피를 가져오면 왕권을 돌려주겠다고 한다. 이아손은 왕위를 되찾기 위해 목숨을 건 모험을 감행한다.

이아손은 메데이아의 도움으로 황금 양모피를 얻는다. 이 과정에서 메데이아는 이아손을 돕기 위해서 아버지를 배신한다. 또, 그녀는 황금 양모피를 가지고 달아나던 이아손과 자신을 붙잡기 위해 추격해 오던 동생도 죽인다. 그들은 무사히 황금 양모피를 가지고 펠리아스에게 돌아온다. 이아손은 삼촌에게 왕위를 돌려줄 것을 요구한다. 펠리아스는 이아손과의 약속을 지키지 않는다. 메데이아는 펠리아스를 잔인하게 죽인다.

메데이아는 이아손의 사랑을 얻기 위해서 아버지를 배신하고 피를 나눈 형제를 죽인다. 그녀의 이런 행위는 사랑이란 이름으로 정당화될까. 부모와 형제를 배신한 행위는 변명의 여지없이 그 자체로 악행이 아닐까. 아니면, 그녀의 사랑은 가족을 배신할 만큼 아름다운 것일까. 사랑으로 행한 일이므로 용서될까. 사랑이 인륜보다 앞설까.

메데이아는 작품 곳곳에서 여성의 삶에 대해 한탄한다. 그녀의 이런 모습은 그녀가 남성중심의 가부장제 사회의 희생양처럼 보이게 한다. 그녀가 아버지와 형제를 배신한 것이 이와 관련이 있을까. 아이에테스는 메데이아의 다정한 아버지이며, 그의 남동생인 압쉬르토스는 좋은 동생이었을까. 그녀의 배신은 사랑을 이루기 위한 부득이한 선택으로 봐야할까.

쟁점 ❷ 분노: 메데이아의 분노의 정당성

우리는 메데이아의 분노를 어떻게 받아들여야 할까. 메데이아의 분노는 이아손의 배신에서 비롯된다. 이아손은 코린토스 왕의 딸 크레우사와 정략결혼을 계획함으로써 아내에게 한 약속과 신의를 저버렸다. 이러한 배신 행위는 인간관계의 기초를 무너뜨리는 심각한 문제다.

이아손은 비겁하고 탐욕적인 인물로 보인다. 이는 여러 등장인물들에 의해서 말해진다. 이아손 가정의 유모는 이아손이 가속들에게 잘못하고 있다고 말한다. 또, 가정교사는 사람들은 탐욕 때문에 이웃보다 자신을 더 사랑하기 마련이라면서 이아손이 탐욕 때문에 배신할 것임을 암시한다. 코린토스의 여성들로 구성된 코러스도 결혼한 아내를 배신한 나쁜 남편을 저주한다. 이아손은 또한 파렴치하다. 이아손은 코린토스의 공주 크레우사와 정략결혼을 위해 자신의 모든 것을 바쳐 보필해 온 아내 메데이아를 향해 이 결혼이 그녀에게도 득이 된다는 논리로 설득하려 한다.

메데이아는 이아손의 이런 생각을 정면으로 부정하며 도전한다. 메데이아는 이아손이 천하에 몹쓸 비겁한 악당이며, 신에게 가장 미움 받는 존재요 파렴치한 인간이라고 저주한다. 이아손의 배신에 대해 메데이아는 맹세의 신 제우스를 향해 정의의 칼을 호소한다. 주목할 점은 그녀의 이런 호소가 개인적 복수의 차원이 아니라 범국가적 정의 구현의 차원이라는 점이다.

잘 알려져 있듯 올림포스 신들은 서로의 약속과 맹세를 토대로 그들의 권력과 영역을 나누었다. 약속(맹세)은 신성하다. 인간들이 사사로이 약속을 어길 수 없다. 아내에게 한 맹세를 파기한 이아손의 행위는 개인 간의 신의 문제를 넘어서 신성한 질서를 모독하고 파괴한 행위이다. 따라서 우리는 메데이아의 분노를 단순히 그녀의 악한 성품 때문이라고 생각해서는 안 된다. 우리는 그녀의 분노를 신뢰와 약속을 저버리고 신성모독을 행한 이아손에 대한 신적 정의를 호소하고 실현하는 방편으로 볼 수 있지 않을까. 이 때 메데이아의 분노는 곧 정당한 힘이며 용기이며 정의로 보아야 하지 않을까.

상호성의 윤리(친구들은 이롭게 하고 적은 해롭게 하라)에 기반할 때, 우애(友愛) 관계를 깨뜨린 자에 대한 분노와 이에 대한 보복은 정당하다. 이아손의 배신은 이를 훼손하여 메데이아를 모욕한 것이다. 그러므로 이아손에 대한 메데이아의 분노는 정당한 것이 아닐까.

문제는 메데이아가 이아손을 파멸시키는 과정에 인간적 분노와 신적 정의가 뒤섞여 있다는 사실이다. 메데이아는 그의 주장처럼 신의 정의를 구현하는 자라기보다는 순간적이고 충동적인 분노에 휩싸인 존재로 보인다. 그녀는 자신을 배반한 남편에 대한 복수로 혈안이 된 여인의 모습이다. 즉, 메데이아는 복수의 화신처럼 보인다.

여기서 문제가 되는 것은 메데이아의 기질이다. 메데이아는 유모에 의해 무서운 분, 간이 큰 자, 사나운 자 등으로 묘사된다. 이러한 기질에 더해 메데이아는 자기중심적이며 고집불통의 성격을 지녔다. 그녀의 이런 기질은 우리가 메데이아를 단순히 배신에 대한 정의를 실현하는 자로만 보는 것을 방해한다. 그녀의 기질적인 특성으로 볼 때, 그녀의 분노는 정의나 질서 회복의 차원보다는 모욕을 당한 개인의 명예 회복 차원의 문제로 생각된다. 자신의 명예를 회복하기 위해 어떤 일도 가능케 하는 그녀의 분노는 일종의 광기가 아닐까. 이때의 분노는 통제 불가능한 격정적인 힘, 사악한 힘으로 보아야 하지 않을까. 그녀의 격한 성격(사나운 성질)과 굽히지 않는 기질은 모욕(특히, 세상 사람들의 웃음거리가 되는 것)을 결코 참지 못한다. 우리는 이아손의 배신에 대한 메데이아의 분노를 정당하다고 생각해야 할까. 아니면, 그녀의 성격적 기질에서 비롯된 지나치게 과도한 것이라고 생각해야 할까.

그녀는 사랑을 위해서 조국과 부모와 형제를 모두 버리고 이아손을 따랐다. 그런데 그가 배신함으로써 그녀에게는 아무것도 남지 않는다. 사랑을 위해서 모든 것을 버렸는데 그 사랑마저 배신당한다면 그녀에게 남는 것은 분노뿐이지 않을까. 그러므로 메데이아의 분노는 지극히 당연한 것이 아닐까. 아니면 우리는 이아손의 배신이 가족을 위해 한 행동이라는 그 자신의 주장을 어느 정도 받아들일 수 있을까. 이아손은 자신의 선택이 메데이아와 아들들을 위한 것임을 강조한다. 이아손과 메데이아는 코린토스가 아니면 오갈 데 없는 추방자 신세이다. 그들의 불안한 처지를 감안한다면 이아손의 선택을 마냥 비난할 수만은 없지 않을까.
또, 이아손과 크레온은 메데이아가 지닌 능력(독을 사용한 살인 등)에 대한 두려움을 가지고 있다. 이아손과 크레온이 메데이아를 추방하려는 것은 그들의 두려움과 연관이 있지는 않을까. 메데이아는 지혜를 지닌 여인이다. 전통적인 지혜는 단순히 지적인 면만을 가리키는 것이 아니라 도덕적인 면을 포함한다. 하지만 메데이아가 지닌 지혜는 부정적인 모습으로만 그려진다. 예를 들면, 크레온이 메데이아를 두려워하는 이유는 그녀가 지혜롭기 때문이다. 메데이아가 자신의 지혜를 거론하면서 "나는 영리한 탓에 더러는 날 시기하고 더러는 날 무서워하죠."라고 말한다. 메데이아의 지혜는 공포를 불러일으키는 지혜이다. 이런 지혜가 두려운 이유는 무엇인가. 메데이아의 지혜는 현대적 표현으로 하자면 도구적 이성에 국한된다. 그녀가 사용하는 지혜는 추구해야 할 가치에 대한 반성적 이성이 아니다. 그것은 자식살해를 정당화하는 데 사용되는 도구적 이성에 지나지 않는다. 이러한 지혜가 이아손과 크레온에게 두려움을 준 것이다.

쟁점 ❸ 복수: 자식 살해의 정당성

우리는 메데이아가 자식들을 살해한 사건을 어떻게 받아들여야 할까. 메데이아는 남편을 위해 잔혹한 살인까지 마다하지 않았다. 그렇게 사랑했던 남편이 자신을 배신하고 코린토스의 공주인 크레우사를 아내로 맞이하려 함을 안 메데이아는 분노에 사로잡힌다. 메데이아는 자신의 아이들을 시켜서 공주에게 결혼 선물로 마법의 옷을 주어 공주를 불에 타 죽게 만든다. 나아가 메데이아는 이아손에게 복수하기 위해 그와 자신 사이에서 낳은 친자식들까지 죽인다. 특히, 문제가 되는 것은 자식살해이다. 메데이아의 깊고 슬한 번민과 결심의 결과인 자식살해 사건은 부부 간의 신의를 배반한 자에 대한 신적 정의를 구현하는 영웅적인 측면과 그녀의 광기와 잔악성을 보여주는 양면성을 지닌다.

메데이아의 복수 대상은 처음에는 자신을 모욕한 당사자들인 크레온, 크레우사, 그리고 이아손이었다. 이들에 대한 살해(독살) 계획은 그들에게 잘못이 있으므로 정당한 것으로 받아들여질 수도 있다. 문제는 메데이아가 아테나이 왕 아이게우스를 만난 후, 그녀의 복수 계획이 점차 전통적, 영웅적 복수보다는 이아손에게 심적으로 더 깊은 상처를 입히는 방향으로 나아간다는 사실이다. 그녀의 복수는 이아손을 죽이는 것보다 그 자식들을 죽여 복수의 효과를 극대화시키는 방법으로 나아간다.

메데이아는 이아손의 현재와 미래 자식을 모두 파괴하여 그에게 가장 처절하게 복수하려 한다. 그렇게 되면 이아손의 가정은 완전히 파괴될 것이다. 살인의 대상은 이아손이 아니다. 이아손을 죽이면 그의 고통도 사라진다. 철저한 복수를 위해서는 고통을 느낄 이아손의 존재가 필요하다. 생존해 있는 이아손에게 강력한 고통을 주는 것이 그녀의 복수의 목표가 된다. 살해의 대상은 이아손이 아닌 그녀 자신의 아이들이다. 하지만 이미 태어난 자식을 죽이는 것으로는 부족하다. 그는 결혼하여 다시 새로운 자식을 낳을 것이 아닌가. 그녀는 그 가능성을 차단하고 싶어 한다. 그래서 메데이아는 새 아이를 낳을 공주도 죽이기로 결심한다.

메데이아는 자신이 하려고 하는 일이 무엇인지 잘 알고 있다. 자식을 죽여 복수하는 것은 그녀에게도 엄청난 고통이다. 메데이아의 내면에서는 모성을 지닌 어머니의 목소리와 분노로 불타는 남성의 목소리가 서로 충돌한다. 결국 분노가 모성을 압도하고 메데이아는 자식들을 죽이기로 결심한다. 그런데 그녀가 자식을 죽여 남편에게 복수하려는 계획은 인륜을 핑계로 인륜을 범하는 것이고, 신성한 응징의 범위를 넘어선 것이 아닐까. 아무리 극한 슬픔과 분노를 느꼈더라도 자신이 낳은 아이들을 자신의 손으로 살해하는 행위는 이해될 수도 용납될 수도 없는 것이 아닐까.

메데이아는 이아손에게 가장 큰 고통을 주려고 자식을 살해하려는 것이지만 한편으로는 자식들이 겪을 치욕을 막기 위해서 자기 손으로 자식을 죽여야 한다고 말한다. 메데이아는 이아손과 화해하는 척 하면서 두 아들을 시켜 크레우사에게 화려한 옷을 갖다 바친다. 잠시 뒤에 아이들이 돌아오자 메데이아는 죽음의 선물을 전달한 아이들이 살아남을 길이 없음을 안다. 그녀는 처음에 계획했던 대로 제 자식들을 제 손으로 죽인다. 그녀의 마음 속에서는 사나운 복수심, 자식들에 대한 애정, 궁전의 파국에 대한 확신, 그리고 그로 인한 결과들에 대한 생각들이 교차한다. 결국 아이들은 어떤 경우에도 구원받을 가망이 없다는 생각이 우위를 점하게 된다.

그녀는 자식들이 능욕을 당하지 않게 자신이 직접 살해하기로 결정한다. 메데이아는 자신이 웃음거리가 되고 능욕당하는 것을 자식에 대한 사랑보다 더 중요한 것으로 간주한다. 그녀는 모욕을 피하기 위해 자식살해를 정당화하는 극도의 이기적인 모습을 보인다. 메데이아는 자식들을 죽이는 일이 얼마나 악한 일인지 너무나도 잘 안다. 하지만 자신을 모욕한 이아손에 대한 분노가 아이들을 죽여서는 안 된다는 이성적 생각을 압도한다. 그녀는 고통과 갈등 속에서 아이들을 죽일 수밖에 없다고 자신의 행동을 합리화한다.

더구나 메데이아의 자식살해 행위는 무분별한 광기의 상태에서 벌어진 우발적 행동이 아니다. 그녀의 자식살해는 자기힙리화와 명백한 목적의식 하에 이루어진 점에서 매우 충격적이다. 그녀의 자식살해는 인륜을 벗어난 야만적인 행위로 해석할 수 있다. 복수를 위해서 자식을 살해하는 메데이아는 증오심과 분노로 가득 찬 격정적 성격의 소유자이다.

인간을 움직이는 대립적인 두 힘은 격정과 숙고이다. 이 가운데 격정이 숙고보다 앞서면 그것이 곧 인간에게 재앙의 원인이 된다. 메데이아가 이아손에 대한 분노로 자식을 살해한 일이 이 경우에 해당된다. 메데이아는 남편 이아손에게 끝없는 고통을 주기 위해 자식을 죽여 복수할 계획을 이미 세워놓고, 자식들의 죽음을 피할 수 없는 상황으로 왜곡한다. 그녀의 이런 행위는 전통적 영웅주의의 모습이 아니다.

앞서 언급했듯이 메데이아가 자식을 살해하려는 동기 속에는 단순히 이아손에 대한 복수만 있는 것이 아니라 모성애 차원의 고민이 섞여 있다. 메데이아는 복수를 위해 자식을 도구로 이용하는 것을 정당화하는 논변을 제시한다. 메데이아는 "어떻게 내 자식들이 능욕을 당하도록 원수들에게 넘겨줄 수가 있겠어. 그런 일은 일어날 수가 없어. 어차피 그들은 죽을 수밖에 없어. 꼭 그렇게 되어야 한다면, 그들을 낳은 우리가 죽일 거야. 어차피 이건 정해진 일이고 피할 길은 없어."라고 말한다. 이 논변에는 중요한 두 가지 측면이 있다. 먼저, 메데이아가 자식살해 계획을 세울 때 내놓는 이유는 자신이 웃음거리가 되는 것을 견딜 수 없다는 것이다. 이는 전형적인 자기중심적 기질을 잘 보여준다. 또 다른 면은 자식들이 능욕을 당하는 것을 걱정하는 것이다. 메데이아는 자신의 영웅적 기질을 아이들에게까지 확대하고 있다. 아이들은 자신이 사랑하는 가족이기 때문에 가족이 당하는 수모를 메데이아로서는 견딜 수 없다는 것이다. 이런 이유들이 그녀가 자식을 살해하는 것을 정당화시킬 수 있을까. 메데이아는 자식들의 죽음을 피할 수 없는 필연이라고 전제한다. 따라서 자식들이 능욕을 당하지 않도록 자신이 직접 살해하겠다고 결정한다. 메데이아는 자식을 사랑하기 때문에 자식을 살해한다는 매우 역설적인 주장을 하고 있다. 여기서 메데이아의 자기 파괴적인 측면을 엿볼 수 있다.

그런데 메데이아가 남편에게 직접 복수를 하는 처음 계획을 실행하고서 자식들을 데리고 아테네로 도망가는 것은 불가능할까. 이 방법이 현실적으로 가능성은 적지만 그렇다고 완전히 불가능하다고 단정하기는 힘들다. 문제는 이런 가능성을 메데이아가 처음부터 아예 고려하지 않는다는 데 있다. 왜 그럴까. 메데이아는 지적·정서적인 면에서 혼란을 겪고 있다. 메데이아는 자식살해의 복수계획을 이미 세워놓고, 이후에 자식들이 죽음을 피할 수 없는 상황이라고 현실을 왜곡한다. 그녀의 자기중심적 성향이 이런 혼란을 가져온 것이다. 이는 인간 내면의 격정적인 부분이 주도권을 잡고 이성적인 부분을 노예처럼 부리는 상황이다.

메데이아는 자식살해가 나쁜 것임을 알면서도 격정에 이끌려 이를 행한다. 그러면서 자신의 자녀 살해를 이성으로 합리화하는 메데이아는 악의 화신처럼 보인다. 결국 메데이아는 윤리적 가치에 대한 반성 없이 순간적이며 충동적인 자신의 분노를 실현하는 데만 이성(지혜)을 사용한다. 그 결과 그녀는 자제력 없는 무서운 여인으로 간주된다.

메데이아의 자식살해를 부정적으로 보는 또 다른 시각이 있다. 메데이아의 자식살해는 이방인 여자의 난폭한 야만성을 드러낸다고 보는 것이다. 즉 메데이아는 야만족 여인이기 때문에 자식들에게 야만적 폭력을 가하고 있다는 것이다. 이아손은 그리스 문명권 출신 영웅이며, 메데이아는 흑해 너머 코카서스 산맥지역에서 왔다. 메데이아는 이아손을 도와 조국 콜키스를 버리고 이아손을 따라 문명국 그리스로 간다. 그러나 메데이아는 이아손이 자신을 속이고 새롭게 장가를 들려고 할 때 스스로 이방인의 처지를 뼈저리게 느낀다. 이아손은 자기 덕분에 "야만족 나라에 사는 대신 헬라스 땅에서 살고 있고, 정의를 배웠으며, 폭력을 멀리하고 법을 사용하는 것을 배웠소."라고 언급하며 자신이 메데이아에게 더 많은 것을 베풀었다고 변명한다. 그리고 메데이아가 복수심에 불타 공주인 크레우사와 아이들을 죽였을 때도 이아손은 "어떤 헬라스 여인도 감히 그런 짓은 할 수 없었을 것"이라고 말한다. 이아손은 메데이아가 이방인이라는 점을 비극적 참사의 원인으로 부각시킨다.

위의 시각과 다르게 우리는 메데이아를 이방인 마녀(악녀)가 아니라 남성중심의 사회 질서에 저항한 영웅적 여성으로 볼 수도 있다.

우리는 메데이아의 자식살해가 남편의 배신에 대한 단순한 복수가 아니라 결혼이라는 신성한 약속을 파괴한 행위에 대한 응징(정의의 구현)으로 볼 수 있다. 메데이아가 자식을 죽인 일을 간단하게 악으로 단정 짓기 어려운 면이 있다. 그녀의 자식 살해는 남편으로부터 버림받은 여성의 처지에 대한 한탄, 고향을 잃은 이방인의 비애 등이 함께 작용한 결과다. 이런 관점에서 보면 메데이아가 행한 자식살해는 복합적인 성격을 띤다.

이 작품의 중심 내용은 어쩌면 자식살해가 아닐지도 모른다. 이 작품의 중심 내용은 메데이아가 행동을 실행하기까지의 갈등일지도 모른다. 이 갈등은 극이 끝날 때까지 치열하게 계속된다. 배신의 고통에 분노하던 메데이아가 복수를 계획하고, 아이들을 생각하며 주저하기도 하고, 주저하는 자신을 다시 다그치기도 하고, 다시 자신의 완고함을 원망하며 슬퍼하기도 한다. 메데이아는 자신을 관찰하며 자신의 여러 가지 마음과 다투거나 또 때로는 약해지는 자신을 스스로 격려하는 모습을 보이기도 한다.

그녀는 자신의 고통을 피하기 위해 복수하지 않는 것은 비겁한 일이라고 말하며 복수의 정당성을 이야기한다. 배신자에게는 그에 합당한 벌을 주는 것이 그녀가 알고 있는 정의다. 그리고 그녀는 적에게 복수함으로써 정의를 이루었다. 작품 곳곳에 코러스의 입을 통하여 복수의 정당성이 이야기 되고 있다. 그와 함께 메데이아의 어머니로서의 갈등 또한 표현되어 있다.

그녀는 어머니로서 아이들을 살해하면 안 된다는 것을 안다. 그것이 자신의 삶에도 이롭고, 자신의 삶을 행복하게 할 것임을 안다. 그녀의 머리는 복수를 원하지만 그녀의 마음은 아이를 잃는 고통을 피하고 싶어한다. 아이들과 미래를 함께 하고 싶어 한다. 그러나 그녀는 그러한 슬픔들을 뒤로한 채 이아손에게 복수하기 위해 자식을 살해한다. 메데이아의 자식살해는 자신의 야망을 위해 결혼이 갖는 신성한 약속을 저버린 이아손에 대한 정당한 처벌행위라고 볼 수 있다. 그녀는 그와 자신 사이에서 낳은 아이들을 죽임으로써 철저하게 이아손을 파멸시킨다. 메데이아는 극 중에서 아이들을 죽인 것이 이아손의 악덕과 교만 그리고 새장가 때문이며 자신의 정당함은 신이 알고 있다고 공언한다.

메데이아를 단순히 사악한 악녀로 단정 지을 수 없는 다른 이유는 자식살해 전에 그녀가 심각한 내적갈등을 보이기 때문이다. 메데이아는 아이들의 초롱초롱한 눈망울을 보니 결연함이 사라진다고 말한다. 악한 영혼의 소유자는 내적 갈등 없이 악을 행동으로 옮기는 존재이다. 그러나, 메데이아는 결코 그런 존재가 아니다.

또, 우리는 메데이아의 자식살해를 가부장적 사회질서에 대한 저항이자 신적 질서를 회복하기 위해 자신의 가장 소중한 것을 희생시킨 행위로 볼 수 있다.

동서양을 막론하고 가부장제 사회에서 가문을 이어갈 자식은 어머니에게 최고의 재산이다. 부인이 남편에게 복수하기 위해 자식을 살해한다는 것은 믿기 어려운 일이다. 그러나 메데이아는 자식을 살해함으로써 모성의 발휘에 항거하며 모성성을 철저하게 파괴한다. 이는 가부장제 이데올로기에 대한 철저한 거부를 의미할 수 있다.

모성애를 찬양하는 문화는 가부장제 사회를 유지하기 위해 필수적이다. 메데이아는 이아손과 결혼하여 가정을 이루고 자식을 양육하는 가부장제 하의 전형적인 여성의 삶을 꿈꾸었을 것이다. 그러나 메데이아는 결혼이 여성의 안전한 보호막이 아님을 알게 된다. 그녀는 결혼이 남성들의 이익을 위해 존재하는 제도로 이해관계에 따라 얼마든지 깨질 수 있는 것임을 절실하게 깨닫는다. 결국 이아손은 자신의 야망을 위해 가정을 희생시켰으며 결혼을 통해 가문을 이어가는 도구로 여성을 이용한다.

남성중심의 가부장제 사회에서 여성의 몸은 가계를 잇기 위한 도구에 불과하다. 이는 "사람들이 다른 방법으로 자식들을 낳고, 여자 같은 것은 없어져버렸으면 좋으련만!"이라는 이아손의 언급에서 분명하게 드러난다. 가문을 잇기 위한 남성들의 목표는 가부장적 지배를 통해서 독립적 존재로서 여성의 정체성을 말살시키는 것이다. 그래서 메데이아는 남편에 대한 복수로 맨 먼저 이아손의 후손을 낳아 줄 새로운 신부인 크레우사를 살해한다. 크레우사의 살해는 곧 이아손의 미래에 대한 살해로 해석할 수 있다. 메데이아는 이아손의 미래를 살해함으로써 자신을 모욕하고 자신의 야망을 위해 가족을 희생시킨 이아손을 응징하는 셈이다. 또, 메데이아는 자신의 자식을 살해함으로써 이아손이 대가 끊긴 채 홀로 비참하게 살게 하려 한다. 이는 가장 처절한 복수가 될 수 있다. 가부장제 사회는 여성에게 모성의 아름다움과 성스러움, 푸근함, 온화함, 인내와 자기희생 같은 이미지를 덧씌운다. 그런데 메데이아는 이러한 이미지와 거리가 먼 존재이다. 메데이아의 자식 살해는 여성성의 극단적인 포기이며, 어머니로서 모성을 포기한 것이다. 따라서 그녀는 가부장제 사회의 희생자이며 동시에 그것에 맞선 영웅적 인물인 셈이다.

　정리하자. 자신이 지닌 가장 소중한 것이면서 남편이 지닌 가장 소중한 것인 자식을 죽여서 남편에게 고통을 주려는 메데이아의 행위는 악마적일까. 아니면, 이아손이 그녀를 이렇게 만든 것이므로 모든 책임은 그가 져야할까. 물론 메데이아의 복수는 자식들을 살해했기에 인륜을 저버린 끔찍한 행동이다. 하지만 이는 메데이아가 처한 상황에서 불가피한 행동이었고, 그녀가 손상된 명예를 회복하고 맹세의 정의를 다시 세울 수 있는 유일한 방법은 아니었을까.

3. 참고문헌

- 에우리피데스(천병희 옮김),『그리스 비극 걸작선 중, 메데이아』,
  숲, 2012.(토론도서)

- 임철규,『그리스 비극』, 한길사, 2007.
- 김헌,『그리스 문학의 신화적 상상력』, 서울대학교출판문화원, 2016.
- 강대진,『비극의 비밀』, 문학동네, 2013.
- 김기영,『그리스 비극의 영웅 세계』, 길, 2015.
- 천병희,『그리스 비극의 이해』, 문예출판사, 2002.

- 정준영,「메데이아의 자식살해와 튀모스(thymos)」,『서양고전학연구 45』, 2011.
- 정해갑,「에우리피데스의 여성인물 연구:『메데이아』,『헤카베』,『박카이』에
  나타난 이중성을 중심으로」,『Shakespeare Review Vol.52 No.1』, 2016.
- 최혜영,「에우리피데스의『메데이아』와 펠로폰네소스 전쟁: 그리스 비극의
  한 역사적 콘텍스트」,『서양사학연구 제18집』, 2008.
- 김혜경,「붙잡힌 사랑: 메데이아와 헬레네의 자기이해」,
  『인간 · 환경 · 미래 제12호』, 2014.
- 천병희,「에우리피데스 비극의 이해 (1)」,『서양고전학연구 제12권』, 1998.
- 조윤정,「메디아 신화의 재해석: 에우리피데스, 파솔리니의 영화,
  국립창극단의 메디아를 중심으로」,『콘텐츠문화 Vol.3』, 2013.
- 김맹하,「사회적 · 도덕적 금기의 미학적 형상화:
  제주설화『한 보람 없다』와 에우리피데스의『메데이아』에서
  '자식살해' 모티브 연구」,『세계문학비교연구 제41집』, 2012.

윌리엄 셰익스피어

『맥베스』 토론거리

1. 논제: 맥베스는 운명의 희생양이다.

2. 논제에 따른 쟁점

쟁점 ❶ 운명 대 욕망

　마녀들은 맥베스가 왕이 될 것이라고 예언한다. 마녀들의 예언을 듣는 순간부터 그들의 말은 맥베스의 사고와 행위를 지배한다. 그들의 예언은 맥베스의 내면에 잠재되어 있던 권력에 대한 욕망을 부추긴다. 마녀의 예언은 왕의 시해라는 사악한 범죄로 그를 몰아간다. 우리는 맥베스가 마녀(아내)들의 부추김을 받은 대로만 행했다는 것을 알고 있다. 맥베스는 마녀들이 예언한 운명을 그대로 따라간다. 그는 마녀들의 예언대로 왕이 되었지만, 마녀들이 예언한 대로 죽음을 맞는다. 그가 왕을 죽인 것은 마녀들의 예언에 의한 어쩔 수 없는 운명은 아니었을까.

　하지만 마녀들은 맥베스가 왕이 될 것이라고만 말했을 뿐, 왕위를 차지하는 방법이나 왕의 살해에 관해서는 아무것도 언급하지 않는다. 마녀들의 예언을 어떻게 달성할지를 머릿속에서 구체화하는 사람은 바로 맥베스이다. 왕을 살해한 것은 마녀들의 예언이 아니라 맥베스 자신이다. 그의 살인은 계획적으로 이루어진다. 마녀의 유혹은 운명이라기보다는 그 자신의 욕망이 만들어낸 환영은 아닐까.

그는 사악한 마녀들의 함정(덫)에 걸린 운명의 희생자일까, 아니면 권력에 눈이 멀어 자신의 욕망을 통제하지 못하고 왕이자 자신의 사촌을 죽인 잔혹한 악인인가.

쟁점 ❷ 두려움(양심) 대 잔혹함

맥베스는 뱅쿠오의 자손이 왕이 될 것이라는 예언을 들었다. 자식이 없는 그에게 뱅쿠오는 유일한 두려움의 대상이다. 그는 두려움에서 벗어나고자 뱅쿠오와 맥더프의 아내와 아이들을 죽인다. 그들의 죽음 후에도 맥베스는 두려움에서 벗어나지 못한다. 살인을 할수록 맥베스는 두려움과 양심의 가책 사이에서 점점 단호하고 무자비한 사람으로 변해간다. 그는 자신이 악으로 빠져들고 있음을 스스로 인지하고 있다. 그 자신은 자신의 악한 행위에 저항하고 싸우고(양심의 가책을 느낌) 분열을 일으킨다. 그럴수록 그의 두려움은 점점 커지고 그는 잔인해진다. 맥베스는 죄책감과 두려움 때문에 몰락한다. 점점 커져가는 그의 잔혹함은 점점 커져가는 두려움(연약함) 때문은 아닐까.

맥베스는 던컨 왕을 죽인다. 자연의 순리를 어긴 그는 불면(不眠)과 두려움에 빠진다. 그는 안전하게 왕권을 유지하고 싶지만 광기에 빠져들고 모두가 그를 의심하게 된다. 그에게는 왕으로서의 정당성이 없다. 던컨 왕을 죽일 명분이 없었다. 자신의 권력에 대한 욕망만이 던컨 왕을 죽이는 것을 가능하게 했다. 정당하지 못한 권력을 유지하기 위해 그는 온갖 잔혹한 행위를 마다하지 않는다. 심지어 아이들을 죽이기까지 한다.

그의 잔혹함은 정당성 없는 자신의 욕망에 바탕을 둔 악인의 자기 파괴적인 잔혹함인가, 자신에게 주어진 운명에 굴복하고 양심의 가책을 느끼며 두려움 속에서 괴로워하는 사람의 연약함의 표현인가.

쟁점 ❸ 연민(동정) 대 정의(인과응보, 자업자득)

맥베스는 냉혈적인 살인자의 이미지와 도덕적 본성을 지키고자 양심의 가책에 시달리는 사람의 이미지를 함께 가지고 있다.

권력, 나아가서는 삶에 대한 무의미와 공허함을 느끼면서 서서히 파멸해 가는 그의 삶에서 우리는 무엇을 느껴야 하는가. 맥더프가 그를 벨 때, 악인의 불행한 최후는 그 자신의 악한 행위에서 비롯되었으므로 복수의 당위성과 정의의 구현에 대한 기쁨과 즐거움을 느껴야 하는가.

아니면, 잔인한 운명의 유혹에서 벗어나기 위해서 몸부림치는 자의 고통스러운 숙명의 몸짓을 보아야 하는가. 인간이란 존재가 지닌 근원적인 한계(제어하기 어려운 욕망과 두려움)에 대해 인간적 연민을 느껴야 하는가.

우리를 욕망에 사로잡히게 하는 온갖 아름다운 것들은, 완전히 소유할 수 없기에 우리를 괴롭게 하거나 아니면 막상 소유하고 나면 그 아름다움이 사라지고 마는 허구적 대상은 아닐까. 왕권 또한 맥베스의 욕망을 불러일으키는 대상이었으나, 막상 차지하고 나니

기쁨이 아니라 불안감과 공허감만 주었다. 맥베스의 삶은 욕망에 사로잡힐 수밖에 없는 인간 존재의 슬픔을 우리에게 보여주는 것인가, 죄를 지은 자는 반드시 죄값을 치러야 한다는 인과응보의 정의를 보여주는가.

3. 찬성과 반대의 논리적 흐름

찬성측	마녀의 유혹이라는 운명의 덫에 걸려서 양심의 가책과 두려움 속에서 점점 잔인해져가다가 스스로 파멸한 가련한 인간 맥베스. 우리는 그의 죽음에 연민과 동정을 느껴야 한다.
반대측	던컨 왕을 시해하고 정당성 없는 자신의 욕망을 추구하고 보호하기 위해 잔인한 살인과 공포정치를 하다가 정의로운 사람들에게 죽임을 당한 맥베스. 우리는 그의 죽음에서 인과응보의 교훈을 얻어야 한다.

4. 토론 지도 참고 사항

(1) 운명에 대한 재정의가 필요함. 단순한 사전적 정의를 넘어서 자신들의 주장을 뒷받침할 수 있도록 정의할 필요가 있음. 용어 정의는 논제에 대한 찬성과 반대의 입장을 증명하는 출발점임.

(2) 쟁점 2와 쟁점 3에 대한 주장이 논제와 어떤 관련성을 갖는지를 증명하지 못하고 단순히 쟁점에 대한 자신들의 주장을 증명하는 데 치우치면 토론이 산만해짐. 모든 쟁점은 논제에 대한 자신들의 입장을 증명하기 위한 것임을 명심하고 논제와의 관련성을 계속 청중들에게 일깨워주어야 함.

(3) 논쟁의 핵심: 결론(결말)의 운명은 인정할 수 있지만 과정의

운명은 인정할 수 있는가 없는가. 운명은 결과인가, 결과에 이르는 과정까지도 포함하는 것인가. 운명은 기회의 문제인가 선택의 문제인가.

(4) 던컨 왕을 죽이기 직전에 맥베스가 보인 '망설임'(인간적 망설임, 도덕적 양심)은 운명에 대한 저항인가, 그는 운명에 저항하다가 결국 운명에 굴복한 것인가, 아니면 '망설임'은 그가 자신의 행위에 대한 명확한 의식을 갖고 있었다는 증거이므로 그가 던컨을 죽인 것은 자신의 욕망을 충족시키기 위한 것임을 증명하는가.

(5) 운명(예언)은 행위 없이도 실행될 것인가: 맥베스가 왕이 될 것이라는 예언을 들었으므로 맥베스는 별다른 행위 없이도 왕이 될 것인가. 그는 왕을 시해하는 행동을 하지 않고 다른 행위(선한 행동 등 왕이 되는 방법은 여러 가지가 있을 수 있지 않은가)를 통해서, 혹은 기다림만으로도 왕이 될 것인가. 그의 행위는 운명의 시간을 앞당기려는 욕망으로 인하여 생긴 비극인가.

(6) 마녀들의 예언과 맥베스의 행동과의 관련성: 마녀들이 예언을 했기 때문에 맥베스가 행동한 것인가, 아니면 마녀들의 예언은 맥베스가 자신의 행동(던컨 시해)을 합리화하기 위한 변명에 불과한가.

(7) 맥베스가 왕이 되는 과정을 예언한 것은 아님: 마녀들이 맥베스가 왕이 될 것이라는 예언은 했지만 어떤 방법으로 왕이 될 것임을 예언하지는 않음. 왕의 살해라는 방법은 맥베스 자신이 선택한 것임. 선택적 악행. 오스카 와일드의『아서 새빌 경의 범죄』와의 유사성.

(8) 예언을 믿는다는 것은 자신의 의사인가: 누군가 예언을 했다

면 그 예언을 믿고 말고는 결국 자신의 의지가 아닌가. 자신의 의지라면 운명의 희생양이 아니라 욕망의 결과라고 보아야 하지 않을까.

(9) 마녀의 말(혹은 유혹)과 맥베스의 양심이 맥베스의 행위에서 차지하는 비중을 살펴 볼 것. 또한 맥베스가 느끼는 두려움과 공포는 어디에서 비롯되는 것인지 생각해 볼 것. 그것이 단순하게 왕위의 상실이나 죽음은 아닐 것임.

(10) 이 토론은 맥베스의 살인이 정당한가에 대한 토론이 아님. 그의 살인은 정당하지 않음. 중요한 것은 살인과 운명, 살인과 양심의 관계를 살피는 것임. 이를 통해서 맥베스라는 존재가 우리에게 어떤 의미를 지니는가를 살펴봐야 함.

5. 참고문헌

- 윌리엄 셰익스피어(권오숙 옮김),『맥베스』, 열린책들, 2014.(토론도서)

- 윌리엄 셰익스피어(이원주 옮김),『맥베스』, 시공사, 2012.

- 윌리엄 셰익스피어(김강 옮심),『맥베스』, 펭귄클래식코리아, 2013.

- 윌리엄 셰익스피어(이미영 옮김),『리어 왕 · 맥베스』,
  을유문화사, 2008.

- 강석주,『셰익스피어 문학의 현대적 의미』, 동인, 2007.

- 션 매커보이(이종인 옮김),『셰익스피어 깊이 읽기』, 작은사람, 2015.

- 켄지 요시노(김수림 옮김),『셰익스피어, 정의를 말하다』,
  지식의날개, 2014.

- 권오숙,『셰익스피어와 후기 구조주의』, 동인, 2007.

- 권오숙,『젊은 지성을 위한 셰익스피어』, 두리미디어, 2012.

- 김종환,『셰익스피어와 타자』, 동인, 2006.

- 박우수,『셰익스피어와 인간의 확장』, 동인, 2006.

- 니콜러스 로일(이다희 옮김),『셰익스피어』, 웅진지식하우스, 2010.

- 케네스 뮤어 외 3인(이경식 옮김),『셰익스피어의 4대 비극 연구』,
  종로서적, 1991.

『베니스의 상인』 토론거리

1. 논제: 샤일록에 대한 재판은 공정하다.

2. 논제에 따른 쟁점

쟁점 ❶ 재판의 원인(복수의 정당성)

샤일록은 재판을 통해서 안토니오에게 합법적인 복수를 하려고 한다. 여기서 문제가 되는 것은 복수 자체(법은 개인을 대신해서 합법적인 복수를 해준다. 단지, 개인이 직접 복수를 하는 것을 금지할 뿐이다.)는 아니다. 샤일록이 안토니오에게 복수를 하려는 이유가 타당한지가 중요하며, 이는 샤일록이라는 인물을 어떻게 평가하느냐에 달려있다. 샤일록을 동정의 여지가 없는 부정적인 인물로 볼 것인가, 아니면 동정 받을 여지가 있는 인물로 간주할 것인가가 문제의 핵심이다. 이는 이 희곡의 중심인물을 샤일록으로 볼 것인가, 아니면 안토니오로 볼 것인가라는 문제와도 연결되어 있다.

샤일록을 탐욕스럽고 몰인정하고 잔인한 인물로 볼 수도 있지만 외국인(베니스 사람이 아님), 소수 종교인(기독교 중심 사회에서 유대교인), 소수 인종(유대인)의 사회적 약자로 볼 수도 있다. 그를 사회적 약자로 볼 경우, 문제가 되는 것은 기독교인들이 유대인들에게 가한 모진 멸시와 천대이다. 이는 작품 속에서 특히, 안토니오(안토니오는 이 극에서 사랑과 자비, 희생과 봉사의 대명사로 그려진다. 예외가 있다면 샤일록에 대해서만 그는 유독 잔인하다.)의 행위를 통해서 잘 드러난다. 기독교 사회의 관점에서 보면 샤일록은 악마로 비칠 소지가 있지만, 다른 시각으로 본다면 그를 기독교 사회의 희생자로 볼 여지도 있다.

샤일록은 그의 딸마저도 자신의 아버지를 증오할 만큼 탐욕스러운 인물로 그려진다. 그의 탐욕은 딸과 하인이 그를 떠나게 만든다. 그는 남에게 베풀 줄 모르고 움켜쥘 줄만 알며, 딸보다 재물을 더 소중히 여기는 인물처럼 보인다. 그는 누가 봐도 비난받을 만한 악인처럼 보인다.

반면, 안토니오는 이 작품에서 반유대 감정이 가장 두드러진 인물이고 샤일록은 인종적·종교적 타자로 볼 수도 있다. 안토니오에 대해 샤일록이 가진 '해묵은 원한'의 근거는 첫째, 샤일록의 고리대금업에 대한 안토니오의 공개적인 비난과 방해, 둘째, 기독교인인 안토니오의 종교적 박해, 셋째, 유대인에 가해진 그의 인종적 박해이다. 샤일록에 대한 안토니오의 박해는 정당한 것일까. 샤일록이 안토니오에게 멸시와 천대를 받을 만큼 나쁜 사람이라고 단정할 수 있을까. 샤일록에 대한 안토니오의 행위는 인종적·종교적 편견에서 비롯된 것이고, 그것에 대해 샤일록이 원한을 갖는 것은 정당한 것이 아닐까. 샤일록은 타고난 악당이기보다는 기독교 사회의 사회적 관습에 의해서 결정된 악당은 아닐까. 그의 악행을 지배적 사회 질서에 대한 도전으로 볼 수는 없는 것일까. 그는 지배적 집단으로부터 멸시를 받는 직업과 종교로 인해 고통받는 인간은 아닌가.

안토니오에 대한 샤일록의 복수는 유대인의 기독교인에 대한 증오에 기반하고 있는 것은 아닐까. 안토니오에 대한 샤일록의 반감에는 유대인으로서의 인종적 감정과 기독교에 대한 반감이 결부되어 있다고 볼 수는 없는가. 한마디로 샤일록의 원한은 인종적·종교적 편견에 맞선 투쟁이라고 볼 수는 없을까.

쟁점 ❷ 재판의 과정(포샤의 판결)

재판의 정당성에서 포샤의 재판관으로서의 자격과 샤일록과 안토니오 사이의 인육계약의 문제는 다루지 않는다. 왜냐하면 포샤는 소송 당사자인 안토니오로부터 돈을 빌린 친구의 아내이다. 또, 안토니오가 재판에 처해진 원인은 바로 포샤의 남편인 밧사니오 때문이다. 포샤는 재판의 이해당사자로서 공정한 재판관의 자격이 없고, 인육계약은 반사회적이라는 면에서 정당성이 없음은 명확하다. 명확한 잘못을 가지고 토론할 수는 없다. 따라서 우리의 토론은 포샤의 재판관으로서의 자격과 인육계약이 성립할 수 있음을 인정한다는 전제 하에서 이루어진다. 토론에서 다루고자 하는 내용은 재판의 내용 즉, 포샤의 판결이 타당한가이다.

문제의 핵심은 포샤의 판결에 있다. 그녀의 법해석과 적용은 타당한가. 샤일록은 안토니오에게 3달 동안 3천 더컷을 빌려주고, 기일 내에 갚지 못하면 안토니오의 몸에서 1파운드의 살을 베어 내는 것을 조건으로 차용증서를 쓰게 한다. 안토니오는 이 증서에 스스로 서명했으며 차용증서의 법적 효력에는 아무런 문제가 없다.

문제는 포샤의 판결이 타당한가이다. 안토니오를 궁지에 몰아넣었던 계약서의 조문은 포샤의 절묘한 법 해석에 따라 샤일록에게 올가미를 씌운다. 그녀는 살 1파운드를 잘라내되 한 방울의 피도 흘려서는 안 된다고 경고한다. 계약문서에 피를 흘려도 좋다는 조건이 기록되어 있지 않다는 것이 이유다.

포샤의 이러한 판단은 돈을 제 때에 갚지 못했다는 이유로 사람의 몸에서 살을 베어내겠다[49]는 잔인한 샤일록에 맞선 지혜롭고 현명한 판단인가, 아니면 편견에 찬 자의적 판단이며 명백한 오판인가. 그녀는 능수능란한 궤변으로 법리를 조작해서 기독교인인 안토니오에게 일방적으로 유리한 판결을 한 것은 아닌가.

포샤는 재판에서 샤일록에게 자비를 베풀 것을 간청한다. 하지만 샤일록은 계약문서대로 행할 것을 고집한다. 포샤가 샤일록에게 자비를 베풀 것을 간청한 것은 진심이었을까, 아니면 샤일록을 함정에 빠뜨리기 위함일까. 그녀가 샤일록에게 안토니오가 피를 너무 많이 흘려서 죽지 않도록 의사를 대동시켜 놓았느냐고 묻자 샤일록은 그러한 조건이 계약서에 명기되지 않았다는 사실을 강조하는데, 포샤는 이를 이용하여 샤일록을 함정에 빠뜨린 것은 아닌가.

포샤는 법정에서 기독교적 자비의 정신을 구현한 현명한 인물인가, 재치와 지혜가 돋보인다기보다는 이방인의 약점을 파고들어

---

49) 샤일록은 원금의 몇 배를 갚겠다는 것도 받아들이지 않고 자신의 증오심을 풀려고 하며, 안토니오를 진료할 의사를 법정에 데려오자고 한 포샤의 제안도 문서에 없다는 이유로 받아들이지 않는다. 그는 오직 '증서대로'만 할 것을 고집한다.

그를 교묘하게 기만하고 배제하는 인물인가. 그녀가 말하는 자비는 기독교인들에게만 적용될 뿐 타자에게는 가혹하기 짝이 없는 잔인한 자비는 아닌가.

쟁점 ❸ 재판의 결과(결과의 정당성)

재판의 결과 면에서 살펴볼 것은 샤일록에 대한 판결의 정당성을 인정할 것인지, 정당성을 인정하더라도 그 정도가 지나치게 가혹한 것은 아닌가라는 점이다. 샤일록은 재판의 결과로 가족, 재산, 종교를 빼앗기게 된다. 그에게 가해진 기독교인들의 복수는 무자비하고 지나치고 부당한 것은 아닌가.

기독교인들은 샤일록에게 복수할 만큼의 정당성을 가지고 있을까. 샤일록은 잔인하기는 하나 법에 따라 말하고 행동한다. 적어도 그에게는 외양과 실재의 괴리가 발견되지 않는다. 그는 악한 외양을 띠고 악하게 행동한다. 그러나 기독교인들에게는 외양과 실재의 괴리가 존재하는 것처럼 보인다. 그들은 선한 외양을 하고 악하게 행동하고 있는 것은 아닐까. 샤일록에 대한 그들의 복수 의지는 샤일록의 그것만큼이나 강하고 어쩌면 샤일록보다 더 교활하고 위선적인 것은 아닌가. 표면적으로 샤일록이 기독교인들과는 대단히 차이가 있는 사악한 인물로 보이지만, 심층적인 차원에서는 이 사악한 인물과 관대한 것처럼 보이는 기독교인들 간의 차이는 존재하지 않는 것은 아닐까.

포샤는 자비로써 달궈지지 않는 법은 의롭지 못하다고 말하지만 자기 자신이 자비로써 달궈지지 못한 판결을 샤일록에게 내리고 있는 것은 아닌가. 포샤의 자비는 기독교인만을 위한 자비일 뿐 유대인 타자인 샤일록에게는 허용되지 않고, 기독교인들은 법을 자신들의 목적에 맞게 이용하면서 자신들을 합리화하고 있는 것은 아닌가.

샤일록은 마침내 포샤(재판관)의 모든 요구에 굴복한다. 기독교인들은 샤일록의 목숨만은 살려 준다고 말하면서, 그야말로 관대하게 자비의 정신을 실천한다. 하지만 안토니오와 그 주변 인물들은 샤일록이 살 1파운드의 계약을 취하하고 돈을 되돌려 받기를 원할 때 재산을 몰수해 버린다. 포샤의 판결 덕분으로 목숨을 구한 안토니오는 자신에게 돌아올 재산을 샤일록의 딸과 사위[50]에게 귀속시키겠다는 그럴듯한 자비를 베푼다. 그리고 안토니오는 샤일록에게 개종[51]을 종용한다. 이것은 타인에 대한 자비인가, 무자비함인가.

재판은 샤일록을 원고로 안토니오를 피고로 하여 시작된다. 그러나 재판이 진행됨에 따라 역할은 전도되어 샤일록은 기독교인의 목숨을 노렸던 피고로 간주된다. 사실 그는 기독교인들에게 실제적인 해를 가한 적이 없다. 교묘한 법 해석에 따라 원고에서 피고의 위치로 전락한 샤일록의 운명은 불공정한 것은 아닌가. 그는 가해자가 아니라 희생양은 아닐까. 한 사회에서 행위를 심판하는 정당한 기준으로 사용되어야 할 법률조차 특정한 사회 집단의 이익에 따라 이용되고, 적대감과 증오를 표현하는데 사용된 것은 아닐

---

50)그녀의 딸은 기독교로 개종했고 그의 사위는 기독교인이다.
51)유대교에서 기독교로 바꿈.

까. 포샤에 의해 법률이 특정한 사회집단의 이익을 옹호하는 수단으로 전락한 것은 아닌가.

3. 찬성과 반대의 논리적 흐름

찬성	샤일록을 잔인한 악당으로 여기며, 희극적 결말을 위해 당연히 제거되어야 할 장애물로서 그의 비인간적이고 인색한 측면을 비난하는 시각.
반대	기독교 사회에서 박해받는 유대인의 상황과 그의 인간적인 고통을 고려하여 그의 태도를 옹호하는 시각.

4. 토론 지도 참고 사항

(1) 도덕적인 문제와 법률적인 문제를 혼동하는 것은 곤란하다. 예를 들어 카뮈의 『이방인』의 뫼르소의 경우 그가 어머니의 죽음(장례식)에서 혹은 그 후에 보인 행위를 가지고 그가 아랍인을 살해한 사건에서 검사가 그의 도덕성이나 인간성을 공격하는 것은 법률적으로 타당해 보이지 않는다. 마찬가지로 샤일록의 탐욕을 비롯한 그의 성품을 가지고 찬성 측이 재판의 공정성을 주장하는 것은 타당하지 않을 수 있다. 지금 다루는 것은 그의 도덕성이나 윤리성이라기보다는 법 집행의 정당성이다.

(2) 샤일록이 악인이 된 이유를 그가 처한 사회적 환경(이교도, 이민족 등)에서 찾는 것이 전적으로 정당화될 수 있는가. 모든 사람의 악을 그가 처한 환경의 결과로 본다면 우리는 어떤 법률적 처벌도 할 수 없는 것이 아닐까.

(3) 유대인이라고 모두 차별받지는 않았음을 샤일록의 딸 제시카의 예를 들어 증명하는 것은 타당한가. 이는 차별의 문제라기보다는 사랑의 문제가 아닌가.

(4) 법에 의한 복수와 개인에 의한 복수는 구분되어야 한다. 사적인 복수는 불법이지만 법에 의한 공적인 복수는 합법이다.

(5) 고리대금업이 도덕적으로 비난 받는 일일 수는 있지만 불법인 것은 아니다.

(6) 비윤리적인 계약이 상호간에 합의한 것이라면 법적 보장을 받을 수 있는가.

(7) 차별을 받는 것이 범죄를 합리화시킬 수 있는가.

(8) 포샤의 절묘한 법 해석은 샤일록의 논리에 바탕을 두고 있는 것이므로 타당한 것일까. 아니면 샤일록이 계약서대로만 해 줄 것을 요구한 주장 자체가 잘못이므로 포샤의 법 해석도 잘못일까. 둘 다 잘못이라면 포샤의 해석은 문제가 없는 것일까. 법관의 자리에 있는 포샤와 고리대금업자인 샤일록을 법 해석의 문제에 있어서 동일시할 수 있는가. 비록 샤일록의 요구가 잘못된 것이라고 해도 포샤는 법을 해석함에 있어 좀 더 객관적이어야 하지 않았을까.

5. 참고문헌

- 윌리엄 셰익스피어(강석주 옮김), 『베니스의 상인』,

  펭귄클래식코리아, 2015.(토론도서)
- 윌리엄 셰익스피어(이정식 옮김), 『베니스의 상인』, 문학동네, 2015.
- 윌리엄 셰익스피어(박우수 옮김), 『베니스의 상인』, 기린원, 2012.

- 안경환, 『법, 셰익스피어를 입다』, 서울대학교출판문화원, 2012.
- 션 매커보이(이종인 옮김), 『셰익스피어 깊이 읽기』, 작은사람, 2015.
- 니콜러스 로일(이다희 옮김), 『셰익스피어』, 웅진지식하우스, 2010.
- 켄지 요시노(김수림 옮김), 『셰익스피어, 정의를 말하다』,

  지식의날개, 2014.
- 김종환, 『셰익스피어와 타자』, 동인, 2006.
- 강석주, 『셰익스피어 문학의 현대적 의미』, 동인, 2007.
- 박우수, 『셰익스피어와 인간의 확장』, 동인, 2006.
- 권오숙, 『젊은 지성을 위한 셰익스피어』, 두리미디어, 2012.
- 최용훈, 『위대한 치유력 셰익스피어 인문학』, 페르소나, 2015.
- 박홍규, 『셰익스피어는 제국주의자다』, 청어람미디어, 2005.

『오셀로』 토론거리

1. 논제: 오셀로가 이아고보다 비극적 결말에 대한 책임이 더 크다.

2. 논제에 따른 쟁점

- 이아고와 오셀로는 다르지 않다. 이아고가 보여주는 질투와 자기중심성과 이기적인 면모는 오셀로에게 다시 나타나고 있다. 그러므로 우리는 심리적인 영역에서 이아고가 오셀로의 내면에서 작동하는 부정적인 속성이 증폭되어 재현된 인물로 볼 수 있다.
- 이 두 사람은 하나의 파이를 이루는 두 개의 껍질이며, 따라서 단지 교차할 뿐만 아니라 한 동전의 양 면에 새겨진 각인(刻印)처럼 같은 기반을 공유한다.
- 오셀로와 이아고는 한 등장인물의 양면이다.

쟁점 ❶ 열등감과 질투심(인종적 열등감 : 성적(性的) 열등감)

오셀로는 이아고의 사악한 음모로 질투심에 빠져 마음을 제어하는 내면의 힘을 잃어버린다. 오셀로의 질투는 그 자신의 성격적 결함 때문일까. 아니면, 이아고의 교묘한 언어적 책략 때문일까. 오셀로가 이아고의 음모에서 벗어나는 일은 불가능할까. 오셀로는 그가 질투에 빠질 수밖에 없게 하는 조건들에 의해 희생당한 것일까. 아니면, 그는 단지 성급하고 어리석은 남자에 불과할까. 오셀로와 이아고 중에서 누가 질투심이 더 심할까. 이아고의 질투심이 오셀로를 파괴한 것일까. 아니면, 이아고가 아니더라도 오셀로의 내적 열등감은 언젠가 질투로 표출될 수밖에 없었던 것일까. 이아고는 그것을 단지 조금 앞당긴 인물에 불과한 것은 아닐까.

오셀로가 느끼는 열등감은 나이, 피부색, 태도(부드러운 대화술)이다. 이 중에서 핵심은 피부색이다. 데스데모나는 오셀로의 이국적인 모습과 신비함에 매력을 느껴 그를 사랑했지만 이는 오셀로의 열등감의 원인이 되기도 한다. 오셀로는 인종적 열등감에 사로잡혀 있다. 오셀로가 이아고의 말에 결정적으로 동요를 보이는 순간은 바로 그의 피부색을 언급하는 순간이다. 이아고가 파놓은 함정에 오셀로가 너무도 쉽게 빠져버린 이유는 그의 내면에 인종적 열등감이 있기 때문이다. 이 열등감은 데스데모나의 진실과 상관없이 오셀로가 모든 자신감과 용기를 잃고 혼란과 분노와 질투에 사로잡히게 한다.

오셀로는 급한 성격으로 쉽게 질투에 사로잡히는 인물이다. 그가 쉽게 질투에 붙잡히는 이유는 이아고의 계략보다는 그 자신의 성격이 더 크게 작용한 것은 아닐까. 오셀로는 쉽게 격정에 사로잡힐 뿐만 아니라 사태의 전모를 파악하지 못하는 우둔한 인물은 아닐까. 오셀로가 현명하게 판단하고 행동했더라면 이아고의 계략으로부터 벗어날 수 있지 않았을까. 그가 비극적 파국을 초래하지 않을 수도 있지 않았을까. 유죄를 단정하기 전에 데스데모나에게 자백을 요구할 만한 이성은 오셀로에게 없었던 것일까. 그는 왜, 캐시오나 데스데모나에게 설명하거나 반박할 기회를 주지 않았을까.

실용주의를 추구한 베니스 공화국은 흑인이나 유대인 등 외국인들에게 문호를 연 개방적인 나라였다. 외국인인 오셀로가 장군이된 배경도 여기에 있다. 그러나 아무리 개방적인 나라라도 베니스 공화국은 다른 서유럽 국가와 마찬가지로 백인이 주류인 나라다. 베니스에는 타 인종에 대한 차별과 배제가 여전히 존재했다. 만약 오셀로가 백인이었다면 그의 질투가 자신과 아내를 죽음에 이르게 하지 않았을지도 모른다. 그의 강렬한 질투심은 인종적 열등감에 바탕을 두고 있다. 그는 그것으로부터 빠져나오는 것이 불가능했던 것은 아닐까.

데스데모나를 믿을 수 없는 오셀로가 온전한 사랑을 할 수 있을까. 신뢰 없는 사랑이 파멸로 치닫는 것은 너무나 당연하지 않을까. 자신에 대한 신뢰는 타인에 대한 신뢰보다 우선 해결해야 할 문제이다. 베니스의 백인 사회에서 무어인으로서 잠재적인 열등감에 사로잡힌 오셀로는 자신을 신뢰할 수 없었다. 이는 타인에 대한 불신과 질투로 이어져 스스로를 파멸케 한 것은 아닐까.

이아고는 캐시오의 승진과 오셀로의 성공을 시기하고 질투하는 인물이다. 그는 자신이 바랐던 승진을 한 캐시오를 질투하고, 데스데모나와 오셀로의 결혼을 질투한다.

그의 행동의 동기는 두 가지이다. 첫 번째는 오셀로가 이아고의 아내와 정을 통했다는 이유이다. 이는 확실하지 않은 소문에 근거한 단정이다. 이아고는 근거가 없는 소문을 스스로 만들어내고 그것을 자신의 상상 속에서 기정사실화한다. 이아고는 오셀로가 자기에게 용서할 수 없는 악행을 저질렀다는 망상을 만들어낸다. 자신의 악행을 정당화시키기 위해서이다. 극의 어디에도 오셀로가 이아고의 부인에게 손을 댔다는 증거는 없다. 또한 오셀로가 이아고의 아내(에밀리아)에게 조금이라도 관심을 가졌다는 증거도 없다.

두 번째 동기는 오셀로가 자신이 아닌 캐시오를 부관으로 임명했기 때문이다. 이아고는 자신이 전쟁터에서 나름대로 공을 세웠다고 생각한다. 이아고는 오셀로가 자신의 공을 정당하게 평가하지 않았고, 군대를 지휘한 경험도 없고 부대를 편성하는 방법도 모르는 캐시오를 부관으로 발탁했다고 분노한다. 이는 전혀 터무니없는 주장은 아니다. 계급이 생명에 버금가는 명예인 군대가 아닌가. 부당하게 승진에서 탈락한 아쉬움과 분노만으로도 질투가 일법하다.

그러나 무엇보다 오셀로에 대한 이아고의 황당한 증오의 정체는 다분히 인종차별적이다. 그의 질투의 동기들 중 일부는 허황되고 조작되었으며, 일부는 과대망상이거나, 일부는 사실(예를 들어 캐시오의 진급처럼)이다. 하지만 무엇보다 중요한 동기는 인종적인 것이다. 흑인인 오셀로가 자신보다 직업과 성적(性的)인 면에서 더 빨리 성공했다는 사실이다.

그는 인종차별주의자이다. 그의 인종차별적 언사의 이면에는 다분히 성적인 열등감이 자리잡고 있다. 이아고가 분노하는 이유는 자신의 욕망과 열등감 때문이다. 이아고의 가장 큰 불안감과 열등감은 성적인 것과 관계있다.

오셀로와 데스데모나의 사랑과 결혼은 베니스의 남자들에게 커다란 심리적 박탈감을 불러일으키는 하나의 사건이었을 것이다. 이 작품 속의 인물들은 다른 면에서는 오셀로에게 매우 우호적이고 호감을 표시한다. 하지만, 유독 오셀로가 데스데모나와 혼인하는 일에 대해서만은 심한 불쾌감을 표시한다. 이아고도 오셀로의 사람 됨됨이에 대해서는 좋게 말을 하지만 그건 어디까지나 오셀로가 데스데모나와 결합하기 전의 일이다. 시커먼 무어인에게 아름다운 백인 여자를 빼앗긴다는 것은 인종차별주의자인 이아고에게 참을 수 없는 열등감을 갖게 했다.

오셀로는 이아고의 인종차별주의에 근거한 질투심에 희생당한 인물일까. 아니면, 그의 내면의 성격적 결함과 인종적 열등감에 의해서 자해한 인물일까. 사건의 비극적 결말에 오셀로와 이아고의 열등감 중 어느 것이 더 주도적인 역할을 했을까. 누가 옆에서 유혹했다고 해서 잘못한 사람의 책임이 없어지는 것은 아니다. 데스데모나를 사랑한 사람도, 데스데모나를 의심하고 질투한 사람도, 데스데모나를 죽인 사람도 오셀로 자신이다. 그러므로 이아고의 계략에 빠져 사랑하는 아내를 죽인 일은 오셀로 자신의 책임이 아닐까. 아니면, 오셀로에게 책임을 묻는 것은 이아고가 저지른 범죄의 피해자에게 범죄의 원인을 돌리며 책임을 묻는 부당한 처사일까.

쟁점 ❷ 사랑관과 여성관(여성혐오, 통제와 소유, 이상화와 창녀)
오셀로는 여성을 이상화하고 이아고는 여성을 비하(卑下)한다.

이러한 태도는 둘 다 현실의 문제에 바르게 대처하지 못한다. 여성을 지나치게 이상화하는 경우, 그 이상이 깨어졌을 때는 정반대의 태도(혐오, 비하)로 바뀐다. 극과 극이 통하는 것처럼 데스데모나의 부정을 의심할 때 오셀로는 이아고와 똑같은 여성 비하적인 태도를 취한다. 여성에 대한 오셀로의 태도와 이아고의 태도 중 어느 것이 극의 부정적 결말에 더욱 영향을 준 것일까.

오셀로는 데스데모나가 도덕적 오점이 하나도 없기를 바란다. 오셀로의 마음 속에서 데스데모나는 지나치게 이상화되어 있다. 그는 여성을 지나치게 순결한 존재로 본다. 이아고가 여성을 경멸한다면 오셀로는 여성에 대해 지나치게 무지하거나 순진하다. 평생 전쟁터에서 살아온 그에게는 그것이 당연할지도 모르겠다.

오셀로는 사랑을 높이고 이상화하여 특히, 동물적인 섹스와 사랑을 분리하여 생각한다. 하지만 인간의 사랑은 성(性)과 분리될 수 없다. 오셀로의 지나치게 정신적이고 순결해 보이는 사랑과 여성에 대한 이상적인 태도(완전한 순결과 복종 그리고 신뢰)는 이아고가 그를 파멸로 이끄는 수단이다.

오셀로처럼 데스데모나도 지혜롭게 사랑하지는 못했지만 그를 많이 사랑했다. 데스데모나의 비극은 그녀의 사랑을 특별하게 만드는 동정심에 한계가 없다는 것에서 비롯된다. 오셀로는 이 때문에 사랑에 빠졌고(결과적으로 자기 사랑이라는 비난을 받아왔다.), 사악한 이아고는 이 점을 이용해 두 사람 모두를 파멸로 이끈다. 그의 영혼은 그녀에 대한 사랑에 묶여 있다. 데스데모나를 향한 오셀로의 절대적 사랑은 그가 그녀의 사랑을 갑자기 상실했을 때, 그를 광기로 몰아간다.

오셀로는 자신의 고통스런 경험을 극화하여 데스데모나의 동정과 연민을 유도하고, 데스데모나는 오셀로를 동정하여 사랑하기에 이른다. 그리고 오셀로는 동정해 주는 어진 마음 때문에 데스데모나를 사랑한다. 데스데모나는 오셀로의 검은 얼굴을 보고 처음에는 사랑을 느끼지 못했지만, 오셀로의 말에 현혹되어 그를 동정하고 사랑한다. 오셀로는 데스데모나가 자신이 겪은 위험과 고난을 동정하여 사랑했고, 자신은 그녀가 자신을 동정해 주는 어진 마음 때문에 데스데모나를 사랑했다고 밝히고 있다.

결국, 오셀로는 데스데모나가 자신에게 보여준 동정심을 사랑한 것이다. 그의 사랑은 지나치게 순수하며 정신적이다. 하지만 데스데모나는 성적(性的)이다. 그녀의 순수함은 성적인 관계 맺기(성행위)를 부정하는 것에 있지 않다. 오히려 다른 사람들이 성적인 행위에서 연상하는 인간의 동물적인 면을 모르는 데 있다. 데스데모나는 천성적으로 정숙하고 절개가 곧다. 부정을 저지르는 일은 생각할 수 없다. 그녀의 사랑이 끝날 수 있다는 것을 상상할 수 없다. 그녀는 남자들이 섹스에 대해 이야기하고 생각하는 방식을 알지 못한다. 데스데모나는 오셀로처럼 섹스를 이상화해야 할 필요성을 느끼지 못한다. 그녀는 섹스를 초월할 필요를 느끼지 않기 때문에 그에 따른 죄책감도 없다. 데스데모나는 혼자 뒤에 남겨져 안일한 날들을 보내면서 지내고 싶지 않고, 독수공방하지 않기 위해 오셀로와 사이프러스로 함께 가겠다고 공공연하게 성적인 욕구를 표현한다. 그녀는 이아고와도 당황하는 기색 없이 여자에 대해 농담을 나눌 수 있다.

그러나 오셀로는 데스데모나의 성적 욕망을 인정하지 않는다. 여성의 욕망 자체를 부정하는 것처럼 보이기도 한다. 여성을 바라보는 그의 이상주의는 현실에서는 존재할 수 없는 것이며 그러므로 훼손될 수밖에 없다. 오셀로는 자신의 이상주의가 훼손되자 여성에 대해 이아고와 같은 생각을 하게 된다.

이아고가 데스데모나의 부정을 암시하자 오셀로의 마음 속에서 이상화된 여인인 데스데모나와의 사랑은 이미 죽음을 맞이한다. 자신의 환상이 파괴된 것에 분노한 오셀로는 데스데모나를 창녀 취급한다. 데스데모나는 오셀로와 몸과 마음으로 사랑에 빠진 성적인 존재이다. 이를 부정하는 오셀로가 이아고의 눈을 통해서 데스데모나의 성적인 모습을 보게 된 이상(정숙하든 부정하든 관계 없이) 그녀는 오염된 존재이다.

오셀로는 오염된 존재인 데스데모나를 그냥 떠날 수 있었다. 그는 이혼하거나 부정을 추궁할 수도 있었다. 오셀로는 데스데모나를 죽이지 않고 다른 길을 선택할 수도 있었을 것이다. 그러나 오셀로가 그녀를 죽여야만 하는 이유는 자기가 속한 문화의 최고의 가치이자 자신의 가장 중요한 가치인 통제(혹은 소유. 그는 군인이므로 통제에 더욱 집착하는지도 모르겠다.) 때문이다. 통제에는 길들이거나 죽이는 두 가지 형태가 있을 뿐이다. 데스데모나는 그가 길들일 수 없을 것 같기 때문에 죽여야 한다. 오셀로는 데스데모나를 너무 사랑하기 때문에 죽여야 한다. 그가 죽이지 않으면 그녀의 부정을 인정해야 한다. 그렇게 되면 그가 그녀를 통제하는 일을 완전히 포기해야 한다.

오셀로에게 데스데모나는 정체성을 지닌 한 인간이 아니다. 그녀는 오셀로에게 사랑의 대상이 아니라 소유의 대상이다. 오셀로는 데스데모나를 그녀의 아버지로부터 '도둑질'하였지만, 남이 그녀를 자신으로부터 '도둑질'해 갈까봐 항상 불안하다. 불안한 오셀로는 이아고의 덫에 쉽게 걸려들어 데스데모나의 정조를 의심하고 마침내 걷잡을 수 없는 질투에 빠진다.

오셀로를 뒤덮은 질투의 감정은 외부의 자극에서 유발되긴 하지만 근본적으로 그의 이상적인 여성관(사랑관)과 그것의 상실에서 비롯된다. 질투의 감정은 마음의 불안으로 이어지고 오셀로는 정서적으로 매우 불안정하다. 또한 역도 성립한다. 검고 나이 많은 남성으로서 오셀로의 열등감은 아름답고 젊은 백인 아내에 대해 불안한 마음을 가지게 된다. 그의 불안한 마음은 아내에 대한 소유욕을 가중시킨다. 그 소유욕은 또한 질투라는 격렬한 감정을 낳게 된다. 오셀로의 경우, 열등감, 질투, 소유욕은 긴밀하게 연결되어 있다.

오셀로는 데스데모나를 진정으로 사랑했을까. 그는 데스데모나라는 인간을 사랑한 것이 아니라 자신 속의 이상적인 여인, 즉 그 자신을 사랑한 것은 아닐까. 그의 사랑은 자기 사랑이므로 그는 누구도 사랑할 수 없었던 것은 아닐까. 사랑하기 때문에 죽인다는 말은 진정한 사랑의 표현이 아니다. 이는 말도 안 되는 논리로 자신을 합리화시키는 것은 아닐까. 이아고의 계략이 아니라 자기 자신에 대한 사랑(자기애)이 그녀와 자신을 죽음으로 내몬 것은 아닐까.

이아고는 사랑을 알지 못한다. 그의 사랑은 욕망의 다른 이름일 뿐이다. 이아고에 의하면 여성들은 무익한 존재이고, 수다스럽고, 게으르고, 음탕하다. 그에게는 모든 여자가 부정적으로 비칠 뿐이고, 아름다운 여자든 추한 여자든, 현명한 여자든 바보 같은 여자든 모두 음탕한 존재들이고 '창녀'이다. 이아고에게는 요조숙녀로 여겨지는 데스데모나조차도 음란한 존재일 뿐이다. 이아고에게 오셀로는 야만인일 뿐이며 데스데모나는 언제라도 부정을 저지를 수 있는 음탕한 여성이다. 오셀로와 데스데모나에 대한 첫 언급에서 이아고는 남녀의 진정한 사랑을 결코 인정하지 않는 냉소주의자의 모습을 유감없이 드러낸다. 이아고는 야만인 오셀로와 간사한 데스데모나의 결합은 사랑이 아니라 욕정 때문이라고 생각한다. 흑인 남성과 아름다운 백인 여성의 결합을 그는 결코 사랑으로 받아들일 수 없다. 그러므로 그에게 그들의 사랑은 동물적 욕정 이외의 아무 것도 아니다. 이같은 이아고의 생각은 그가 오셀로와 데스데모나를 모두 혐오하게 만든다.

이아고는 여성혐오론자이다. 그는 음탕하지 않은 여자야말로 칭찬 받아 마땅한 여자지만 그런 여자가 있을지에 대해서는 회의적이다. 적어도 그의 눈에는 베니스의 모든 여성들이 음탕하게 보인다.

여성의 육체에 여성 혐오 담론을 새겨 넣는다는 점에서 이아고와 오셀로는 분리된 인물이 아니다. 이아고는 오셀로가 심리적 영역에서 부인할 수 없는 자신의 어두운 측면을 대변한다. 이아고의 여성 혐오 담론은 또한 오셀로에게 이전되어 나타난다.

이아고의 여성혐오는 근본적으로 자신의 성격으로부터 비롯된 것이다. 모든 것을 비뚤어지게 보고, 모든 인간을 천하게 보는 이아고는 자신의 계략을 좀 더 편한 마음으로 실천하기 위해 베니스의 모든 여성을 비하하고 혐오한다. 그러나 오셀로의 여성혐오는 이아고의 경우와는 다르다. 오셀로의 여성혐오는 데스데모나를 향한 그의 이상적 여성관과 그녀에 대한 소유욕과 밀접한 관련이 있다. 우리는 자존심을 상하지 않기 위해 이상이 깨어지면 그 이상은 쉽게 혐오(비하)로 바꾸고, 강한 애착의 대상을 소유할 수 없을 경우 그 대상을 더욱 싫어하는 경우가 없지 않다.

오셀로가 사랑에서 성적인 요소를 부정하는 것은 이아고가 성에서 사랑의 요소를 부정하는 것과 관련이 있다. 이 두 가지 부정은 모두 사랑과 섹스를 분리시키려는 욕구에서 나온다. 오셀로는 이상화(理想化)함으로써, 이아고는 비하함으로써 사랑에서 성적 요소를 통제하려 한다. 두 사람 모두 사랑과 욕정이 관련되어 있다고 생각한다. 오셀로는 사랑으로부터 욕정을 정화시키려고 하고, 이아고는 욕정에서 사랑을 합리화시키려고 한다. 오셀로는 성에 대해 이아고의 퇴폐적인 감각을 공유한다. 이아고라면 성관계를 가진 후 상대 여성에게 경멸을 퍼부을 테지만, 오셀로는 섹스를 이상화하려고 시도할 것이다.

오셀로처럼 여성을 이상화하든 이아고처럼 창녀로 낮추든, 아니면 이 두 가지 태도를 모두 취하든 그들은 여성을 고유한 정체성을 지닌 인간으로 보지 않는다. 그러므로 그들은 비극적 결말에 모두 책임이 있다. 문제는 오셀로가 지닌 이상적인 여성관을 이아고가 부정적으로 바꾼 것인지, 아니면 오셀로의 여성관 그 자체가 본질적으로 문제인지를 따져보는 일이다. 물론 여성을 소유와 통제의 관점에서 보며 여성의 욕망을 인정하지 않는다는 면에서 오셀로와 이아고는 한 사람이다.

쟁점 ❸ 자기중심주의(자기기만, 자만심)

오셀로와 이아고는 둘 다 자만심에 가득 찬 자기중심적인 인물이다. 그들은 자신들의 행위가 잘못된 것이고, 자신들의 생각이 옳지 않을 가능성을 전혀 인정하지 않는다. 그들에게 필요한 것은 자신들의 행동을 합리화시켜줄 동기뿐이다. 그들의 동기는 타인에게 전적으로 의존하거나 자기 자신의 과대망상에 의존한다. 오셀로는 이아고의 거짓말에 전적으로 의존하고, 이아고는 오셀로가 자신의 아내와 잤다는 망상에 의존한다. 그들은 자신의 행위와 생각과 동기들을 전혀 성찰하지 못한다. 그러므로 그들은 자만심에 가득 찬 자기중심적인 인물들이다. 그들은 모든 것을 자기를 중심으로 생각하고 판단하고 행동한다. 『오셀로』의 비극적 결말에 가장 큰 책임은 아마도 이들의 자만심과 자기중심주의에 있다. 물론 누구의 자기중심주의가 더 큰 책임이 있는가는 따져볼 수 있지만, 그들 모두에게 책임이 있음은 분명하다.

오셀로는 사랑보다 남성으로서의 명예를 더욱 중시하는 자기중심적이고 가부장적인 사고방식에 사로잡혀 있다. 오셀로는 자신의 개인적 명성과 명예에 대단히 집착한다. 질투의 화신으로 전락한 오셀로는 데스데모나를 갈기갈기 찢어버리겠다고 잔인하게 말한다. 오셀로의 잔인한 말은 그에게 문제가 되는 것이 사랑이 아니라 남성으로서의 명예임을 알 수 있게 한다. 오셀로는 데스데모나를 죽이는 것이 자신의 명예를 지키는 길이라고 생각한다. 가부장제 사회에서 아내의 순결은 남성의 명예와 결부되어 있기 때문이다.

오셀로의 행위와 그의 사랑도 기만적이다. 자신에 대한 변명도 기만적이다. 현명하지 못했지만 아내를 너무나 사랑했다는 오셀로의 말은 자기기만에 불과하다. 그는 자신의 사랑의 자기중심적인 면을 보지 못하거나 회피한다. 진정한 사랑은 연인에 대한 신뢰와 배려에 기반해야 한다. 사랑 때문에 죽였다는 그의 말은 진정한 사랑과 연인에 대한 배려가 아니다. 그의 말은 자신의 명예만을 고려하는 오셀로의 자기중심적인 기만성을 드러낸다.

또, 오셀로는 데스데모나가 죽기 전에 기도할 기회를 달라고 했을 때 이를 거부한다. 이를 통해 그는 타인의 구원 가능성뿐만 아니라 자신의 구원 가능성도 박탈한다. 오셀로는 스스로 죄의 심판자가 되기를 자처하고 정의의 집행자로 행세한다. 오셀로는 데스데모나가 죽은 뒤에도 그녀를 사랑하겠다고 말한 다음, 하늘은 사랑하는 사람에게도 벌을 주는 법이라고 말하면서 그녀를 살해한다. 어디서도 데스데모나에 대한 배려는 보이지 않는다.

오셀로의 최종 연설과 극의 종결부를 볼 때, 우리는 그가 명확한 자기인식을 바탕으로 자신의 존엄성을 회복하고 죽었다고 생각해야 할까. 아니면, 끝까지 자신의 행위를 합리화하면서 자신과 데스데모나를 기만하면서 죽은 것일까. 극의 종결부의 최종 연설은 오만함(이기심)을 극복한 오셀로가 인간 존재로서 자신의 존엄성과 고결성을 회복했음을 보여주는 증거일까. 그가 마침내 데스데모나의 영적 아름다움을 인식하고 구원되었다는 증거일까. 오셀로는 진정한 회개를 통해 구원에 이른 것일까. 아니면, 위에서 설명한 것처럼 자기기만에 불과한 것일까. 오셀로는 악당 이아고에게 속아서 성급하게 아내를 죽였으나 자신의 행위에 대한 책임을 지고 자살한 비극적 영웅인가. 아니면, 이방인이자 소수자였던 자신과 결혼하고 전쟁터까지 따라온 여성을 백인 남성의 논리(이아고 등)로 처단한 어리석은 자인가.

오셀로의 자기중심주의는 그와 데스데모나의 대화를 통해서 더욱 분명해진다. 그는 단 한번도 데스데모나와 진정한 의미의 대화를 나누지 않는다. 오셀로는 늘 그녀의 질문을 무시한다. 그는 진실을 가장 잘 알고 있을 당사자인 데스데모나와 대화의 문을 차단하고 이아고만을 유일한 정보 제공자로 삼는다. 오셀로는 에밀리어로부터 아내의 부정에 대한 단서를 얻으려고 대화를 하지만 그의 귀는 이미 이아고의 거짓말에 의해서 닫혀 있기 때문에 에밀리어가 말하는 진실을 들을 수 없다. 그 이후에도 오셀로는 데스데모나를 대면하기만 하면 불같이 화를 내지만 그 이유를 묻는 그녀의 말문은 막곤 한다. 오셀로가 데스데모나의 목을 졸라 죽이는 것도 결국 그녀의 말문을 막아버리는 대단히 상징적인 행위이다. 여성의 입을 막고 대화하지 않으려는 태도는 매우 가부장적이며 자기중심적이다.

　작품 전체에서 보여지는 오셀로의 사랑은 진정한 사랑의 감정이 아니라 여성에 대한 혹은 여성의 정조에 대한 가부장적 소유일 뿐이다. 오셀로의 사랑은 명예를 위해서 아내를 죽이는 자기중심적 사랑에 불과한 것이 아닐까. 오셀로의 사랑은 가부장적 가치관과 남성중심적 가치관에 의해 왜곡된 사랑이 아닐까.

　질투는 소유욕뿐만 아니라 파괴의 욕망을 불러일으켜 그는 데스데모나를 목 졸라 죽인다. 그러면서 그는 자신의 행동을 죄인에게 벌을 내리는 신의 채찍으로 묘사하는데, 이는 모두 오셀로의 자기중심적인 사고와 오만함을 잘 드러내는 구절들이다. 이러한 자기중심주의와 오만함이 사건의 비극적 결과를 만든 것은 아닐까.

　이아고는 타인을 자기 마음대로 조종할 수 있다고 생각하는 우월감에 찬 인물이며, 이기적인 목적을 위해 수단과 방법을 가리지 않는 인물이다. 자신의 지혜를 동원하면 못할 것이 없다는 그의 말은 자신의 능력에 우월감을 느끼는 오만한 이아고의 모습을 드러낸다.

　그의 우월감과 인종차별 그리고 여성 혐오는 자기중심적 사고와 밀접하게 관련되어 있다. 이아고는 자기만을 중심으로 사고하는 이기주의자이다. 이러한 이기주의는 여성 혐오를 포함하여 빈정거림, 조롱, 비하, 천시 같은 부정적인 경향만을 계속해서 드러낸다. 그는 일종의 급진적인 인간 혐오주의자이다. 그는 남녀 간의 사랑을 동물적인 자기만족으로 폄하한다. 여기에서 그의 호색적인 상상력이 생겨난다. 그는 인간으로서 지켜야 할 예의를 위선 혹은 정욕으로, 뛰어난 언사를 허풍으로 폄하한다.

이아고는 자기가 하는 일이 나쁘다고는 생각하지 않는다. 그는 스스로 사악함이 부족하다고까지 생각한다. 그의 악행은 나름대로 자기 확신의 소산이다. 더구나 그에게 사랑이란 색욕의 자극이고, 도덕이란 안 하는 게 아니라 안 들키는 것이며, 명예는 망상일 뿐이다. 그는 매사 자기 확신에 가득 차 있다. 자신의 아내와 오셀로가 부정한 관계를 맺고 있다고 확신하고, 백인인 데스데모나가 흑인인 오셀로를 사랑해서 결혼하는 일은 추악하고 비정상적인 행동이라 믿어 의심치 않는다. 이 같은 확신 때문에 이아고는 주저없이 주변 사람들을 파멸시킨다.

이아고의 악행의 동기는 악 자체에 대한 사랑이라기보다는 지나친 자만심과 교만이다. 이아고는 자신의 우월감에 장애가 되는 어떤 것도 용납하지 못한다. 캐시오의 부관 승진을 받아들일 수 없는 것도 백인 미녀를 아내로 삼은 오셀로를 용납할 수 없는 것도 이 때문이다.

자신에 대한 지나친 자만심과 자기중심주의는 자신의 자만심에 상처를 입히는 일을 용납하지 않는다. 캐시오의 훌륭한 성품은 이아고에게 자신의 도덕적·사회적 결핍을 드러내주기 때문에 그를 괴롭히고, 오셀로와 데스데모나의 사랑은 그의 성적 열등감을 드러내기 때문에 용서할 수 없다. 그래서 그는 이들을 모두 파괴하고 자신마저도 파괴한다.

우리는 지금까지 오셀로와 이아고의 열등감과 질투심, 사랑관과 여성관 그리고 자기중심주의를 살펴보았다. 둘 모두에게 『오셀로』의 비극적 결말에 대한 책임이 있음은 분명하지만 누가 더 이 비극에 책임이 있는가는 따져 볼 수 있을 것이다. 동전의 양면같은 이 두 사람 중에서, 누가 더 비극적 파국에 책임이 있을까.

3. 참고문헌

- 윌리엄 셰익스피어(권오숙 옮김),『오셀로』, 열린책들, 2015.(토론도서)

- 윌리엄 셰익스피어(강석주 옮김),『오셀로』, 펭귄클래식코리아(웅진), 2010.

- 윌리엄 셰익스피어(최영 옮김),『오셀로』, 시공사, 2012.

- 윌리엄 셰익스피어(김종철 옮김),『셰익스피어전집5(비극II) 오셀로』, 2014.

- 윌리엄 셰익스피어(김미예 옮김),『오셀로』, 지식을만드는지식, 2012.

- 김종환,『셰익스피어와 현대비평』, 계명대학교출판부, 2009.

- 강석주,『셰익스피어 문학의 현대적 의미』, 동인, 2007.

- John Drakakis 엮음(최영 외 옮김),『셰익스피어 비극』, 동인, 2009.

- 김무곤,『휘둘리지 않는 힘(셰익스피어 4대 비극에서 '나'를 지키는 힘을 얻다)』,
  더숲, 2016.

- 황계정,『셰익스피어의 미학적 수법』, 동인, 2003.

- 션 매커보이(이종인 옮김),『셰익스피어 깊이 읽기』, 작은사람, 2015.

- 안경환,『법, 셰익스피어를 입다』, 서울대학교출판문화원, 2012.

- 켄지 요시노(김수림 옮김),『셰익스피어, 정의를 말하다』, 지식의날개, 2014.

- 권오숙,『셰익스피어와 후기 구조주의』, 동인, 2007.

- 권오숙,『젊은 지성을 위한 셰익스피어』, 두리미디어, 2012.

- 박홍규,『셰익스피어는 제국주의자다』, 청어람미디어, 2005.

- 김종환,『셰익스피어와 타자』, 동인, 2006.

- 박우수,『셰익스피어와 인간의 확장』, 동인, 2006.

- 니콜러스 로일(이다희 옮김),『셰익스피어』, 웅진지식하우스, 2010.

- 최용훈,『위대한 치유력 셰익스피어 인문학』, 페르소나, 2015.

- 케네스 뮤어 외 3인(이경식 옮김),『셰익스피어의 4대 비극 연구』,
  종로서적, 1991.

『햄릿』 토론거리

1. 논제: 햄릿은 정신적으로 고귀한 인물이다.

2. 논제에 따른 쟁점

> 일부 평론가들에게 햄릿은 실제보다 크게 부각된 비극적 영웅이지만, 또 다른 이들에게 그는 평범성, 야만성, 불경스러움 속으로 추락하는 존재다. 학문적이고 상상력이 풍부한 이 모든 줄기찬 작업에도 불구하고, 혹은 바로 그 때문에, 햄릿이라는 인물과 이 극이 모두 미해결로 남아 있다. 시인 T.S. 엘리엇은 「햄릿과 그의 문제들」이라는 에세이에서 이 극을 "문학의 모나리자"라고 불렀다.

쟁점 ❶ 미친 척하기와 폴로니우스의 살인

햄릿은 미치광이처럼 행동하는 과정에서 폴로니우스를 살해하게 된다. 햄릿이 살인을 했음에도 그를 고귀한 정신의 소유자로 볼 수 있을까.

햄릿의 숙부인 클로디우스는 그의 형인 햄릿 왕의 목숨과 왕관과 왕비를 한꺼번에 빼앗는다. 그 결과 햄릿은 아버지와 왕관과 어머니를 한꺼번에 빼앗기고 비탄과 절망에 빠진다.

햄릿은 클로디우스의 죄를 알고 있다. 그는 정상적인 행동으로는 복수를 할 수 없음을 알기에 미친 척 행동한다. 절대 권력을 가진 왕을 죽이는 일은 정상적인 방법으로는 힘들다. 클로디우스가 방심한 기회를 노려야 한다. 그러기 위해서는 먼저 자신이 위협적인 존재가 아님을 클로디우스가 믿게 해야 한다.

햄릿이 정말로 미쳤는가 아니면 미친 척한 것인가에 대해서는 논란이 있다. 하지만 햄릿이 미친 척하면서 자신이 해야 할 일을 상당히 주도면밀하게 한 측면이 분명히 있어 보인다. 햄릿의 광기는 미친 척하는 연기 외에, 속수무책의 격렬한 감정의 분출을 가리키기도 한다. 햄릿의 이 격정은 광기와 다를 바 없다. 햄릿이 격정에 휩싸여 미친 척하는 행동을 할 때는 거짓으로 미친 척하는 것인지 정말 미친 것인지 구분하기가 쉽지 않다.

그는 미친 척하기와 진정한 광기의 경계선을 아슬아슬하게 넘나든다. 오필리아의 방에 들어가 완전히 실성한 사람처럼 행동한다든가, 거트루드와 이야기하는 중에 커튼 뒤에 숨어 있는 폴로니우스를 살해한다든가, 폴로니우스와 세상이야기를 할 때 횡설수설한다든가, 오필리아의 장례식에서 레어티즈와 몸싸움을 하는 경우 등에서는 정말 미친 사람처럼 보인다. 이러한 행동을 통해서 그는 직·간접적으로 많은 사람들에게 상처를 주고 그들이 죽음에 이르게 한다.[52]

---

52)특히, 그의 미친 듯한 행위는 오필리아에게 상처를 주고 그녀가 죽음에 이르게 한다. 이 부분은 두 번째 쟁점인 여성혐오 부분에서 별도로 다루기로 하고, 여기서는 햄릿이 그녀의 아버지인 폴로니우스를 살해한 행위의 정당성 혹은 부득이함에 대해 생각해 보자.

햄릿이 폴로니우스를 살해한 일은 도덕적으로 용납될 수 있는가. 폴로니우스의 살해에 대한 그의 태도는 냉담함과 회개 사이에서 오락가락한다. 그는 폴로니우스의 시체를 난폭하게 옆방으로 끌고 가기도 하고 그를 죽인 행위를 뉘우치기도 한다.

폴로니우스는 햄릿의 언동을 감시하는 국왕의 유능한 보좌역을 하고 있으며 교활한 염탐꾼이기도 하다. 심지어 그는 햄릿의 광기의 원인을 왕에게 알리기 위해 딸인 오필리아를 이용하는 행위도 서슴지 않는다. 폴로니우스는 햄릿이 어머니와 대화하는 것을 숨어서 엿들으려다 그를 국왕으로 오인한 햄릿에 의해서 최후를 맞는다.

폴로니우스의 죽음은 그 자신의 악행으로 인한 자업자득일까. 그의 악행이 햄릿이 그를 살해한 일을 정당화해 줄 수 있을까. 햄릿이 광기(우울증)에 의한 심신의 상실과 폴로니우스를 국왕으로 오해한 것이 살인에 대한 면책 사유가 될 수 있을까. 햄릿이 정상적인 상태에서 폴로니우스를 죽인 것은 아닌 것 같다. 휘장 뒤에 있던 폴로니우스를 국왕으로 착각했다는 사실 자체가 이상하다. 왜냐하면 이 장면 바로 직전의 기도하는 장면에서 햄릿은 한참 기도하고 있는 국왕을 죽이려다가 그만두었고, 국왕을 거기 남겨둔 채 어머니의 내실로 들어왔다. 국왕이 내실에 숨어있을 시간은 전혀 없었다. 햄릿이 제정신이었다면 국왕이 내실에 숨어있으리라는 생각 자체를 하지 않았을 것이다. 그러므로 그는 광기의 상태에서 그를 죽였다고 볼 수 있지 않을까. 그가 폴로니우스를 죽인 것을 후회하는 행위를 통해서도 그가 격렬한 흥분 상태에서 그를 죽였음을 알 수 있는 것은 아닐까. 그렇다면 그를 잔인한 살인자로만 볼 수는 없지 않을까.

아무튼 폴로니우스를 살인한 햄릿이 도덕적인 존재라고 말할 수 있을까. 살인자가 고귀한 정신의 소유자가 될 수 있을까. 어떤 도덕적인 행동이 필요할 때, 예를 들어 악을 제거하고자 할 때처럼 때론 비도덕적인 행동이 불가피한 것은 아닐까. 햄릿의 악해 보이는 행위는 악을 제거하기 위한 선의 부득이한 행위라고 생각할 수는 없을까.

햄릿의 미친 척하기는 복수의 의무를 수행하기 위해 광기의 가면 뒤에 숨어서 사악한 클로디우스를 없애고 국가를 새롭게 세우려 했다는 점에서 고귀한 행동이 될 수 있지 않을까.[53] 햄릿은 레어티즈와 칼싸움이 곧 죽음을 의미한다는 것을 안다. 그는 모든 것을 하늘의 뜻에 맡기고 과감히 행동하여 최후에 악(클로디우스)을 제거한다. 그 과정에서 자신도 죽는다. 햄릿이 폴로니우스를 살해한 일은 어쩔 수 없었거나 광기와 같은 흥분 속에서 이루어졌고 그 자신도 그것을 뉘우치고 있으므로 이해될 수 있는 것은 아닐까. 햄릿을 자신의 죽음을 통해서 덴마크를 악으로부터 구원한 희생양으로 볼 수는 없을까. 아니면, 그가 폴로니우스를 죽인 일은 격한 감정에 휘둘려서 성마르게 행동했기 때문이거나 아버지의 복수를 해야 한다는 압박감에 복수의 노예가 되었기 때문일까. 어쨌든 햄릿

---

53) 물론 그 과정에서 폴로니우스의 죽음과 같은 불행한 일이 생겼지만 말이다.

의 어떤 이유도 폴로니우스를 죽인 햄릿의 행동을 정당화할 수는 없지 않을까. 이 때문에 햄릿의 도덕성은 심각하게 훼손된 것으로 보아야 하지 않을까.

쟁점 ❷ 여성 혐오(거트루드와 오필리아)

거트루드와 오필리아에 대한 햄릿의 혐오적인 발언과 행동들은 선한 목적(어머니의 양심회복, 오필리아의 순수성 보존)으로 한 일이기에 올바른 것일까. 아니면, 그 목적이 옳다고 인정하더라도[54] 그의 행위들은 도덕적으로 잘못된 것일까.

햄릿의 여성 혐오는 어머니와 삼촌의 근친상간적 결혼, 즉 그의 상실의 경험과 관련된다. 햄릿은 두 가지 상실을 경험한다. 첫째는 숙부의 살인으로 인한 아버지의 상실이고, 둘째는 숙부와 어머니의 결혼으로 인한 어머니의 상실이다. 상실의 고통은 햄릿에게 지울 수 없는 상흔을 남긴다. 숙부에 대한 적대감과 어머니에 대한 혐오감이 그것이다. 어머니에 대한 햄릿의 혐오감은 그가 사랑하는 오필리아에게 옮겨가고 이는 전체 여성에 대한 혐오감로 이어진다. 해악의 확산은 햄릿의 경우에 언제나 일반화되는 경향이 있다. 덴마크에 무엇이 썩어 있는가. 이 질문에 끈질기게 이어지는 햄릿의 대답은 여성의 성(性), 성적 욕망이다.

---

54) 물론, 그 목적이 선하지 않다고 생각할 수도 있다. 햄릿이 자신의 지나친 상실감으로 인해 어머니와 오필리아에게 격정의 상태에서 비이성적이고 극단적인 혐오감을 표출한 것일 수도 있다.

어머니에 대한 그의 혐오감은 재빠르게 결혼한 어머니의 욕정[55]에 대한 혐오감이다. 어머니에 대한 햄릿의 혐오감과 비난은 정당할까. 햄릿이 어머니에게 한 말들은 참을 수 없는 독선적인 행위가 아닐까.

햄릿은 거트루드의 죄를 과장하고 있는 것이 아닐까. 어머니를 향해 던지는 그의 말은 끔찍할 정도로 꼬치꼬치 따지고 격앙되어 있다. 그런데 우리는 햄릿 외에는 극중의 누구도 왕비의 재혼을 근친상간이나 죄악으로 여기지 않음을 알 수 있다. 또, 어머니의 잘못이 있다하더라도 그것을 자식이 잔인할 정도로 비난하는 것은 결코 올바른 행위라고 볼 수 없지 않을까. 햄릿이 어머니의 욕정을 묘사하는 말을 들으면 마치 그가 어머니의 사랑을 질투하고 있는 것처럼 들리기도 한다.

다른 한편으로 햄릿이 받은 정신적 충격에 비추어 보면 그의 행위는 당연하지 않을까. 어머니를 회개시키는 것은 햄릿의 의무가 아닐까. 부도덕으로부터 혹은 도덕적 불감증으로부터 어머니의 양심을 회복시키기 위해서 그는 어머니에게 잔인한 말을 한 것은 아닐까. 그가 어머니에게 사용한 수단은 매정한 것이지만 그것으로 어머니는 잘못을 깨달은 것처럼 보인다. 그렇다면 그의 행위는 도덕적으로 올바른 것이 아닐까. 비록 가혹한 수단을 사용했지만 선

---

55) 햄릿이 견딜 수 없는 것은 아버지와 어머니 사이의 무너진 관계이고, 그는 무너진 사랑의 원인이 정욕 때문인 것으로 보고 있는 것 같다. 『오셀로』에서 이아고가 남녀 간의 관계는 결코 진실한 사랑이 없고 정욕에 의한 동물적 관계에 지나지 않는다고 주장하는 것처럼, 햄릿은 어머니의 성급한 재혼을 동물적 정욕 외에는 달리 설명할 방법이 없어서 사랑의 가치를 믿을 수 없게 된 것으로 보인다.

의로 행한 것이므로 용서받을 수 있는 행위가 아닐까. 어머니를 비난하는 그 자신의 마음도 그 만큼의 상처를 받았다고 생각해야 하지 않을까. 그러므로 어머니에 대한 그의 행위는 바람직한 것이 아닐까.

어머니는 도덕적으로 잘못(조급한 재혼)이 있어서 그렇다 하더라도 그가 오필리아에게 내뱉는 여성 혐오적인 발언(거칠고 잔인한 조롱과 경멸)은 어떻게 이해해야 할까. 햄릿이란 인물과 오필리아와의 관계는 두 가지 방식으로 생각해 볼 수 있다. 하나는 그가 변함없이 오필리아를 사랑하는 연인이라는 것이고, 다른 하나는 그가 그녀를 의심하고 그녀의 행동을 유감스러워 한다는 것이다.

이 두 가지 관계 양상을 바탕으로 할 때, 우리는 그가 오필리아를 사랑한 적이 없다고 하면서 수녀원으로 가라고 한 말을 어떻게 받아들여야 할까. 그 말은 오필리아에 대한 지나친 혐오감의 표현일까. 아니면, 겉으로 표현된 것과는 달리 선한 의도를 숨기고 있는 것일까.

수녀원은 여자가 세상의 쾌락을 청산하고 평생 신을 섬기며 독신으로 살 것을 결심하고 가는 곳이다. 햄릿은 아마 어머니에 대한 혐오감으로 여자가 결혼하고 아기를 낳는 일이 죄를 범하는 악순환으로 보았을 것이다. 죄의 악순환을 끊기 위해 햄릿은 오필리아에게 수녀원에 가서 깨끗하고 순결하게 살라는 뜻으로 말한 것은 아닐까.

햄릿은 어머니가 잘못된 선택을 한 이유는 여자로서 그녀가 가진 연약한 육신과 욕정 때문이라고 생각한다. 그런데 지금 햄릿 자신도 오필리아를 사랑하고 그녀와 맺어지고 싶다는 생각이 들자 자기 속에 있는 욕정에 대해 심한 혐오감이 솟았을 것이다. 흔한 해석처럼 어머니의 더럽혀진 정절에 대한 혐오감 때문에 오필리아의 육신까지도 혐오했던 것은 아닐지도 모른다. 오필리아는 아직 순결한 육신을 가지고 있지 않는가. 햄릿이 어머니가 원인이 되어 여자들에 대한 불신에 빠진 것이 아닐 수도 있고, 오필리아에 대한 불신감을 갖고 있지 않았을 수도 있다. 햄릿은 오필리아라는 순결한 꽃을 자신의 욕정으로 더럽히고 싶지 않았던 것이 아닐까. 그래서 그녀와 헤어져야 한다고 생각한 것은 아닐까. 그 당시에 수녀원은 창녀집(매춘굴)이란 뜻의 은어로도 사용되었다. 이로 미루어 볼 때 이왕 헤어질 수밖에 없다면 조금도 미련을 갖지 못하게 심한 충격적 언어를 사용해 오필리아의 마음을 자신으로부터 떼어 놓으려고 그랬던 것은 아닐까. 그녀에 대한 그의 사랑에도 불구하고 그들의 사랑이 이루어질 수 없음을 그녀가 이해하고 받아들이도록 하려는 목적이 있지 않았을까.

햄릿에게 오필리아는 자기 속에 있는 죄(성적 욕망)를 의식하게 하는 존재인지도 모른다. 그녀가 있기 때문에 자기 안에 있는 정욕이라는 죄를 부정하지 못한다고 생각했을 수 있다. 그래서 햄릿은 오필리아를 자기로부터 떨어지게 만들려고 했던 것이다. "수녀원에 들어가라"고 말한 이유는 오필리아를 죄로부터 지켜주기 위해서임과 동시에 자신의 올바름과 깨끗함을 지키기 위한 행위는 아닐까. 그녀에 대한 온갖 비난에도 불구하고 오필리아에 대한 햄릿의 사랑은 진실해 보인다. 그렇다면 오필리아에 대한 잔인하고 냉혹한 비판은 오히려 그의 사랑이 그만큼 고귀하고 이상적이었기 때문이라고 볼 수는 없을까.

아니면, 햄릿이 오필리아에게 극도의 순결함을 요구한 것은 그 자체가 잘못된 것일까. 오필리아가 성적 욕망을 가지는 것이 죄인가. 햄릿이 선한 의도를 가지고 한 말이라 하더라도 오필리아의 입장에서 보면 그런 햄릿의 언동은 너무나 잔인한 처사이고, 지극히 자기중심적이며, 지나치게 이기적인 것이 아닐까. 결국 햄릿의 의도가 무엇이었든 오필리아는 햄릿의 변화된 행동에 커다란 충격을 받고 미쳐서 죽음에 이르게 된다. 그의 의도가 선한 것이었음을 인정하더라도 결과적으로 그는 살인죄를 저지른 것은 아닐까.[56]

오필리아에 대한 햄릿의 비난과 멸시에 선한 의도가 있었다는 생각은 그 자체로 잘못된 것일 수도 있다. 햄릿이 어머니에 대한 자신의 혐오감을 죄 없는 오필리아에게 무책임하고 잔인하게 전가한 것일 뿐이라는 말이다. 햄릿은 아버지의 지시에 따라 그와의 교제를 끊고 심지어 오필리아가 자신을 속였다고 생각했을 수 있다. 햄릿은 그런 그녀를 자신의 어머니처럼 나약하고 진실하지 못한 여자라고 생각했을 것이다. 이런 생각으로 그의 여성에 대한 불신이 극에 달해서 햄릿은 그의 사랑이 증오로 변하도록 내버려 둔 것

---

56)물론 직접 죽인 것은 아니다.

은 아닐까. "수녀원으로 가라"는 표현은 그런 자신의 혐오감과 증오를 극단적으로 표현한 말이 아닐까. 이 말은 그러므로 여성 전반, 더 나아가서는 인간 세상 전체에 대한 혐오감을 표현한 것이며, 그는 고결한 정신을 가진 존재가 아니라 퇴폐적 허무주의자가 아닐까.

여성에 대한 햄릿의 혐오적인 언행은 그가 오필리아를 사랑하는 마음을 없애고 어머니의 심정을 쥐어 짜내는 잔인성을 지닌 비인간적인 존재이기 때문일까. 아니면, 그가 지닌 결혼과 사랑에 대한 고귀한 정신이 그렇게 행동할 수밖에 없게 한 것일까.

더 생각해 볼 문제는 햄릿이 오필리아가 진실하지 못하다고 비난할 자격이 있는가이다. 그도 클로디우스에 대한 전략의 일부로 오필리아를 이용하지 않았는가. 그는 오필리아를 이용하여 거절당한 사랑 때문에 미쳤다고 클로디우스를 설득하려 했다. 이는 후에 폴로니우스가 광증의 원인을 찾아내기 위해서 오필리아를 이용한 것과 마찬가지다. 순진한 오필리아는 햄릿의 광기가 자기가 부친의 명령에 복종한 결과로 믿고 그 광증을 치료할 수 있기를 바란다. 그렇다면 그에게 그녀를 비난할 정당한 자격이 있을까.

쟁점 ❸ 복수의 지연과 복수 후의 행위(클로디어스와 포틴브라스)

햄릿의 복수 지연은 개인적인 복수를 하고자 하는 격정을 억누르고 공적인 정의를 실현하고자 한 이성적이고 고귀한 행동인가.

아니면, 그 자신의 비겁함과 우유부단함에 불과한가. 그가 포틴브라스가 덴마크의 왕이 되도록 지지한 것은 덴마크의 독립을 훼손한 행위일까, 부패한 덴마크를 바로잡기 위한 행위일까.

햄릿의 복수 지연은 그의 우유부단함과 비겁한 성격 때문일까, 아니면 완벽한 복수를 위한 집념 때문일까. 그도 아니면 격정에 의한 복수의 노예가 되지 않으려는 정신적 인내의 결과일까. 개인적인 복수를 넘어서 공적인 정의를 실현하려는 고귀한 정신의 발로일까.

햄릿의 숙부인 클로디우스는 그의 형인 햄릿의 아버지를 독살한다. 그는 형의 살인자이며, 형의 왕위를 찬탈한 자이다. 그리고 형수인 거트루드와 결혼하여 형의 아내까지 빼앗는다. 햄릿은 아버지와 어머니 그리고 왕위까지 모두 그에게 빼앗기게 된다.

고통과 상실감을 준 숙부에게 햄릿은 손쉽게 복수를 실행할 순간이 있었다. 하지만 그는 그렇게 하지 않는다. 사실 햄릿의 행동은 유령이 말한 내용의 진실성 여부가 판가름 나고, 클로디우스의 범죄가 확실히 드러나기 전까지는 지연이 아니다. 복수를 실행하기 전에 확실한 증거를 포착해야 하기 때문이다. 단순한 분노나 심증만으로 행동할 수 없다. 어찌 되었든 클로디우스는 한 나라의 왕이고 확증도 없이 그를 죽이는 것은 반역이 될 수 있기 때문이다. 그는 진실을 확인하기 위해서 클로디우스가 저지른 살인을 똑같이 재현한 연극(쥐덫)을 왕과 왕비 앞에서 상연한다.

햄릿은 극중극을 통해서 극에 대한 클로디우스의 태도를 보고 유령의 말이 진실임을 확인한다. 하지만 그는 행동하지 않는다. 햄릿은 클로디우스가 기도하는 장면에서 단칼에 그를 죽일 수 있었다. 그러나 그는 복수를 지연한다. 표면적인 이유는 기도하는 클로디우스를 살해하는 것은 그를 천당으로 보내는 일이기 때문이다.[57] 그는 클로디우스가 구원 없는 악행에 빠져 있을 때 지체 없이 죽이겠다고 다짐한다.

그가 말한 복수 지연의 이유는 자신의 우유부단함과 행동 기피에 대한 변명에 불과한 것은 아닐까. 그는 복수를 실행할 능력이 없는 나약한 우울증 환자에 불과한 것이 아닐까.[58]

아니면 그의 부친이 연옥에서 속죄[59]하고 있음을 기억하면, 살인자를 천당에 보내는 것은 부적절한 복수가 될 수 있다고 생각한 것일까. 그는 숙부의 영혼까지 지옥으로 보내고 싶어서 복수를 지연한 것일까. 햄릿은 단순히 육신을 죽이는 걸로는 성에 차지 않고, 영혼까지 파멸시키겠다는 매우 집요하고 치밀한 복수의 화신이 되고자 한 것일까. 그렇다면, 햄릿과 클로디우스 사이에 도덕성의 차이가 있을까. 햄릿이 클로디우스보다 더 나은 인간이라고 할 수 있을까.

---

57) 그 당시에는 기도하는 순간에 죽으면 천당에 간다는 교리와 믿음이 있었다.
58) 극의 마지막에 왕을 죽이는 행위조차도 햄릿이 계획했던 결말이라기보다는 자기 아버지와 누이의 죽음을 대한 레어티즈의 복수에 따른 우발적 산물은 아닐까.
59) 햄릿의 아버지는 살아오면서 저지른 죄를 고백할 시간도 없이 살해당했기 때문에 연옥에 있다.

위의 부정적인 이유와는 달리 그가 복수를 지연하는 이유는 그의 고결한 정신과 관계있는 것은 아닐까.

복수는 손을 더럽히지 않고서는 안 될 일이다. 햄릿이 클로디우스가 십자가 앞에 혼자 기도하는 절호의 기회에 일단 칼을 뽑았다가 다시 거두는 대사를 볼 때, 그가 지금 기도하는 숙부를 죽인다면 자신은 그가 지옥의 나락으로 떨어트리려 하는 상대방과 별로 다를 바 없는 악의 실행자가 될 것이라고 생각한 것은 아닐까.

복수 지연은 무자비한 복수를 수행하는 격정의 노예가 되기를 꺼렸기 때문일 수도 있다. 격정에 사로잡힌 상태에서 판단을 내리는 것이 얼마나 위험한지 햄릿 자신도 충분히 알고 있었을 것이다. 격렬한 감정은 잘못된 상상, 판단, 행위를 낳고, 그로 인해 본래 해야 하는 행위가 방해받을 것이다. 즉 복수의 지연은 단순히 더 잔인한 복수나 자신의 성격 때문이 아니라 그 자신이 격정[60]에 휩싸여 있었기 때문이 아닐까. 햄릿은 자신의 격정을 억누르고 침착하게 이성적으로 행동할 수 있을 때까지 기다린 것이 아닐까. 만약 햄릿이 아버지의 유령을 만난 직후에 복수를 굳게 맹세했던 그 격정을 간직하고 있었다면, 기도하는 장면에서 왕의 등 뒤로 몰래 다가갔을 때 복수를 했을 것이다. 그러나 트로이 전쟁에서 기도하고 있던 아킬레우스를 쏜 파리스가 비열하다는 비난을 들었던 것처럼 기도하는 왕을 죽이면 햄릿은 비열한 남자가 될 것이다. 햄릿은 격정의 상태에 빠져 이성을 저버리면 정의를 위한 복수가 성립되지

---

60) 아버지의 죽음, 어머니의 재빠른 결혼에 대한 혐오감, 오필리아의 배신, 믿었던 친구들의 배신 등이 그 원인이 된 우울증.

않는다고 생각했을 것이다. 그래서 그는 기다린 것이 아닐까. 우리는 햄릿이 복수를 지연한 것을 공적인 정의를 위한 인내의 과정으로 보아야 하지 않을까.

아니면, 햄릿은 유령으로 나타나 복수를 요구하는 아버지의 뜻에 따라 숙부를 죽여야 한다고 믿었지만, 보다 깊은 내면의 양심은 살인에 대한 도덕적 저항감을 가졌던 것일까. 아버지를 죽인 짐승 같은 숙부를 죽임으로써 자신마저도 짐승으로 전락하고 싶지 않았던 것은 아닐까. 그는 악행을 악행으로 복수하는 것을 거절한 것은 아닐까. 햄릿은 복수를 감행함으로써 그 자신이 도덕적으로 오염될 것을 걱정했을 수도 있다. 만약, 행동의 지연 없이 햄릿이 복수에 성공했다면 그의 정신의 고귀함은 유지될 수 있을까. 뒤에 알 수 있듯이 그는 클로디우스를 죽이는 과정에서 살인자라는 낙인을 감수할 수밖에 없게 된다. 그리고 적지 않은 사람들의 피를 흘리게 한다. 복수를 위해 피를 묻히면서 어떻게 정신적 고귀함, 도덕적 우월성을 유지해 나갈 수 있을까. 보복의 정의는 반드시 정의를 행하는 자를 죄악에 물들게 하는 것은 아닐까. 그래서 햄릿의 복수는 지연될 수밖에 없었던 것이 아닐까.

그도 아니면, 그의 진정한 목표가 복수가 아니기 때문일까. 햄릿의 목표가 복수라면 복수할 절호의 기회에 그가 행동하지 않는 것은 이상한 일이다. 그는 복수보다는 덴마크라는 세상을 바로잡는 데 더 관심이 많았던 것은 아닐까.[61] 그는 개인적인 복수보다는 혼

---

61) 햄릿은 클로디우스의 죄악을 덴마크라는 국가(사회) 전체의 부패와 연관시키고 있다.

돈과 무질서로 가득 찬 덴마크 사회의 부패한 상황을 바로잡고 싶었던 것은 아닐까. 그는 악을 실행하는 자가 아니라, 사회(국가)의 정의를 실현하는 자가 되고 싶었기에 행동을 지연한 것이 아닐까. 그는 복수를 통해서 세속적으로 성공하거나(왕이 되거나) 복수를 완성하는 것을 넘어서, 스스로 악을 바로잡는 정의의 사도가 되고 인생 전체에서 오직 고결함을 추구하고자 했던 것은 아닐까.

마지막으로 한 가지 문제만 더 생각해 보자. 햄릿이 죽으면서 호레이쇼에게 남긴 말, 포틴브라스에게 왕위 계승권을 내린 것을 어떻게 평가해야 할까. 이는 고귀한 행동인가, 반역인가. 포틴브라스는 도덕적으로 잘못된 국가를 바로잡을 인물일까, 그렇지 않을까. 그는 무엇을 믿고 포틴브라스에게 왕위를 넘기려고 했을까. 그가 포틴브라스를 고귀한 인물로 보았기 때문일까. 그렇다면 포틴브라스의 고귀함은 어디에서 찾을 수 있을까.

3. 참고문헌

- 윌리엄 셰익스피어(여석기·여건종 옮김), 『햄릿』, 시공사, 2012.(토론도서)

- 윌리엄 셰익스피어(박우수 옮김), 『햄릿』, 열린책들, 2013.(토론도서)

- 윌리엄 셰익스피어(최종철 옮김), 『햄릿』, 민음사, 2014.

- 윌리엄 셰익스피어(최재서 옮김), 『햄릿』, 사단법인 올재, 2014.

- 윌리엄 셰익스피어(백정국 옮김), 『햄릿』, 꿈결, 2014.

- 윌리엄 셰익스피어(김정환 옮김), 『햄릿』, 아침이슬, 2008.

- 김종환, 『셰익스피어와 현대비평』, 계명대학교출판부, 2009.

- John Drakakis 엮음(최영 외 옮김), 『셰익스피어 비극』, 동인, 2009.

- 강석주, 『셰익스피어 문학의 현대적 의미』, 동인, 2007.

- 박우수, 『셰익스피어와 인간의 확장』, 동인, 2006.

- 안경환, 『법, 셰익스피어를 입다』, 서울대학교출판문화원, 2012.

- 션 매커보이(이종인 옮김), 『셰익스피어 깊이 읽기』, 작은사람, 2015.

- 켄지 요시노(김수림 옮김), 『셰익스피어, 정의를 말하다』, 지식의날개, 2014.

- 케네스 뮤어(이경식 옮김), 『셰익스피어의 4대 비극연구』, 종로서적, 1983.

- 홍기영, 『햄릿으로 읽는 세계』, 동인, 2010.

- 여석기, 『나의 햄릿 강의』, 생각의나무, 2008.

- 김무곤, 『휘둘리지 않는 힘』, 더숲, 2016.

- 바바라 로저스-가드너(이영순 옮김), 『융과 셰익스피어』, 동인, 2006.

- 가와이 쇼이치로(임희선 옮김), 『햄릿의 수수께끼를 풀다』, 시그마북스, 2009.

- 임철규, 『고전, 인간의 계보학』, 한길사, 2016.

- 어니스트 존스(최정훈 옮김), 『햄릿과 오이디푸스』, 황금사자, 2009.

- 디트리히 슈바니츠(박규호 옮김), 『슈바니츠의 햄릿』, 들녘, 1987.

- 정진홍, 『고전, 끝나지 않는 울림』, 강, 2003.

- 이현우, 『아주 사적인 독서』, 웅진지식하우스, 2013.

아서 밀러

『시련』 토론거리

1. 논제: 세일럼에서는 불의(不義)가 승리했다.

2. 논제에 따른 쟁점

> 책의 제목인 '크루서블 crucible'은 도가니, 즉 뜨거운 열을 견딜 수 있는 용기(容器)다. 그것은 또한 '호된 시험'으로 정의된다. 그래서 번역된 책의 제목이 '시련'이다.
> 토론의 범위를 조절하기 위해서 악한 인물은 '애비게일, 패리스, 퍼트넘'으로, 선한 인물은 '엘리자베스와 프록터'로 제한하였다.

쟁점 ❶ 애비게일 : 엘리자베스

애비게일은 유부남인 프록터와 간통하고 그와 결혼을 하고 싶어한다. 하지만 프록터는 아내에 대한 죄의식과 신의로 인해 더 이상 관계를 지속하려고 하지 않는다. 그녀는 프록터의 아내인 엘리자베스를 죽이기 위해서 숲속에서 티투바에게 저주를 부탁한다. 후에 그녀는 그런 자신의 죄를 숨기기 위해서 티투바를 마녀로 고발하고 엘리자베스도 마녀행위를 했다고 고발한다. 애비게일은 여자아이들과 함께 마을 주민들을 마녀로 몰아서 죽게 하고 자신은 마을에서 도망간다. 후에 그녀는 창녀가 되어 보스턴에 나타난다.

엘리자베스는 신앙심이 깊고 정숙한 부인이다. 그녀는 남편의 간통 사실을 알고 나서 애비게일을 쫓아내고 그 후에도 남편을 의심한다. 그녀는 댄포스의 심문에서 남편의 명성을 지키기 위해서 프록터가 간음죄를 범했다는 사실을 부인한다. 이는 프록터가 감옥에 갇히는 이유가 된다. 엘리자베스는 프록터로 하여금 그를 둘러싸고 있는 죄책감의 굴레에서 벗어나 자신 속에 있는 일단의 선함을 보게 함으로써 진정한 자아를 찾도록 돕는다. 그녀는 남편이 자신의 양심을 지키도록 돕지만 그 결과로 남편을 잃게 된다. 엘리자베스는 남편이 죽은 후 사 년이 지나서 재혼한다.

애비게일은 자신의 욕망을 충족시키기 위해 사람들을 마녀로 몰아 죽게 했고, 엘리자베스는 남편이 양심을 지키도록 도왔다.

쟁점 ❷ 패리스, 퍼트넘 : 프록터

패리스는 세일럼의 목사이다. 그는 일부 세력들이 자신을 세일럼에서 몰아내려는 일을 꾸미고 있다고 생각한다. 그는 물질적 욕심이 많고 이 때문에 세일럼 주민들과 갈등을 겪어왔다. 목사직을 잃는 것과 권위가 사라지는 것을 두려워한 그는 마녀재판을 통해서 자신의 권위를 강화하려고 한다. 딸 베티가 개입된 금기된 놀이가 마녀 사냥으로 변질·확산되는 과정을 자신의 이익을 도모하는 기회로 삼는다. 마녀재판의 광적인 열기가 사라진 후에는 투표에 의해 목사직에서 물러나게 된다.

퍼트넘은 주로 토지에 대한 탐욕으로 이웃들을 마녀로 고발한다. 자신의 행위가 이웃사람들을 마녀행위로 거짓 고발해 살해하는 것을 의미하더라도 그들이 처형된 후 그들의 땅을 살 수만 있다면 개의치 않는다.

　프록터는 애비게일과의 혼외정사로 인해 엘리자베스의 호의뿐만 아니라 자기 안의 호의도 잃게 된다. 그는 자신이 저주를 받았으며 어쩌면 자존심과 도덕성은 물론이고 엘리자베스의 사랑과 존경심도 되찾을 수 없을 것이라고 믿는다. 프록터는 애비게일의 고발로 마녀로 몰린 엘리자베스를 구하기 위해 자신의 간통을 공개적으로 밝힌다. 프록터는 두 갈래 길에 서게 된다. 하나는 목숨을 유지하면서 가정의 평화를 누리는 길로서 다른 사람들(레베카 등)의 값진 죽음과 민중의 분노를 헛되이 하고 양심을 포기하며 부정한 악의 세력들을 정당화시켜주는 길이고, 다른 하나는 사회정의에 충실한 길로서 순결의 가치(진실의 추구)를 높이 평가받을 수 있지만 가정의 행복과 자신의 생명을 희생해야 하는 길이다. 프록터는 에비게일과의 간음으로 인한 죄의식에도 불구하고 근본적으로 자신이 선량하다는 사실을 깨닫고 세일럼이라는 도시가 안고 있는 사회의 악에 도전하여 자신의 존엄성을 지키려고 항거하다 목숨을 잃게 된다.

　패리스와 퍼트넘은 마녀 재판을 이용하여 자신들의 이기적 욕망을 추구하였고, 프록터는 희생을 통해서 자신의 선함을 지켰다.

쟁점 ❸ 마녀 사냥의 결말

　마지막 처형이 있은 후 이십 년이 지나서, 정부는 생존해 있는 희생자들과 죽은 자의 유족들에게 손해 배상을 해 준다. 엄숙한 집회에서 회중들은 정부의 명령에 따라서 파문을 취소했고, 배심원들은 고통을 받은 모든 이들의 용서를 비는 성명서를 낸다. 그렇지만 일부 사람들(예를 들면 퍼트넘과 같은 고발자들)은 자신들의 죄를 전적으로 인정하려 들지 않았고, 일부 혜택을 받은 사람들은 실제로는 희생자가 아니라 고발자였다. 고발자들은 어떤 대가도 치르지 않았다. 그러나 사실상 메사추세츠에서 종교 정치의 권위는 몰락한다.

〈참고: 마녀 재판 후, 벌어진 역사적 사실〉

8년이란 긴 세월이 지난 후인 1711년 10월 17일, 매사추세츠만 당국은 '사권(私權) 박탈의 철회(유죄 판결을 번복한다는 뜻)'를 선언했다. 이는 조지 버로스를 비롯한 특정 인물들을 대거 사면하고 그들이 당한 마법 혐의 고발을 취소하는 선언이었다. 이는 좋기도 하고 나쁘기도 한 일이었다. 아직 살아 있거나 이미 죽은 "마녀들" 중 일부(전부는 아니었다)의 권리를 회복하고, 오명을 씻어 주고, 그 자손들에게 약간의 보상금을 지불한 것은 좋았다.

나쁘다고 할 수 있는 이유는 두 가지였다. 하나는 오직 스스로 청구한 사람과 지극히 부실한 명단에 이름이 올라 있던 사람들에 한해서만 당국이 돈을 지급했다는 것이다. 나머지 하나는 마녀재판 기간 동안 저지른 죄로 기소당한 사람이 하나도 없었다는 점이다. 자기 이웃을 마녀 혐의로 고발한 사람, 무고한 이에게 교수형을 내린 사람, 타인의 명예를 훼손한 사람 그리고 그들의 재산을 함부로 빼앗은 사람 모두 무사했다.

- 조절린 샌저(김영진 옮김), 『세일럼의 마녀들-1692년 마녀 사냥의 비밀』, 서해문집, 2013. 134쪽.

※ 참고의 글 [집단, 정의, 마녀사냥]

사람이 함께 내리는 판단이 더 이성적이며 부조리한 감정들을 걸러낸 상태라고 생각하기 쉽지만, 반드시 그렇지는 않다. 때로 우리는 집단이 이루어내는 감정의 과장을 경험할 때가 있다. 그래서 집단은 '축제'를 만들기도 하고, '광란'을 만들기도 한다. 대개의 집단이 이루어내는 최종의 감정 상태는 말 그대로 '광란의 축제'에 해당된다.

전쟁을 일으키고 독재와 학살을 일삼는 권력이 가장 좋아하는 것이 바로, 개인이 취하는 이성의 목소리를 외톨이로 만드는 일이다. 그와 함께 집단이 행할 수 있는 가장 원시적인 심리 상태를 끄집어내어 강력한 함성을 만들어내는 것이다. 그래서 외톨이가 되는 것이 두려운 모든 사람들은 서로 결속되려 하고, 그 결속으로 위험한 힘을 과시하며 이 사회에서 가장 폭력적인 존재가 되어 있는데, 이것이 바로, 때로 질 나쁜 군중심리를 생산해내는 '대중'인 셈이다.

이 복잡한 사회에서 확실한 것이 아무것도 없으니, 자기 확신은 턱없이 부족할 테고, 그러므로 우리는 매 순간의 판단을 많은 사람들이 그렇게 해왔던 쪽으로 하게 마련이다, 그것이 최악의 결과를 낳을지라도, 책임이 스스로에게 있지 않고 군중에게 있으며, 그 결정이 최악의 실패를 낳을지라도 모두가 함께하는 참패이기에, 최소한 비웃음의 대상은 되지 않는다. 연약한 개인의 목소리를 강하게 만들어내기 위해 우리는 접대하고 연대한다. 그 관습이 접대하지 않는 자에 대한 천대를, 연대하지 않는 자에 대한 적대를 낳곤 한다. 한 배를 타지 않은 자들에게 배타적이게 되고, 공동의 선을 추구했어도 그 이익을 나누는 데에선 배제해버리는 악행을 의도적으로 행하곤 한다.

혼자만의 결정으로 군중을 이탈하여 외길을 가는 삶은 그러므로, 성공한다고 해도 존경을 받거나 하진 않는다. 같은 가치를 추구하지 않는 사람에게 우리는 은근히 배타적이다. 기껏해야 예외를 낳은 기이한 경우에 눈이 휘둥그레질 뿐이다. 만약 그 숭고한 외길의 삶이 실패를 하게 된다면 영락없는 바보로 전락한다. 존경은 오로지, 같은 판단을 하고 같은 노선을 걸었던 군중 안에서 가장 탁월한 결과를 낳은 자에게 돌아간다.

- 김소연, 『마음사전』, 마음산책, 2008. 209~210쪽.

3. 토론 지도 참고 사항

(1) 토론이 논제를 벗어나지 않도록 지도할 필요가 있다. 반대 측이 기독교를 종교로 가진 학생들인 경우에 세일럼에서는 비록 패했을지라도 하느님이 주관하는 사후세계에서는 결코 패배한 것이 아니므로 불의가 승리하지 못했다는 주장을 펼치는 경우가 있다. 사후 세계는 종교적 믿음의 문제이지 토론에서 논리적으로 증명할 문제는 아니다. 세일럼에서 즉 현실에서도 불의가 승리하지 못했음을 증명하기 위해 노력해야 한다. 우리가 토론에서 다루는 문제는 현실의 문제이지 죽음 이후의 세계가 아니다. 반대 측은 불의가 승리하지 못한 이유를 현실의 측면에서 증명해야 한다. 현실 세계

에서 악에 맞서다 죽는 것이 반드시 패배를 의미하지는 않는다. 역사적으로 양심을 지키려다 혹은 국가를 지키려다가 돌아가신 분들이 많이 있다. 그 분들의 죽음을 이유로 단순히 그들이 패배했다고 말할 수는 없을 것이다. 사람은 죽었지만 그 죽음은 역사적으로 평가될 것이고 그 평가가 현실을 바꿀 수 있기 때문이다.

(2) 반대 측의 경우에는 애비게일과 패리스가 그들의 궁극적인 목적을 이루지 못했으므로 세일럼에서 불의가 승리하지 못했다고 주장하는 것이 효과적이다. 선한 사람들의 죽음에도 불구하고 애비게일은 프록터와 결혼하려는 목적을 이루지 못했고, 패리스는 갖고 싶어 하던 종교적 권위를 상실하게 된다. 프록터와 엘리자베스 같은 선한 사람들의 자기 희생과 그들이 양심을 지켰기 때문에 불의가 승리하지 못했다고 주장하는 것보다 오히려 더 효과적인 주장일 수 있다. 찬성 측은 특정한 개인의 목적보다는 사회 전체의 문제에서 불의가 승리했음을 증명하면서 개인이 자신의 욕망을 실현했는지 아닌지는 부차적인 문제라고 맞설 수 있을 것이다.

(3) 3가지 쟁점 중에서 세 번째 쟁점이 작품의 결말에 해당하므로 가장 중요한 쟁점일 수 있는데 이를 조금 소홀히 다루는 경향이 있다. 종교 정치의 권위 몰락은 찬성과 반대 측 모두 자신들의 주장을 뒷받침하는 데 있어서 유리하게 사용할 여지가 있다. 정치에서 종교가 사라진 것은 다루기에 따라서는 얼마든지 부정적이거나 긍정적인 것으로 바라 볼 수 있기 때문이다.

5. 참고문헌

- 아서 밀러(최영 옮김), 『시련 The Crucible』, 민음사, 2014.(토론도서)

- 아서 밀러(최영 옮김), 『세일럼의 마녀들』, 민음사, 1992.(절판)

- 조절린 섄저(김영진 옮김), 『세일럼의 마녀들-1692년 마녀 사냥의 비밀』, 서해문집, 2013.

- 허종, 『아서 밀러의 사회극』, 한국학술정보(주), 2003.

- 일이관지 논술연구모임, 『크루서블』, 다락원, 2007.

- 김소연, 『마음사전』, 마음산책, 2008.

- 정찬일, 『비이성의 세계사』, 양철북, 2015.

우리 사회가 요구하는 인간은 창의적 인간이다. 창의적 인간은 그 사회의 문화 속에서 만들어진다. 우리 사회에서는 창의적 인간이 나올 수 있는 토양이 마련되어 있는가. 우리들은 학생들에게 정신의 예속 상태를 강요하고 있지는 않는가. 혹, 가르치는 우리들은 이미 정신의 노예 상태에 있는 것은 아닐까. 지배적인 관습과 문화, 지식을 너무 당연시하며 그것을 학생들에게 전달하지는 않는가. 노예에 둘러싸여 있으면 노예의 정신을 습득하게 된다. 이는 융의 『인간과 문화』의 다음 글에서 잘 드러난다.

"서력기원이 시작될 때 오분의 삼 정도의 이태리인은 노예, 즉 법적 능력이 없는 매매 가능한 인간 대상물이었다. 모든 로마인은 노예에 둘러싸여 있었다. 노예의 분위기 속에서 살면 무의식적인 영향을 통해 노예심리학에 물들기 때문에, 노예와 노예심리학이 옛 이태리에 만연했으며, 모든 로마인은 자신도 모르는 사이에 내면적으로 노예화되었다. 그러한 영향으로부터는 아무도 자신을 보호할 수 없다. 유럽인은 그 정신력이 높은 사람이라도 '그 대가를 치르지 않으면서' 아프리카의 흑인들 사이에서 살 수 없다. 왜냐하면 알아채지 못하는 사이에 그들의 심리학이 침투하여—이에 대항할 방법은 아무것도 없다—무의식적으로 흑인이 되는 것이다. 아프리카에는 잘 알려진 전문 용어로 '검게 된다(going black)'는 말이 있다. 영국 본토인들이 영국령 식민지에서 태어난 영국인들을 '약간 열등하다'고 생각한 것은 단순한 속물주의만은 아니다. 그 뒤에 사실이 숨겨져 있다."

노예에 둘러싸여 있으면 정신이 아무리 고귀한 사람도 노예의 정신의 영향을 받는다. 우리들의 교육이 정신의 노예를 만들지 않으려면 먼저 우리들이 노예의 정신을 가져서는 안 된다. 그러기 위해서는 우리는 끊임없이 자신과 사회를 성찰하는 자세가 필요하다. 독서가 그 한 방법이다.

우리들이 지적으로 자유로운 인간을 키우고 싶다면 먼저 학생들의 현 상태에 대해 존중하는 마음을 가져야 한다. 그들을 미성년자라는 미명 하에 우리들의 지식 속에 가두려고 해서는 안 된다. 그것은 정신적 억압이며 노예를 만드는 일이다. 랑시에르는 『무지한 스승』에서 다음과 같이 말하고 있다.

"인간, 특히 아이는 자신의 길을 계속 걸어갈 수 있을 만큼 의지가 충분히 강하지 않을 때 스승이 필요할 수 있다. 그러나 이 예속은 순전히 한 의지가 다른 의지에 예속되는 것이다. 예속이 하나의 지능과 다른 지능을 연결할 때 그것은 바보 만들기가 된다. 가르치고 배우는 행위에는 두 의지와 두 지능이 있다. 우리는 그것들의 일치를 바보 만들기라고 부를 것이다. 자코토가 만든 실험 상황에서 학생은 하나의 의시(자코토의 의지)에 연결되고, 하나의 지능(책의 지능)에 연결된다. 이 둘은 전적으로 구분된다. 우리는 의지의 관계와 지능의 관계의 차이가 인정되고 유지되는 깃을 해방이라고 부를 것이다. 의지가 다른 의지에 복종한다 할지라도, 한 지능의 행위가 바로 자신의 지능에만 복종하는 것이 해방인 것이다."

하나의 의지가 다른 의지에, 하나의 지능이 다른 지능에 전적으로 예속될 때 가르치는 행위는 바보를 만드는 행위가 된다고 랑시에르는 말한다. 한 지능이 자신의 의지에 전적으로 복종할 때를 지적 해방의 상태라고 그는 말한다. 그의 주장을 어느 선에서 받아들여야 할지 솔직히 잘 모르겠다. 하지만 교사인 우리들이 학생들에게 제시해야 할 비전은 지적 해방 상태임은 분명하다. 현재 우리들이 당면한 문제는 학생들이 지적인 종속 혹은 노예 상태에서 벗어날 수 있는 교육의 방향에 대해서 고민하는 것이다. 독서와 토론이 그 한 방향이라고 믿는다.

우리는 교육을 통해서 창의적 인간을 키워야 한다. 하지만 그보다 더 필요한 인간상은 윤리적 인간이다. 최근 우리나라의 현 상태를 보더라도 지적 인간, 창의적 인간보다 더욱 필요한 인간은 윤리적 인간이다. 문학 작품에 대한 가치를 중심으로 한 토론 교육이 이에 일조할 수 있다. 바람직한 시민성이나 윤리의식의 고양을 강조한다고 해서, 문학 작품 중심의 독서 디베이트가 도덕교육으로 오해되어서는 안 된다. 무엇보다도 독서 디베이트는 '선'이나 '덕'과 같은 바람직한 가치의 주입을 목표로 하지 않는다. 독서 디베이트의 지향점은 '가치 습득'이 아니라, 오히려 '가치 명료화'에 있다. 작가나 텍스트가 강조하는 가치에 대한 수용이 아니라, 그것을 자신의 삶과 연결하여 사유하면서 자신의 가치관을 형성하는 점이 중요하다. 신념이나 가치관에 기반해서 토론이 이루어지는 독서 디베이트는 특성상, 토론 과정에서 신념이나 가치관의 전적인 변화를 기대하기도 어려울 뿐더러 그 변화를 긍정적으로 보기도 힘들다. 오히려 토론 과정에서 참여자의 가치가 명료해지도록 돕고, 그 가치와 신념을 논리적이고 합리적으로 개진하게 하는 것, 나와 다른 견해가 존재하며 나의 신념이 유일무이한 답이 아니라는 것 등을 깨닫는 데 역점을 두고 독서 디베이트가 진행되어야 한다. 자율적으로 형성한 가치와 윤리가 학생들을 우리 사회가 요구하는 윤리적 인간으로 만들어준다.

　이 윤리적 인간은 타인의 아픔에 민감하게 반응하는 인간이어야 한다. 하지만 이것이 수잔 손탁이 『타인의 고통』에서 보여 주듯 타인의 고통을 소비하는 것으로 끝나서는 안 된다. 타인의 고통에 대한 연민이 수동성과 만나면 냉소와 무감각으로 변하기 쉽다. 하지만 그 냉소와 무감각은 실제로는 문제 해결을 위해 아무것도 할 수 없다는 자신의 무능력에 대한 분노와 좌절의 감정이다. 이 감정은 결국 자신은 문제를 가져온 원인과 관계가 없다는, 자신은 무고하다는 자기합리화의 감정과 연결된다. 이러한 감정은 결국 우리들을 방관자(타인의 고통을 구경하는 자)로 남게 한다. 우리의 과제는 결국 연민과 수동성의 결합을 그만두는 것이다. 우리가 우리의 행복이 타인의 고통과 긴밀하게 연결되어 있다는 사실을 숙고할 때, 우리는 수동적인 연민으로부터 벗어날 수 있으며, 문제 해결을 위한 행동으로 나서게 된다. 우리가 진정으로 추구해야 할 인간상은 타인의 아픔에 공감하고 그 아픔을 실천적으로 해결하기 위해 노력하는 인간이다. 김수행 교수가 쓴 『젊은 지성을 위한 자본론』을 보면, 1860년대 당시 유행하던 '고백 게임'에서 두 딸 예니와 로라의 질문에 마르크스가 다음과 같이 고백한 부분을 볼 수 있다.

> **❝** 아버지가 가장 좋아하는 표어는?
> 모든 인간적인 것은 나와 관련이 있다. **❞**

그렇다. 모든 인간적인 것은 나와 관련이 있다. 이 책이 학생들을 윤리적 인간으로 키워나가는 데 조그만 도움이 되는 것이 나의 마지막 바람이다.

토론의 전사 4 - 고전 읽기와 독서토론

2판 1쇄 2017년 12월 21일 발행
2판 2쇄 2021년 1월 5일 발행

지은이 ㅣ 정한섭

기획 및 편집 ㅣ 유덕열, 박세희

펴낸곳 ㅣ 한결하늘

펴낸이 ㅣ 유덕열

출판등록 ㅣ 제2015-000012호

주소 ㅣ 경기도 안산시 단원구 선삼로4길 11 (101호)

전화 ㅣ (031) 8044-2869 **팩스** ㅣ (031) 8084-2860

이메일 ㅣ ydyull@hanmail.net

ISBN 979-11-88342-02-0 (03370)

이 도서의 국립중앙도서관 출판예정도서목록(CIP)은 서지정보유통지원시스템 홈페이지
(http://seoji.nl.go.kr)와 국가자료공동목록시스템(http://www.nl.go.kr/kolisnet)에서
이용하실 수 있습니다.(CIP제어번호: CIP2017031450)